胖东来凭什么

一家幸福企业的哲学逻辑

王立胜 等◎著

中国出版集团 | 全国百佳图书
中国民主法制出版社 | 出版单位

图书在版编目（CIP）数据

胖东来凭什么:一家幸福企业的哲学逻辑/王立胜等著.—北京:中国民主法制出版社,2025.7.
ISBN 978-7-5162-4036-6

Ⅰ.F724.2

中国国家版本馆CIP数据核字第20259NL032号

图书出品人：刘海涛
出 版 统 筹：石　松
责 任 编 辑：张佳彬　姜　华

书　　名/胖东来凭什么：一家幸福企业的哲学逻辑
作　　者/王立胜等　著

出版·发行/中国民主法制出版社
地址/北京市丰台区右安门外玉林里7号（100069）
电话/（010）63055259（总编室）　63058068　63057714（营销中心）
传真/（010）63055259
http：//www.npcpub.com
E-mail：mzfz@npcpub.com
经销/新华书店
开本/16开　　690mm × 980mm
印张/15　　**字数**/130千字
版本/2025年8月第1版　　2025年8月第1次印刷
印刷/河北鹏润印刷有限公司

书号/ISBN 978-7-5162-4036-6
定价/48.00元

前言

从许昌的一家烟酒糖茶小店起步，一路披荆斩棘，成长为如今享誉全国的零售巨头。它不仅是一家企业，更是一种精神的象征，象征着对理想境界的执着追求。它，就是胖东来。在许昌，胖东来早已成为人们心中无可替代的“购物天堂”。它声名远播，全国各地的人们对它充满好奇，甚至不惜跨越千山万水，只为一睹其风采，体验传说中的“超市天花板”。胖东来的成功，仿佛在向世界宣告：企业并非仅仅是为了营利而存在，其价值更在于对理想境界的永恒追寻。

企业以营利为目的，这本无可厚非。然而，若将营利视为唯一目标，陷入唯利是图的泥沼，企业必将迷失方向，陷入短视决策的困境。在瞬息万变的市场浪潮中，这样的企业难以实现逆势增长，终将被时代的洪流所淘汰。唯有超越单纯的利润追求，从更高维度构建企业文化哲学，提升理想境界，企业才能摆脱常规宿命，成为独一无二的存在。

胖东来正是这样一家企业。它从未将营利作为唯一目标，而是从善良出发，追求美好、自由与幸福。它以诚信守法经营为基石，践行正确价值观和道德观，积极构建和谐劳动关系，展现出中国民营企业的应有之姿。30 年来，胖东来以独特的企业文化哲学为引领，践行人文经济学理念，尊重人的生命与价值，以保障人的幸福和尊严为终极目标，巧妙地协调效率与公平、技术与人性、科学与人文的关系，走出了一条经济与社会、人类与自然、物质与精神和谐发展的全新道路。近年来，胖东来通过调改永辉超市、步步高等企业，在中国商界掀起了一场能量风暴，形成了独特的“胖东来现象”，成为现象级的存在。

胖东来现象的背后，是其独特的经营哲学。这一哲学是于东来在 30 年经营实践中通过不断反思、学习、精进与感悟凝练而成的，其核心可以用“追求真善美、摒弃假恶丑”来概括。在成长与经营的道路上，胖东来见证了世间万象，却始终坚守初心，以实际行动向世人展示真善美的力量，与假恶丑作坚决斗争，营造了一个向上向善、和谐美丽的社会环境。在这个过程中，胖东来赢得了员工与消费者的信任与支持，更为中国式现代化贡献了独特力量。

在于东来的字典里，赚钱永远排在第二位，而追求幸福、自由与美好才是排在首位。这与人民对美好生活的向往不谋而合。胖东来突破了以利润衡量企业成功的传统思维，转而关注员工的幸福感、自由度以及生存环境的美好。它将员工的福祉置于首位，致力于打造一个幸福、美好的工作环境。同时，胖东来积极参与社会公益事业，用实际行动回馈社会，为构建更加美好的社会贡献智慧。在胖东来，人文关怀与社会责任交相辉映，员工的幸福、顾客的信任与社会的美好高度统一。这样的企业，才能在岁月长河中屹立不倒，走向真正的成功。

胖东来立足零售业，却将自身定位为一所“学校”，这显得尤为可贵。学校是传道、授业、解惑的地方，是青春绽放的力量之源。零售业的核心，不仅仅是商品的买卖，更是人与人之间信任的建立与维系。胖东来始终将顾客的需求与体验放在首位，致力于打造一个让消费者放心、舒心购物的环境。凭借真诚的服务、高品质的商品以及不断创新的经营策略，胖东来早已成为人们心中值得信赖的品牌。

作为现象级的存在，胖东来对中国零售业产生了深远影响。它不仅引领行业创新发展，更树立了企业诚信与承担社会责任的典范。这种以信任为核心的企业理念，使胖东来在激烈的市场竞争中脱颖而出，成为中国零售业的一面旗帜。说胖东来实现了零售业的革命，毫不为过。它不仅在商业模式上不断创新，更在服务理念上进行了深刻变革。胖东来从传统产业中脱胎而出，但始终敬畏传统，同时汲取现代商业精髓，实现了从传统到现代的华丽转身。我们见证了胖东来对传统的坚守与对创新的追求，更见证了它作为行业先锋的担当与勇气，为社会树立了良好的商业道德风尚。

如今，胖东来正在走向崇高。它通过分享管理经验、提供培训支持等方式，帮助永辉超市、步步高等企业提升员工福利待遇，推动行业共同体的健康发展。胖东来不仅赢得了合作伙伴的尊重与信任，更影响了无数企业家追求美好，共同致力于构建更加和谐、公正的商业环境。它用实际行动证明，提升企业家的理想境界，是企业成功的关键之一。

胖东来的奇迹，是员工忠诚与奉献、顾客信赖与支持以及科学管理智慧的结晶。它以独特的魅力在商业舞台上绽放光彩，成为无数企业学习与效仿的典范。它以温暖人心的力量，书写着关于爱与责任、梦想与拼搏的动人篇章，激励着我们在追求卓越的道路上砥砺前行。

目 录

第一章

胖东来奇迹

它到底做对了什么

第二章

员工至上

不裁员、不 PUA、不赚黑心钱，凭什么

第三章

顾客不是上帝，而是家人

目　录

第四章

企业文化可以救命吗

胖东来给出答案

第五章

“不赚钱”的胖东来，比谁都赚钱

第六章

结语：商业的终极答案
幸福感比利润更重要

第一章

胖东来奇迹

它到底做对了什么

许昌市胖东来商贸集团有限公司（以下简称“胖东来”）是一家综合型零售企业，创建于 1995 年 3 月。30 年来，胖东来从 40 平方米左右的烟酒糖茶小店起步，至今已发展成为有员工人数约 8300 人，安排就业人数约 18000 人，经营业态涵盖百货、电器、服饰、餐饮、医药、珠宝、茶叶、电影、电玩、图书、眼镜，有 13 家门店[1]的大型商贸集团。2024 年销售总金额 169.64 亿元，税收 6 亿多元，利润 8 亿多元，员工平均月收入 9000 多元，在零售领域享有盛誉，被称为“全国最幸福企业”。

中国连锁经营协会发布的《2023 年中国连锁 TOP100》榜单显示，首次上榜的胖东来以门店仅 13 家但销售额超百亿元居第 46 位。在《2023 年度中国零售百强企业名单》中，胖东来位列第 52 位。这里上榜排序的主要指标之一是销售额，从

1　截至 2025 年 4 月底，胖东来在河南许昌和新乡共开了 13 家门店，即许昌天使城、时代广场、生活广场、大众服饰、金三角店、云鼎店、北海龙城店、金汇店、劳动店、人民店、禹州店、新乡大胖、新乡生活广场。

规模看，胖东来与榜单前五的京东、大商集团、沃尔玛（中国）、居然之家、唯品会还有差距，但胖东来在国内零售业的定位度、知名度、美誉度和忠诚度都极高，特别是近年来，与胖东来有关的事件经常成为行业的热点、新闻的头条，而这些热点舆情又很快转化成为胖东来的正能量加持。人们不免要问，一家本土零售企业，没有太多科技含量，同类企业遍地都是，胖东来凭什么得到那么多人的关注，为什么那么多人心向往之？其中的奥秘在哪里？从评价的基准看，胖东来做了什么，又做对了什么，才有胖东来奇迹？

理念是行动的先导。有什么样的理念就决定了有什么样的行动，也就决定了有什么样的效果。胖东来经营零售业，打破传统观念，不以营利为唯一目标，而是一所践行文化传播的学校。正是这种定位，催生了革命性的运营模式：员工不是企业赚钱的工具，而是不断成长的学生、家人；在决策权赋予、薪酬分配上，更是对传统模式进行了根本性变革；顾客也不是简单的消费方，而是亲人，顾客的美好需求成为企业不断努力拓展的方向，通过积极倾听、扶危济困、不断改进，给消费者的体验不断超越期待值，引起广泛共鸣。在这样周围都是家人和亲人的环境下，命运共同体、利益共同体便自然形成了。

一、胖东来的崛起：一家超市如何成为“全国最幸福企业”

胖东来这家原本名不见经传的商超，在创始人于东来的带领下，立足许昌，突破许昌，来到新乡，然后又开始在郑州布局，近年来通过对永辉、步步高的调改产生了巨大的社会影响，已逐渐成长为一个让人瞩目的商业帝国，它以独特的企业文化和管理理念，赢得了“全国最幸福企业”的美誉。

“有意栽花花不发，无心插柳柳成荫。”也许用这句话来概括胖东来的崛起和成功并不确切。但如果抛开“戚戚于贫贱、汲汲于富贵”的执念和刻意，也许能够从一个侧面说明胖东来奇迹的密码，虽然企业都是以营利为目的，但当一家企业并不把眼前的盈亏当成推动事业发展的动力，而是关注员工的成长、顾客的感受、企业的社会责任，它便抛开了利润多寡的成见，进入了一个更高的境界和维度空间。当利润不过是俯视面上的一个点，而这个面上有更多的点和线需要关注的时候，高下立判、得失立判。于东来把胖东来存在的意义和价值界定为：“不只是为了做企业、满足自己的生存需求，更是通过企业的载体和平台，像学校一样量力而行地分享、传播与践行先进的文化理念和先进的生活方法。”[1] 于东来是这样说的，也是这样做的。把好的理念坚定地落实，是胖东来崛起并成长为“全国最幸福企业”的核心要素。

胖东来的崛起既是一个值得大书特书的商业故事，更是一个人的传奇，一个人对于人性、对于幸福的上下求索。

这个人就是于东来，1966 年出生于河南许昌，在家中 7 个兄弟姐妹中排行第六，曾就读于许昌市第七中学。早年的于东来颠沛流离，在许昌卖过花生、甘蔗、瓜子、西瓜，在临颍县卖过冰棍，在西安建筑工地做过小工，后来有机会进入许昌二橡胶厂工作，从普通工人干起，先后担任班长、工段长、车间生产负责人，后因厂领导调整而离开橡胶厂，跟随兄长做烟酒批发和零售。1990 年，乘着改革开放东风，于东来决定开个烟酒批发店，因对经营理念缺乏正确认知，一波三折，欠下了巨额债务。在亲友的帮助下，1995 年 3 月 12 日，于东来盘下了位于许昌望月楼的一个门面，取名望月楼胖子店，开始了零售业生涯，并且再没动摇过。当年底，于东来不仅还了 30 万元欠债，还结余 50 万元，第二年赚了 120 万元，第三年赚了

1 于东来：《走在信仰的路上：东来随笔 心的分享 胖东来文化分享系列（一）》，线装书局2024年版，第1页。

180 万元。回顾过去，于东来认为此前创业之所以有那么多波折，是因为自己急着发财，太急功近利，只有真诚经营，保证质量，不欺骗顾客，才是长久之道。

此时的胖东来还只是一个自给自足的企业。一般的零售企业也许会继续专注于扩大规模，挣更多的钱，开更多的店，但胖东来开始在文化上着力。从胖东来 30 年发展历程看，真善美贯穿其各个阶段，但每个阶段都有其重点。胖东来在初创期，聚焦“用真品换真心”，建立顾客对企业的信任。在成长期，通过“向善而生”，培育了大批有人情味、服务力强、甘于奉献的员工。在成熟期，坚持“美美与共”，尽心调改帮扶了一大批同行企业，筑牢了在零售业的独特地位，通过对顾客投诉的及时反馈和强势维权，进一步强化了品牌形象。在智能化时代，胖东来正推行线上线下结合的模式，在新的起点实现了新的跨越发展。

“观今宜鉴古，无古不成今。”要想回答胖东来为何成为万人瞩目的幸福企业，要看它这一路是如何走过来的，它的崛起过程，就是其不断走向幸福企业的过程。在这里，笔者简要介绍一下胖东来发展的四个阶段。

第一阶段，满腔真诚的“傻东来”。该阶段自 1995 年许昌创业开始。凭借“用真品换真心”的承诺，开店以来，于东来没有卖过一瓶假酒、一条假烟，以真诚赢得了家乡父老乡亲的信任和厚爱。在听说中国台湾海峡被美国航母侵犯的消息后，于东来认为中国也应该有属于自己的航母，每一名中国人都应该为中国发展作出贡献，遂取出 2 万元现金与几个伙伴乘坐火车赶到北京捐款，邻里乡亲知道后都说他“傻”，“傻东来”的名称也是起始于此。1997 年，企业更名为“胖东来烟酒有限公司”，并进行扩建和开设分店。1998 年 3 月 15 日凌晨，胖东来购物中心突然起火，火势迅速蔓延，楼上的望月楼宾馆被波及，后经当地消防部门近一个小时的扑救，火势得到控制，但胖东来购物中心被烧光，造成经济损失超过 100 万元；望月楼宾馆 1 名服务员、7 名旅客丧生。一场大火让于东来的物质财富重归于零，但胖东来诚信经营、用心服务的好口碑依然在。

第二阶段，极致服务的“疯东来”。该阶段自 1998 年开始。事后查明，该起火灾是韩某泼洒汽油、纵火泄愤。韩某此前在胖东来购物中心买烟时辱骂殴打员工，工作人员立即报警。为了报复胖东来购物中心，韩某纠集几个同党洒汽油点火烧了胖东来购物中心。事发后，于东来一度陷入深深自责之中。在父老乡亲的规劝下，于东来重新振作起来，这次站起来的于东来实现了人生的又一次顿悟，那就是如何在做好企业的同时承担起社会责任，做一个热爱自由、传播爱的大写的人。满血复活的胖东来，以创新服务为目标，以学习借鉴为方法，让传统零售业焕发出时代之光。这里的“疯”，既有于东来再次站起来之后，把全部精力都投入到胖东来的发展和拓展上的“疯狂”，也有于东来为把服务做到极致的追求，还展现了胖东来持续扩张的进取状态。1999 年，胖东来配送中心成立。1999 年，胖东来将量贩业态引入许昌。2000 年，胖东来推行股份制。2001 年，胖东来与信阳、南阳、洛阳的另外 3 家区域连锁超市共同发起“四方联采”，整合资源服务。2002 年，企业更名为“许昌市胖东来商贸集团有限公司”。2005 年，胖东来走出许昌，新乡胖东来百货开业。2006 年，胖东来电器城开业。2009 年，胖东来时代广场开业。2012 年，关闭五一店、六一店、新许店等 13 家门店。

第三阶段，回望初心的“实东来”。该阶段自 2015 年开始。早在 2013 年 4 月 30 日，于东来就在微博上说，新乡胖东来将在物业合同到期后（2015 年底）关闭。据报道，物业合同有效期为 10 年，到期前物业公司要求租金上涨近 1 倍，胖东来因续租合同没有谈妥而退出。其实，这是表面现象，胖东来早在 2012 年已经开始关闭一些门店，后来于东来夫妇因为身体健康原因，对门店进行了较大调整。于东来在致新乡人民的一封信中说，做出调整是因为能力和身体健康状况不太允许，也不想让新乡管理团队的兄弟姐妹们去承担太多额外的责任和压力。其实，是于东来对付出的回报不甚满意。这是于东来回望初心的感悟，于东来认识到零售业要有序发展，如果为了扩张而扩张，品质下降，结果只能是自毁长城。为此，于东来坚守品质初心，升级改造，宁缺毋滥，许昌原有一些社区门店被大量关闭，取而代之的是店面形象、购物体验等有着根本性改变的新一代门店。这段时间，一些品质店陆续开业。2015 年，胖东来劳动店重新开业。2016 年，新乡胖东来重新开业。2019 年，胖东来云鼎店（社区店）开业。2023 年，胖东来天使城店开业。

第四阶段，线上线下的“如东来”。该阶段自 2022 年开始。这一阶段，胖东来已经形成了稳固的文化理念、日新的制度体系、高效的运营系统。2023 年前后，胖东来开始推动线上超市，包括在微信和抖音上开通专营店。2024 年 12 月 21 日，胖东来发布了一则公告，表示由于近期卖场的客流量太大，部分商品的抢购现象已经有点失控了，为了保证卖场的正常运营和顾客的安全，决定从当天开始，将一些特定的商品调整为线上销售。2024 年 11 月 17 日，胖东来创始人于东来罕见进行了一场长达近 3 个小时的直播。在直播中，于东来分享了他做胖东来的真实愿景，“我就想把这家企业做好，做成一个样板，影响河南，乃至用10年到20年的时间去影响整个中国。有了这种愿望就一直按照这种愿望去做”。特别是胖东来文化，已经开始输出并取得非常好的效果。这一阶段，胖东来通过文化输出，先后对安徽绿篮子、江西嘉百乐、浙江万家惠、杭州氿悦里、辽宁大石桥真实惠、菏泽佳和、山东儒原、广东清远满家欢、云南润兴万家、成都邻你生活、青海一家亲、甘肃新乐等进行实地指导和调研，收到非常好的效果，特别是调改步步高、永辉超市，取得极好反响。

胖东来崛起的过程，就是重新定义幸福企业、实现零售业革命的过程。从一家普通商超到幸福企业，胖东来只做了一件事，就是做正确的事并持续做下去。胖东来的底层逻辑，就是通过重构员工、顾客、社会三者之间的关系，将以营利为目的的商业行为升华为传递幸福的社会实践，将员工当作家人，将顾客当作亲人，将社会当成家，通过薪酬分配和授权换来员工的忠诚和高品质服务，通过极致的事前、事中、事后服务打造独特的品牌形象，通过赋能同行、奉献社会，形成理念共同体，从而更好地回报人民、回报国家、回报社会。

二、“不赚钱”的胖东来，为何能活得比谁都好

于东来说，胖东来 2023 年本来是准备只赚 2000 万元的，但是没想到赚了 1.4 亿元。实际利润水平是原计划的 7 倍，这对同行来说是不敢想象的。《道德经》第二十二章有言：“曲则全，枉则直；洼则盈，敝则新；少则得，多则惑。是以圣人抱一为天下式。不自见，故明；不自是，故彰；不自伐，故有功；不自矜，故长。夫唯不争，故天下莫能与之争。”胖东来深知低洼才会充盈、少取便是获得的道理，不以赚钱为唯一目的，而是为了“美好生活”这个愿景和“自由 · 爱”这个使命而奋斗。正因不与人争，所以普天之下没有人能与自己争，付出心血，付出真诚，呼唤真诚，呼唤美好，并且坚定这样的信念不动摇，自然就能比其他企业活得更好。胖东来不以赚钱为唯一目的，而是大爱在心，大义在肩，大德在行，以让员工更幸福、让社会更美好为目的，坚定地走在美好之路上。

“不赚钱”的胖东来，为何能活得比谁都好？其中蕴含着辩证逻辑，这里的比较是和零售业同行的比较，这里的“不赚钱”也是相对的。活得好包括物质方面，也包括精神方面。“不赚钱”说的是付出高额成本和巨额支出，在一般零售企业看来，收支为零或为负，没有正向收益。其实，收益不能只看

眼前，要有长远眼光。

胖东来下面的这些做法看起来“不赚钱”。

“不满意就退货”。胖东来推出的无理由退货，是服务不断升级的表现，如今已升级为“上门退换货服务”。胖东来便民服务中心给出了免费上门退换货的承诺：“如果您购买的商品不满意或出现质量问题，我们上门帮您办理退换货，我们为您提供真诚、热情、高效的服务，这不是口号，这是一份承诺！”并明确了退换货的标准：“超市部商品自售出之日起7日内，凭购物凭证不影响二次销售的予以退换，下列商品除外：1. 消费者定做的；2. 鲜活易腐的；3. 生鲜食品类非质量问题的；4. 其他根据商品性质并经消费者在购买时确认不易退货的。”上门退换货，看似商场吃亏，比如，服务员的时间、来回的路费，以及更换的商品等。其实，是通过这些成本换来一名忠实的顾客。因为不满意就退换货以及提供上门退换货服务，已经远远超出客户的预期，让顾客意想不到。正是这意想不到，换来了顾客的真心和对美誉度的认同。这些成本实际上已经成为胖东来无形的品牌宣传和口碑积累。当然，胖东来还会通过培训提高服务员的专业素养，以更专业的水平向顾客做好介绍，让顾客满意之后再买，从而将退换货率维持在较低的水平。

“500 元客户投诉奖”。胖东来规定了顾客投诉处理标准：“当您在购物过程中遇到商品质量、价格、服务、管理或环境等问题时，请您到各专厅、专柜、总服务台，我们将积极为您处理相关问题，如果处理结果有令您不满意的地方，可以直接拨打部门值班主管电话，我们将在最短时间内给您一个满意的答复。”胖东来本着主动承担责任的指导理念，做到积极换位思考为顾客着想，把问题圆满解决好，在备注中明确，“如果我们的服务没有让您满意，请您告诉我们的值班经理，经核实确认您将获得 500 元客户投诉奖”。同时给出了顾客投诉处理流程、步骤、各店联系电话。胖东来此举的目的就是通过投诉提醒，让胖东来的工作更加专业化和人性化。敢于设置这个奖项，是出于胖东来对自身服务的自信和不断追求卓越的信念。其实，设置这个奖项，是胖东来的明智之举。对于员工来说，既然出了问题，就要整改，就要对相关人员进行追责，追责必然促使员工服务更加精益求精，不能有丝毫马虎。对于企业来说，顾客就是行走的“广告牌”，这种暴露企业问题的做法，无异于为企业“开源”，最终将企业打造成强大无比的商业帝国。

对普通人的重视体现了胖东来平等的价值观和对人性的体悟。我们看到一些服务业超越客户预期的服务多是针对 VIP 客户，对于普通客户则没有设置这种服务，能够满足预期的七八成就算不错了。但胖东来始终坚持超越客户期待，力求达成120% 以上的满意度。如胖东来很重视后台留言，凡有留言，主管都会给顾客打电话，先核对留言的内容，然后告诉顾客希望购买的商品在商场的具体位置和具体价格，并且最后还会说如果商场没有，可以随时跟营业员说，单独采购并送货上门。一些商场对顾客很小的需求置之不理是常态，但胖东来很重视，会派专人负责跟踪解决，顾客自然会被打动，感受到被重视和被尊重。

“慷慨捐款”。1996 年 3 月，于东来和于东明、刘红军三人共向中国航天基金会捐了 2 万元。捐出这笔积蓄是他们赤诚的爱国心的表现，执着而纯粹。俗话说，人有善愿，天必佑之。2020 年 1 月 29 日，武汉市红十字会公布了“武汉市红十字会接收社会捐赠现金一览表（2020 年 1 月 22 日—1 月 28 日）”，排在第一位的就是胖东来，捐款金额 5000 万元。这笔巨额捐款，赢得了社会广泛的关注和赞誉，胖东来一度上了热搜并刷屏。胖东来成立 30 年来，捐款金额高达 1 亿多元。胖东来捐款，是胖东来文化理念的具体实践。因为在胖东来看来，其使命就是引领和推动社会向更加美好的方向进步，启迪和带动更多企业走向更加健康、优质、轻松、自由、幸福的企业状态和生命状态，让城市更美好、让社会更美好、让人类更美好。那么，巨额捐款会不会成为企业的负担、影响企业发展？从近几年胖东来销售额持续走高看，不仅不是负担，反而是企业发展的催化剂。有研究者指出："捐款在公司内部和外部都再一次强化了胖东来的文化，提高了员工和社会大众对胖东来的认同感。在企业内部，员工因为社会的好评再次感受到自己工作的意义和价值；在企业外部，不管是供应商、合作伙伴、社会机构，还是普通消费者，大家也因为胖东来的社会责任感而更认可这家企业。这些认同，反过来变成企业的无形资产，促进了企业的发展。"[1] 正是这种慷慨，让很多人有这样的感觉，要是空手走出胖东来都会觉得不好意思。这"不好意思"，再次表明了顾客对胖东来的认同和支持。

这些看似"不赚钱"的举措，却让胖东来赢得了人心，活出了自由和快乐，正如于东来所言："什么样的生活态度成就什么样的生活状态，好好培育想要的生活，生活就是你想要的样子。"胖东来经营企业不是为了利润，而是为了自由和快乐，这种文化奠定了胖东来的发展根基。胖东来表面上是超市，本质上是学校。学校传播知识，陶冶情操，努力实现员工的健康

---

1 刘杨：《觉醒胖东来》，中国广播影视出版社2023年版，第133页。

成长和社会的和谐美好。对于员工来说，在胖东来，他们养成了智慧与创造性的思维，懂得静心专注地做自己喜欢的事，学习和感悟生活与生命的道理，懂得创造和享受时光的美好；逐步以科学理性的方法摆脱奴性，培养健全的人格，成就阳光个性的生命。对于社会来说，胖东来提供了一种健康、公平、真诚的经营模式，建立了一个科学的涵盖文化、体制、标准、系统的运营体系样板。

胖东来活得好，在于它有一种理想的生活状态，这是向外展现的部分。向内看，具体体现在胖东来员工自我展示的积极向上的精气神。在许昌市，胖东来这个品牌已经超越了其商业价值，成为一张文化名片，每个员工都是流动的胖东来“招牌”，有人这样比喻：如果你在大街上看到骑摩托车戴头盔、不闯红灯的人，十有八九是胖东来的员工。胖东来在薪酬分配、福利待遇、工作环境、职业规划等方面超出一般商超，它将员工当成家人，而非单纯的劳动力，从而赢得了员工的心，员工自然也能创造性地全身心投入工作之中。

胖东来活得好，还在于其追求的是活出人性这样的格局和境界。胖东来看到，一些优秀的人因为真诚和善良，把经营做得很有品质，本可以很幸福地生活，却走上了过度背负责任和贪婪荣耀的道路，开始盲目地发展、追求规模，最终踏上一条不归路，结果就是失去健康、失去当下的美好、失去自由、失去一切，甚至失去生命。于东来说："做企业做的应该是一种思想，而不只是一种规模，企业家要做有思想的人，启迪人们懂得更多好的生活方式和方法！"[1]我们看到，胖东来很多人性化的工作制度，都是为实现这种美好生活的目标而设计的。如每周工作时间、每年休假安排、周二闭店、设立"委屈奖"等特殊福利，保障员工身心健康。胖东来强调"自由·爱"的企业文化，通过内部培训体系帮助员工提升技能，并赋予员工参与企业决策的权利。员工不仅被视为"打工人"，更被定位为共同创造幸福生活的伙伴。

营业时间是衡量一家零售店经营状况和服务水准的重要指标，胖东来把营业时间定为周一、周三、周四、周日为9：30—21：00，周五、周六为9：30—21：30，周二闭店（部分门店如天使城、金汇店除外）休息。国内零售行业没有闭店的传统，给员工放假一般采取轮班等方式以确保每天都能正常营业，胖东来周二闭店也是开了零售业经营的先河。更值得称道的是，胖东来为了让员工能在春节期间陪家人一起过

1　于东来：《走在信仰的路上：东来随笔 心的分享 胖东来文化分享系列（二）》，线装书局2024年版，第116页。

年，明确规定从腊月二十九到正月初四闭店放假，这虽然对门店实际销售产生一定影响，但从另一个角度看，则是有力地保障了员工的劳动权和休息权，让员工活得更有尊严。

胖东来把企业的发展目标定位为“传播先进文化理念，培养健全人格”，把企业准则定位为“扬善戒恶”。扬善，涵盖公平、自由、尊重、信任、真诚、阳光、勇敢、正义、博爱、节制，需要戒除的恶包括虚伪、无知、自私、自卑、贪婪、嫉妒、束缚、伤害。在这种文化理念的指引下，在实现企业目标的过程中，员工心中自然充满阳光和快乐。

三、胖东来的商业管理哲学：从利他到共赢

从胖东来的定位，我们能够真切领会胖东来商业管理哲学的演变发展逻辑和核心要义。胖东来是一所学校，这是胖东来的基本定位。正是基于这一定位，胖东来的企业发展目标就蕴含着独特的商业管理哲学。

胖东来希望成就更多人，而最能成就人的地方就是学校。因为学校不仅是获取知识的殿堂，更是启迪生命意义、指引幸福人生的明灯。在追求规模的时尚潮流下，胖东来选择了做幸福的企业这个目标。这与胖东来的创建理念是相符的。胖东来

一开始的定位就是一个学习的平台，在这个平台上，让生命更加轻松、阳光、健康。于东来说："我们的初心是为了成就更多人，让更多人有健全的人格，（有）阳光的生活状态，有美丽的生命状态，让大家懂得自己不只是在这里工作，而是在分享一种做事的文化，做事的理念，让更多人懂得怎么做事，怎么生活，怎么对待自己的生命，怎么对待时间，让更多人活出人的本色。"[1] 这种文化共享的理念，在企业运营上突出地表现为利他。为此，胖东来从利他理念出发，通过重构企业与员工、顾客、社会的关系，形成了独特的共赢生态。这种商业管理哲学彻底颠覆了传统零售业以利润为导向的价值逻辑，为企业持续发力、行业共同体建构、社会价值创造提供了不竭动力。

胖东来的目标和愿景一直非常清晰而坚定，那就是"传播先进文化理念，培养健全人格"。这个企业目标又可以分为三个层面，在企业层面是打造优秀样板、学校，在人员层面是培育健全人格以及阳光个性的生命状态，在社会层面则是营造文明社会。

在这个目标的指引下，胖东来确定了企业准则，那就是

1　于东来：《走在信仰的路上：东来随笔 心的分享 胖东来文化分享系列（二）》，线装书局2024年版，第97页。

“扬善戒恶”，尊重他人、保护他人乃至万事万物的生命，这份对他人及万事万物的关怀，源于纯粹心灵无私、广泛、没有束缚的爱！这个企业准则是胖东来从利他走向共赢的源头活水。于东来深知零售企业的价值在于保障民生，在于满足顾客的时尚需求，为此，他把让生活更美好、让社会更美好作为努力方向，作为检验工作成效的标准。

正如于东来所说，胖东来的愿望是希望更多人能活出美好的生活状态，希望每个人都能活出美丽的生命，让每个人宝贵的生命时光是充实的、健康的、美好的、热情的、美丽的、有意义的。30 年来，于东来带领胖东来团队不断摸索、学习和进步，奉献自己去造福社会。于东来开始学习、感悟中国几千年优秀传统文化的精髓，既向孔子、老子、庄子这些先贤哲人求教，也向近代为中国走向美好而付出了很多心血和智慧乃至生命的伟人们学习，从他们身上感受、思考，沉淀好的理念、好的方法。然后，把好的理念、好的方法运用到胖东来人的工作和生活上面，真正让员工更美好地生活，让中国梦更好地实现，让社会主义核心价值观中友善、富强、平等、自由、和谐等这些美好的理念真正落地，真正让更多的企业走向一条轻松的、自由的、快乐的、健康的、浪漫的、美丽的发展道路。正是这个宏伟的目标，让胖东来披荆斩棘，走向美好的未来。

胖东来通过高薪酬激活员工活力、透明化经营赢得顾客信任、承担社会责任塑造品牌形象，本质是重构价值链分配机制。胖东来抵制房地产暴利诱惑，专注零售主业，彻底摒弃资本至上思维，通过建立精细化运营体系，在区域深耕和供应链优化协调发展中，培育工匠精神，对冲高成本结构。在利他理念引领下，共赢已经从一种口号变成一种实践、一种状态。胖东来哲学还是一场革命，为陷入极度内卷的中国零售业提供了破局之路，在资本狂飙时代，回归人性本质或许是最高级的商业智慧。

为此，胖东来着力构建多方共赢体系。

一是员工与企业共赢。胖东来通过“超额利润共享”机制，将员工利益与企业命运深度绑定。通过创新各类假期奖励政策，将员工视为成长中的学生、共同创造幸福的伙伴，而非劳动工具。通过倡导“自由·爱”的文化认同，激发员工内在潜能和主体性，筑牢文化共同体意识。

二是顾客与企业共赢。胖东来突破交易双方一手交钱一手交货的冰冷局面，通过透明化经营，如公开商品进货价与毛利率，让顾客清晰地看到企业的真诚。通过推行上门服务、无理由退换货、服务投诉快速响应、电影不好看退半价等创新服务举措，将消费风险转移至企业自身，主动承担责任。这种极致售后，重构了顾客与企业的信任关系，拉近了心与心的距离，把简单的购物变成了深度的服务体验和情绪价值输出。

三是社会与企业共赢。胖东来摒弃商业竞争这种低层次的内卷，通过帮扶调改同行、承担社会责任等生态赋能方式，实现企业与社会的共赢。胖东来通过输出管理哲学，协助永辉、步步高等企业优化商品结构、提升员工待遇，使这些企业扭亏为盈。

成人之美是一种境界，美美与共是一种状态。在很多人看来，同行是冤家，因为涉及资源的分配、客户群体的争取。打价格战、降低成本来迎合消费者，已经成为商业竞争的明规则。但于东来坚持“培养成人之美的习惯，成就合作伙伴往更好的方向成长”[1]的理念，在谈合作的时候，要让对方理解其能带给他们什么样的价值，通过合作让彼此更健康地成长，让顾客得到对生活、对时尚、对消费的满足以及对生活理念的感悟，共同为社会带来价值和美好。于东来举例说，就像做怼酒的时候，因为要求的品质高，我们就给酒厂涨钱，我们想让这种产品去造福更多的人。这原本是我们开发的产品，只允许我

1　于东来：《走在信仰的路上：东来随笔 心的分享 胖东来文化分享系列（二）》，线装书局2024年版，第171页。

们出售，后来我们把许昌和新乡以外的城市售卖权给了酒厂，他们可以去寻找商户，供应的价格和胖东来一样，差价胖东来一分不要，这是利他之心，更是共生思维。

每家企业的发展路径不同，成长环境不同，文化内涵不同，无论是中国还是世界，都有优秀的企业，每家企业都要看到自己的不足，不只是技术层面，更重要的是思维方式、思想观念和价值观上的差距。因此，要拥有一种“成人之美”“美美与共”的心态，也就是要帮助更多人变得更好，而不是看到别人比自己过得好、比自己优秀时就心生嫉妒，甚至想方设法去攻击对方。

胖东来独特的商业管理哲学，源自创始人于东来从低谷逆袭归来的感恩之心。于东来曾经一度遭遇重大挫折，几乎难以为继，正是在乡亲们的物质和精神的支撑下，于东来走出泥泞和低谷，从负债到逆袭。因此，于东来从来都把报恩挂在口头并自觉践行。胖东来的报恩哲学不仅体现在其对员工无微不至的关怀上，更贯穿于其商业决策的每一个细节。胖东来深知，企业的长久发展离不开社会各界的支持与合作，因此，它始终将社会责任放在首位，力求在追求经济效益的同时，也为社会创造更大的价值。通过提供优质的商品和服务，胖东来不仅赢得了消费者的信赖和喜爱，更在无形中传递了一种积极向上的社会正能量。这种利他的行为，最终转化为企业自身的竞争优势，实现了与消费者、员工、社会等多方面的共赢。胖东来的成功，无疑为我们提供了一个值得深思的范例：在商业世界中，坚持利他原则，追求共赢局面，或许才是企业持续繁荣的不二法门。

四、其他零售企业难以学会的底层逻辑

近年来，随着胖东来对步步高、永辉的调改帮扶产生了巨大经济效果和社会效果，了解胖东来、学习胖东来已成为很多人和企业的课题，并产生了胖东来游学团这种新兴产业，其专门承接全国各地来许昌、新乡打卡学习的个人或企业。足见胖东来发展逻辑的影响力和感染力。

但很多人又感叹，胖东来是学不来的，因为它的成功不仅仅是依靠简单的制度规定，更是依靠蕴含其中的文化理念。文化是需要长期浸染的，不是一蹴而就的，更不是通过简单嫁接就能够融通的，它需要一场人性革命、一种格局和胸怀、一种彻底的利他精神，如宁肯自己吃亏也不让顾客吃亏等。这种精神不是短期内可以学成的，需要日积月累地实践。这种精神的形成和于东来的人生经历分不开。

对于存在的问题，胖东来从来都是直面而不是逃避，或者以大事化小、小事化了的方式对待。在遇到问题的时候，胖东来首先是主动承担责任，进行内省和反思，而不是对顾客投诉的动机进行猜测，这种气度已经非常大了。比如，2023 年 12 月 21 日，于东来看到一名网友在评论区留言："昨天下午去天使城四楼华为专柜买电话手表，他们业务员诋毁其他品牌，让我不要选择小米，我真无语。我就说了一声人家小米手表不贵……"之后，于东来立即强调要"细化一下标准、杜绝诋毁其他品牌的行为发生"！俗话说，同行是冤家。胖东来则反其道而行之。胖东来的理念是相互促进、共同提高产品质量。于东来在反思行业普遍存在的内卷与相互伤害现象时指出：这是因为无知造成的，这是恶性竞争，不是良性竞争。良性竞争应该是比一比谁的品质好，谁的人格好，谁活得美丽，而不是为了打败对手。因为整天琢磨打败对手，必然导致心累，最终，不仅打败不了对手，反而伤害的是自己。于东来认识到这一点，提出要做一个智慧的人，而不是做一个封闭保守的人。

正是这个定位，带来了胖东来对零售业的一系列革命性变革，包括利润分配、反规模扩张、体验感服务、人性觉醒等，而这些恰恰是其他零售业学不来的。不是说根本无法学，而是说即便简单地学习这些具体做法，没有文化积淀，没有系统的配套制度，没有长期的人性关怀，其理念是无法真正落地的。因此，胖东来具有其他零售业学不来的底层逻辑：文化理念、制度建构和运行体系的有机统一。下面从几个方面来总结胖东来的一些独创性做法。

利润分配方面的颠覆性。“要让创造财富的人分享财富”是于东来分配利润的根本原则。于东来曾说：“我觉得最好的方法是 50% 是股东的，50% 是在一线劳动的这些人的，我们的制度一定要合理。”[1]“高工资、高福利”是胖东来人引以为傲的事，胖东来的员工平均工资是许昌当地平均工资的 2 倍多。但这个对比，并不是于东来利润分配的初衷。在员工待遇方面，于东来从来没有认真地算过发多少工资合适，他只是估算员工每年能挣多少钱，办多少事，大概几年就可以盖房、结婚，还能有钱孝敬父母。于东来非常注重员工的基本生活保障权，他会确定一个基数，保障普通员工最基本的生存权，免除员工生活上的后顾之忧。对人的重视体现在对人权的保护上，比如，尊重劳动者的生存权、发展权、休息权、劳动权等，正是因为有这样的认识，才不会把涨薪、分红当作对员工的恩赐，也正是这种对员工基本人权的保障意识，才能从根本上激发员工的

1　王慧中：《胖东来，你要怎么学？》，龙门书局2014年版，第104页。

创造潜能和主动服务意识，才能切实体现人格层面的平等和尊重。于东来在调改南阳万德隆时候，第一件事就是涨工资，理货员涨 50%，中层干部涨 150%，店长涨 230%，另外给 20 个店长每人一辆车，并规定只要干满 6 年，离职后可以把车带走。万德隆老板得知后估计要亏 1000 万元。结果恰恰相反，万德隆当月销售提升了 40%，一年下来不仅没有亏损，反而挣了 1000 万元，比上一年利润翻倍了。在 2025 年 3 月的中国超市周上，于东来亮出 2025 年 1 —2 月员工平均收入在交完社保以后是 9886 元，店长一级平均到手工资达到了 78058 元。胖东来利润分配公式“333”法则最引人注目，即年利润 30% 捐社会、30% 作发展基金、30% 分员工、10% 归管理层。2024 年 8 亿元净利润中，7.6 亿元投入薪资福利，仅留 5% 用于规模扩张。

高薪酬建立在利润共享基础之上。胖东来这种分配机制不仅打破传统零售业“低成本劳动力”的惯性，更通过物质保障让员工获得尊严感，进而转化为极致的服务动力，显著提升员工的归属感和积极性。于东来自 1999 年开始酝酿分股份，他说：“分了股份，他们会更用心地去做，因为他们也是企业的主人了。”把员工当作人来看，而不是赚钱的工具，这是胖东来高薪与盈利的底层逻辑。

胖东来反规模性扩张的战略，也是其发展的适度性逻辑决定的。胖东来在发展初期，也存在适当铺开的现象，以求延揽更多的顾客。但实际运行一段时间发现，规模大未必是好事，很多情况下因为监管不力、文化理念贯彻不足等问题带来整体形象的折损。在总结经验教训的基础上，胖东来更加注重区域深耕与极致单店效率，努力克制扩张的长期主义。胖东来 30 年仅布局河南许昌和新乡两地 13 家门店，并努力将单店投资强度提升至行业 2 倍。这种“据点式作战”策略使胖东来能集中资源优化供应链、控制损耗，而传统商超往往因盲目追求规模导致供应链失控而陷入被动局面。

胖东来打破了传统零售业的“规模至上”逻辑，转而追求一种更为人性化、可持续的发展模式。在胖东来看来，企业的成功并非仅仅取决于规模的大小，更重要的是能否为员工、顾客和社会创造价值。因此，胖东来将重心放在了提升员工幸福感、增强顾客信任以及实现社会价值上，而非盲目扩张规模。这种不看重规模，只看重质量和幸福感，以“品质与幸福”替代“低价与规模”竞争方式，有力地证明了区域性企业也能创造全国性影响力。这种以人为本的发展理念，使胖东来在激烈的市场竞争中脱颖而出，实现了稳健而持久的发展。

2024 年 12 月 17 日，胖东来创始人于东来在其抖音号上回应了关于胖东来羽绒服仅赚 3 毛钱的相关言论："这个是处理商品价格，不要误读！胖东来服装经营有正常的毛利率，但最高不允许超过 30%。"于东来还表示，在企业经营管理层面，胖东来采用理性和科学的经营方式，除去所有费用，净利率在 3%～5%。胖东来主要经营特点是商品好、环境好、服务有保障、顾客信任度高、人效和坪效高、员工流失率在 2% 左右。

胖东来对体验感的极致实践，是其他零售企业不敢想象的。作为零售业，其销售的物品并非胖东来独有，但其不仅得到当地人的偏爱，而且使外地人专程探访并作为打卡地，其中的奥秘就是蕴含于服务中的尊严体验，这种体验具有独特性、舒适感。自从胖东来实行春节闭店制度后，每年春节假期后恢复营业的第一天，人们都需要提前几个小时排队，很多人还从外地赶来，场面非常震撼。因为对品质的信赖，很多人冲进商场，根本不看价格，直接抢选物品，到结账的时候才知道商品的价格。在许昌，胖东来商旅融合，已经和曹魏三国、钧瓷文化、生态文化一起成为全市的品牌。2025 年 2 月 2 日至 4 日，春节假期后恢复营业的 3 天内，胖东来许昌地区总客流量为 177.5 万人次，2 月 2 日当天，胖东来许昌地区日总销售额超过 1 亿元，以一己之力带动许昌文旅产业的发展。据当地报道，胖东来购物游持续火爆，让许昌这座"网红"城市始终保持着高流量、高人气。胖东来商超春节放假停业后于正月初五开门营业，客流量随即井喷式爆发，每天都是人潮涌动、客流爆棚，各个门店不得不持续限流，时代广场、天使城等门店高峰时段排队超过 3 个小时才能入场。客流带动了人流和车流，促热了消费，假期后 3 天，胖东来商超周边餐饮企业上客率和翻台率成倍增加，宾馆酒店家家爆满、一房难求，高速各下站口出站车流比假日前几天增加 80% 以上，且大多为外地车辆。

其他零售企业很难学来胖东来独特的人性觉醒，这是由于东来独特的个人经历所决定的，也正是于东来的个人遭遇，让胖东来能够实现从“商业理性”到“人性觉醒”。

第一次，是从急功近利中觉醒。刚开店不久，因低价收购香烟被关进拘留所，于东来第一次体会到人身自由的宝贵。于东来二次创业，很快红火起来，半年挣了十几万元，人变得膨胀，为了更快地赚钱，选择走捷径，通过卖店买车来倒卖香烟，结果第二次被抓，所拉香烟全部被没收。后来，他在秦岭一带投资矿业，结果没赚到钱反而赔了钱。这时于东来已经从拥有十几万元存款变成了欠债 30 万元，在当时这可是天文数字。在走投无路的时候，他只得再次回到许昌。当时，许昌望月楼正好有个门面要转让，在大哥的帮助下，于东来盘下了这个店面，之后的发展前面已经介绍。

第二次，是从火灾中觉醒。那场大火让于东来一直耿耿于怀，他后悔开店，自责不已。在父老乡亲的鼓励下，于东来再次站起来。无论是商场的波谲云诡，还是社会的戾气丛生，于东来经受住了生与死的考验，凤凰涅槃，浴火重生。当然，此后还从野蛮扩张中觉醒。

这些觉醒，有着明显的个人烙印，不具有可复制性。这些经历对胖东来文化理念的形成、制度机制的建构、运行体系的落实有着关键作用。因此，其他零售企业在学习胖东来时，很难习得这些底层逻辑。

第二章

员工至上

不裁员、不PUA、不赚黑心钱，凭什么

劳资矛盾在西方社会有着悠久的历史，自中世纪工商业城市出现以来，劳资冲突一直是城市中重要的社会现象。商品经济中，资本拥有者和劳动者之间的矛盾是社会发展的主要矛盾之一。在资本主义社会，劳动者是被剥削的对象，社会地位自然很低，随着经济社会的整体进步，越来越多的资本家看到劳动者的创造性价值，但基于控制资本的天然优势，无法把劳动者真正平等视之。日本“经营之圣”稻盛和夫将公司存在的意义定为“为了追求公司中包括我在内的全体员工物质和精神双方面的幸福”，这是对劳资关系的一种认知跨越。但是在竞争日益激烈的时代，追求利润最大化已经成为企业在商海中立足的主要目标，甚至是唯一目的，这就必然会忽视员工的权益和福祉。胖东来却反其道而行之，将员工当成家人，视为最宝贵的财富，基于自己学校的定位，员工既是这所学校的学生，又是这所学校的先生，更是这所学校的服务员。为此，胖东来不仅为员工提供行业内领先的薪资待遇，还注重员工的职业发展和心理健康，如通过培训、激励措施，帮助员工提升自我，实现个人价值。同时，胖东来还坚决反对任何形式的职场 PUA 和精神压迫，在胖东来看来，不裁员、不 PUA 、不赚黑心钱，不是一种简单的道德选择，而是企业持续发展的必由之路。

一、为什么给员工高工资，却还能赚钱

认为给员工高工资，企业就不赚钱的想法是缺乏基本逻辑认知的。在传统的商业逻辑中，提高员工薪酬往往意味着增加成本，进而压缩企业的利润空间。但企业是否赚钱涉及成本和收益两个方面，任何一方都无法单独决定最终的结果。胖东来用实际行动打破了传统认知，将员工视为家人，通过综合考量工作量、工作成果及个人成长规划来分配薪酬，赢得员工的真心和真诚奉献。从工资和奉献的对应关系看，胖东来高工资换来的是员工超出工资的奉献和服务，这种超出工资的劳动，带来的价值是非常巨大的，自然带来了更多的收益。同时，我们既要看到员工的高工资，更要看到招聘的严格性和高门槛。2024 年 3 月，有媒体以“胖东来招聘 151:1 堪比公务员招录”“985 高校毕业生应聘胖东来面试都没进”为标题报道了胖东来招聘标准，这说明胖东来的招聘门槛非常高。其实，胖东来招聘公告中会介绍企业的发展目标、招聘目的、招聘基础

标准，其中招聘目的，除了弥补岗位空缺，还要实现优秀的专业技术与先进文化理念、体制的匹配，更好地为社会提供和分享健康、科学的运营体系（打造样板）。另外，还培养和成就专业储备人才，促进企业进步（员工和企业都变得更美好）。为了实现这些目的，招聘公告中还明确了 4 条基础标准：认可胖东来文化；有真诚、善良、乐观、阳光的个人品质；性格开朗，亲和力强，沟通能力强；热爱生活，有良好的生活习惯和行为习惯。这些规定，与很多企业招聘补充专业岗位不同，胖东来更重视文化和价值观方面，这同胖东来是一所学校的基本立场相吻合。

胖东来与员工共享企业增值，从而极大地激活了员工的生产力、创造力。员工不再是低成本人力，而是价值创造的主体。胖东来所在地许昌、新乡的经济发展在河南省居中等水平。2024 年许昌居民人均可支配收入 33725 元，每个月约 2810 元。保安、保洁一般 3000 元左右。而胖东来 2024 年员工月收入交完社保以后，其中店长 44193 元，店助 31765 元，处长 23868 元，处助 19537 元，课长 13678 元，课助 11521 元，班长 10140 元，员工 8315 元。胖东来员工在当地属高收入人群，让很多人羡慕不已。“不会分钱，就会亏钱”是于东来常挂在嘴边的话。分钱制度是薪酬体系的核心。以 2022 年胖东来超市部员工薪资构成为例，员工工资由 6 部分组成，即基础工资 + 文化理念考评奖励 + 专业知识 / 技能考评奖励 + 日常管理考评奖励 + 岗位补贴 − 统筹。基础工资是保底收入，为员工提供基本的物质保障，由销售目标和毛利目标两部分组成；文化理念考评是胖东来的独创，目的是确保员工在文化理念、价值观等方面同向同行，由文化信仰、扬善、戒恶、幸福生命状态 4 部分组成；专业知识 / 技能考评是为了促使员工不断提升专业知识和技能，由岗位标准、商品知识、电脑实操、专业岗位补贴 4 部分组成；日常管理考评是员工在日常工作中的表现；岗位补贴主要是针对岗位特点和工作需要给予的；统筹即法定扣除险、金、税等。管理层工资还包括应具备的能力考核奖励，这部分考核包括文化素养、战略规划、体制政策、决策能力、运营管理、管理能力、财务能力、法律意识等。

特别值得一提的是，只要员工正常出勤，无论如何考评，无论盈亏，员工每个月拿到手的最低工资不低于 4000 元，这就是保底制，这便让员工吃了定心丸。除了这个底线，还有高限，那就是销售完成比和毛利完成比一旦超过上限 110%，最多也只能按 110% 计算，这样就为过度赚钱的欲望装上了“安全阀”。正如于东来所言，经营指标不是追求规模和利润，而是追求健康和科学。从创立到现在，胖东来的分配体制一直是朝着让团队对付出和收获满意、对未来充满希望，并自愿做好细节的方向发展的。[1] 胖东来通过合理、灵活、多元的薪酬分配体系，让员工保持最佳状态，让胖东来保持最佳状态。

独特的选人用人法是胖东来持续发展的法宝。在选人方面，胖东来坚持的是“理念第一，经验第二”，应聘者要加入胖东来，首先要提前深入了解并熟悉胖东来的文化理念。胖东来最为看重的是那些愿意践行并积极传播其文化理念的同行者，还必须表达出加入胖东来后将在思想、生活、工作及生命状态上获得成长的愿景与信心。在育人方面，胖东来坚持的是“教育第一，培训第二”，通过塑造信仰、提升心性、开启教育之旅，再通过培训提升专业能力。在用人方面，胖东来通过竞聘、轮值与民主评议多管齐下。

在胖东来，员工不再被视为单纯的成本支出，而是被视为共同创造价值的家人和伙伴。通过给予员工高薪，胖东来实际上是在投资员工的能力和潜力，激发他们的工作热情和创造力。这种投资带来的回报是显著的，员工不仅在工作中更加投入，还积极提出创新性的想法和建议，不断提升企业的服务质

1　参见汤献华、王译慧：《胖东来·心零售》，中国工商出版社2025年版，第81—87页。

量和运营效率。此外，共享增值理念还促进了企业内部的知识共享和技能提升。当员工获得丰厚的报酬时，他们不仅在经济上得到了满足，更重要的是，他们的劳动价值得到了企业的认可与尊重。这种正面激励促使员工在工作中投入更多的热情和精力，他们更愿意主动学习新技能，提升工作效率，这种学习氛围的形成，进一步推动了企业整体能力的提升，实现了企业与员工的双赢。

胖东来给员工高薪酬，实际上极大地降低了企业的隐性成本。这些隐性成本包括员工招聘成本、培训成本以及因员工流失而带来的业务中断和效率损失等。当企业为员工提供具有竞争力的薪酬时，员工的满意度和忠诚度显著提高，这直接降低了员工的流动率。企业无须频繁地招聘和培训新员工，从而节省了大量的时间成本和金钱成本。稳定的员工队伍有助于企业保持业务的连续性和高效性，避免因员工离职而导致的项目延误或客户流失。从长远来看，高薪酬策略实际上有助于企业实现成本的有效控制，提升整体竞争力。

减少监督成本。高薪酬带来的员工满意度提升，有助于营造积极、和谐的工作氛围。当员工对自己的薪酬感到满意时，他们更可能全身心地投入到工作中，对工作充满热情，从而减少内部矛盾和冲突。这种正面的工作氛围有助于降低管理内耗，使管理层能够更专注于战略规划和业务发展，而不是陷入日常琐事的泥潭。此外，员工更愿意与企业共同成长，积极为企业的发展出谋划策，进一步促进企业的长期稳定发展。

胖东来对员工的高投入，换来的是高忠诚度。于东来说，胖东来的员工你赶都赶不走，除非他有更好的发展空间，或者是他在哪些方面不成熟。胖东来大部分的员工离职可能是触犯了胖东来制度。胖东来员工的离职率非常低，低于 5%，有的部门可能就是 1%、2%。低离职率不仅减少了企业因员工频繁流动而带来的招聘成本，还避免了因新员工不熟悉工作流程而导致的效率损失。此外，长期稳定的员工队伍有利于企业积累经验和知识，形成独特的企业文化和工作氛围，这些优势都是新员工短时间内难以替代的宝贵财富。因此，从长期来看，高薪酬策略通过降低离职率，为企业节省了大量的招聘与培训成本，促进了企业的稳定发展。例如，胖东来无须投入广告费，员工与顾客的自发传播即可带来稳定客流。

这种高忠诚度体现在员工对企业的深厚感情和高度认同上。胖东来的员工不仅在工作中尽职尽责，还乐于为企业奉献自己的智慧和力量。他们积极参与企业的各项活动，为企业的发展出谋划策，形成了良好的团队协作氛围。同时，高忠诚度也促使员工更加注重个人技能的提升和职业素养的养成，从而为企业创造更多的价值。这种良性循环使胖东来在激烈的市场竞争中保持了强大的竞争力。

许昌的出租车司机在被人问到“胖东来的地为什么会打扫得那么干净”这个问题时，斩钉截铁地回答：“要是让我去干，我会比他们打扫得更干净！”“我会拿出命去干，你想，一个月有八九千块的收入呢！可惜我年龄大了，进不去了。”

二、放权给员工，让一线工作人员决定公司命运

胖东来重视从中层以上管理人员中培养领导人才，并对这个群体充满信心，同时为了让大家更好地成长，学到更多实实在在的能力，也为了整个团队更加成熟，于东来要求“各部门要落实公司理念，主管真诚大胆地放权，锻炼自己的下属和员工，让员工轮值，参与管理工作，让每个员工都熟知主管领导的工作综合能力，包括经营、财务、人事、团队培养等；让全员参与到经营管理工作当中，成就大家成为优秀的人才”[1]。在于东来看来，放权是对下属充分的尊重和信任，也是最真诚、最

1　于东来：《走在信仰的路上：东来随笔 心的分享 胖东来文化分享系列（一）》，线装书局2024年版，第111页。

有效、最科学的管理。在胖东来，工作中不允许替下属决定解决问题的方法，只有充分地放权，才能让员工尽情地释放自己的潜能、才华和智慧。

放权是胖东来的管理模式。胖东来把有效管理界定为让下级靠自己做好自己的事情，并掌握上一级主管领导岗位的工作能力。这样管理的结果就是团队工作有序，下级积极热情，领导智慧轻松。放权理念也是于东来成人之美的具体表现，可以说放权就是为了成就下属员工。通过放权，用大家共同的智慧让团队发展得越来越好，胖东来的各级管理人员都能够科学地安排工作，信任下属。于东来要求杜绝事必躬亲的做事方式，让大家严格按照做事原则进行工作，多给下属锻炼机会，既成就他人，也成就自己，于东来称这样才能成就美好的团队。

放权有效激活了员工的创新活力。有一次，胖东来医药部付萍萍接待了一个大姐。大姐不是来买东西的，而是想问问胖东来能否维修血糖仪。付萍萍检查后发现，这台血糖仪并不是在胖东来购买的，但按照售后维修流程，她还是对这台机器进行了登记，并热心地帮大姐联系了返厂维修。等到拿机器的时候，大姐认为这台修好的机器并不是自己的。付萍萍赶紧查看《顾客维修登记本》并核对机器编号，还和厂家核对，最后证明自己没有搞错。然而，大姐就是不认，坚持说这不是自己送修的机器。遇到这种事，付萍萍感到很委屈，“本来就不是在我们这儿买的机器，我们帮忙维修，还……”这时候，主管正好路过，他让付萍萍拿一台新机器给大姐，最后大姐高兴地拿着新机器离开了。这件事困扰了付萍萍一个下午，最后她还是忍不住给主管打了电话。主管说：“遇事我们要站在顾客的角度考虑，让顾客满意。当时，咱们只是自己记录了机身号，并没有和顾客确认，是我们的流程存在问题。今天虽然她拿走了一台新机器，但是她很满意啊。”主管讲到这里，付萍萍的心结才彻底打开，而且因为这个小波折，医药部完善了售后服务流程。之后顾客拿来维修的机器，不但要登记品牌、型号、购买日期，还要登记机身号并拍照存档。此后，类似的事件再也没有发生过。看起来，这只是付萍萍在自己工作中遇到的问题，但实际上，她协助改进了胖东来医药部售后服务流程制度。新的制度不仅仅适用于付萍萍所在的门店，胖东来医药所有的门店都执行了这项新制度。[1]

胖东来“放权给员工，让一线工作人员决定公司命运”的管理实践，本质上是一场对传统科层制管理的颠覆，并非简单授权，而是通过文化认同、制度重构、利益共享的三角模型，

---

1 参见刘杨：《何以胖东来》，人民邮电出版社2025年版，第175页。

将一线员工从“执行者”升级为“决策者”，最终实现组织活力与商业效率的双重爆发。

胖东来用信任替代管控，实现从“控制”到“激活”。这种高度信任不仅体现在对员工日常工作的放手，更体现在对员工人格尊严的尊重。真正的信任是双向的，它要求管理者不仅要对员工的能力给予信任，更要对员工的人品和职业道德抱有信心。因此，胖东来在取消传统管控措施的同时，也建立了一套完善的员工自我管理和监督机制，鼓励员工之间相互监督、共同进步。传统零售业通常采取罚款制度、KPI 考核等对员工进行管控，结果就是束缚了员工的创造力。胖东来摒弃这些传统模式，代之以“自由・爱”的文化信仰引导员工，让员工从内心作出真诚的决策，这种真诚的决策，会让企业利益最大化。如员工发现商品临期，可自主下架报损，无须请示主管；面对顾客投诉时，一线员工有权直接决定赔偿方案，包括全额退款及额外补偿等。这种信任释放了员工的自主性，由此带来的顾客满意度提升直接促成了高复购率。

通过各种制度控制员工，或许有一定效果，但长期来看，不一定是最佳方式。这种做法不仅束缚了员工的创造力和积极性，还可能导致员工产生逆反心理，影响工作效率和团队协作。胖东来选择了信任员工，这种信任如同一股清泉，滋润了员工的心田，激发了他们的内在动力。员工感受到了公司的尊重与信任，自然而然地产生了归属感和责任感，从而更加主动地投入到工作中。这种从“控制”到“激活”的转变，不仅提升了员工的工作满意度和幸福感，更为公司带来了显著的业绩增长和竞争力提升。在胖东来，员工不再被视为被动的执行者，而是公司发展的积极参与者和价值创造者。通过给予员工充分的信任和自主权，胖东来成功激活了员工的创造欲望，让员工在工作中展现出前所未有的主观能动性。这种转变不仅激发了员工的内在潜能，还促进了公司内部的创新和进步。员工开始主动思考如何改进工作流程、提高工作效率，甚至提出具有前瞻性的业务建议。他们的这些努力汇聚成一股强大的力量，推动着胖东来不断向前发展，最终成就了这家民营企业的辉煌。

胖东来通过放权给一线员工，形成了利益共同体和精神共同体。当员工分享企业绝大部分利润时，员工个人利益与企业命运就深度绑定。员工不再是“打工者”，而是“合伙人”，自然会产生“经营者思维”。胖东来员工处处为公司着想，把公司当成家，积极参与公司的各项活动，不仅关注自己的工作任务，还时刻留意公司的整体运营情况。无论是日常工作中的小细节，还是公司发展的战略规划，胖东来的员工都能从公司的角度出发，提出建设性意见和建议。这种强烈的归属感和责任感，使胖东来在市场竞争中拥有了坚实的后盾。如许昌时代广场店员工发现进口水果损耗率高，自主发起“预售制”改革，损耗率大幅下降，每年节省成本超百万元。

胖东来商品运营权下放，员工拥有了更大的自主权。他们不再只是被动地执行上级的命令，而是可以根据自己的判断和经验，灵活调整商品的进货、陈列和销售策略，由此激发出来的员工积极性和创造力，使胖东来能够更好地适应市场的变化，满足消费者的需求。员工开始更加主动地关注市场动态，了解消费者的喜好，努力提升商品的品质和服务的水平。自己的每一项决策，都直接关系公司的利益和形象，因此，他们对待工作更加认真负责，对待消费者更加热情周到。胖东来商品运营权的下放，不仅形成了利益共同体，更铸就了精神共同体，让胖东来在激烈的市场竞争中脱颖而出，赢得了消费者的信赖和好评。如选品权、定价权等都赢得市民口碑并带动后续消费。

放权并非意味着管理的缺失或失控，而是一种更高层次、更为智慧的管理方式。它建立在充分信任的基础上，相信员工能够作出正确的决策。通过放权与管理的有机结合，胖东来实现了从传统管控模式向现代激活模式的转变，不仅提升了公司的市场竞争力，更为员工提供了广阔的发展空间和成长机会，实现了公司与员工的双赢。

一线员工不是成本，而是离价值最近的人。他们拥有最直接的顾客接触点，能够迅速捕捉到市场的变化和顾客的需求。胖东来通过放权，赋予了这些一线员工更多的自主权和决策权，让他们能够在第一时间作出响应，满足顾客的个性化需求。这种管理方式不仅提升了顾客的满意度和忠诚度，也进一步增强了员工的责任感和归属感。

传统企业若只模仿放权形式却无基础支撑，往往陷入“一放就乱”的困境。正如永辉调改负责人感叹：“我们给员工加薪 20%，但他们依然觉得在打工；胖东来员工却觉得自己在经营人生。”这是因为胖东来不仅仅是在形式上放权，更重要的是在企业文化、价值观以及数据化管理上构建了坚实的支撑体系。胖东来让员工成为企业真正的主人，不仅仅是在职位上赋予他们更多的权力，更是在心理上让他们产生归属感和责任感。这种归属感让员工不再仅仅是为了工资而工作，而是为了自己的价值和梦想而奋斗。胖东来通过文化塑造和价值观引导，让员工深刻认识到，他们的工作不仅仅是为了公司，更是为了自己和团队的共同成长。这种精神上的激励，让员工在工作中找到了更多的乐趣和动力，从而更加主动地投入到工作中去，为企业的发展贡献自己的力量。

胖东来的放权实践，从本质上回应了德鲁克“知识工作者管理”的核心命题——当员工成为“自我驱动的价值创造者”时，企业便不再是冰冷的机器，而是进化为“由无数个CEO组成的生命体”。这种模式或许难以复制，但它揭示了一个真理：最好的管理，是让管理本身消失。每一位员工都被视为企业的核心驱动力，他们的每一次决策和行动，都直接关系企业的生存与发展。胖东来通过放权，不仅激发了员工的潜能，更让他们在工作中找到了自我实现的价值。

真正的企业管理，不是简单的控制和指挥，而是激发每一位员工的内在动力，让他们成为企业的主人，共同创造美好未来。正是在这种理念的引领下，胖东来的员工在日常工作中展现出了极高的积极性和创新能力。他们不仅仅完成任务，而且主动寻求改进，不断提出新想法和解决方案，以提高工作效率和顾客满意度。胖东来的管理层也积极倾听员工的意见，创建了一个开放的沟通环境，让员工能够自由表达自己的想法和建议。通过这样的互动，企业文化和价值观得以深入人心，形成了一种正向的反馈循环，使企业和员工之间形成了牢不可破的共同成长纽带。胖东来的成功经验，证明了在现代企业管理中，员工的参与感和归属感是推动企业持续进步的强大力量。

三、不要求员工加班，但员工主动干活，怎么做到的

与一些企业要求员工加班，但效果不明显相比，胖东来不但不提倡加班，而且给员工的假期在逐步增加，这与于东来幸福自由的文化理念是一致的。于东来在《幸福生命状态》手册中载明，处助以上管理层全年至少 40 天休假，每年至少安排一次 20 天长途休假。课长 / 课助全年至少 30 天休假，每年至少安排一次 15 天长途休假。班长 / 员工全年至少 30 天休假，每年至少安排一次 10 天长途休假。处长鼓励完成 60 天休假，课长鼓励完成 50 天休假。于东来多次提出，未来目标是保证所有员工每天工作 6 个小时，休假能达到 60 天。用于东来的话说，他是在办学校，是在实现自由与爱，而不是在经营企业。胖东来“发明”的其他企业极少能有的福利频繁刷屏，成为热搜，冲上头条。甚至，对于招聘没应聘上的人，胖东来也会发路费补贴或送一把雨伞作为纪念。胖东来通过重构传统的劳资关系与管理逻辑，在员工不加班的情况下实现高效运转，其核心在于将“人性化管理”与“利益共享”深度融合，形成自驱型组织。

胖东来通过利益分配革命，将企业与员工的关系从“雇佣关系”变成“命运共同体”，让员工成为企业真正的主人。传

统的雇佣关系往往让员工感到被剥削，缺乏归属感和动力。胖东来不仅为员工提供优厚的薪酬福利，还通过股权激励等方式，让员工分享企业发展的成果。这种利益分配机制，让员工从内心深处认同企业，愿意为企业付出更多。员工在得到物质保障的同时，也得到了尊严感。

不加班是人性化治理，是促使员工主动干活的催化剂。胖东来的“不加班文化”并非单纯地不让员工加班，而是通过一系列措施，让员工的主动性和创造力得到充分发挥。明确而吸引人的企业愿景可以激发员工的热情和工作动力。加班本身要么是能力不济，要么是目标过高，要么是方向不对。在胖东来看来，合理的工作时间安排是保障员工身心健康和提高工作效率的基础。如果员工需要频繁加班，可能反映出多种问题：一是员工的能力是否与岗位需求相匹配，是否存在技能提升的空间；二是企业设定的目标是否合理，是否过于激进，忽视了员工的实际承受能力；三是工作方向是否正确，是否存在不必要的重复劳动或低效工作流程。因此，胖东来致力于通过优化工作流程、提升员工技能、设定合理目标等方式，减少不必要的加班，让员工有更多时间陪伴家人、享受生活，从而以更加饱满的热情和状态投入到工作中。员工不加班，其实是鼓励员工在工作时间内高效完成任务，提倡“工作时间工作，休息时间休息”的文化。能够在工作时间内完成任务，需要高素质和专业化的员工，胖东来重视员工的个人发展，为员工提供培训和发展计划，帮助员工提升个人能力，从而在工作中更加得心应手，减少加班现象。

追求长期主义，而非短期利益。在胖东来看来，企业的成功不应仅仅追求短期的利润最大化，而应着眼于长远的可持续发展。这种长期主义的理念体现在胖东来对员工关怀、产品质量、客户服务及社会责任等多方面的坚持上。只有建立一个稳定、和谐且充满活力的团队，才能持续为客户提供优质的产品和服务，进而赢得市场的长期认可。永辉等企业模仿胖东来涨薪后，因缺乏文化支撑和利润共享机制，员工仍视之为“施舍”而非“权利”，导致积极性昙花一现。相比之下，胖东来则通过构建一种深入人心的企业文化，让员工真正感受到自己是公司的主人，付出与回报是紧密相连的。员工的成长是企业发展的基石，只有员工的能力得到提升，企业才能在激烈的市场竞争中保持领先地位。

员工的主动性来源于“被尊重、被信任、被赋能”。在胖东来，员工的主动性是企业文化的重要体现。这种主动性并非凭空而来，而是深深植根于公司对员工的尊重、信任与赋能之中。尊重，意味着公司尊重每一位员工的个性和价值，鼓励员工发表意见，参与决策，让员工感受到自己是公司不可或缺的一部分。信任，则体现在公司给予员工充分的自主权，相信员工能够作出正确的判断，这种信任激发了员工的责任感和使命感。赋能，则是通过提供培训、资源和支持，帮助员工提升能力，实现个人成长和职业发展。在这样的企业文化氛围下，员工不再是被动的执行者，而是积极的参与者和创新者。他们主动承担责任，积极寻求解决问题的方法，为公司的发展贡献智慧和力量。这种主动性不仅提升了工作效率，也增强了团队的凝聚力和向心力，为胖东来的持续发展和创新提供了源源不断的动力。胖东来证明，员工主动性并非源于压榨，而是源于“被尊重、被信任、被赋能”的系统设计。

例如，2001 年 5 月 1 日，胖东来首届集体婚礼隆重举行，14 对公司新人和 1 对顾客在这一天喜结连理，对内提升了企业的凝聚力，对外树立了公司的良好形象。同月，胖东来组织全体员工 800 多人分三批到云台山旅游。这些活动不仅仅是简单的团队建设，更是胖东来企业文化和员工关怀的生动体现。通过这些活动，员工感受到了公司的温暖和关怀，进一步增强了他们的归属感和忠诚度。集体婚礼不仅为新人们提供了一个难忘的庆祝时刻，也让所有员工看到了公司对员工个人生活的重视和支持。而云台山旅游则让员工在紧张的工作之余得到了放松和愉悦，增强了员工之间的交流和互动，提升了团队的凝聚力和协作能力。胖东来不仅关注员工的工作表现，更关注员工的身心健康和生活质量。通过举办这些活动，胖东来不仅为员工创造了良好的工作环境，也为员工提供了丰富多彩的文化生活，让员工在工作中感受到快乐和满足，从而更加积极地投入到工作中去。

只有真正关心员工、尊重员工，才能激发员工的内在动力，使企业在激烈的市场竞争中立于不败之地。胖东来不仅提供具有竞争力的薪资待遇，更通过让员工分享企业成长红利的方式，激发员工的归属感和主人翁意识。这种分享机制让员工直接参与到企业的成长和成功中，使他们深切感受到自己的努力和贡献与企业的发展息息相关，为企业带来了源源不断的动力。胖东来模式挑战了传统管理学的“理性人假设”，揭示了一个更深刻的商业真理：当企业将员工视为“人”而非“资源”时，管理成本自然会降低，甚至消失，创造力自然会涌现。在这种模式下，胖东来鼓励员工表达自己的想法和建议，为他们提供展示自己才华的舞台。员工不再是被动的执行者，而是企业创新的推动者和参与者。这种转变不仅提升了员工的自我价值感，也为企业带来了更多的创意和灵感。

四、高薪与高福利：胖东来的底层商业逻辑

一次，许昌老房子餐饮总经理张泉莉观察到，胖东来金三角店一名员工来店里吃饭，吃完往外走的过程中，这名员工三次弯腰捡起掉在过道上不那么显眼的瓜子壳，张泉莉深感震撼，问这名员工为什么。这名员工回答，这不算什么，自己已经养成了这种习惯。在胖东来，谁丢瓜子壳本身不重要，谁要是不捡这个问题才严重。[1]胖东来通过高薪与高福利政策，将员工行为塑造成一种自觉习惯，这种对人的正向改造既关键又不易实现。

胖东来的高薪与高福利并非简单的员工福利策略，而是一套颠覆传统商业逻辑的系统性设计。其本质是通过重构零售业的价值链，将人力成本从“负担”转化为“资产”，实现员工幸福与企业效益的共生。这一设计的核心在于于东来对人力成本的全新领悟。在传统商业逻辑中，人力成本往往被视为企业的负担，需要不断压缩以降低成本。然而，于东来却反其道而行之，将人力成本视为企业的核心资产，通过高薪与高福利

1　参见汤献华、王译慧：《胖东来·心零售》，中国工商出版社2025年版，第105页。

吸引和留住人才，激发员工的创造力和工作热情。在于东来看来，员工是企业最宝贵的资源，他们的价值远超过任何物质资产。因此，胖东来愿意为员工提供更好的待遇和福利，以换取员工的忠诚和创造力。这种价值观的转变，使胖东来在人力成本上的投入不再是一种负担，而是一种长期的投资。通过高薪与高福利，胖东来不仅吸引了大量优秀人才，还激发了员工的内在动力，使员工更加积极地投入到工作中。

胖东来从根本上打破了人力成本的僵化思维模式。传统观念中将人力成本视为负担的做法是短视的。在知识经济时代，人才是企业最核心的竞争力。于东来以其独特的胆识打破这一常规思维，将人力成本视为一种投资，而非单纯的支出，通过为员工提供优厚的待遇和福利，激发员工的潜能和创造力，从而为企业创造更大的价值。这种革命性的理念转变，使胖东来在激烈的市场竞争中脱颖而出，成为行业内的人力资源管理典范。胖东来在实践中重构了商业的价值分配秩序。传统零售的逻辑是，将员工视为“成本项”，通过低工资、高强度劳动维持利润，结果必然是低效和低利润。而胖东来的逻辑则是将员工视为“价值创造主体”，用高薪换取高忠诚度、低流失率、强自驱力。胖东来员工年流失率不到 5%，而其他零售业员工流失率平均接近 50%，仅招聘培训成本胖东来每年就节省可观。在高薪和高福利的实践基础上，胖东来构建了一支稳定且高效的工作团队。在这支团队中，员工之间形成了良好的默契和协作，能够更快地响应市场变化，提供更优质的服务。胖东来还通过赋予员工更多的自主权和决策权，进一步激发了他们的主动性和创造性。

从胖东来的人力资本的投资回报率可以看出，坚持员工至上是企业最明智的做法。胖东来员工日均服务顾客数为传统商超的近 2 倍，但服务质量更高，特别是在快速响应客户诉求、精准推荐商品等方面尤其令人称道。这得益于胖东来对员工持续的专业培训和激励机制。员工被赋予更多自主权，能够根据实际情况灵活调整服务策略，从而在保证服务质量的同时，显著提升服务效率。这种高效的服务模式不仅增强了顾客的购物体验，也为企业带来了更多的回头客和口碑传播。

有效降低公司的隐性成本，管理成本仅为行业平均水平的 1/3，员工自主优化流程，如库存报损率降低至 0.8%（而行业平均水平为 3%），这种自主管理的模式不仅减少了管理层级，加快了决策速度，还激发了员工的创造力和责任感。员工在自主优化流程的过程中，不断寻找提高工作效率和减少浪费的方法，形成了持续改进的企业文化。

胖东来的高薪逻辑揭示了商业的另一种可能性——“人力

资本是最优质资产”。这一理念不仅适用于胖东来，也为众多企业提供了全新的视角。胖东来通过高薪策略吸引并留住了一批高素质、高技能的员工，这些员工以其卓越的能力为企业创造了巨大的价值。这种将人力资本视为最优质资产的理念，无疑为企业的可持续发展注入了强大的动力。

人性即效率。员工幸福感的提升直接转化为组织效能。当员工感受到企业的关怀与尊重时，他们更愿意为企业付出努力，更愿意积极主动地参与工作。这种积极的工作态度不仅提高了工作效率，还促进了团队合作与创新精神的发扬。员工之间的良性竞争与合作，进一步推动了企业的快速发展。因此，人性化管理不仅提升了员工的幸福感，更在无形中增强了企业的竞争力，使企业在激烈的市场竞争中立于不败之地。

信任即利润。顾客为“确定性体验”支付的溢价远超成本投入，员工为“被信任”释放的能量远超管理成本。在胖东来，这种基于信任的运营模式不仅简化了烦琐的管理流程，还极大地激发了员工的归属感和责任感。他们不再仅仅为了薪水而工作，而是为了那份被赋予的信任和尊重，全身心地投入到工作中。这种由内而外的积极变化，使胖东来在提升服务质量和顾客满意度方面取得了显著成效。顾客因为感受到了这份真诚与信任，更愿意成为胖东来的忠实拥趸，从而形成了良性循环，进一步推动了企业的利润增长。

社会价值即“护城河”。行业赋能与责任担当构建不可替代的生态位。企业的成功不仅在于经济效益的取得，更在于其对社会价值的积极贡献。胖东来通过将行业赋能与责任担当融入企业的日常运营中，构建了一条难以被竞争对手跨越的“护城河”。胖东来不仅关注自身的发展，更致力于推动整个行业的进步。它积极分享管理经验和创新成果，帮助同行提升服务质量，共同促进行业的健康发展。这种行业赋能的做法，不仅提升了胖东来在行业内的地位，更为其赢得了广泛的认可和尊重。同时，胖东来始终将责任担当放在首位。无论是面对顾客的需求，还是面对社会的挑战，它都勇于承担、敢于作为。这种强烈的责任感，使胖东来在消费者心中树立了良好的品牌形象，也为其带来了持久的竞争优势。这一模式为深陷内卷的零售业指明方向：在人与利润的天平上，选择前者才是最高效的商业策略。正如于东来所言：“把人心经营好了，钱自然会来。”

五、传统企业为何不容易学会

所谓学会或学不会，不在于短期的表现，而在于长久的持之以恒的状态。从传统产业走出去的胖东来，之所以让其他传统企业难以望其项背，就是因为它的学校定位，以及它立足成就员工、服务顾客、奉献社会这种根本理念。也正是因为这样的理念，胖东来的员工能够养成一种极度自律的习惯。正如前文所说的，在许昌街头骑摩托车，戴头盔和遵守交通规则的人，看上去就是胖东来人。这是对胖东来人的高度赞誉。其实，胖东来人在胖东来这所学校中成长为一批自律的、自立的、自信的群体，这样成就员工的做法，才是传统企业学不会的。因为学校的理念是有教无类，任何人都可以成才。既然被招进了胖东来，除非有劣迹或不能完成任务，胖东来从来不会开除一个努力上进的人。

不从顾客身上获取个人利益是胖东来人的理念。2001 年 4 月的某天，一位驻马店确山县的顾客在胖东来的电器量贩商场购买了一套家庭影院装置，按胖东来的承诺是要送货上门并安装的，顾客提出在其他地方还购买了一些商品，要求一起送。商场就安排一辆依维柯装了满满一车，胖东来技术人员燕晓峰和司机开车一个多小时到了顾客家，本来二三十分钟就可以安装好的音响因为音响线材原因，反复调试了近一个小时。此时已经是下午三点，顾客邀请燕晓峰一起吃饭，燕晓峰坚持原则，他认为越是在偏远的客户家里，情况越是特殊，胖东来人就越要坚守公司的理念。“不是自己的坚决不要，切忌急功近利。”这是胖东来的文化理念。燕晓峰说：“经历了这件事，就觉得再也没有什么事是自己忍受不住的了。在后来的上门服务中，有一次顾客硬把饮料塞到手上，我第一时间上交给值班经理；又有一次，我把顾客给的50元打车钱又从门缝塞还给顾客；还有一次，顾客热了三回的面条我一口未动……”“这份珍藏心底多年的感动始终激励着我秉公做事。通过自己的坚持，也赢得了很多顾客朋友，那份信任一直伴随着我，胖东来人不从顾客身上获取个人利益的理念我一直在心中牢记，只要我们真心付出，换来的就是顾客加倍的回报。”[1]

胖东来成功背后是一套融合价值观、利益分配与组织文化的复杂系统。尽管传统企业纷纷效仿，但多数难以复制其精髓。究其原因，首要在于创始人于东来独特的“反资本化”价值观。于东来强调以人为本，将员工视为企业最宝贵的财富，而非单纯实现利润最大化的工具。这种价值观在当下以资本为导向的商业环境中显得尤为难能可贵，也让传统企业难以望其项背。

1　参见汤献华、王译慧：《胖东来·心零售》，中国工商出版社2025年版，第4—6页。

于东来“反资本化”的价值观难以模仿。这种价值观不仅体现在他对员工的关怀上，更渗透于企业的每一个角落。他拒绝将员工视为可替换的成本项，而是将他们看作共同创造价值的伙伴。在于东来看来，企业的成功不是单纯追求财务报表上的数字增长，而是要实现员工、顾客和社会的共赢。这种超越传统资本逻辑的思维方式，让胖东来在商业模式上独树一帜，也让其他试图模仿的企业望尘莫及。因为，模仿价值观远比模仿策略或技术要困难得多，它需要的是深刻的认知转变和长期的实践积累。

胖东来创始人于东来明确提出，企业存在的意义是“造福社会，让员工和顾客幸福”，而非单纯追求利润最大化。他将大部分利润分配给员工，甚至将部分利润用于社会公益，这种“利他主义”与多数传统企业“股东利益至上”的价值观形成本质冲突。传统企业常通过压缩人力成本维持利润，而胖东来则将员工视为“价值创造主体”，这种分配机制虽看似“不经济”，却通过员工高忠诚度与极致服务实现长期回报。

于东来坚信商业的本质是服务社会，而非仅仅追逐短期利益。于东来在企业决策中，始终将员工的福祉和顾客的满意度置于首位，而非盲目扩张或追求高利润率。例如，在房地产市场火热时，众多企业纷纷涉足以获取高额利润，但胖东来却坚守本业，拒绝这一看似诱人的暴利行业。房地产市场的波动性和风险性，可能会让企业偏离其核心价值观和长远发展目标。

胖东来长期主义的战略定力，也是传统企业难以学会的原因。胖东来三十年如一日，这种战略定力体现在于东来对于企业发展的耐心与坚持，以及对于短期诱惑的拒绝。企业的长远发展需要建立在稳固的基础上，而非短期的暴利和扩张。胖东来在发展过程中，始终坚守自己的核心价值观和长远发展目标，不受市场波动和短期利益的干扰。这种长期主义的战略定力，使胖东来能够在激烈的市场竞争中保持稳健的发展态势，赢得了员工、顾客和社会的广泛认可和尊重。同时，也为企业创造了持续的价值和竞争优势。多数企业无法承受短期利润下滑压力，在面对市场变化和竞争压力时，它们往往急于追求短期收益，而忽视了企业的长远发展和核心竞争力的构建。相比之下，胖东来则展现出了非凡的耐心和毅力，坚持自己的发展节奏，不为短期利益所动。这种对长期主义的坚守，不仅让胖东来在市场中保持了稳健的步伐，更为其赢得了可持续发展的坚实基础。

2024 年底，胖东来因下架部分农药残留超标的蔬菜再次成为社会关注的焦点。胖东来下架部分蔬菜的原因非常明确：在日常检测中发现部分蔬菜的农药残留严重超标，不符合食品安全标准。这一举动不仅展示了企业对消费者健康的高度重视，也反映了其对食品安全问题的零容忍态度。这一举措引起了不小轰动，许多同行都对此表示惊讶和不解。毕竟，在追求利润最大化的商业环境中，很少有企业会为了坚守品质而主动放弃短期利益。然而，胖东来却用实际行动诠释了什么是真正的长期主义。胖东来虽然承受了巨大的经济压力，但其品牌形象和消费者信任度却得到了极大提升。当农药残留超标问题得到彻底解决，胖东来重新上架商品后，消费者对其的认可度和忠诚度达到了前所未有的高度。这一事件不仅证明了胖东来长期主义战略的正确性，更为其后续的发展奠定了坚实的基础。

文化基因的长期沉淀。胖东来的“自由·爱”企业文化需要数十年如一日的坚持，如每周二闭店休息、30 天带薪年假、“委屈奖”等制度。这种文化需要创始人的价值观深度渗透，而传统企业受短期业绩压力，往往在变革初期即放弃。胖东来的文化基因不仅仅体现在这些具体的制度上，更在于其背后的价值观和精神内涵。这种“自由·爱”的企业文化，鼓励员工追求个人成长与幸福，同时也强调对社会的责任和贡献。这种价值观的深度渗透，使胖东来的员工不仅仅是为了工资而工作，更是为了共同的愿景和使命而奋斗。相比之下，传统企业往往受到短期业绩压力的束缚，难以在变革初期坚持下来。即使有些企业尝试模仿胖东来的做法，但由于缺乏文化认同和价值观的支撑，往往难以取得持久的效果。

胖东来专注于人性化治理，重构企业价值链。在胖东来，人性化治理不仅体现在对员工的关怀上，更深刻地影响了整个价值链的重构。通过赋予员工更多的自主权和决策权，胖东来激发了员工的积极性和创造力，使他们成为企业价值创造的重要一环。这种治理方式打破了传统的层级式管理模式，促进了信息的快速流通和决策的灵活高效。在供应链方面，胖东来注重与供应商的共赢合作，建立起了长期稳定的合作关系。通过共享信息和资源，胖东来与供应商共同优化生产流程，降低成本，提高效率。这种合作模式不仅提升了胖东来自身的竞争力，也为供应商带来了实实在在的好处。此外，胖东来通过提供优质的服务和体验，赢得了消费者的信任和忠诚。在于东来看来，消费者不仅仅是购买者，更是企业价值共创的参与者。胖东来不断倾听消费者的声音，满足他们的需求，同时也鼓励他们参与到企业的价值创造中来。

人性化治理在胖东来的成功实践，证明了其对于重构价值链、提升企业竞争力的重要作用。这种治理方式不仅符合时代发展的趋势，也体现了胖东来对于人性、社会、未来的深刻洞察和独特理解。

在传统企业想方设法追逐利润的时候，胖东来关注培养员工良好的习惯、成就长久的美好！2024 年 3 月 20 日，于东来提出了胖东来人培养标准：其一，有良好的自律和自我驱动力。其二，健康良好的工作状态和生活状态，管理上对不合格行为严肃处理。（1）在今后的发展过程中，员工工作状态是公司的管理工作重点之一！杜绝工作期间任何敷衍、懒散、懈怠的思想和行为！一旦发现，必定严肃地处理。坚定地扭转个别人“病态”的工作习惯；坚定地培养员工健全的人格和健康的品格，达成个性阳光的生命状态的目标；坚定地培养员工良好的思想和行为习惯；坚定地培养员工创造美好和享受美好的能力，使其成为懂得让自己生活美好的人！（2）在胖东来……凡是与胖东来文化理念不同的思想或者行为习惯都是必须放弃的！其三，胖东来人必须做到：（1）胖东来人是有思想、有信仰、有科学道德标准、有高尚品格、有勇气、有个人专业素养、有创造力、有美好生活能力的人！（2）胖东来人必须勇敢、自信、正直，具有专业的技术和素养，实现充满正义感、充满爱、充满浪漫色彩、充满力量的生命状态！

胖东来“砍掉”传统科层制，允许一线员工自主决策（如处理顾客投诉、调整商品陈列），并通过数据中心实时监控风险。这种“放权不失控”的模式依赖强大的文化共识与数字化能力，而传统企业往往陷入“一放就乱”的困境。

胖东来的模式，传统企业难以学会，零售业也从中得到启示，企业的生命力源于价值观的真诚与实践的纯粹。正如于东来所说，如果真诚和善良被称为“神话”，那我们的社会何其悲哀。传统企业若仅模仿其形，而忽视其神，终将难逃“南橘北枳”的命运。

第三章

顾客不是上帝，而是家人

胖东来对待顾客的理念是，“对待顾客要像对待家人一样好”。这里既体现了中国传统文化中的家族观念，又有别于西方话语中的“上帝”。“顾客就是上帝”的出处是“The customer is always right”——顾客永远是对的。这句话最早是由美国马歇尔·菲尔德百货公司的创始人马歇尔提出来的，日本人特别接受并且发扬光大，这句话在零售界流行了上百年，成为经典的营销理念。拿“上帝”来比喻顾客，其实是从厂商的角度出发的，目的是让顾客有被重视的感觉，从而产生心理上的认同。厂商如果仅仅把“顾客是上帝”作为一种营销手段，顾客也未必买账。顾客如果真的以为自己是“上帝”，那么会沦为厂商的工具和资源。因此，承认平等互利，以及关注公共利益和社会责任，才是更符合人性且更可持续的商业道德和消费文化。

一、符合退货标准的货随便退，胖东来为何敢这么做

于东来将胖东来定位为一所学校，那么这所学校必然是不封闭的。这个开放的系统，也是随着发展而变化的。为了提供更好的服务，疏浚源头活水，胖东来通过顾客投诉，倒逼服务质量提升，将顾客变为参与管理的一员。1999 年，胖东来推行“不满意就退货”；2000 年推出 100 元的“顾客投诉奖”；2008 年推出 500 元的“顾客投诉奖”；2011 年推出“急购热线五分钟”解决问题，《客诉补偿标准》公示；2018 年推出“上门为顾客办理退换货”；2021 年公开自营服装及自有品牌酒水的进价和利润；等等。这样做的原因，于东来说，胖东来拥有今天的成绩和收入，完全是因为顾客给予的理解、关心、支持和帮助，胖东来必须以感恩的心来回报顾客，认真接待好每一位顾客，主动、热情、细心、专业地为他们提供最温馨的服务，让顾客像回到家一样，在胖东来开心、放心、自由、幸福地选择和享受。这正是胖东来“让更多人幸福生活”的企业使命所在。

胖东来把人人都害怕的客户投诉变成企业进步的动力和源泉，这是一种思维方式的变革。于东来说：“在出现错误和投诉时，每一个胖东来人要勇敢面对自己的不足，无论心情好

坏，一定按公司的要求，本着善良的心灵，在第一时间服务好每一个顾客，解决好每一个客诉，用好的心态把不好的事情变成好的结果，做智慧、舍得和心灵高贵的人，让自己成为快乐幸福的人。”他经常叮嘱说：“我们一定不要怕出问题，出问题就通过我们的实际行动让坏事变成好事，顾客从失落到幸福，这才是我们应该做到的！而我们也会从中感到幸福。”“每一次坏事都是促进我们成长的机会！也是我们超越同行的最佳机会！”[1]胖东来敢于实行“退货随便退”政策，是其以诚信为根基的企业价值观的体现，其核心原因在于其将诚信经营理念贯穿于商品质量、员工管理、客户关系等全链条，形成了独特的商业理念。胖东来从成立之初就将诚信作为经营之本，不仅制定诚信经营准则，更通过符合退货标准的货“无条件退换货”等具体行动强化消费者信任。

这里介绍一下胖东来“红内裤”事件。

2025 年 2 月初，胖东来“红内裤”事件引起了网友的广泛关注。有网友在社交媒体上发布视频，称从胖东来购买的红色内裤存在掉色和过敏的问题。对此，胖东来官方迅速回应，发布了长达 53 页的《关于“红色内裤掉色、过敏以及部门处理

1　汤献华、王译慧：《胖东来·心零售》，中国工商出版社 2025 年版，第 70 页。

过程”的调查报告》。

报告中详细说明了三家检测机构的检测结果，认定胖东来销售的“富妮来”品牌女士基础舒适内裤为合格商品。然而，由于胖东来在处理顾客投诉时未能严格按照流程标准操作，导致顾客受到伤害，并产生了不良的社会影响。为此，胖东来对相关责任人进行了严肃处理，包括免职和降级等。

此外，胖东来还依据《客诉处理标准》，向顾客发放了500元的“投诉奖”，并承担了相关医疗费用，同时跟踪顾客的健康恢复状况。然而，事件的影响并未就此结束。部分消费者和媒体在未对产品进行鉴定的情况下，发表了误导性言论，对胖东来品牌及该内裤品牌公司产生了质疑，导致其他零售商场陆续下架该品牌产品，生产工厂的订单也被取消。

胖东来在报告中强调，自媒体从业者在发表相关言论时应尽到合理核实义务，避免对产品经营者和品牌声誉造成负面影响。对于任何侵害公司名誉、商誉等合法权益的行为，胖东来法务将坚决依法维权。

此次事件不仅展示了胖东来面对危机的应对策略和处理方式，也提醒企业在处理顾客投诉和媒体舆论时需要更加谨慎和负责。

极致售后提升品牌溢价。胖东来在“擀面皮”事件中的极致售后服务，不仅彰显了其对食品安全的高度重视，更体现了对顾客健康的关注。这是胖东来把顾客作为家人的具体体现。

2024 年 6 月 25 日晚上，有网友发视频反映称，新乡胖东来联营餐饮“擀面皮”加工场所卫生环境较差。26 日上午，胖东来发表声明称，立即要求新乡两店餐饮部所有的联营商户档口进行关停，并成立调查小组结合餐饮部门主管对此事进行严格调查，待调查清楚后，会将事件调查结果第一时间通过官方平台进行公示！27 日凌晨，《关于新乡胖东来餐饮商户“擀面皮加工场所卫生环境差”的调查报告》显示，对于帮助发现了重大食品安全隐患的顾客，给予 10 万元现金奖励；对所有于 2024 年 6 月 9 日至 2024 年 6 月 19 日期间在新乡胖东来两店餐饮部购买擀面皮、香辣面的顾客办理退款，给予 1000 元补偿（共计 8833 份）；对胖东来相关工作人员予以或辞退或免职或取消年终福利的处罚；要求新乡胖东来擀面皮商户即日起停止营业，并解除合同终止合作，限期撤柜。胖东来在此基础上进行了深刻反思并真诚致歉。胖东来为该事件赔偿近 900 万元。

胖东来的售后服务在零售业界堪称典范。与其他商超往往对售后问题采取推诿态度不同，胖东来始终将顾客满意度置于首位。顾客对所购商品有任何不满，无论是质量问题还是个人喜好，均可享受无条件退换货服务。曾有顾客因衣物颜色不合意而返回超市换货，员工不仅热情协助挑选新款式，更因未能令顾客满意而深表歉意。这种对顾客权益的高度重视，消除了顾客购物的后顾之忧，从而进一步加深了顾客对胖东来的信赖感。

胖东来推出“吃一半也能退”“免费上门退货”等超预期服务，将退货流程转化为提升客户黏性的机会。这些创新服务不仅体现了胖东来对顾客体验的极致追求，更在无形中提升了品牌的溢价能力。顾客在享受这些贴心服务的同时，也会对胖东来品牌产生更高的认同感和忠诚度。“吃一半也能退”的服务，让顾客在购买食品时无须担心口味不合或分量过多的问题，这种灵活的退货政策极大地增强了顾客的购物信心。而“免费上门退货”服务，则进一步简化了退货流程，让顾客足不出户就能轻松完成退货，极大地提升了顾客的退货便利性和服务满意度。

宽松退货政策短期内看似增加运营成本，实则通过口碑效应形成竞争优势。消费者因“被尊重”的体验提升复购意愿，例如水果退货时获赠更优质产品的案例，使顾客忠诚度远超普通商超。这种对消费者需求的快速响应和尊重，不只体现在个别案例上，而是体现在胖东来整体服务文化的方方面面。

胖东来对于商品质量的把控，堪称业界典范。在进入销售环节之前，每一件商品都要经过严格的筛选和检测，确保只有高品质的商品才能上架销售。这种严格的前置把控，不仅是对消费者负责，更是胖东来品牌信誉的基石。胖东来建立了完善的质量管理体系，从采购、仓储、物流到销售，每一个环节都有严格的质量标准和监控措施。采购环节，胖东来坚持与优质供应商合作，对供应商的资质、信誉和产品质量进行全面评估，确保源头质量可靠。仓储和物流环节，胖东来采用先进的仓储管理系统和冷链物流技术，确保商品在存储和运输过程中不受污染和损坏。销售环节，胖东来则通过定期的质量抽查和顾客反馈机制，及时发现并解决潜在的质量问题。此外，胖东来还注重提升员工的商品质量意识。通过定期的培训和考核，确保每一位员工都能准确识别商品质量问题，为消费者提供专业、可靠的购物建议。这种全员参与的质量管理模式，为胖东来赢得了消费者的广泛赞誉和信赖。

胖东来在源头控制方面下足了功夫。优选供应商是胖东来确保商品质量的第一步，他们与行业内信誉良好、质量上乘的供应商建立长期合作关系，通过严格的筛选流程，剔除那些质量不达标或信誉不佳的供应商。同时，胖东来还积极开发自主品牌单品，目前已有 300 余种自主品牌商品上市。这些自主品牌商品不仅质量上乘，而且更符合胖东来对商品品质的严格要求。为了进一步提升商品质量，胖东来建立了高于行业标准的商品准入机制。这一机制涵盖了商品的采购、仓储、物流、销售等各个环节，确保只有符合胖东来质量标准的商品才能进入商场。通过这一系列的源头控制措施，胖东来成功地将质量问题扼杀在萌芽状态，为消费者提供了更加安全、可靠的商品。

全流程检测。胖东来投入 400 万元建立食品安全检测室，所有商品未经检测合格不得上架。食品安全检测室配备了先进的检测设备和专业的检测团队，对每一批次的商品进行严格的抽样检测。从农产品的农药残留、重金属含量，到加工食品的添加剂使用、微生物指标，每一项都经过精心检测和严格把关。食品安全怎么重视都不为过，胖东来不惜投入巨资建立这一检测体系，以确保消费者购买的每一件商品都符合安全、健康指标。这一全流程检测的措施，进一步增强了消费者对胖东来商品的信任度，也为胖东来赢得了良好的市场口碑。

极致品控。采购团队以“比挑剔的丈母娘还苛刻”的标准筛选商品，确保货架商品无瑕疵。这种严苛的品控体系大幅降低了质量问题引发的退货率，从根源上减少了退货成本。同时，胖东来还建立了完善的供应商管理制度，对供应商进行严格的筛选和评估，只有那些通过层层考核，具备稳定供货能力和良好信誉的供应商才能成为胖东来的合作伙伴。这一举措进一步确保了商品的质量，为消费者提供了更多优质的选择。此外，胖东来还定期对供应商进行培训和指导，帮助他们提升产品质量和生产管理水平，共同推动商品质量的不断提升。

成本分摊。胖东来与供应商建立了深度合作关系，通过“不满意就下架”等条款分摊退货成本，这种成本分摊机制不仅体现了胖东来对消费者体验的重视，也促使供应商更加注重商品质量。在多起事件中，胖东来迅速响应消费者投诉，不仅立即下架了问题商品，还支付了投诉奖励，这一系列举措不仅维护了消费者的权益，也向供应商传递了明确的信息：商品质量是生存之本，商品存在任何质量问题，企业都将受到严厉惩罚。这种“不满意就下架”的条款，实际上是在倒逼供应商提升商品质量，从源头上减少退货成本的发生。同时，胖东来还通过定期与供应商沟通，了解商品质量情况，共同分析质量问题产生的原因，制定改进措施，从而实现了商品质量的持续改进和提升。

二、不打价格战，靠“让顾客感动”赢市场

胖东来作为中国零售业的“现象级企业”，其“不打价格战，靠‘让顾客感动’赢市场”的策略，颠覆了传统商超的竞

争逻辑。这种模式的成功并非偶然，而是通过系统性构建信任、服务与文化生态，将顾客体验升华为情感认同。胖东来不打价格战，从服务、质量等方面着手，从而超越价格战的竞争维度。真正的市场竞争不仅仅是价格的较量，更是服务与体验的比拼。因此，胖东来坚持不参与价格战，而是通过一系列细致入微的服务举措，让顾客在购物过程中感受到家的温暖和关怀。从门店的精心布置到员工的贴心服务，每一个细节都透露着胖东来对顾客的重视和尊重。这种“让顾客感动”的经营理念，不仅赢得了顾客的信任和忠诚，更为胖东来在激烈的市场竞争中赢得了独特的竞争优势。

寻找目标顾客、洞察顾客需求并超预期满足顾客需求，是胖东来感动顾客的密码。从商品认同、品牌认同到文化认同，是胖东来感动顾客的实践路径。即便有时会涌入大量顾客，很多门店都处于超负荷运营状态，但是胖东来在商品质量、商品陈列、商品展示上依然做得很好。因此，顾客对胖东来的商品有一个基本的判断，那就是：放心。商品认同说的是顾客信任胖东来的把关标准，也信任胖东来做生意的操守。同样一瓶矿泉水，明明别的超市也能买，为什么要大老远跑到胖东来买，甚至还要排一个小时的队？就是因为顾客对胖东来的商品是认同的，而且不只是信任矿泉水，这种信任会延伸到胖东来的所有商品上。因此，有人说，胖东来卖的不是商品，而是信任关系，这种信任关系不是靠商家的口号和广告宣传所能形成的，而是靠货架上的每一件商品和每一次让顾客放心的交易形成的。商品认同是一切交易的基石，同时，商品认同也让商品交易的过程变得简单。胖东来洞察到了这一点，一方面通过优化采购流程、增加自有品牌商品，保证商品本身的质量；另一方面通过卖场陈列、商品介绍等，让顾客感知到优质的商品。这样双管齐下，使胖东来在顾客的心智“地图”里树立了一种形象，一想到胖东来，大家第一个想到的就是“优质商品”。

有人说，去胖东来购物可以闭眼买，不用挑挑拣拣，因为服务员已经帮您做过了筛选，有问题的商品已经被筛出去了，货架上的每种商品都优质，闭着眼睛拿就行，绝对不会拿错。商品认同之上的是品牌认同，品牌认同能够赢得理性而忠实的顾客，这样，企业和顾客的关系变得更加稳固。品牌认同的建立是一个漫长的过程，可能需要几年甚至十几年，但打破品牌认同却非常容易。品牌认同是商品认同的延伸，商家不可能不依赖商品（或服务），凭空造出一种品牌。反过来说，品牌认同又会传导到商品认同上，有了品牌认同，消费者对商家的商品（或服务）会形成天然的好感，这也是很多人喜欢胖东来，觉得胖东来销售的所有商品都好的原因。文化认同是品牌认同的升级。近年来，胖东来有关话题经常登上热搜，如“员工不开心假”“胖东来保洁未来年薪能拿到30万元”“胖东来户外大屏只播新闻不播广告”“擀面皮赔偿事件胖东来‘赢麻’了”“胖东来设立5000元员工委屈奖”“捐款7800万元的于东来‘活该’发财”，等等。表面上看，人们参与这些讨论只是对社会事件发表个人看法，而从更深层次看，人们借助这些评论，表达的是个人对企业价值的认同。

有人总结认为，顾客最开始通过购买胖东来的商品接触胖东来，在多次体验和交易的过程中，形成对胖东来品牌的认同，随着对胖东来了解的加深，开始对胖东来有了文化认同。如果把商品认同当作地基，品牌认同就是地基上建成的“高塔”，而文化认同则是“高塔”的“塔尖”。我们看到的是顾客对胖东来的认可，是网络上关于胖东来的热议，是社会舆论对胖东来的支持，大家不太会注意到的是这个“高塔”的搭建过程。事实上，到目前为止，胖东来依然通过商品优化、自身形象打造、文化理念传播等方式强化顾客对其商品的认同、品牌的认同和文化的认同。这也意味着，胖东来这座“高塔”还在不断加固和完善中，而这个过程也推动着胖东来持续进步、永续发展。[1]

胖东来的细节文化让顾客感动。胖东来在每个细节上都彰显出对人性关怀的重视。商场的厕所宛如大型化妆室，大尺寸的镜子、实用的储物柜以及舒适的长凳，为顾客提供了极致的便利。而母婴室更是设施完备，甚至成为儿童乐园，让每位顾客都能感受到家的温暖。胖东来的成功依赖前端服务、后端供应链（如生鲜 24 小时直达）、数据中台（实时监控库存与顾客投诉）的协同。在细节文化方面，胖东来的很多做法看似疯狂，实则是高瞻远瞩，更是一种智慧。比如，“收集全城的净水器滤芯，告诉消费者：不用净水器，会有多可怕”；中央区放置“礼品包装场景”，唤起“送礼”需求，并提供搭配解决方案；“讲述背后的文化和故事，好营销，就是讲故事”；“介绍产品的使用技巧，激发用户想象使用时的场景画面”；“通过使用场景而建立专区，从而激发消费者的购买联想，更好地形成连带增长”；“场景，是销售的辅助。销售，是解决信任的结果”；“好的服务是，永远为消费者多考虑一步”。

在胖东来，你能够看到 7 种不同的购物车（篮）：手提购物篮（25 升）、婴儿手推车（10 个月至 2 岁）、儿童购物车

1　参见刘杨：《何以胖东来》，人民邮电出版社 2025 年版，第 18—23 页。

（3—8岁）、老年购物车、双层购物车（50升）、小号购物车（115升）、大号购物车（150升）。这既是极致服务又体现了细节文化，让顾客深为感动。在胖东来影院观影还有个“不好看退半价”的规定，就是说，如果你觉得该电影不好看，可以在“影片开始至结束后20分钟内”要求影院退还一半票款（另一半需上交院线），胖东来影院对你的观影体验负责。

信任溢价抵消低价内卷。在商业竞争中，低价策略往往被视为吸引顾客、抢占市场份额的利器。然而，长期的价格战不仅压缩了企业的利润空间，还可能导致服务质量的下滑，形成“低价内卷”的恶性循环。胖东来却通过构建信任体系，实现了“信任溢价”，成功抵制了这一趋势。顾客不仅仅是在购买商品，更是在购买一种信任和安心。因此，胖东来在各个方面都力求做到最好，从商品质量到售后服务，从购物环境到员工态度，都力求给顾客留下深刻而美好的印象。这种对细节的极致追求，使胖东来在顾客心中树立了极高的信誉度。

顾客在胖东来购物时，他们有一种被尊重和重视的感觉。胖东来的员工会主动帮助顾客解决问题，提供超出预期的服务。这种服务不仅体现在购物过程中，更体现在售后服务的每一个环节。胖东来承诺无条件退货，甚至对于非自家购买的商品也提供维修保养服务，这种承诺背后是对自身产品质量的自信和对顾客体验的极致追求。

正是这份对顾客的真诚和信任，使胖东来得以实现优质优价，而顾客也愿意为此买单。因为顾客知道，在胖东来购物，他们得到的不仅仅是商品本身，更是一种高品质的购物体验和一份沉甸甸的信任感。这种“信任溢价”不仅为胖东来带来了稳定的客源和利润，更在激烈的市场竞争中为其赢得了一席之地。胖东来模式证明，消费者愿意为确定性体验支付溢价。其单店坪效是永辉的 17 倍，客单价超行业 2 倍，印证了“信任即利润”的逻辑。

从价格敏感转向价值认同，透明化经营构建信任基石。在胖东来，消费者可以看到商品的详细信息，包括供应商名称、监督电话等，这为消费者提供了追溯商品来源的渠道，增加了购买的安心感。而生鲜食品旁明确标注的“距离保质期剩余天数”，则让消费者能够直观了解食品的新鲜程度，避免了因食用过期食品而引发健康问题。此外，“熟食制品用油标准”的公示，更是让消费者看到了胖东来对食品安全的严格把控态度。例如，自制香酥炸鸡等日清食品若当日未售完，直接打折或报损处理，倒逼供应链精准控损，同时强化消费者对食品安全的信任。这种透明化策略不仅约束供应商，更让消费者形成“无风险消费”的认知，愿意为溢价买单。在信息高度透明的今天，任何隐瞒和欺骗都将迅速失去消费者的信任。因此，胖东来选择将经营过程全方位透明化，从商品源头到销售终端，每一个环节都经得起消费者的检验。这种勇气和决心，不仅是对自身实力的自信，更是对消费者负责任的态度的体现。这种做法不仅维护了品牌形象，更强化了消费者对胖东来食品安全的信任。

超越预期的服务设计——“阳光服务”。1999 年 9 月 19 日，胖东来名牌服饰量贩开业，这是胖东来，也是许昌第一家专业量贩。在这期间，胖东来迅速调整经营思路，改变原先因只经营名牌服饰而造成服装价位太高的情况，从而适应市场需求，办出自己特色：及时调整商品结构，达到“高档、中档、低档应有尽有，老年、中年、青年各取所需”，从而满足不同层次的消费需求；进一步提供超值服务和免费服务，免费为顾客缝边、熨烫、干洗、保养（无论在哪里购买的服饰）。1999 年 12 月 25 日，胖东来鞋业量贩开业，这是胖东来的第二个专业的量贩，并同时推出了对鞋子的“终身保修”。

2000 年 4 月 18 日，胖东来电器量贩开业，推出了“阳光服务”——售前设计，现场演示，免费送货，免费安装调试，免费上门保养，100% 电话回访，24 小时服务热线畅通，终身免费维修。最让广大市民欢迎的是，无论电器是否在胖东来店里购买，都可以享受“阳光服务”。

据胖东来电器一名售后员工说，有一位顾客三年前在郑州买的组合音响出了毛病，带着几十斤重的主机到郑州去修理，花了几百元都没有修好，顾客感到沮丧万分，当他听说胖东来的“阳光服务”后，试着给售后服务方打了电话，维修工马上上门修理，不仅为顾客修好了音响，而且连一口水都没喝，真正让顾客感受到了“阳光服务”的温暖。

在胖东来，停车场提供了汽车应急启动电源、汽车轮胎应急充气和更换汽车备用轮胎的设施及服务。这些超预期的服务设计，实际来自于东来的生活体验和感受。意外随时都会发生，但当你手忙脚乱时一抬头就看到现成的解决方案，那种惊喜必然是发自内心的。胖东来的极致服务，让顾客有情感共振。细节创新源于顾客痛点。胖东来将顾客投诉视为服务升级的契机。例如，针对顾客反映包装袋难撕的问题，设计“黄色小球液体辅助开启装置”；根据顾客对宠物寄存的投诉，优化寄存处设施并公开整改方案。

品质优先的选品逻辑。胖东来超市在选品上始终坚持品质优先的原则。商品的质量是赢得顾客信任的关键。因此，胖东来在引进商品时，会进行严格的质量把关，确保每一件商品都符合国家标准和顾客的期望。在商品的陈列上，胖东来也注重品质感的营造。他们精心布置货架，将同类商品按照品质、价格等因素进行有序排列，方便顾客进行比较和选择。同时，胖东来还会定期对商品进行更新和升级，以满足顾客不断变化的消费需求。此外，胖东来还建立了完善的售后服务体系，对售出商品的质量进行跟踪并接受反馈。一旦发现商品存在质量问题，他们会立即采取措施进行处理，确保顾客的权益得到保障。这种对品质的追求和承诺，使胖东来在顾客心中树立了良好的口碑和品牌形象。

胖东来商品陈列以品质而非低价为核心，例如，蔬菜区员工擦拭彩椒以提升颜值，将折扣商品置于边缘区域淡化价格竞争。其自营商品，如 5 千克装花生油（售价 99 元），其供货商金胜粮油因获得“胖东来认证”，赢得消费者信任，使消费者因品牌背书而忽略价格差异。这种“贵得值”的消费心理，替代了传统商超的“低价引流”策略。

商业的本质是经营人心。胖东来深耕河南 30 年仅布局 13 家门店，拒绝盲目扩张。这种“慢即是快”的理念，与传统商超追求规模扩张形成鲜明对比。胖东来将品质视为企业的生命线。在商品选择上，胖东来始终坚持高标准、严要求，确保每件商品都符合顾客的期望和需求。在于东来看来，品质不仅仅是一种承诺，更是一种责任，是对顾客、对员工、对企业自身的负责。因此，胖东来在选品上从不妥协，始终坚守品质优先的原则。

胖东来模式揭示了零售业的终极竞争力——以信任为基石，以服务为媒介，以文化为纽带，将交易升华为情感共鸣。正如于东来所言："商业不只是规模，更是传承幸福和品质。"在价格战泛滥的当下，胖东来的实践为行业指明了一条更具可持续性的道路：真正的竞争力，始于对人性本质的尊重与满足。

三、为什么去胖东来超市像去度假

度假就是身心放松，如果始终绷着神经，就达不到度假的效果。之所以说去胖东来像是去度假，不仅在于其环境的设计，更在于其人性化的管理。其中，取消出口的防盗报警设备就是最为值得称誉的事情。

这一举措源于胖东来超市内某次顾客"拿"走店里一块肉的事件。据王译慧介绍，某天，胖东来超市中报警器突然响了，原来是一位中年妇女在店里"拿"了一块肉，看到保安过来询问，她惊慌地说："我把东西还给你们。"说完就从裤兜里往外掏东西，见保安拉着不让走，她以为保安要报警就更加慌张了，说以后坚决不会这样做了，千万不要让她儿子知道。她说，在儿子心目中，妈妈是他的骄傲，她“拿”肉只是想让儿子吃得好一点，因为她儿子得了重病，很长时间没有吃肉了。保安听后，说：“大姐，如果你有什么困难可以告诉我们，我们可以帮助你。”见大姐低头抽泣，保安就到收银台自己付了账，把这块肉买下送给这位大姐。店长知道后，自己买了一箱火腿肠和一大块牛肉送给这位大姐。晚上开会时，店长对大家说：“每个人都有困难的时候，每个人都会犯错误，只要正确面对，调整好心态一切都会过去。我们要在满足自己生活水平的基础上学会帮助别人，学会奉献爱心和感恩社会，这样我们的人生才会更有意义和价值。”正是这种设身处地为顾客着想，主动关心别人，换位思考，用自己的真心感动别人，相互理解宽容，相互尊重信任的风尚，让这个世界充满更多的爱与真诚。此后，胖东来超市干脆就取消了出口的防盗报警设备。[1]

在电商冲击下，年轻人逐渐形成了在线下体验、线上消费的习惯，因此，超市除了卖东西，还要承担产品展示和体验的功能。

住在郑州的贾晓月，周末偏偏喜欢去距离郑州 100 千米的

1　参见汤献华、王译慧：《胖东来·心零售》，中国工商出版社2025年版，第7页。

许昌逛街，只因许昌有胖东来。她差不多每个月都会到许昌一两次，熟悉许昌胖东来各个门店的情况。比如，周末她不会去天使城店，因为人太多，排队要很久，她最常去的是胖东来北海店和金三角店，这两家店都以超市为主，上下三层，面积够大，停车位也足够多，关键是商品种类比较全。有人问，来回开车 5 个小时，到底图什么？是胖东来的东西便宜吗？并不是，同样的东西这里不见得比郑州便宜，再算上来回的油费、高速过路费，加上搭进去的时间……但这不能简单地用金钱来衡量，吸引贾晓月的，也不是网上热议的网红大月饼、胖东来啤酒、胖东来白酒，大部分时间，她就跟本地的顾客一样，买点水果、面包、牛奶，鸡肉或者牛肉，有时候会买点加工好的熟食，偶尔也会在一楼百货区买点日用品。每次消费两三百元。她有一张胖东来的积分卡，已经积了 1 万多分。贾女士说，在许昌胖东来感觉很舒服，这种舒服的感觉在郑州找不到，国内的超市，没有这样的。[1]

胖东来超市的独特体验使其成为“购物式度假”目的地，其核心在于将传统零售空间重构为兼具功能性与情绪价值的沉浸式消费场景。体验感成为胖东来的显著标识。胖东来超市以

1　参见刘杨：《何以胖东来》，人民邮电出版社2025年版，第6—7页。

其独特的景区化环境设计，为顾客营造了一种轻松愉悦的购物氛围。从踏入超市的那一刻起，顾客仿佛进入了一个精心打造的休闲景区，各种巧妙的布局和装饰让人眼前一亮，消除了传统购物带来的疲惫感。胖东来员工的每一个微笑、每一次耐心的解答，都让顾客感受到了“被宠爱”，仿佛置身于一个温馨的大家庭中。

景区化环境设计消除购物疲惫感。超市内部巧妙融合了自然元素与艺术装置，绿植点缀其间，流水潺潺，伴随着轻柔的背景音乐，营造出一种远离都市喧嚣的宁静感。精心设计的休息区配备了舒适的座椅和温馨的灯光，让顾客在购物之余也能悠然小憩，享受片刻的宁静与放松。每一处细节都彰显着设计者的匠心，使顾客在享受购物乐趣的同时，真正实现了从购物到度假的无缝转换。

胖东来注重空间美学重构。通过挑高设计、柔光照明与绿植景观营造出美术馆式购物环境，顾客步入超市，仿佛踏入了一个充满艺术气息的空间。挑高设计使整个空间显得开阔而通透，自然光与柔光照明的巧妙结合，既保证了光线的充足，又营造出一种温馨而不刺眼的氛围。绿植景观的点缀，不仅增添了生机与活力，也让顾客在购物的同时能够感受到自然的呼吸与节奏。新乡大胖店的楼顶停车场更是一种独特的存在，它不仅为顾客提供了便捷的停车服务，更以其独特的视角和视野，成为游客们争相打卡的热门地点。站在这里，可以俯瞰整个城市的繁华与喧嚣，将城市的美丽景色尽收眼底，为顾客带来了一种别样的购物体验。胖东来注重配套服务升级，如提供免费雨伞，设置宠物寄存处、母婴护理室等设施，让消费者无须担忧琐碎事务，专注享受购物本身。这些贴心服务不仅体现了胖东来对顾客需求的深入理解，更展现了其以人为本的经营理念。这些细致入微的服务，无疑为胖东来赢得了更多顾客的青睐和好评。

超预期服务创造“被宠爱”体验。在胖东来超市，超预期服务不仅仅是一种营销策略，更是一种深入骨髓的企业文化。这里的每一位员工都接受过严格而贴心的培训，他们懂得如何捕捉顾客的需求，如何以最快的速度、最恰当的方式为顾客提供帮助。无论是商品的推荐、优惠券的赠送，还是购物后的售后服务，胖东来都力求做到最好，让顾客感受到前所未有的被尊重和关爱。超市内还设有专门的休息区，顾客可以在此品尝免费提供的茶水、咖啡和小点心，享受片刻的宁静与惬意。这种细致入微的关怀，让顾客在购物之余，也能感受到身心的放松和愉悦。

胖东来超市还推行了一系列无负担消费举措，旨在让顾客的购物体验更加轻松愉快。榴梿开果验货服务，确保了顾客购买的榴梿品质上乘，避免了因内部果肉不佳而产生的退换货麻烦；海鲜沥水称重，则让顾客在购买海鲜时无须担心水分带来的额外重量，真正做到了公平交易；烘焙产品试吃更是让顾客在品尝美味的同时，也能更加放心地选择自己喜欢的产品。这些看似微不足道的细节，实则大大消除了消费者的决策焦虑，让他们在购物时更加自在、从容。

知识型导购，如在商品旁标注香蕉最佳食用期、进行奶油分类科普等，为顾客提供逛展式学习体验。这些知识型导购说明不仅丰富了顾客的购物体验，还无形中增长了他们的知识，让每一次购物都变成了一场充满乐趣的学习之旅。顾客在挑选商品的同时，还能通过阅读这些贴心的说明，了解到更多关于商品的知识。比如，如何更好地保存水果、如何选择适合自己的奶油等。这种逛展式的学习体验，让顾客在享受购物的同时，也能感受到商家对顾客需求的深入理解和细致关怀。此外，知识型导购还体现了商家对商品品质的高要求和对顾客体验的重视，进一步增强了顾客对商家的信任和忠诚度。

商品陈列成为生活方式展演。如蔬菜区按色彩渐变排列，肉品展示台模拟自然生态场景，激发消费者拍照分享欲望。这种视觉上的治愈感不仅提升了顾客的购物体验，也让商品本身成为一种美的享受。商家通过巧妙的色彩搭配和场景模拟，让顾客在选购商品的同时，仿佛在进行一场视觉盛宴。蔬菜区的色彩渐变排列，不仅让顾客一眼就能找到所需的商品，更在视觉上带来了一种层次感和和谐美。而肉品展示台模拟的自然生态场景，则让顾客在选购肉品时，仿佛置身于大自然之中，感受到了肉品的来源和品质。

员工幸福感外溢形成情绪共振。胖东来员工面带微笑、热情洋溢的服务，会让顾客感受到被重视和关怀，从而增强对商家的好感度和满意度。这种情绪上的互动和共鸣，不仅有助于提升顾客的购物体验，还能进一步巩固商家与顾客之间的情感联系。胖东来在物质和精神层面上给予员工极大的鼓励和认可。员工在享受到这些福利的同时，也会将这份满足和幸福转化为工作的动力，以更加饱满的热情和积极的态度投入到服务中。他们的笑容更加灿烂，服务更加周到细致，让每一位顾客都能感受到如沐春风般的温暖和关怀。这种由内而外散发出的愉悦状态，成为胖东来服务中的一道亮丽风景线，也让顾客在享受服务的过程中，感受到了商家对于用户体验的极致追求。

这种将商业空间升级为情感载体的模式，本质上是通过可信赖感（商品透明）、被尊重感（极致服务）、愉悦感（环境美学）的三重叠加，使日常购物行为升华为具有疗愈价值的休闲活动。如游客在许昌白天逛曹魏古城、晚上游胖东来的行程安排，说明胖东来已超越零售场所功能，成为城市微度假的核心组件。在这样的商业空间中，顾客不仅仅是消费者，更是情感的参与者和体验者。他们在这里找到了归属感，感受到了商家的用心和关怀。商家通过精心打造的空间设计、细致入微的服务以及独特的文化氛围，为顾客营造了一个温馨、舒适、有情感的购物环境。这种环境让顾客愿意停留、愿意分享，更愿意成为商家的传播者和推荐者。同时，这种商业模式也为商家带来了更多的机遇和挑战，商家需要不断创新和完善，以满足顾客日益增长的情感需求和个性化需求。

四、服务极致化：什么才是真正的“用户体验”

一位顾客的物品落了在公交车上，胖东来人会通过联系公交车帮助找回物品。这些看似超出了正常范围的服务，换来的是顾客的感动。

古人说，爱出者爱返，福往者福来。胖东来超市部的汪瑞深有感触地说：“在胖东来工作，最大的感受就是幸福和骄傲！就拿那次缴费经历来说吧，真没想到自己竟受到那么多特别关照。”她说的是某天下午 1 点多走出卖场，在经过农业银行门口时突然想起家里的水电费距离缴费逾期只剩半天了，但银行办理缴费业务的队伍很长，她正犹豫是排队等候还是先回家吃饭时，一位大妈认出她是胖东来卖场的工作人员，在得知她的情况后就让她先缴，自己到后面排队去，还说胖东来没少给我们提供方便，这次我心甘情愿。站在队伍最前面的大姐一把拉住汪瑞说：“你先缴，上班都站大半天了，肯定还没吃饭，缴了费，赶紧回家吃饭吧，我想大伙都没意见。”汪瑞非常感动，她说：“人们总爱说顾客是上帝，其实顾客就是我们的亲人，他们那样容易满足，又那样善解人意，我们只不过做了一名服务员应该做的，但他们所给予我们的回报远远超出了我们的想象。”[1]胖东来的“用户体验”本质是将商业逻辑重构为“可信赖感 × 被尊重感 × 愉悦感”：通过商品透明消除戒备（可信赖感），通过极致服务强化归属（被尊重感），通过环境美学创造享受（愉悦感），最终实现从“满足需求”到“创造幸福”的跨越。这种模式证明，真正的用户体验不在于技术堆砌，而在于对人性需求的深度洞察与真诚回应。

透明化筑牢信任基础。在胖东来的商业实践中，透明化经

1 参见汤献华、王译慧：《胖东来 · 心零售》，中国工商出版社2025年版，第14—15页。

营不仅体现在价格、质量等基本信息的公开透明，更深入到了供应链、生产流程等各个环节。商家通过直播等形式，让消费者直观了解商品的来源、生产及质检过程，这种前所未有的透明度大大增强了消费者的信任感。同时，胖东来还积极回应消费者的疑虑和反馈，通过社交媒体、自媒体平台等渠道，建立起了与消费者之间即时、高效的沟通机制。

商品标签公开进货价与毛利率，黄金按实时金价销售且承诺补差价。这种透明化策略让消费者形成"无风险消费"认知，甚至愿为高价商品买单。胖东来不仅仅满足于价格信息的透明，更进一步地将进货价与毛利率公之于众，这一举措无疑是对消费者知情权的极大尊重。例如，某款羽绒服的利润被明确标注为仅赚 ×× 元，这样的透明度让消费者在购买时能够清晰地感知到商家的诚意与薄利，从而建立起对品牌的深度信任。而对于黄金等贵重商品，胖东来更是采取了按实时金价销售并承诺补差价的策略，这样的做法不仅消除了消费者对于价格波动的担忧，更彰显了商家对于公平交易的坚持。这种前所未有的透明化策略，使消费者在购物过程中能够享受到前所未有的安心与放心。他们不再担心"被宰"或遭遇价格欺诈，因为胖东来已经用实际行动证明了他们的诚信与透明。这种"无风险消费"的认知一旦形成，便会在消费者心中产生强大的影响力，促使他们更愿意为胖东来的商品买单，哪怕价格相对较高。

胖东来重新定义了零售业的“用户体验”标准，其本质是将商业行为升级为情感连接，通过全周期需求覆盖、场景化体验营造、人性温度传递的三维重构，塑造出超越交易本质的价值共鸣。在信息高度透明的今天，消费者对于商家的每一个细微动作都极为敏感。因此，他们不仅仅在价格上做到了透明，更在服务流程、商品质量、售后保障等各个环节上都力求做到公开、公正、公平。这种全方位的透明化经营，让消费者在购物过程中感受到了前所未有的尊重与信任。而这种信任，正是胖东来与消费者之间建立深厚情感连接的基础。通过不断地优化服务流程、提升商品质量、强化售后保障，胖东来成功地将每一次商业行为转化为与消费者之间的情感交流，让消费者在购物的同时，也感受到了来自胖东来的关怀与温暖。这种超越交易本质的情感连接，正是胖东来能够赢得消费者信赖的关键所在。

不断营造场景化体验。在于东来看来，场景化体验不仅仅是商品陈列和购物环境的优化，更是一种深入消费者内心的情感体验。他们深知，在物质极大丰富的今天，消费者对于购物的需求已经远远超出了商品本身，更多的是追求一种情感上的满足和共鸣。因此，胖东来在场景化体验的设计上，始终坚持以消费者为中心，从消费者的角度出发，思考如何在每一个细节上都做到极致。他们通过不断地创新和实践，将场景化体验融入了购物的每一个环节。从商品的选品、陈列到购物环境的打造、氛围的营造，再到服务人员的态度、语言和行为，胖东来都力求做到与消费者的情感需求高度契合。这种全方位的场景化体验设计，让消费者在购物的过程中，不仅能够享受到优质的商品和服务，更能够感受到一种来自胖东来的独特情感魅力。

通过打造节日仪式感——春节挂灯笼配欢快音乐、设置节日购物通道等，将卖场转化为社交娱乐场所。在胖东来，节日不仅仅是一个促销的机会，更是一次与消费者深度互动、传递情感的机会。春节前，商场内外挂满了红彤彤的灯笼，与欢快的节日音乐相得益彰，营造出一种浓厚的节日氛围。不仅如此，胖东来还特意设置了节日购物通道，让消费者在购物的过程中，能够感受到节日的喜庆与热闹。商场内部，各种节日装饰点缀其间，使整个卖场仿佛变成了一个社交娱乐场所。消费者们在这里不仅可以选购心仪的商品，还可以与亲朋好友一起享受节日的快乐，分享彼此的喜悦。这种将卖场转化为社交娱乐场所的做法，不仅提升了消费者的购物体验，更让胖东来在消费者心中树立起了独特的品牌形象。

主动传递人性的温度。胖东来不仅仅满足于提供优质的商品和服务，更致力于在每一次与消费者的互动中传递出人性的温度。从员工的微笑服务到细致入微的关怀举措，胖东来让每一位踏入店门的顾客都能感受到家的温暖。员工被赋予了更多的自主权，他们可以根据实际情况灵活处理顾客的各类需求，无论是寻找特殊商品还是解决购物中的小困扰，员工总能以最快的速度、最贴心的态度给予回应。此外，胖东来还积极组织各类公益活动，鼓励员工和消费者共同参与，用实际行动回馈社会，传递正能量。这种主动传递人性温度的做法，不仅加深了胖东来与消费者之间的情感联系，更让胖东来成为社会责任的践行者，赢得了社会各界的广泛认可与尊重。

自主开发强化用户体验。如胖东来开发胡辣汤味冰激凌、中药香囊等地域特色商品，强化客户体验，推动本土文化传播。胖东来自制产品，赢得顾客青睐。胖东来的用户体验不仅限于个体消费者，更延伸至社会层面。如在自然灾害中第一时间捐赠物资，将企业资源转化为公共应急力量。

五、传统零售的误区：把顾客当“提款机”

传统零售行业长期存在将顾客视为“提款机”的认知误区，其本质是将商业关系简化为单向价值攫取，而非建立双向价值共创机制。在数字化、智能化时代，随着消费者行为和消费习惯的变化，传统零售业需要不断调整战略和业务模式，以适应新的市场环境和竞争压力。

效率至上。其一，以效率为核心的管理思维，忽视了与消费者建立长期、稳定关系的重要性，从而损害了企业的品牌形象和客户的忠诚度。在传统零售行业中，效率至上主义往往导致供应链上的压力被不断转嫁给消费者。企业为了降低成本和提高运营效率，可能会采取缩短产品周期、削减品质检验环节、降低服务水平等措施。然而，这些做法最终都会以某种形式转嫁到消费者身上，如产品质量不稳定、售后服务不到位等。其二，品牌方通过经销商层层压货，强制制定促销定价策略，导致线上线下重复促销，最终将效率损失转嫁为消费者决策成本。这种重复促销的现象，不仅让消费者感到困扰和疲惫，更在无形中增加了他们的决策成本。面对各种促销活动和复杂的价格体系，消费者需要花费更多的时间和精力去比较和筛选，这无疑降低了他们的购物体验和满意度。此外，频繁且重复的促销活动也可能导致消费者对品牌产生不信任感，认为品牌方在通过不正当手段进行销售，从而损害品牌形象和口碑。因此，传统零售业在追求效率的同时，也需要反思这种重复促销的策略是否合理，是否真正符合消费者的需求和利益。其三，经销商为追求短期销量，向终端压货，引发降价甩货乱象，破坏市场价格体系稳定性。这不仅损害了品牌形象，还导致了经销商之间的恶性竞争。为了完成销售目标，一些经销商不惜采取降价、赠品等促销手段，甚至以低于成本的价格销售产品，以求快速回笼资金。这种行为不仅扰乱了市场秩序，还使其他经销商的利益受到损害。长此以往，将形成恶性循环，导致整个渠道体系的崩溃。同时，这种压货循环也加剧了库存积压的问题，增加了经销商的运营成本，还可能导致产品过期、损坏等风险。

单向思维。传统零售业的单向推销思维，忽视了对顾客需求的洞察。商家往往过于关注自身的销售目标，而忽视了与顾客建立长期关系的重要性。其主要表现有三点。一是单向推销方式。他们试图通过不断向顾客推销产品来实现销售目标。然而，这种做法往往适得其反，不仅无法赢得顾客的信任和忠诚，反而会引起顾客的反感和抵触。在单向思维的主导下，商家往往忽视了顾客的真实需求和反馈，导致产品和服务与市场需求脱节。这种脱节不仅影响了商家的销售业绩，还损害了商家的品牌形象和声誉。因此，传统零售业需要摒弃单向推销思维，转向以顾客为中心的经营模式，通过深入了解顾客需求，提供个性化的产品和服务，建立长期稳定的顾客关系。二是自我中心式销售模式。导购员仅从自身业绩目标出发推销商品，缺乏对顾客痛点的精准捕捉，如服装店盲目推荐高单价商品却忽视搭配建议。这种自我中心式销售模式，不仅无法有效满足顾客的实际需求，还可能导致顾客的购物体验大打折扣。顾客在购物过程中，往往更希望得到专业的搭配建议和个性化的服务，而非被强行推销高单价商品。如果导购员不能精准捕捉顾客的痛点，提供符合其需求的产品和服务，那么顾客很可能会感到不满，甚至选择离开。此外，这种销售模式还可能损害商家的品牌形象，让顾客觉得商家只关心销售业绩，而不关心顾客的实际需求和体验。因此，传统零售业需要转变销售思维，从以自我为中心转向以顾客为中心，通过深入了解顾客需求，提供精准的服务和产品，从而赢得顾客的信任和忠诚。三是信息不对称操控。传统供应链模式下，商品的真实成本（如服饰进货价、茶叶产地）常被刻意模糊化，削弱消费者议价能力。这种信息不对称操控，不仅让消费者在购买时感到困惑和不安，也破坏了市场的公平竞争原则。商家通过隐瞒或模糊商品的真实成本，试图引导消费者接受更高的价格，这种行为严重损害了消费者的权益。同时，这种不透明的定价策略也阻碍了市场的健康发展，让诚信经营的商家难以脱颖而出。

流量依赖。在当前的商业环境中，许多企业过于依赖短期的流量增长，而忽视了客户生命周期价值的重要性。他们投入大量资源吸引新客户，却往往忽视了维护老客户和提升客户忠诚度这一关键因素。这种“流量依赖症”不仅导致客户流失率居高不下，还使企业在面对市场波动时显得尤为脆弱。实际上，一个忠诚的老客户所能带来的价值，往往远超一个新客户。老客户不仅购买频率更高，而且更愿意为企业推荐新客户，形成口碑效应。“流量依赖症”的表现主要有两点。一是增量崇拜陷阱。实体店过度依赖新客引流，忽视老客复购价值，例如，仅通过低价促销吸引客流却无配套会员服务体系。这种现象在电商领域同样普遍存在，企业盲目追求销量的增长，频繁进行打折促销，却未能建立起有效的会员管理体系。这种短期的促销策略虽然能暂时提升销量，但长期来看，却会导致利润率的下滑和客户忠诚度的降低。因为消费者往往是被价格所吸引，而非品牌或产品本身。一旦有更优惠的产品出现，他们便会毫不犹豫地转向其他品牌或平台。二是企业盲目改造店铺硬件环境（如增设智能设备），却未同步提升商品力与服务力，导致新增流量难以留存。许多商家误以为，只要店铺的硬件设施足够先进，就能吸引并留住顾客。然而，现实往往并非如此。顾客在选择购物场所时，除了考虑环境的舒适度外，更看重的是商品的品质和服务的水平。如果商家只是一味地追求硬件的升级，而忽视了商品力和服务力的提升，那么即使短期内能够通过新颖的设备吸引一部分流量，这些流量也很难转化为忠实的回头客。因为顾客在体验过一次后，如果发现商品的质量不过硬，或者服务人员的态度不够热情专业，他们便会失去再次光顾的兴趣。

服务异化。在追求效率与规模的过程中，不少企业不慎陷入了服务异化的陷阱，其中最为显著的表现便是标准化服务逐渐取代了原本应充满温度的人性化服务。标准化虽然能够确保服务流程的一致性和可预测性，提升服务效率，但它往往忽视了顾客作为个体的独特需求和情感体验。当顾客在寻求帮助或建议时，如果得到的只是千篇一律的标准回答，而非针对其个人情况给出的贴心建议，那么，这种服务便失去了其应有的价值。真正的人性化服务，应当是基于对顾客需求的深刻理解和尊重，提供既专业又贴心的个性化解决方案。服务异化主要有两个表现。一是服务等级歧视。对小额订单顾客态度冷淡，认为“低消费不配高服务”，破坏消费体验完整性。一些企业错误地将顾客为企业带来的利润作为衡量服务价值的唯一标准，从而忽视了消费体验的整体性和连贯性。对于高消费的大客户，企业往往提供无微不至的服务，甚至在某些情况下，这种服务已经超出了客户的实际需求，变成了一种过度的、不必要的奢华。然而，对于小额订单的顾客，企业则可能表现出截然不同的态度，从冷漠到忽视，甚至有时还会出现不耐烦的情况。这种基于利润大小的服务等级划分，无疑是对消费者的不尊重。消费体验是一个综合性的感受，它不仅仅取决于产品或服务本身的质量，更与企业在服务过程中所展现出的态度和专业性息息相关。当小额订单的顾客感受到被忽视或被冷漠对待时，他们的消费体验便会受到严重的破坏，这种破坏往往是难以弥补的。二是售后保障缺失。退换货政策严苛，缺乏类似胖东来“吃一半也能退”的柔性机制，将售后成本完全转嫁消费者。这不仅增加了消费者的购物风险，也严重损害了企业的信誉和形象。在竞争激烈的市场环境中，良好的售后服务是企业赢得顾客信任和忠诚的重要手段之一。然而，一些企业却忽视了这一点，将售后成本视为负担，而非提升顾客满意度的投资。这种做法极其短视，极易导致口碑的恶化和顾客的流失。

第四章

企业文化可以救命吗

胖东来给出答案

胖东来强调员工快乐，并把员工快乐当成企业文化来塑造。这其中有着深刻的生理学根源。据医学研究，人越快乐，免疫力就越高，只要一快乐，心情愉悦了，人的经脉就会通畅。经脉通畅了，身体的免疫力也就提高了。所以说，心态是人生最好的良药。万病由心起，因心转病而已。

一、为什么一些企业的企业文化是空话

2025 年 3 月 15 日，央视 3 · 15 晚会曝光了 36 家涉事企业，其中河南省占 8 家。这 8 家企业的主要问题是无菌内裤不杀菌不消毒，生产卫生条件堪忧，材质造假，货不对板。这些涉事企业在全国来说只是冰山一角。这些企业也都有自己的企业文化，但为什么会罔顾诚信，投机钻营，甚至不顾消费者的身体健康？说到底，还是企业文化没有落实下去，只停留在口头上。现实中，一些企业的文化听起来都响当当的，但不少是空话，说到底还是企业的价值观扭曲，治理失衡、错位导致

的。我们看看胖东来的做法。当消费者陷入“不知该信谁”的焦虑时，胖东来成为“避风港”，货架被抢空、整箱购买成常态，甚至有网友调侃：“胖东来不是检测机构，但比检测机构更权威。”面对卫生巾行业的信任危机，胖东来选择用最“笨”的办法回应：所有卫生巾生产厂家必须出具权威检测报告，且超市会追溯原料和生产流程，确保每一包卫生巾“经得起显微镜观察”。这种近乎苛刻的品控标准，让消费者戏称其为“民间质检总局”。更难得的是，胖东来并未因行业乱象“一刀切”下架所有品牌，而是主动承担起“把关人”角色。例如，进口卫生巾会特别标注“无香精”以提醒敏感人群，国产产品则严格核查 pH 值、荧光剂等指标。这种既专业又人性化的筛选机制，让消费者在迷茫中找到了“安全岛”。

我们再看一下其他企业。

（一）缺位：认知偏差以及执行缺位

有些企业不重视企业文化，认为企业发展与文化无关。在他们看来，企业追求的是经济效益，文化不过是虚无缥缈的东西，无法直接转化为生产力。然而，这种认知偏差导致了企业对文化建设的忽视，进而影响了企业的长远发展。他们忽略了企业文化在凝聚人心、塑造品牌形象、提升员工归属感等方面的重要作用。在执行层面，由于认知偏差，这些企业往往缺乏系统的企业文化建设规划，或者即使有规划也难以得到有效执行。企业文化成了口号，没有真正融入企业的日常运营和管理中，导致企业文化形同虚设，无法发挥其应有的作用。

权力结构失衡，导致企业文化成为领导意志的“传声筒”。在一些企业中，权力结构的不平衡问题尤为突出。高层管理者往往将企业文化视为传达个人意志和偏好的工具，而忽视了企业文化应是企业全体员工共同价值观和行为准则的体现。这种权力结构失衡导致企业文化不再是集体智慧的结晶，而是变成了领导个人意志的“传声筒”。员工在这种文化氛围中，难以感受到参与感和归属感，往往被动地接受和执行领导意志，缺乏主动性和创新精神。这种企业文化不仅无法激发员工的积极性和创造力，还可能引发内部矛盾和不满，影响企业的稳定和持续发展。更加糟糕的是，当企业文化沦为领导的“传声筒”，企业内部的沟通机制也会受到损害。员工的意见和建议很难被采纳和重视，他们的声音无法影响到决策层。这种单向的文化传播方式，使企业文化失去了其应有的互动性和双向性。企业文化的建设应当是开放和包容的，鼓励员工参与和反馈，通过沟通交流形成共识，而不是单方面地灌输和强制。此外，当企业文化仅仅反映领导层的意志时，企业对外传递的形象也会显得不够真实和全面。这种文化的单一性可能无法适应市场变化和客户需求的多样性，从而导致企业在竞争中处于不利位置。一种健康的企业文化应当能够反映企业的多元性和包容性，尊重并整合不同员工的声音和创意，形成一支有凝聚力和向心力的团队。最终，权力结构失衡和企业文化被领导意志所左右，导致企业文化的建设失去其本质意义。企业文化不是为了满足个别人喜好的自我表达，而是为了推动企业整体的和谐发展和长远利益。因此，企业应当重新审视和调整其文化构建方式，确保企业文化真正成为连接员工、促进企业发展、增强企业竞争力的强大力量。

高层认知偏差也是导致企业文化成为空话的重要原因。企业决策层将文化等同于口号标语，仅用于招聘宣传或品牌包装，未将其视为战略落地的核心工具；创始人或高管将个人价值观等同于企业文化，形成“高管文化”，导致文化体系与员工实际需求割裂。此外，执行机制缺位也是导致企业文化成为一纸空文的原因。因缺乏专职文化管理部门，文化推广责任分散于行政部门，无法形成系统性落地路径；文化考核指标缺失，未与员工晋升、薪酬等利益挂钩，执行动力不足。

（二）形式：用仪式感替代实质内容

不少企业文化存在形式主义泛滥的现象，企业过分注重形式上的展示，而忽视了文化内涵的实质传递。例如，企业可能热衷于举办各种盛大的文化仪式和活动，如年会、庆典等，但这些活动往往缺乏深刻的文化内涵，仅仅停留在表面形式上。员工在这些活动中难以感受到企业文化的真正魅力，也无法从中获得归属感和认同感。此外，一些企业还热衷于打造“文化墙”“文化长廊”等文化展示区域，但这些区域往往只是堆砌了一些口号和标语，缺乏与员工实际工作的紧密联系，难以真正激发员工的工作热情和创造力。企业文化如果过度依赖墙面标语、员工手册等形式载体，却未通过制度设计将价值观转化为具体行为规范，恐会搞成符号化运作；文化活动沦为“加班团建”，如利用休息时间组织强制参与的培训活动或晚会，恐会引发员工抵触。

企业文化形式主义还体现在机械模仿，一些企业没有根据企业自身特点制定独特的文化，盲目模仿华为“狼性文化”、阿里“价值观考核”等模式，以为这样就能学到成功企业的精髓。这是异想天开。不同的企业有不同的背景、使命、愿景和价值观，这些独特的元素构成了企业文化的基石。机械地模仿其他企业的文化模式，不仅无法真正融入企业的血液，还可能因为“水土不服”而产生“排斥”反应。真正的企业文化应该是根据企业自身特点，经过长期实践和总结而形成的，它应该具有鲜明的个性和独特的魅力。

（三）张力：文化承诺与实际相矛盾

一些企业在打造企业文化时，和企业经营管理存在“两张皮”的现象，文化是文化，经营是经营，各自一体、互不相干。这是因为，首先，企业文化体系建设缺乏实践意义。企业文化体系的建设十分重要，尤其是理念体系的提炼与企业的实际不相符合，与员工的愿望大相径庭，与发展的规律背道而驰，要么“假大空”，要么“高大全”，没有实践意义。其次，没有搞懂企业文化的内涵结构。比如，不少企业只知道空喊口号，以为有了“改革、创新、团结、奋进”类似这样的口号，就有了企业文化。他们根本就不知道，企业文化是分层次的，而建设企业文化要以企业不同发展阶段和不同层次的内涵为出发点，所谓空喊口号的“文化”，怎能不与企业实际“两张皮”？最后，将企业文化等同于老板文化。从某种意义上讲，企业文化就是老板文化，这样做的前提是：老板必须首先具有企业文化理念和意识，必须有倡导意识，而且必须身体力行、率先垂范、勇于实践；另外，更需要“不动摇、不懈怠、不折腾”。然而，令人感到遗憾的是，很多企业的老板只满足于用企业文化去包装企业，目的只是为了给外人看，自身根本做不到企业价值观所倡导的理念和行为规范。

这种现象的存在，从根本上说是文化承诺与实际相矛盾。

企业文化就是能够让人产生“上下同欲”的价值观。企业文化不是壮形色、秀外观、当摆设的“花瓶”。要知道，企业文化自身结构就像是一个球体，它本身是可执行、可操作，看得见、摸得着的。

有学者将企业文化自身的层次性结构分为 4 层：一是表层，包括视觉识别系统的全部，属于识别系统；二是浅层，包括生产活动、经营活动、管理活动等；三是中层，也叫法治文化、强制文化、制度文化；四是深层，也叫核心文化、价值观文化。这 4 层文化互相渗透、互相融合、互相体现、互相依赖、互相映衬，缺一不可，只有形成这样的有机体、大系统，才能称为企业文化。

这样的企业文化，不但是看得见、摸得着的，而且也是企业经营管理发展的圭臬，是客观实际的反映、主观意志的表达。如果企业管理人不懂这些，该企业则会陷入某个层次的孤注，最终结果就必然是造成支离破碎的“文化”；作为企业管理者，若要避免企业文化“两张皮”现象，就切勿将管理者自身都未能践行的要求提炼成企业的价值观理念。

领导言行不一，导致企业文化形同虚设。倡导“节俭文化”但管理层铺张浪费，宣扬“平等开放”却压制员工谏言，导致文化信用破产；战略决策与文化价值观冲突，例如，为业绩增长默许灰色操作，动摇文化根基。这种矛盾不仅削弱了企业文化的权威性，更让员工对企业失去信任。例如，企业倡导团队合作，但领导层在决策时却常常独断专行，不考虑员工的意见和建议。或者，企业强调诚信经营，但领导层在处理问题时却采取欺骗或隐瞒的手段。这种言行不一的行为，会让员工感到困惑和失望，进而对企业文化的认同感和归属感大打折扣。因此，领导层必须以身作则，践行企业文化，做到言行一致，才能真正发挥企业文化的作用，激发员工的积极性和创造力。

缺乏文化践行奖励机制（如价值观标杆评选），负面行为惩戒力度不足（如违背文化准则无追责）；薪酬分配、晋升标准未与文化考核关联，形成“说一套做一套”的潜规则。缺乏文化践行奖励机制也会导致员工对企业文化的忽视。企业没有设立明确的价值观标杆评选，员工难以明确哪些行为是符合企业文化的，哪些行为是需要改进的。这样一来，员工对企业文化的理解和认同就会逐渐淡化，甚至产生抵触情绪。同时，对于违背文化准则的行为，企业没有给予足够的惩戒，也会让员工觉得企业文化只是一种摆设，没有实际约束力。在薪酬分配和晋升方面，如果未能与文化考核相关联，那么，员工就会认为企业文化与自身利益无关，从而失去践行企业文化的动力。这种“说一套做一套”的潜规则不仅破坏了企业文化的权威性，也让员工对企业失去了信任。因此，企业需要建立文化践行奖励机制和负面行为惩戒制度，将薪酬分配、晋升标准与文化考核相结合，确保企业文化在员工心中的地位。

（四）脱节：企业发展与社会需求相悖

有些企业的企业文化与业务发展脱节，不能随着企业的发展而发展，导致进化能力缺失。当今社会，企业的快速发展的同时往往会忽视社会需求。这种脱节不仅体现在产品与服务上，更深层次地反映在企业文化与社会价值观的背离上。当企业过分追求经济利益，而忽视了自身作为社会成员的责任时，其发展便与社会需求渐行渐远。这种脱节不仅损害了企业的社会形象，更可能导致企业在长期发展中迷失方向。

最为突出的是企业文化的静态化运作。初创期文化未随企业规模扩张迭代，导致价值观与多元化团队需求不兼容；未建立文化评估机制，无法诊断文化落地效果并及时校准偏差。这种静态化运作不仅限制了企业的内部发展动力，也削弱了企业在外部环境变化中的适应能力。企业文化应当是一个动态调整、持续优化的过程，它需要随着企业的成长、市场的变化及员工结构的多样化而不断进化。初创期的文化可能适合当时的小规模团队和特定市场环境，但当企业步入快速发展阶段，面对更加复杂多变的内外部挑战时，原有的文化体系就可能成为制约因素。为了解决这一问题，企业需要建立一套科学有效的文化评估机制。这一机制应当能够定期诊断企业文化的落地效果，识别出与当前企业战略、市场环境以及员工需求不相符的文化元素，并及时进行修正和调整。通过持续的评估与改进，企业文化才能保持其生命力和适应性，成为推动企业持续健康发展的强大动力。

企业文化功能定位模糊。将企业文化定位为“员工思想控制工具”，而非“业务增长驱动力”，忽视文化对创新、协作等组织能力的塑造作用；未将文化融入产品研发、客户服务等价值链环节，导致企业文化悬浮于管理表层。这种定位偏差不仅限制了企业文化的作用范围，也削弱了其在推动业务增长方面的潜力。真正的企业文化应当是全员参与、全程渗透的，它应当成为连接员工、客户和市场的桥梁，而非仅仅停留在管理层或少数人的口号中。当企业文化能够深入员工的日常工作中，激发他们的创新意识和协作精神，同时又能够体现在产品和服务中，满足客户的多元化需求时，才能真正成为企业持续发展的不竭动力。

企业文化的本质是组织共识的持续再生产，只有当企业文化与员工利益、业务实践形成强耦合关系时，才能突破“空话”困局。要解决企业文化脱节问题，破局的关键还是要从

“文化表演”向“文化操作系统”转变。比如，建立双向反馈机制，通过匿名文化健康度调研、跨层级文化研讨会等，实现员工诉求与文化建设的动态平衡；重构利益关联，将文化考核纳入 KPI 体系，设置价值观积分奖励、文化践行者股权激励等实质性驱动措施；打造文化应用场景，在关键业务节点（如产品创新评审会、客户投诉处理）植入文化行为标准，实现价值观与业务流程的深度融合。

二、胖东来如何让员工发自内心地热爱工作

在胖东来，没有干不好的事情，只有用心不用心的问题；没有简单的职位，只有简单的头脑和疏忽的心。即便是存车处，也可能发生车辆被盗事件。新乡大胖店后勤部的李新梅一开始认为看车这项工作没有技术含量，结果一个月下来，好几辆自行车丢失。后来采取措施解决了车辆丢失问题。但在夏天，又出现车座太烫的现象。李新梅带领部门伙伴发明了“冰敷车座法”，就是在顾客走出卖场前用冰袋为车座降温。这种贴心服务获得了大量顾客的好评。如果遇到雨天，后勤部会主动检查车上是否有物品，避免被雨水淋湿。胖东来实行“免费存车”服务 20 多年，很好地解决了顾客的后顾之忧。这也是

胖东来倡导的，要养成从小事做起的良好习惯，踏踏实实做每件小事，把每件看似微不足道的小事做好，汇集起来就是做好了大事。有一次，一位先生在新乡大胖店餐饮区吃饭，把牙套取下来裹在纸巾里并放在桌子上，吃完饭他匆匆离开，就忘了戴牙套，返回来找时牙套已经不在了。得知情况后，胖东来保洁员在户外的垃圾池里，从满满一池子大垃圾袋中，一个一个打开、摊开，翻找了半个多小时，牙套终于被找到了。顾客特别感动。[1]

胖东来人积极想办法的主动作为，不厌其烦地尽全力为顾客排忧解难，体现了员工发自内心热爱这份工作。那么，胖东来是如何让员工发自内心地热爱这份工作的呢？这里既有物质方面的原因——对高工资岗位的守护，也有文化层面的原因——对顾客如亲人般的热爱。一个陌生人打来电话，说在火车站，上楼梯拖行李时鞋跟扭断了，问胖东来能不能送过来一双新鞋。胖东来员工立即回答“能”，并做到尺码、款式等让顾客满意。这种修炼，不是一朝一夕所能达到的，而是通过长期的坚守和付出而实现的。对待顾客就像对待家人一样，唯有

1 参见汤献华、王译慧：《胖东来 · 心零售》，中国工商出版社2025年版，第9—11页。

如此才能赢得顾客的心。

胖东来能够凝聚人心，说到底还是文化理念感召的结果。胖东来文化理念的发展过程，既是认知不断深化的过程，也是在实践中不断总结的过程。1995 年，假货充斥市场，当时的糖烟酒市场比较乱，顾客什么东西都不敢放心买。但“望月楼胖子店”打出横幅“用真品换真心”，烟在售卖的时候一条条打开，就连检测中心的工作人员都说：“胖东来的不用检测，他们这没有假烟，你放心抽吧！”这样口口相传，老百姓开始真的信了。2002 年，随着多家新店开张，在装修许昌最大的大型综合超市生活广场店的时候，很多员工因劳累患病住院了，于东来说：“本来我们工作的目的，是想让生活过得好一点，结果健康却没了，我怎么对得起大家？所以赶快调整，逐步增加休息时间，让大家在工作之余，还有休闲娱乐，使工作更高效，生活更丰富，真正让大家体验到胖东来给大家带来的快乐！”经过反复思考，胖东来确立了新的愿景：创造财富、播撒文明、分享快乐。[1] 2007 年，于东来去日本考察归来，反思胖东来是不是扩张得过快了，再后来他发现北欧等地的人生活

1　参见汤献华、王译慧：《胖东来 · 心零售》，中国工商出版社2025年版，第120—122 页。

得非常轻松，人的生命状态非常好，他进而认识到，我们一直在努力挣钱，却失去了很多自己的时间，从此，“爱在胖东来”就成为重要的文化理念，爱自己、爱家人、爱员工、爱顾客、爱社会。

于东来曾发文说，企业调改其实就两个方面：一是给予管理人员及员工的收入，让他们愿意投入这份工作！二是产品质量、价格和售后保障让顾客放心、安心、满意。胖东来像学校一样培养员工具备健全的人格和快乐生活的能力！胖东来在企业方面的目标是做企业的样板，让做企业的学习、分享和传播科学的理念和方法，让更多企业健康地发展，让老板和员工都健康美好，让国家和社会更美好，而不只是自己做企业赚钱。胖东来将逐步加强对更多零售企业（包括“种子班”）的辅助，通过培训和调整，助力企业向健康美好和为社会提供健康美好的方向发展。同时，帮助更多企业家走向阳光、自由、快乐、幸福的人生，为自己、为社会、为国家、为世界贡献更多幸福美好的能量！胖东来是这样做的：

一是破除生存和安全焦虑。

当前生存焦虑主要体现在物质保障与人性化关怀两个方面，也就是物质层面和精神层面。通过提高员工的薪资待遇，胖东来成功地为员工解决了基本的生活问题，减轻了他们的生存压力。这种经济上的安全感，使员工能够更加专注于工作，减少了对未来生活的担忧。同时，企业还通过提供良好的工作环境和福利待遇，进一步增强了员工的安全感和归属感。这些措施不仅提升了员工的工作满意度，还激发了他们的工作热情和创造力，使他们更加热爱自己的工作，愿意为企业的发展贡献自己的力量。

高于行业水平的薪酬体系。胖东来员工起薪高（每年都会提高，远超地方服务业平均薪资），核心岗位配备奔驰车等高福利待遇，消除了员工的生存压力，使其专注于服务价值创造。胖东来还建立了完善的晋升机制，确保每位员工都有清晰的职业发展路径。通过定期的培训和考核，员工可以不断提升自己的专业技能和综合素质，从而获得更好的晋升机会和薪资待遇。这种公平的晋升机制，让员工看到了自己在企业中的未来和希望，进一步增强了他们的工作动力和归属感。

反内卷化工作制度。胖东来严格执行节假日闭店、禁止加班政策，确保员工享有充足休闲时间，将“生活尊严”理念转化为切实的管理实践。这种反内卷化的工作制度，在行业内独树一帜，不仅赢得了员工的广泛赞誉，也吸引了众多求职者的目光。只有让员工真正感受到生活的尊严和幸福，他们才能以更加饱满的热情和创造力投入到工作中，为企业创造更大的价值。因此，胖东来不仅在制度上保障员工的权益，更在行动上践行企业的承诺，让员工切实感受到企业的关怀和温暖。

家庭式关怀延伸。胖东来坚持把员工视为家人，比如，提供育儿援助、健康管理等服务，强化“员工即家人”的归属感。胖东来设立了员工子女教育基金，为员工的子女提供教育支持，减轻他们的经济负担，让员工无后顾之忧，专注于工作。这种全方位的家庭式关怀，既包括物质支持，更注重精神慰藉。胖东来通过一系列贴心的举措，让员工深切感受到企业的温情与关怀，从而建立起强烈的安全感和归属感。这种安全感，是员工能够全心全意投入工作的基石，也是胖东来企业文化中不可或缺的一部分。

二是建构精神文化共同体。

在胖东来，建构精神文化共同体不只是一句口号，更切实融入企业的日常运营和员工管理中。一个强大的精神文化共同体能够激发员工的内在动力，增强团队凝聚力，从而推动企业不断向前发展。为了建构这一共同体，胖东来注重培养员工的共同价值观和信仰。企业通过各种形式的培训和交流活动，让员工深入了解企业的使命、愿景和价值观，引导他们形成与企业相一致的思维方式和行为准则。这种价值观的共鸣，让员工在工作中更加默契，更加愿意为企业的共同目标而努力。同时，胖东来还鼓励员工之间的互助和合作，营造一种积极向上的工作氛围。企业倡导员工之间互相学习、互相支持，共同面对工作中的挑战和困难。这种团结合作的精神，不仅提高了工作效率，也增强了员工之间的友谊和信任。此外，胖东来还通过举办各种文化活动，如员工运动会、文艺晚会等，让员工在轻松愉快的氛围中增进了解，加深感情。这些活动不仅丰富了员工的业余生活，也让他们更加热爱企业，更加愿意为企业的发展贡献自己的力量。通过这些举措，胖东来成功地建构了一个强大的精神文化共同体。在这个共同体中，员工共享企业的价值观和信仰，共同面对挑战和困难，共同追求企业的成功和发展。这种共同体精神，成为胖东来不断前进的动力源泉，也为企业的发展奠定了坚实的基础。从而实现了企业文化浸润与价值观共鸣，使员工完成了从制度约束到信仰认同的飞跃。

企业理念穿透式传播。通过自媒体平台的“东来随笔”“东来百科”“东来分享”“东来讲堂”等栏目，实时传递企业价值观，确保文化渗透至每个工作场景。这些栏目不仅为企业内部沟通搭建了桥梁，也成了员工学习、领悟企业理念的重要渠道。员工可以随时随地浏览这些“一闪灵感”，从中汲取力量，感受企业家的智慧与情怀。而“东来讲堂”则如同一部活生生的企业教科书，详细记录了企业的历史沿革、核心价值观、行为准则等内容，帮助新员工快速融入企业文化，同时也为老员工提供了回顾与反思的平台。通过这种持续、深入的企业理念传播，胖东来成功地将企业文化内化于心、外化于行，使员工在潜移默化中成为企业文化的传播者和践行者。

自由与爱的双向契约。倡导“精神自由”（鼓励独立判断）与“行为自由”（拒绝强制约束），同时以“净心、真诚、热情、专业”四要素定义员工精神内核，形成个体价值与企业使命的共振。这一双向契约不仅体现在对员工精神世界的尊重与滋养，更渗透于日常工作的每个细节。企业鼓励员工在遵循基本原则的前提下，勇于表达个人观点，敢于创新尝试，让每一次决策与行动都闪耀着自由思考的光芒。在行为自由方面，胖东来拒绝一切不必要的强制约束，倡导灵活高效的工作方式。员工可以根据自己的实际情况调整工作节奏，平衡生活与工作的关系，从而在更加宽松愉悦的环境中达到最佳状态。这种自由与责任并重的文化氛围，让员工在享受自由的同时，也更加珍惜并主动承担起对企业的责任与使命。“净心、真诚、热情、专业”四要素作为员工精神内核的界定，不仅是对个人品质的内在要求，更是连接个体价值与企业使命的桥梁。每一位员工都以这四要素为指引，不断提升自我修养，以更加饱满的热情与专业的态度投入到工作中，共同推动企业向更高层次发展。

在这个过程中，个体价值得到了充分展现与实现，企业使命也因此而更加清晰有力。

文化符号场景化落地。将“把顾客当家人”理念转化为具体行为标准（如主动提供购物建议、恶劣天气提供免费雨伞），通过可量化的服务动作强化员工价值认同。胖东来注重文化符号的视觉呈现，如设计独特的企业标识、店铺装饰风格以及员工制服，这些视觉元素不仅增强了品牌的辨识度，也让员工在日常工作中时刻感受到企业文化的熏陶。同时，通过定期的文化培训和分享会，员工深入学习和理解企业文化的内涵，这种全方位、多层次的文化建设，使胖东来形成了一个强大的精神文化共同体，员工心往一处想、劲往一处使，共同为企业的繁荣发展贡献力量。

三是自主权释放和持续赋能。

在胖东来，自主权释放与激活个体创造力结合起来，相得益彰。企业赋予员工充分的自主权，让他们能够根据自己的判断和顾客的需求灵活应对各种情况。这种自主权的释放，不仅激发了员工的积极性和创造力，也使胖东来的服务更加个性化和贴心。同时，胖东来深知员工成长的重要性，因此持续为员工提供赋能型支持。此外，胖东来还鼓励员工参与创新和调改项目，为他们提供展示才华和实现价值的平台。这种持续赋能的文化氛围，使胖东来的员工队伍不断壮大、素质不断提升，为企业的持续发展注入了源源不断的动力。

全周期职业发展支持。建立“东来讲堂”等培训体系，分模块提供企业文化、岗位技能等知识库，并通过实操标准规范赋能员工专业成长。该体系不仅涵盖了入职初期的基础培训，还包括了职业发展中期的高级技能培训和领导力培养。通过线上与线下相结合的方式，员工可以随时随地进行学习，既方便快捷又富有成效。此外，胖东来还设立了传承制度，让经验丰富的老员工一对一指导新员工，帮助新员工快速融入团队并提升专业技能。这种全方位、多层次的职业发展支持，不仅提升了员工的个人能力和职业素养，也为企业的长期发展培养了人才梯队。

服务自主决策空间。授权基层员工根据场景需求自主决策，通过即时正向反馈强化工作掌控感与成就感。这种服务自主决策空间的设置，极大地激发了员工的积极性和创造力。员工不再受限于刻板的规章制度，而是能够根据实际情况灵活应对，为顾客提供更加贴心和个性化的服务。例如，在遇到顾客对购买的商品不满意时，员工可以自主决定赠送小礼品以表达歉意和关怀，或者为顾客升级退货商品的品质，以提升顾客的购物体验和满意度。这种自主决策不仅让顾客感受到了胖东来服务的温度和人情味儿，也增强了员工对工作的掌控感和成就感，进一步提升了他们的归属感和忠诚度。

创新容错机制。鼓励员工在商品陈列、服务流程等领域提出改进方案，将优秀实践纳入企业知识库共享，形成“创新—验证—推广”的正向循环。这种创新容错机制不仅激发了员工的创新思维，还促进了企业内部的经验共享和持续优化。员工在日常工作中，不再满足于现有的流程和标准，而是敢于尝试新方法，勇于提出改进意见。一旦某个员工的创新方案被验证为有效，就会立即被纳入企业知识库，供全体员工学习和借鉴。这样一来，不仅提高了工作效率，还促进了企业整体服务水平的提升。同时，这种正向循环也鼓励了更多员工参与到创新活动中来，形成了良好的创新氛围和企业文化。

四是调改中输出企业文化。

这可以从于东来对嘉百乐、步步高和永辉的调改中看出端倪：关键就是通过推广胖东来文化，激活员工的热情和创造力。胖东来将提高员工福利推广到了其他超市，在“爆改”步步高门店过程中，员工最低工资标准提高至 4000 元以上；在对永辉超市的改造中，员工最低工资从 2500 元提升至 4500 元。

以嘉百乐调改为例，2023 年 6 月 21 日，胖东来董事长于东来带领高管团队和“种子班”学员企业老总来到嘉百乐超市，发现其存在经营不善的问题。6 月 26 日，于东来决定出手“拯救”嘉百乐，胖东来整编团队入驻，借调 3000 万元资金，11 家“种子”企业驻场支援和学习。

调改过程中，于东来对嘉百乐采取了一系列措施。在采购方面，建立自己的采购团队和架构，从门店现有管理层及员工中选拔人员充实到采购团队。生鲜方面，由于原先嘉百乐的生鲜经营以扣点、外包及合作形式为主，没有自己的核心团队，胖东来决定自己运营生鲜，以保证商品新鲜、品质高且有价格优势。胖东来还对嘉百乐超市进行了商品、门店功能区域及定价方面的优化调整，并对业务人员的薪酬予以建议。公开报道显示，调整后的嘉百乐超市卖场布局、商品陈列焕然一新，通过优化采购渠道，价格也有所下降，获得当地市民一致好评。

胖东来对嘉百乐调改后，在市场、经济和社会方面都产生了显著效果：

市场效果。客流量大幅增长：调改后，嘉百乐万力店客流日均达到 5000 人，相比调改前增长了 1 倍多；嘉百乐恒基店在调改一周后，日均客流量也有显著提升。消费者信任度提升：通过引入胖东来的管理和服务理念，以及优质的商品和服务，嘉百乐重新获得了消费者的信任和青睐。消费者对嘉百乐的商品质量、服务水平等方面给予了高度评价。市场竞争力增强：在当地零售市场中，嘉百乐的市场份额得到了提升，在与其他超市的竞争中占据了更有利的地位。其调改经验也为其他超市提供了借鉴，推动了当地零售市场的发展。

经济效果。销售额显著增长：嘉百乐万力店工作日销售额40万元到45万元，周末突破50万元，较调改前大幅增长；恒基店调改一周后日均销售额从12.5万元增长到22万元，周末实现25万元。经营成本降低：通过优化采购渠道、调整商品结构、提高运营效率等措施，嘉百乐的经营成本得到了有效控制。例如，下架低质低效商品，减少了库存积压和资金占用；优化卖场布局，提高了空间利用率，降低了运营成本。盈利能力提升：销售额的增长和经营成本的降低，使嘉百乐的盈利能力得到了显著提升，为企业的可持续发展奠定了坚实基础。

社会效果。提升当地就业质量：员工薪资普遍上涨，如普通员工薪酬从每月3000元左右升至4000元，生鲜员工和收银员提高到4400元，主管涨至8000元，店长涨至20000元，且工作时间减少，员工的生活质量得到提高，也增强了员工对企业的归属感和忠诚度。活跃当地商业氛围：嘉百乐的调改成功，带动了当地商业的发展，吸引了更多的消费者前来购物，促进了周边商业的繁荣。同时，也为当地其他企业提供了学习和借鉴的榜样，推动了整个商业环境的优化。树立行业标杆：胖东来对嘉百乐的帮扶调改，为全国零售行业提供了一则成功的案例，展示了一种新的经营模式和发展思路。其强调商品品质、服务质量和员工权益的做法，对整个行业的发展起到了积极的引领作用。

三、人性化管理如何平衡商业理性

人性化是商业理性的高阶形态。胖东来模式证明：当企业将员工视为“价值共创者”而非“成本单元”，通过制度设计将人性需求转化为商业竞争优势，即可实现人性化管理与商业理性的共生。这种平衡的关键在于建立“物质保障—文化认同—机制赋能”的三层驱动体系，并通过动态校准机制防止任一维度过度膨胀。1999 年 8 月，胖东来第一部员工手册出版，标志着企业文化的建设已经初成系统。当时，胖东来量贩的开业，使企业员工人数从 80 人增加到近 300 人，迫切需要一套具有胖东来特色的企业文化和规章制度。员工手册中明确提出了企业的经营理念：贴近普通百姓，满足工薪消费；企业的承诺：用真品换真心，不满意就退货；企业的职责：让每一位顾客满意；企业的目标：创中国名店，做许昌典范；企业的准则："你心我心，将心比心"，不是自己的坚决不要，遇事要抱吃亏的态度，不要急功近利，要从一点一滴的小事做起，营造优良环境，净化人的心灵；企业的精神：真心待上帝，诚心对员工，爱心献社会，信心求发展。2001 年 4 月，《胖东来人》报创刊，胖东来的企业文化有了一个载体，胖东来人有了一座沟通的桥梁、一个展现团队精神的平台、一个释放喜怒哀乐的家园。后来胖东来文化通过不断完善，形成了以"自由 · 爱"为核心的文化体系，这种体系涵盖胖东来文化道德观、企业信仰、企业目标、企业准则、经营理念、经营目标、经营标准等。

胖东来文化有如下特色：

一是着眼于人性需求不断创新。

胖东来着眼于人性需求不断创新，提升服务精细化。每一位顾客都是独一无二的个体，拥有各自独特的需求和期望。因此，胖东来不断培训员工，提升他们的服务意识和服务技能，确保每一位顾客都能得到贴心、个性化的服务体验。从商品的陈列到购物环境的营造，从员工的微笑到售后服务的跟进，胖东来都力求做到尽善尽美，让顾客感受到家的温暖和关怀。同时，胖东来还积极引入智能化设备，提升服务的便捷性和智能化水平，让顾客在享受服务的过程中感受到科技的魅力。

薪酬福利的杠杆效应。胖东来通过远超市均水平的薪资与高福利，消除员工生存焦虑，使其专注于服务创新，将人力成本转化为服务溢价能力。员工的幸福感与归属感是企业持续创新和服务升级的关键。因此，胖东来不仅提供丰厚的物质待遇，还注重员工的职业发展和心灵成长。通过设立完善的培训体系，胖东来鼓励员工不断学习新知识、新技能，提升自我价值。

反内卷化工作制度。强制闭店休假、禁止加班等政策，既保障员工生活尊严，又通过缩短营业时间倒逼运营效率提升，实现人力成本与经营效率的帕累托改进。此外，胖东来还鼓励员工提出合理的工作时间调整建议，确保工作与生活之间的平衡。这种灵活的工作制度不仅增强了员工的满意度和忠诚度，还促进了工作效率的提升，因为员工在更加舒适的状态下能够发挥出更大的潜力。

二是以价值观提升组织效能。

胖东来通过一系列以人为本的管理实践，成功地将企业的核心价值观内化于员工的日常行为之中。只有当员工真正认同并践行企业的价值观时，组织效能才能得到根本性的提升。为此，胖东来不仅注重价值观的传播与教育，更将其融入企业的各项规章制度和决策过程中。在胖东来，企业的价值观不只是口号或标语，更是指导员工行为的准则。它鼓励员工在工作中积极践行价值观，并将其作为评价员工绩效的重要指标之一。这种将价值观与绩效挂钩的做法，不仅增强了员工对价值观的认同感，也促进了组织效能的提升。此外，胖东来还通过定期举办与价值观相关的培训和活动，加深员工对价值观的理解和认识。他们鼓励员工分享自己的价值观故事和经验，从而形成积极向上、团结协作的工作氛围。这种氛围不仅提高了员工的工作积极性和创造力，也为企业的发展注入了源源不断的动力。

三是短期成本与长期价值的平衡。

在商业运营中，企业往往需要在短期成本与长期价值之间找到平衡点。胖东来通过一系列策略，成功实现了这一目标。短期的成本投入是必要的，但更重要的是这些投入能否为企业带来长期的价值回报。因此，在细化服务标准、提升商业回报率的过程中，胖东来始终保持着对长期价值的关注与追求。他们不仅关注眼前的利益，更着眼于企业的长远发展，通过不断提升服务质量、塑造品牌形象，赢得了顾客的信任与支持。

胖东来允许基层员工自主决策，配套容错机制与案例库共享，将潜在服务成本转化为品牌信任资产，规避传统企业“一放就乱”的管理困境。这一举措不仅提升了服务效率，还增强了员工的责任感与归属感。员工在被授予权力的同时，也感受到了公司的信任与支持，这进一步激发了他们的工作热情与创新精神。在胖东来，员工是企业最宝贵的财富，只有让员工真正参与到企业的管理中来，才能实现企业与员工的共同成长。因此，他们通过这一系列的策略，不仅有效地平衡了短期成本与长期价值，还为企业注入了源源不断的活力与动力。

供应链反哺管理成本。胖东来通过自建食品工厂确保商品品质，通过供应链垂直整合降低采购成本，支撑高人力成本投入，形成“高品质商品—高客单消费—高员工待遇”的良性循环。胖东来还注重供应链的透明化与智能化管理，利用先进的信息技术优化库存控制，减少浪费，进一步提升成本效益。他们与供应商建立长期稳定的合作关系，共同进行产品研发与质量控制，确保商品从源头到终端的每一个环节都能达到高标准。这种供应链反哺管理成本的模式，不仅强化了胖东来的市场竞争力，也为其赢得了消费者的广泛赞誉与忠诚。在于东来看来，短期的成本投入是为了换取长期的品牌价值与市场地位，这样的战略眼光正是其能够在竞争激烈的市场中稳步前行的关键所在。

四、共享、利他、求真

做事先做人。胖东来的文化理念也在不断发展完善，原来的“以真品换真心”的经营理念还不彻底，还有利益心在，因为要“换”别人的心，而“真诚利他”才是经营的真正本质。于是，于东来进一步提炼出胖东来的文化准则：“你心我心，将心比心，不是自己的坚决不要，遇事要抱吃亏的态度，不要急功近利，要从一点一滴的小事做起。”胖东来的核心文化是基于共享、利他、求真的三维价值的有机重构。做错了就应该勇敢地去承担，这既是理性，更是担当精神。于东来首次正面回应“红内裤”事件，他说这起事件“是为了给人们提醒，我们无论做什么，最起码得有理性，不能去随便放大自己的情绪，要你承担的，就勇敢地去承担”。在总结胖东来的核心文化时，于东来说，这几十年走过来，确确实实经历过开始阶段的不成熟，也走了很多弯路，虽然本质是善良的，但有些方面不成熟，在方法上、心态上可能也不是那么科学，甚至有些方法也不是那么得当。但不管怎么样，随着国家整体环境的优化，我们也与时俱进地去完善，慢慢把胖东来做成一个榜样，然后去影响整个零售业向美好的方向进步。胖东来在初期的前十年中，相对不成熟，但这种真诚在整个行业中也有一定的影响力。那时候，胖东来的思想、系统、技术等方面都相对落后，但是胖东来的这种真诚的力量，最终创造了很多美好的结果。结果就是，胖东来人不管怎样都彼此忠诚、信任、平等，就这样充满希望和真情地一直向前去发展、去探索。胖东来把先进文化、先进技术融合在一起，为零售行业乃至为我们国家建立了一套可行性的模式，让人们能感受到真诚和真实，感受到美好和文明，感受到人们彼此之间的尊重、信任和关爱，感受到我们国家在当下和未来的发展过程中，充满着无穷的智慧和热情。

胖东来倡导共享、利他、求真的三维价值。

（一）共享文化：构建共生共荣的生态系统

在快速变化的商业环境中，单打独斗难以持久。因此，胖东来积极倡导共享文化，致力于构建一个共生共荣的生态系统。这种文化不仅体现在胖东来内部员工之间的资源共享和互助合作，更拓展到了与供应商、顾客乃至整个社区的关系构建上。在于东来看来，供应商不仅仅是商品的提供者，更是合作伙伴。胖东来通过公平透明的采购机制，与供应商建立长期稳定的合作关系，共享市场信息，共同抵御风险。这种合作模式不仅降低了交易成本，还提高了供应链的整体效率。

对于顾客，胖东来更是将共享文化发挥到了极致。他们不仅提供优质的商品和服务，还通过会员制度、社区活动等方式，与顾客建立深厚的情感联系。顾客在这里不仅仅是消费者，更是参与者、传播者，共同分享胖东来带来的美好体验和价值观念。此外，胖东来还积极参与社区建设，通过捐赠、志愿服务等形式回馈社会。他们深知，企业的成功离不开社会的支持，因此将共享文化延伸到社区，与社区居民共同营造一个和谐、美好的生活环境。胖东来的共享文化不仅促进了企业内部的团结和协作，还推动了与外部合作伙伴、顾客乃至整个社区的共生共荣。这种文化理念不仅为胖东来带来了持久的竞争优势，更为整个零售业的健康发展树立了榜样。

利润分配创新。突破传统薪酬体系，通过股权激励、超额利润分享等机制，让员工共享企业发展成果，形成利他则利己的正向循环。这种创新的利润分配方式，不仅激发了员工的积极性和创造力，也增强了员工的归属感和忠诚度。员工不再仅仅是为了工资而工作，而是将自己视为企业的主人翁，积极参与企业的各项事务，为企业的发展贡献自己的力量。同时，这种利润分配方式也促进了企业内部的公平竞争和良性发展，使有能力、有贡献的员工能够获得更多的回报，进一步激发了企业的活力和竞争力。通过这种创新的利润分配方式，胖东来成功构建了一个共生共荣的生态系统，实现了企业与员工、合作伙伴、顾客乃至整个社区的共赢。

知识共享平台。建立“东来讲堂”等内部知识管理系统，将服务创新经验标准化并全员共享，赋能组织能力进化。这些平台不仅促进了信息的流通，还鼓励员工之间的交流与合作。员工可以通过“东来讲堂”学习到公司的最新理念、最佳实践及行业动态，不断提升自己的专业素养和服务水平。通过知识共享平台，胖东来成功地将个体的经验转化为组织的智慧，使每一位员工都能从中受益，进而推动整个组织的持续进步和创新。这种知识共享的文化氛围，不仅提升了员工的专业能力，还增强了团队的凝聚力和协作精神，为胖东来的长期发展奠定了坚实的基础。

行业经验开放。主动接待同行参观学习，公开供应链管理、服务流程等核心数据，打破商业竞争壁垒，推动零售业整体价值提升。真正的竞争不是零和游戏，而是通过开放和共享，促进行业的共同进步。因此，胖东来不仅对内部员工开放知识，还积极邀请同行前来参观交流。通过透明化运营，可以让更多同行了解到胖东来在供应链管理、服务流程等方面的先进经验，从而激发整个零售行业的创新活力。这种开放的态度，不仅赢得了同行的尊重，也为胖东来树立了良好的企业形象。同时，胖东来还积极参与行业论坛和研讨会，分享自己的成功经验，为推动零售业的发展和价值提升贡献自己的力量。

（二）利他文化：驱动商业价值的核心伦理

商业的成功不应仅仅以利润为唯一衡量标准，而应更加注重对社会的贡献和对他人的帮助。这种利他文化，体现在胖东来日常运营的方方面面。从提供高品质的商品和服务，到积极参与社会公益活动，胖东来始终将消费者的利益和社会的福祉放在首位。他们相信，只有真正关心消费者和社会的需求，才能赢得消费者的信任和忠诚，进而实现企业的长远发展。在胖东来看来，利他文化不仅是一种道德追求，更是一种商业智慧。通过积极履行社会责任，胖东来不仅提升了自身的品牌形象，还增强了消费者的认同感和归属感。这种基于利他文化的商业模式，不仅为胖东来带来了稳定的客源和口碑，更为其创造了独特的竞争优势。

消费者利益优先。将“以真品换真心”作为经营铁律，建立高于行业标准的商品筛选机制，将消费者信任转化为品牌忠诚度。消费者的满意是企业生存和发展的基石。因此，他们始终坚持“以真品换真心”的经营原则，确保每一件商品都经过严格筛选，质量上乘。在商品筛选机制上，胖东来不仅遵循行业标准，更是自我加压，设立了高于行业的筛选标准。例如，在生鲜产品方面，胖东来将损耗率控制在极低范围，彰显了胖东来对商品质量的极致追求。通过这一系列举措，胖东来成功地将消费者对商品的信任转化为对品牌的忠诚度。消费者在购买胖东来商品时，不仅享受到了高品质的商品和服务，更感受到了胖东来对消费者的真诚关怀。这种基于信任和忠诚的消费关系，为胖东来赢得了稳定的客源和良好的口碑，也为企业的长远发展奠定了坚实的基础。

员工关怀体系。通过远超市均水平的薪资、强制闭店休假等制度，将“关爱之心”转化为可量化的物质保障，消除员工生存焦虑。此外，胖东来还建立了完善的培训体系，为员工提供多样化的学习和发展机会，助力员工实现个人成长与职业规划。在胖东来，每一位员工都能感受到被尊重和被重视，这种以人为本的管理理念，进一步增强了员工的归属感和忠诚度。于东来深知，员工的幸福是企业成功的关键，因此，他们不遗余力地打造了一种充满爱与关怀的工作环境，让员工在工作中也能感受到家的温暖。这一系列利他文化的实践，不仅提升了员工的满意度和幸福感，更为胖东来赢得了宝贵的人才资源，为企业的持续健康发展注入了不竭的动力。

社会价值外溢。将企业利润的 30% 用于社会公益，践行慈悲之心的商业伦理，构建企业与社会的情感联结。同时，胖东来还积极参与地方经济建设，通过投资、捐赠等方式回馈社会，助力地方经济发展。在胖东来看来，企业的成功不应仅仅局限于经济效益的提升，更应体现在对社会的贡献与回馈上。这种将社会责任融入企业文化的做法，不仅提升了胖东来在社会上的声誉和影响力，更为企业赢得了更多消费者的信任和支持。通过社会价值的外溢，胖东来实现了经济效益与社会效益的双赢，进一步巩固了其在零售行业的领先地位。

（三）求真文化：重塑零售业的价值标准

在胖东来，求真文化被赋予了新的内涵和意义。企业坚持真实、真诚、真心的原则，从商品质量到服务态度，从营销策略到企业文化，都力求做到真实可信，让消费者感受到企业的真诚与用心。零售业的本质是服务，而服务的核心在于满足消费者的需求。因此，胖东来注重收集和分析消费者的反馈，不断优化商品结构和提升服务质量。企业坚持源头采购，确保商品品质。同时，还推出了一系列贴心的服务举措，如免费包装、送货上门等，让消费者感受到家一般的温暖。在营销策略上，胖东来杜绝了“夸大宣传”和“虚假促销”的做法，而是通过真实的商品展示和客观的价格比较，让消费者自主选择。这种真诚的经营方式，不仅赢得了消费者的信任，也提升了企业的品牌形象。此外，胖东来还将求真文化贯穿于企业文化建设的始终。企业鼓励员工敢于说真话、做真事，勇于面对问题和挑战。这种求真务实的企业文化，不仅激发了员工的积极性和创造力，也为企业的发展注入了新的活力。通过求真文化的实践，胖东来重塑了零售业的价值标准，为消费者提供了更加真实、可信的购物体验，也为行业的发展树立了新的标杆。

商品真实价值。拒绝概念营销，通过自建食品工厂、全球直采等举措确保商品品质，以产品力替代价格战。胖东来深知，商品的真实价值才是吸引消费者的核心。因此，企业坚持拒绝那些华而不实的概念营销，转而通过自建食品工厂，实现生产流程的透明化和标准化，确保每一款食品都能达到高品质的标准。同时，胖东来还积极推行全球直采策略，直接与供应商合作，减少中间环节，降低成本，从而为消费者带来更加实惠的价格。

服务真诚承诺。将“不满意就退货”升级为服务标准，用信任成本换取客户终身价值。这一承诺不仅体现了胖东来对自身商品质量的自信，更展现了对消费者体验的极致关注。在胖东来，消费者不再需要为购买到不合适或不符合预期的商品而烦恼，因为胖东来提供了无后顾之忧的退货服务。即便是已开封的食品或穿过的衣服，只要消费者不满意，都可以进行退货或换货。这样的服务标准，无疑为消费者提供了极大的便利和保障，也进一步增强了消费者对胖东来的信任和忠诚度。通过承担一定的信任成本，赢得消费者的长期支持和口碑传播，从而换取客户的终身价值，实现企业的可持续发展。

组织透明管理。允许员工自主决策服务方案，通过制度授权激发个体创造力。于东来认为，组织的透明度是建立员工信任、提升工作效率的关键。因此，胖东来实行了一系列透明管理措施，确保员工能够充分了解公司的运营情况，参与公司决策。在胖东来，员工不仅有知情权，还被鼓励提出自己的意见和建议。这种开放、包容的管理氛围，激发了员工的归属感和责任感。同时，胖东来还鼓励员工在工作中发挥创造力和主观能动性。例如，胖东来赋予员工一定额度的现场赔付权，对于一定金额以下的商品或服务问题，员工可以自主决策进行赔付，无须层层上报审批。这样的制度设计，不仅提高了问题解决效率，还让员工感受到了公司的信任和尊重。

（四）文化落地逻辑：价值观、制度、行为的三层穿透

胖东来的文化包括多个层面，在价值观层面，以“爱”为核心，强调公平、自由与快乐；在制度层面，用高薪酬破除生存焦虑，用分润机制绑定长期利益；在行为层面，通过标准化服务动作和自主决策空间，实现价值观的场景化落地。

胖东来的文化落地逻辑，其核心在于将价值观转化为具体的制度和行为。胖东来明确提出了以员工为中心、追求卓越的

价值观，这些价值观不仅体现在公司的口号和宣传材料中，更渗透到了公司的每一个角落。通过定期的培训、分享会和内部沟通，胖东来确保每位员工都能深刻理解并认同公司的价值观。在价值观的基础上，胖东来构建了一系列与之相匹配的管理制度。这些制度不仅规范了员工的工作行为，还为员工提供了明确的指导和支持。这些制度的设计，既体现了公司的价值观，又考虑到了员工的实际需求，使员工在执行过程中能够感受到公司的关怀和支持。最终，这些价值观和制度在员工的行为中得到了体现。员工在工作中积极践行公司的价值观，不仅提高了工作效率，还增强了团队的凝聚力和向心力。胖东来的员工在工作中展现出的专业素养和团队合作精神，正是公司文化落地的最好证明。通过这种价值观—制度—行为的三层穿透，胖东来成功地将企业文化落地生根，为公司的持续发展和创新提供了坚实的支撑。

胖东来通过“利他定义价值边界，共享构建利益共同体，求真保障可持续性”，将抽象文化转化为可操作的商业实践，这种文化体系既塑造了独特的竞争优势，也验证了商业向善的可行性。在胖东来的商业实践中，利他文化不仅仅是一种口号，更贯穿于日常运营的每一个环节。通过定义清晰的价值边界，胖东来确保所有商业行为都遵循对顾客、员工和社会的最大利益。同时，胖东来强调共享理念，致力于构建与员工、供应商以及整个社区的利益共同体。这种共享机制不仅增强了内部的凝聚力，还促进了外部合作，形成了共赢的局面。在求真文化的支撑下，胖东来坚持实事求是，不断追求商业模式的创新和可持续性发展。通过持续优化产品和服务，胖东来确保了顾客满意度和忠诚度的持续提升。同时，胖东来还注重环境保护和社会责任，致力于成为一家有担当、有温度的企业。这种将抽象文化转化为具体商业实践的做法，让胖东来赢得了广泛的认可和赞誉，在激烈的市场中脱颖而出。胖东来的成功实践证明，商业向善不仅是可行的，更是实现长期发展和持续创新的关键所在。

第五章

“不赚钱”的胖东来，比谁都赚钱

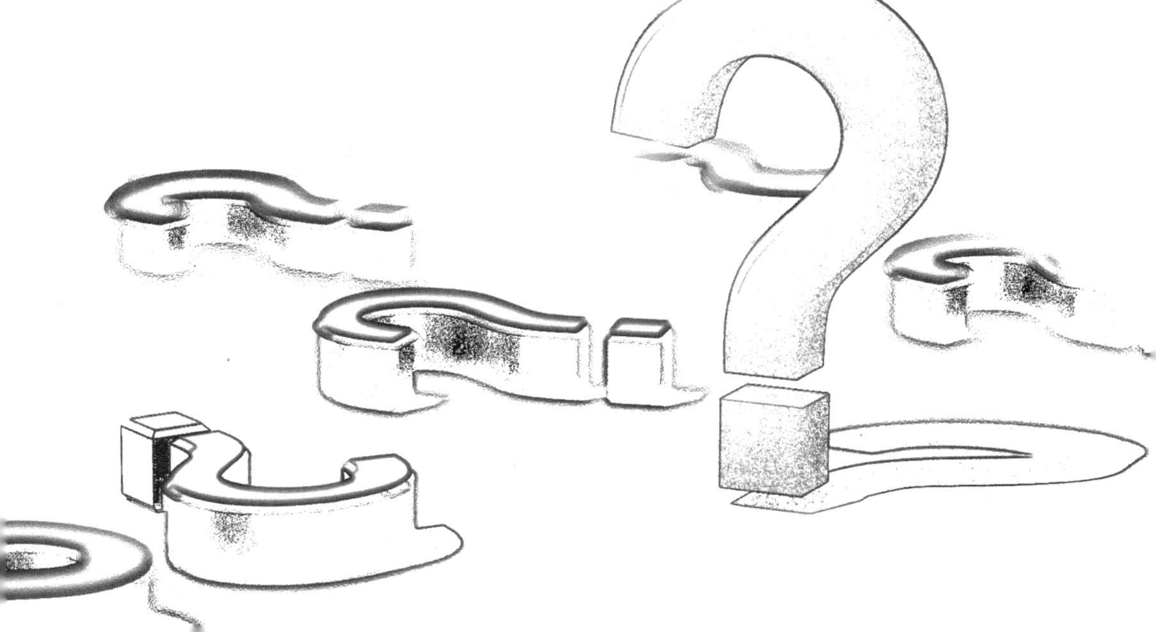

“不赚钱”的胖东来为什么比谁都赚钱呢？这看似矛盾的表述，实则揭示了胖东来独特的经营理念。在外界看来，胖东来似乎并不追求短期的利润最大化，而是将更多的关注点放在了顾客体验、员工福祉以及社会责任上。然而，正是这种“不赚钱”的态度，让胖东来在激烈的市场竞争中脱颖而出，实现了比同行更高的盈利能力和品牌价值。真正的商业成功并非仅仅源自短期的利润积累，而是需要建立长期的信任、口碑和品牌影响力。因此，胖东来始终坚持以人为本，通过提供优质的服务、公平的价格以及积极的社会贡献，赢得了广大消费者和员工的认可与信赖。这种以人为本的经营理念，不仅为胖东来带来了稳定的客源和忠诚度极高的员工队伍，还为其创造了巨大的无形资产和品牌价值。

据介绍，全国大部分大型商场通常采用由商业管理公司提供场地和物业管理服务的运营模式，而各大品牌商则自主管理员工。品牌各自的文化和管理风格迥异，服务和退换货标准也不统一，因此顾客体验常常不一，难以形成统一的品牌服务口碑。甚至不少商业综合体以“租赁业务”为主业务，品牌专柜则多由入驻方自主管理商品经营和现场服务，这样商场便失去了重要的商品统一规划能力，甚至变成了堆货的“仓库”。这种松散的管理方式在竞争压力下愈加显得脆弱，因为这种管理方式让顾客感觉不到服务温度，而更加倾向于选择电商平台和直播带货平台。

然而，胖东来的管理方式打破了行业常规。它通过一系列“调频”措施，以有效的文化渗透和极高的执行力，让所有进驻品牌的员工都接受并践行胖东来的服务标准。胖东来通过对联营品牌的文化调频，将“胖东来味儿”成功延伸至各大品牌的专柜，统一了客户体验。这种文化融合提升了品牌整体服务的一致性，让顾客能感受到胖东来一贯的温暖与贴心服务。

于东来说，传统百货没有相对成熟的联营运营系统，靠提供场地和基础管理与联营商户合作，导致自己的运营能力较弱，很难取得顾客的信任。门店就像是联营方的“仓库”，卖得好的和卖得不好的商品全部都摆在货架上，没有对商品进行优选。这种合作方式还隐藏着安全隐患，一旦现场运营管理达不到标准，就会出问题，还会导致自己的专业能力退化。零售企业失去商品的规划能力，没有商品的话语权，怎么能够满足市场的需求呢？零售企业不能依靠传统的收货架费或陈列费来经营商品，这样的方式不会长久，零售企业要把好的货架位置留给好的产品，让好商品产生好价值。

在胖东来，卖场必须由胖东来全面主导运营管理，以构建卖场的商品高品质和服务高品质的一致性。怎么做到？必须确保所有进卖场的员工，包括联营品牌员工、厂家促销员甚至供应商的送货员“一切行动听指挥”。凭什么？胖东来的做法很简单，还是从高度关怀开始。

胖东来在跟商场内所有品牌商签合同时，规定在胖东来商场内上班的所有工作人员都享有与胖东来相对应岗位员工同等的基本福利待遇，到手工资不能低于 5000 元，同时还敦促品牌商给联营员工上保险，每周必须休息一天，入职满一年的员工，必须给予年休假等。

2020 年 2 月 6 日，在新冠疫情影响到大家收入的情况下，于东来在“东来分享”中写道：“合作商户和促销员要阳光地感受这段特别的时光，公司会尽最大力量照顾你们。员工的工资公司会协调，困难商户的员工生活工资胖东来会尽最大力量补贴！希望大家放心地休息……”

胖东来要求进店的品牌商员工的薪酬、休假、服务、顾客投诉都要服从胖东来的标准，如果该品牌商对胖东来的文化理念不认可，胖东来甚至会拒绝该品牌商入驻。于东来说，我们千万不能因为我们店里的工作人员是联营商户的员工就撒手不管，我们对联营商户有员工最低工资保障要求，如果达不到是不行的。如果联营商户实在不执行怎么办？我们又不想让联营商户离开，那我们就给联营商户员工补贴。比如，珠宝区的某大福，它的员工来了以后工资较低，怎么办呢？我们就给他们补贴工资，因为他们的收入跟我们员工的收入差距太大，他们不开心，就很想往这边跳槽。

于东来指出："零售业做不好的原因普遍还是企业老板把钱看得太重。零售企业哪些东西由自己做，哪些东西需要联营品牌商去做都应该规划好（现在所有东西都自己做是不现实的）。胖东来是自营加联营的模式，可以通过出政策的形式把联营品牌做活。比如，有的品牌我们给它扣点低一些，让利多一点，让它先活好，愿意干。或者我们每年根据挣多少钱，给对方返还多少钱，返还到对方团队。如果我们光收钱，就无法给对方激励，（就是）不认可对方的努力。我们获得了联营品牌的信任，获得了好的口碑，再去招其他品牌的时候，最起码更容易赢得信任，我们不就更方便了吗？"甚至在合作伙伴的招人、选人方面，胖东来都会介入。有的是门店在开业前就由胖东来整体招人，统一进行教育培训、考试，然后由合作商户去挑人。如果是后来进入的商户，商户可以自己招，但是必须通过胖东来的面试和培训。[1]

一、零售业的死循环，胖东来如何突破

在零售业的传统模式中，商家往往陷入一个死循环：为了降低成本，牺牲服务质量；而服务质量的下降，又导致顾客流失，最终不得不依靠价格战来回笼资金。然而，这样的策略无异于饮鸩止渴，长期下来，企业的利润空间和品牌价值都会受到严重损害。胖东来却在这一死循环中找到了突破口。他们没有选择随波逐流，而是坚守自己的文化理念，通过重构价值分配体系和重塑服务价值链，实现了从价格竞争到信任经济的转型。真正的价值不在于短期的利润最大化，而在于长期的品牌建设和顾客信任。因此，胖东来敢于打破成本与利润的零和博弈，将更多的资源投入到提升服务质量和顾客体验上。胖东来的成功，不仅在于他们敢于突破零售业的死循环，更在于他们始终坚持自己的文化理念，将“爱”的核心价值观贯穿于企业的每一个角落。正是这样的坚持和信念，让胖东来在竞争激烈

1 参见汤献华、王译慧：《胖东来·心零售》，中国工商出版社2025年版，第168—169页。

的零售市场中独树一帜，成为比谁都赚钱的企业。

从商品到商品组合。胖东来超市在进行商品流通的过程中，给商品或者顾客带来了额外价值。首先，在货品采购把关上，顾客在这里能买到真货、好货，这就减少了顾客搜寻和鉴别所耗费的时间和精力；其次，在货品准备上下功夫，例如，从外面进来的大葱，去掉泥土，去掉烂叶子，用保鲜膜包好，大葱还是那个大葱，但是经过这样的处理，顾客拿回去洗洗就能用，这给顾客带来了便利；最后，根据顾客的需求和偏好，定制自有品牌的商品，像胖东来白酒、胖东来矿泉水、胖东来保鲜膜、胖东来食用油等，另外，面包、蛋糕、预制菜和熟食等，也有胖东来专属的产品。这样一来，胖东来就形成了“生产 + 服务 + 渠道”的模式，比起简单的低买高卖，胖东来当然更有优势，也更能抵御风险。

胖东来的优势建构在以下几个方面。

（一）重构分配体系

胖东来通过重构分配体系，打破成本与利润的一般规则。传统的分配体系往往过于注重成本控制和利润最大化，而忽视了员工的价值和顾客的满意度。因此，胖东来大胆创新，重新设计了薪酬结构、福利制度以及激励机制，确保员工能够得到公平、合理的回报。同时，他们还注重培养员工的归属感和忠诚度，通过提供良好的工作环境和发展机会，激发员工的积极性和创造力。这样的分配体系不仅提高了员工的满意度和忠诚度，还为企业带来了更高的顾客满意度和品牌价值。

超越行业规则的薪资福利。胖东来员工高薪高福利，将人力成本转化为服务溢价能力。这种投入使员工流失率远低于行业平均水平，形成稳定服务团队支撑用户体验升级的局面。胖东来的薪资福利，无疑是零售行业中的一股清流。他们摒弃了传统零售业中普遍存在的低薪制，转而实行高薪、高福利的薪酬制度。这一举措不仅吸引了大量优秀的人才加入，更让现有员工感受到了前所未有的被尊重和被认可。在胖东来，员工的薪资水平普遍高于同行业平均水平，且福利制度完善，包括但不限于“五险一金”、带薪休假、节日福利等。更重要的是，胖东来还建立了一套公平、透明的晋升机制，让员工看到了自己在企业中的成长空间和晋升机会。这样的薪资福利，不仅激发了员工的工作热情和创造力，更提升了企业的整体竞争力和品牌形象。

创造性地推进利润共享。比如，推行利润分配公式“333”法则，年利润30%捐社会、30%作发展基金、30%分员工、10%归管理层，打破传统企业利润最大化思维，构建“员工—企业—社会”共生体。该模式使胖东来单城坪效达行业均值3

倍，验证利益共享带来的效率提升。在这一分配制度下，胖东来还鼓励员工参与企业经营决策，赋予他们更多的自主权。这种参与感让员工不仅关注自己的个人利益，更关心企业的整体发展。通过利润共享，胖东来成功地将员工从单纯的劳动力转变为企业的合作伙伴，共同推动企业的成长。同时，30% 的利润投入社会公益，不仅提升了胖东来的社会形象，还增强了员工的社会责任感，形成了企业与社会的良性互动。这种共生体的构建，让胖东来在激烈的市场竞争中脱颖而出，实现了可持续发展。

（二）树牢信任品牌

在胖东来投诉建议平台，最多的投诉居然是："为什么不在我家附近开店？"这看起来是投诉，其实是顾客打心底对胖东来的认同和期待。

胖东来树牢信任品牌，始终坚持以顾客为中心，将服务品质放在首位。在胖东来看来，优质的服务不仅仅体现在商品的质量上，更在于与顾客之间的情感连接。胖东来通过一系列举措，如提供超出预期的售后服务、开展顾客满意度调查、建立顾客忠诚度计划等，不断加深与顾客之间的信任和依赖。信任是品牌最宝贵的资产，只有不断巩固和深化与顾客之间的信任关系，才能在激烈的市场竞争中立于不败之地。

胖东来通过不断增值服务价值，把企业从价格竞争提升至信任经济层面，实现了零售业的突破。单纯的价格竞争只会让企业陷入无尽的消耗之中，唯有建立信任经济，才能在市场中独树一帜。胖东来的每一次服务都是与顾客建立情感连接的契机，每一次的超预期都是夯实顾客信任的基石。胖东来不仅关注商品的质量，更注重服务的细节，从顾客的每一种需求出发，用心倾听，快速响应。他们通过持续的服务创新，不断提升顾客的购物体验，让顾客在享受优质商品的同时，更能感受到胖东来对他们的尊重和关怀。

胖东来制定细致入微的服务标准，每次都能给人超预期的购物体验。这些服务标准不仅涵盖了商品的质量保证，还深入到了购物的每一个环节，从店面的整洁度、员工的礼貌用语到售后服务的贴心程度，无不体现出胖东来对顾客的极致关怀。比如，胖东来要求员工时刻保持微笑，用温暖的话语和真诚的态度对待每一位顾客，让顾客在购物的过程中感受到家的温馨。再比如，雨雪天免费提供雨伞、老人购物专车接送等 200 余项服务细则，将“顾客即家人”理念转化为可量化动作，带动许昌地区顾客年均消费频次达 42 次（全国超市均值 9 次）。此外，胖东来还设立了专门的顾客反馈机制，鼓励顾客提出宝贵意见，以便不断优化服务，满足顾客的多样化需求。这种以顾客为中心的服务理念，让胖东来在顾客心中树立了良好的口碑，也为品牌的长远发展奠定了坚实的基础。

（三）整合直供链条

胖东来通过供应链垂直整合，着力破解商品同质化困局。胖东来直接与生产商合作，减少中间环节，确保商品品质的同时，也降低了成本，使价格更具竞争力。胖东来还注重引入特色商品，避免与大型连锁超市的商品过于雷同，从而满足消费者对差异化商品的需求。此外，胖东来还建立了严格的供应商管理制度，对供应商进行定期评估，确保供应链的稳定性和可靠性。这一系列举措，不仅提升了胖东来的市场竞争力，也为消费者带来了更多选择和更好的购物体验。

胖东来自建工厂，能够更好地掌控商品品质。例如，投资建设烘焙坊、生鲜加工中心，实现当日生产当日清仓，通过商品力突破低价竞争陷阱。在自建工厂内，胖东来采用先进的生产技术和严格的质量控制标准，从原材料采购到生产加工，每一个环节都经过精心把控，确保产品的品质卓越。这一举措不仅提升了胖东来自有品牌商品的竞争力，还为消费者提供了更多高品质、高性价比的选择。同时，自建工厂也为胖东来带来了更多的自主权，使其能够根据市场需求灵活调整生产计划，满足消费者的多样化需求。

与此同时，胖东来通过全球直采，实现商品的全流程掌控，任何环节都不会出现失控现象。胖东来与全球优质供应商建立长期合作关系，直接从源头采购商品，减少了中间环节，降低了成本，同时保证了商品的新鲜度和质量。这种全球直采模式，不仅让胖东来能够获取更多独特且优质的商品，还为消费者带来了前所未有的购物体验。每一件商品从采摘或捕捞或生产到上架销售，都经过了胖东来严格的筛选和检验，确保消费者能够买到真正放心、满意的产品。

（四）文化反哺商业

胖东来通过独特的企业文化来反哺商业，打造情感共同体。这种文化不仅体现在对员工的关爱和尊重上，更渗透进了胖东来与消费者之间的每一次互动中。胖东来倡导“自由·爱”的价值观，鼓励员工真诚服务，用心倾听消费者的声音，将消费者的需求放在首位。企业经常举办各类社区活动，邀请消费者参与，增强彼此之间的情感联系，让消费者感受到胖东来不仅仅是一个购物场所，更是一个充满温暖和关怀的大家庭。

在胖东来，员工尊严得到极大重视。强制闭店休假、禁止加班等制度保障员工生活尊严，配套俱乐部等关怀组织，使员工满意度达 98%（行业均值 62%）。企业实行全员股份制，每位员工都能享受到公司的红利，这种经济上的保障让员工更有归属感。管理层与员工之间沟通顺畅，没有森严的等级制度，员工可以自由表达意见和建议，管理层也会认真倾听并及时作出反馈。此外，胖东来还为员工提供了丰富的培训和发展机会，鼓励员工不断学习和成长，实现个人价值的同时，也为公司的发展贡献更多力量。这种尊重员工、关爱员工的企业文化，不仅提升了员工的满意度和忠诚度，也进一步增强了胖东来品牌的凝聚力和竞争力。

胖东来还通过文化输出，提升文化软实力。公开内部管理文件、接待永辉等 15 家企业实地学习，通过输出服务标准与供应链经验，将竞争关系转化为行业共生关系，提升整体零售业效率。胖东来注重将自身的企业文化和价值观融入各类社区活动中，通过活动传播正能量，树立积极向上的企业形象。胖东来还积极参与社会公益事业，回馈社会，展现企业的社会责任感。这种文化输出不仅增强了消费者对胖东来品牌的认同感和好感度，也吸引了更多志同道合的人才加入胖东来大家庭，共同推动企业的发展。

建立企业文化健康度监测体系，通过对员工满意度、企业价值观践行情况、社会责任履行程度等多方面的监测和评估，结合定期的调查、反馈和分析，胖东来能够及时了解企业文化的现状和问题，并采取有效措施加以改进。这种对企业文化健康度的关注和监测，不仅有助于维护胖东来品牌的良好形象，也为企业的可持续发展奠定了坚实基础。2025 年“维权团队招募”事件显示其快速响应恶意舆情的能力。

文化即人化。胖东来用“人性化溢价”解构传统成本困局，具有可借鉴性。其独特的文化理念不仅体现在对员工的关怀和对社会的贡献上，更深刻地融入了商业运营之中。通过提供超越顾客期望的服务，胖东来成功地将文化软实力转化为了商业竞争力。这种“人性化溢价”策略，虽然可能在短期内增加成本，但长期来看，却赢得了顾客的忠诚和口碑，形成了难以复制的竞争优势。其他企业可以从胖东来的实践中汲取灵感，探索适合自身特点的文化与商业融合之路，共同推动行业的健康发展。

胖东来在实践中形成的“高成本—高体验—高溢价—高分配”的闭环，将零售业传统死循环重构为价值增长飞轮。这种模式证明，当企业将员工与顾客置于股东利益之上时，商业理性反而能获得更可持续的释放空间。

二、用长期主义打破短视商业模式

早在 2003 年，于东来就意识到，企业要想长久发展，应当打破家族式管理的条条框框，要有科学、民主的公平环境，让大家在这个平台上公平竞争。同时企业要有一个完善的董事会来运作，科学地制定企业的发展战略。为此，胖东来成立了集团管理委员会，制定了明确的章程。章程规定，任何人（包括于东来在内）都无权随便决策公司应该怎么发展，公司的重大决策需由集团管理委员会中的所有公司高管以无记名投票来决定。从此，在公司重大决策上，胖东来从人治逐步走向了规范治理。

于东来说，人毕竟是会死的，只要治理得当，企业生命周期是可以超越经营者个人生命周期的。于东来从 1999 年开始每年都写遗书，把一切都安排妥当。如何让企业生命周期超越经营者个人的生命周期，更好地引领团队？于东来主张企业家要逐步从日常事务中解脱出来，去提炼企业的精神资源，企业家的最终归宿是做企业的精神领袖。[1]

（一）胖东来通过制度明确利他原则，建构长期主义

胖东来在《商品管理制度》中规定，“（不得）向厂家或供应商相关人员索要、收受礼品、现金，以及由他人付款的个

1 参见汤献华、王译慧：《胖东来 · 心零售》，中国工商出版社2025年版，第38页。

人消费或其他利益”。企业当然不希望采购商品的员工收受厂家的贿赂，这其实也是为员工好。有的员工觉得厂家请我吃顿饭，送个小礼物也没什么，殊不知这样交往，后面很可能就变成了金钱贿赂，导致违法犯罪。

在《许昌市胖东来商贸集团施工手册》中，关于施工防暑工作，有5项规定：（1）严格控制室外作业时间，避免高温时段作业，原则上，气温超过37 ℃，严禁11:00至15:00进行室外作业；（2）现场提供饮用水，临时仓库摆放冰柜，为施工人员发放冰糕，有效地防暑降温，避免发生中暑事件；（3）室内作业，每个楼层摆放医药箱，配备防暑药物，如人丹、清凉油、风油精等，落实防暑降温物品准备工作；（4）室外作业，要求施工人员随身携带防暑药物，如人丹、清凉油、风油精等，落实每一位工人的防暑降温物品准备工作；（5）加强通风降温，确保临时设施满足防暑降温需要，建筑工地施工现场必须配备风扇。

胖东来这些制度不仅保护了施工工人，同时可以保证工程质量，减少劳务纠纷，还能让施工工人对胖东来怀有好感，有助于胖东来口碑的传播。

利他原则是胖东来整个制度体系的基点，从最开始有利于员工，跟员工目标一致，到后面有利于顾客，跟顾客目标一致，胖东来彻底把制度“盘活”了。胖东来对员工好、对顾客好，并且它以制度的形式把这些“好”固定了下来。结果就是，员工愿意遵守制度，顾客也能从制度中受益。显然，利他和利己并不冲突，胖东来借助融合二者的制度管好了企业，实现了跨越式发展。

胖东来以“长期主义”颠覆传统短视商业模式的实践，本质上是一场对“利润至上”思维的革命。其通过重构企业与社会、员工、顾客的关系，将商业价值与社会价值深度融合，形成可持续的生态闭环。2020 年新冠疫情暴发后，胖东来超市第一次遭遇“冬天”，人心惶惶，闭门不出，线下零售业务发展遭遇了较为明显的困境。于东来却没有将重心放在如何开拓市场、挽回损失上。一方面，胖东来在疫情期间给所有员工照常发工资，将胖东来仓库中的油、米、面分发给员工，让员工在疫情期间也能够保证生活质量；另一方面，胖东来积极向武汉捐款（5000 万元）捐物，购买约 300 万元的防疫物资免费发放给许昌市医院、养老院。在于东来的倡导下，胖东来有很多员工都在防疫期间主动担任志愿者，在防疫工作完成后，胖东来根据员工参与防疫的行为、物资捐赠、志愿者出勤情况发放了相应的奖金，对员工的奉献精神予以肯定，这种行为再一次体现出胖东来的社会责任感。

（二）拒绝盲目扩张

胖东来立足许昌，辐射河南。成立 30 年仅布局河南许昌、新乡的 13 家门店，拒绝跨省扩张。这种“反规模”策略使其能集中资源优化供应链（如活鲜 24 小时直达，损耗率低于 1%），并通过精细化运营提升单店坪效（是某家知名超市的 17 倍）。相比之下，某家知名超市因快速扩张导致供应链失控，累计亏损超 80 亿元。

胖东来保持战略定力，以区域深耕替代盲目扩张，避开规模诱惑。在零售业普遍追求规模化、连锁化的背景下，胖东来选择了一条不同寻常的道路。真正的成功不在于店铺数量的多少，而在于能否在每一个经营的地方都建立起深厚的品质与信任基础。因此，胖东来坚持在每个细节上都做到极致，从商品的选择到服务的提供，都力求给消费者留下深刻而美好的印象。这种对品质的执着追求和对信任的精心培育，使胖东来在区域内拥有了极高的品牌忠诚度和口碑效应。面对规模化的诱惑，于东来始终保持着清醒的头脑和坚定的信念，不为短期利益所动摇，而是更加专注于提升服务质量和消费者体验，用实际行动诠释了“深耕品质与信任”的真正含义。

在零售业快速迭代、竞争激烈的今天，胖东来没有选择随波逐流，而是将品质视为企业的生命线，持续进行长期投入。

这种投入不仅体现在对商品质量的严格把控上，更贯穿于整个供应链的每一个环节。只有确保每一件商品都符合高标准、严要求，才能在消费者心中树立起良好的品牌形象，进而赢得市场的认可和信赖。为了实现品质优先的目标，胖东来在供应链管理上下了大功夫。同时，胖东来还不断加强内部质量管理，通过定期培训、严格考核等方式，提升员工的质量意识和专业技能，确保每一个细节都做到尽善尽美。

这种对品质的执着追求和长期投入，虽然在一定程度上增加了企业的运营成本，但却为胖东来赢得了宝贵的口碑和忠诚度。在消费者心中，胖东来不仅是一个购物场所，更是一种值得信赖的品牌。这种信任关系的建立，为胖东来在未来的市场竞争中奠定了坚实的基础。

（三）激活组织活力

胖东来通过利益共享，重构了分配机制，进一步激活了组织生命力。他们打破了传统的薪酬体系，采用更为灵活和公正的激励机制，让员工能够分享到企业发展的成果。这一机制不仅激发了员工的工作积极性和创造力，也增强了团队的凝聚力和向心力。胖东来鼓励员工提出创新性的想法和建议，并为他们提供实现这些想法的平台和资源。这种开放和包容的组织文化，使胖东来能够不断适应市场的变化，保持持续的竞争优势。

薪资福利是最直接的动力。高薪不仅提升员工尊严感，更转化为极致的服务动力：员工自主优化库存管理（损耗率降至0.8%）、创新服务细节（如雨天为顾客车辆套防雨袋），形成“高投入—高忠诚—高效益”的正循环。这一薪资待遇不仅吸引了大量优秀人才加入胖东来，更让现有员工深感被重视和珍视。员工深知，他们的努力与付出，将直接转化为可观的薪资回报，这种明确的激励机制极大地提升了他们的工作满意度和归属感。在这样的氛围下，员工自发地形成了良好的团队协作氛围，大家齐心协力，共同为提升服务质量、优化管理流程而努力。胖东来的管理层也充分信任员工，给予他们足够的自主权和决策空间，让员工能够在日常工作中充分发挥自己的聪明才智和创新能力。这种信任与被信任的关系，进一步巩固了胖东来的组织活力，使胖东来在激烈的市场竞争中始终保持着强大的竞争力。

文化共识让每个人都自觉起来。在胖东来，企业文化不仅仅是一句口号或标语，而是深深植根于每位员工的心中。这种文化共识，让员工明白自己的使命与责任，促使他们在工作中自发地追求卓越。员工深知，他们的每一种行为、每一次服务，都代表着胖东来的形象，都关乎着企业的未来。因此，他们不仅在工作中尽心尽力，更在业余时间积极参与企业的各项活动，为企业的持续发展贡献自己的力量。这种文化共识，让胖东来形成了一个团结、和谐、积极向上的大家庭，每个人都愿意为了这个大家庭的美好明天而努力奋斗。这种奋斗的自觉，代替了制度的死板和机械。胖东来取消目标绩效考核与罚款制度，代之以“自由·爱”的价值观引导。员工可直达创始人邮箱提建议。这种信任文化需数十年沉淀，而传统企业模仿时往往因短期业绩压力而放弃。

（四）构筑信任生态

在胖东来，企业不仅仅追求经济效益，更注重社会价值的实现。一家企业的成功，离不开社会的支持和信任。因此，胖东来积极参与社会公益活动，回馈社会，提升企业的社会形象。这种以社会价值为导向的经营理念，不仅赢得了社会的广泛赞誉，也为企业构筑了一道坚实的竞争壁垒。在于东来看来，信任是经济的基石，是企业与消费者、员工、合作伙伴之间建立长期关系的纽带。他们通过诚信经营、优质服务、关爱员工等方式，不断提升企业的信任度，从而提振了整个信任经济。这种以信任为核心的企业文化，让胖东来在激烈的市场竞争中脱颖而出，成为行业的佼佼者。

胖东来的透明化经营，在顾客与企业之间建立了长期信任。

商品价签标注进货价与毛利率，黄金按实时金价销售并承诺补差价。这种透明化的经营模式，让顾客能够清晰地了解到企业的运作情况，从而增强了顾客对企业的信任感。胖东来认为，只有建立起与顾客之间的长期信任关系，企业才能在激烈的市场竞争中立于不败之地。因此，他们始终将透明化经营作为企业文化的重要组成部分，不断加以强化和推进。这种经营策略不仅赢得了顾客的信赖和支持，也为胖东来带来了持续稳定的业绩增长。

胖东来坚持“赚慢钱”，这种专注和定力，在浮躁的商业环境中显得尤为难能可贵。短期的暴利往往伴随着高风险，而稳健的经营才能带来长久的发展。胖东来始终坚守初心，专注于零售主业的深耕细作。他们致力于提升商品品质和服务水平，通过不断优化供应链、提升顾客体验等方式，来增强自身的核心竞争力。这种坚持“赚慢钱”的经营理念，不仅让胖东来在零售市场上站稳了脚跟，更为其赢得了良好的口碑和忠实的顾客群体。

（五）构建价值共生理念

胖东来强调企业与顾客、员工、供应商以及社会等各方共同创造价值、共享发展成果。胖东来认为，企业不应仅仅追求自身利益的最大化，而应更加注重与各方建立长期稳定的合作关系，共同推动商业生态的繁荣发展。在这一理念的指导下，胖东来积极与供应商开展深度合作，共同研发新产品、优化供应链，实现互利共赢。同时，胖东来也注重与员工的共同成长，通过提供良好的职业发展机会和福利待遇，激发员工的积极性和创造力，为企业的发展注入源源不断的动力。此外，胖东来还积极参与社会公益事业，履行社会责任，为社会的和谐稳定贡献自己的力量。这种价值共生理念，不仅为胖东来赢得了各方的尊重和支持，更为其可持续发展奠定了坚实的基础。

胖东来一改“股东至上”理念，坚持走“价值共生”之路。传统企业追求股东利益最大化，而胖东来将员工、顾客、社会纳入价值分配体系。例如，设立“维权处理专业团队 / 个人”合作奖励机制，对成功维权的团队或个人奖励超 50 万元，推动商业伦理规范化。这种“利他即利己”的哲学，重塑了商业的价值排序。据胖东来员工介绍，一年夏天，一位顾客来到店里，说家里请客急用，要买一件啤酒，店里的员工热情地招待了他，并快速地帮他备好了货，这位顾客急匆匆地付款之后，就把啤酒放在自行车后座上，店里的员工说：“哥！我们帮你在后座上再捆一下吧！”这位顾客急着走，说：“没事，不用了，我自己扶着就行。”但车子没推多远，只见他的手一滑，这件啤酒就从车后座上滑落了下来，啤酒瓶都摔碎了……店员见此状况，二话没说，马上再送一件，顾客感激得不知道说什么好。虽然啤酒滑落这件事可以说店里是没有一点责任的，但是胖东来人会认为，既然顾客选择在我们这里购物，就是对我们的信任，不能凉了顾客的心。

长期主义的本质是价值观的胜利。胖东来的成功证明，商业的终极竞争力不是效率或规模，而是价值观的真诚与实践的纯粹。它强调企业与客户、员工、供应商等所有利益相关方的共赢，而非短期的利益最大化。胖东来通过其独特的商业模式，展现了长期主义价值观的实践成果。他们不仅关注顾客的满意度，更致力于构建一种基于信任和共赢的商业生态。这种生态不仅提升了顾客的忠诚度，也激发了员工的积极性和创造力，从而形成了企业持续发展的强大动力。在长期主义的指引下，胖东来得以在激烈的市场竞争中脱颖而出，成为业界瞩目的焦点。在短视主义盛行的商业世界，胖东来的实践揭示了一条更可持续的道路——唯有将人性尊严与社会价值置于利润之上，才能真正打破“短视”的诅咒。

三、胖东来的模式可以被复制吗

胖东来的制度体系非常完备，如集团和各分公司、门店的综合管理制度，有《许昌市胖东来商贸集团有限公司各项管理制度》《许昌市胖东来超市有限公司各项管理制度》《许昌市胖东来药业连锁有限公司各项管理制度》《新乡市胖东来生活广场各项管理制度》《许昌市胖东来商贸集团施工手册》《企业文化理念门店植入参考标准》等。涉及员工日常及培训的制度，有《新员工入职流程》《胖东来新员工培训—日常管理制度》《文化理念手册》《胖东来培训指导手册》《胖东来公司员工各项安全标准和流程》《员工思维及语言使用规范》《思想行为考核标准》《文化理念培训大纲》《商品管理制度》《财务管理制度》《安全管理制度》《服务管理制度》《客服标准》《幸福生命状态手册》等。与考核、评议、薪资等有关的制度，有《时代百货各级别工资政策》《胖东来餐饮部各级别考核方案》《胖东来电玩城日常管理考核方案》《胖东来后勤部后勤文化理念考核方案》《爱的福利》等。与岗位实操和企业标准有关的制度，有《超市部电工实操标准》《超市部果蔬课员工实操标准》《超市部电脑室员工实操标准》《物流中心生鲜配货员实操标准》《电器部收银课实操标准》《新乡电器部空调实操标准》等。

胖东来的模式到底能否复制，这要用实践来说话。从表面上看，胖东来的成功似乎与其独特的商业模式、企业文化以及对于价值观的坚守密不可分。然而，深入分析后我们会发现，胖东来的模式并非完全不可复制，但其核心要素的实现却需要一系列复杂而精细的条件。

胖东来所倡导的共赢理念和长期主义价值观，是其模式的核心所在。这种价值观不仅要求企业关注顾客的满意度，更要求企业与所有利益相关方建立一种基于信任和共赢的关系。这种关系的建立并非一朝一夕之功，而是需要企业长期的努力和坚持。因此，对于想要复制胖东来模式的企业来说，首先需要具备与之相匹配的价值观和企业文化。

胖东来在商业模式上的创新也是其成功的重要一环。胖东来通过构建独特的生态系统，将供应商、员工、顾客等各方紧密联系在一起，实现了价值共创和共享。这种商业模式的创新不仅提高了企业的运营效率，也增强了企业的市场竞争力。然而，要复制胖东来的商业模式，并非简单地照搬其做法，而是需要深入理解其背后的逻辑和理念，并结合自身的实际情况进行创新。

从永辉超市反向抹零事件看，胖东来模式在某些方面是可复制的，但关键还是要深入地理解，全面地落实，真诚地推广。

2025 年 4 月 20 日，顾客刘先生在重庆永辉超市金源时代店购买标价为 7.96 元的淡虾米（二级），支付 100 元现金后收到找零92元。按照实际金额计算，刘先生应支付7.96元，但超市采用“分位四舍五入”规则，实际收取8元。

“反向抹零”事件经媒体曝光后，永辉超市于2025年5月1日发布《永辉超市关于部分门店现金结算分币抹零问题的整改说明》，承认顾客反馈的重庆永辉超市金源时代店情况属实，并指出，全国范围内，虽然大部分城市门店包括全部调改店已统一执行“舍分”标准（即分位额舍弃不计入顾客结算金额）。但在排查中发现重庆、河北、北京、天津、东北地区的部分非调改门店存在现金支付分币“反向抹零”结算规则（手机支付顾客无影响）。永辉通过自查，分析出问题存在的原因主要有两个方面：一方面，服务标准制定未能充分体现顾客视角的服务理念；另一方面，调改店好的服务经验推广滞后，未能及时将调改门店的好方法、好经验同步到所有门店。永辉超市认识到，在学习胖东来的过程中，调改不仅是学习先进理念，更是将好的文化理念深度落实到经营细节中。

在整改承诺中，永辉超市明确，全国门店统一执行“舍分”标准：2025年4月29日起，全国所有永辉超市门店全面执行新规，即现金支付分币零头全舍，商品分位金额无论尾数为1分或9分，一律“舍去不计”，确保顾客实付金额不高于标价。同时，永辉超市启动服务补偿：即日起，所有消费存在分位差额的顾客可通过以下方式获得补偿。门店服务台：凭任意消费凭证，现场返还差额补偿；线上通道：通过永辉生活App“我的－客服中心”上传小票，24小时内发放补偿券。补偿标准：按实际分位差额的10倍进行补偿。另外，根据《永辉超市客诉处理标准》给予刘先生1000元作为监督感谢金。

永辉超市总结说，永辉学习胖东来模式的调改是一场彻底而深刻的变革，永辉在调改中成长，也希望在调改中创造和传播美好，坚信真诚和善良、坚定品质和安全，尽快给大家呈现一个全新的永辉，让员工更幸福、让顾客更信任、让社会更美好！

从永辉超市“反向抹零”事件我们可以看出，胖东来模式不是不可复制，但能否在多大范围内复制，以及能否长久坚持下去，才是关键。

胖东来调改的企业能否持续，直接反映了胖东来模式是否具有可复制性。若调改后的企业能够保持稳定且持续的发展，那么这无疑为胖东来模式的可复制性提供了有力的证据。然而，持续并不意味着一成不变，而是要在不断适应市场变化、顾客需求以及内部结构调整中保持核心竞争力的稳定。因此，对于胖东来而言，其调改后的企业能否在变化中寻求平衡，实现持续的价值创造，将是检验其模式可复制性的关键所在。这要求企业在复制胖东来模式时，不仅要关注其表面的做法和流程，更要深入理解其背后的价值观和运营逻辑，以确保在复制过程中能够保持模式的本质和活力。

（一）可复制的核心要素

胖东来模式具有可复制性的核心要素是其文化理念，特别是强调以人为本的管理模式。胖东来强调的“以员工为中心”的企业文化，以及由此延伸出的对顾客和社会的深度关怀，是其模式能够深入人心的关键。这种文化不仅体现在对员工的高福利和尊重上，更体现在企业对社会责任的担当和对顾客需求的细致入微的关注上。当其他企业试图复制胖东来模式时，必须深刻理解并践行这一文化理念，才能真正把握胖东来模式的精髓。同时，胖东来在商品选择、供应链管理、店面布局等方面的精细化运营也是其模式可复制的重要一环。这些要素共同构成了胖东来模式的独特魅力，使其在众多零售企业中脱颖而出。

文化理念的内化迁移。胖东来强调“健康、真诚”的价值观体系，包括员工关怀（薪资超行业平均水平 2 倍）、消费者信任（无理由退换货）等核心理念，这些抽象价值观可通过企业战略重构实现迁移。其创始人于东来明确表示“学习理念并非难事”，关键在于经营者是否愿意将短期利润让渡于长期价值积累。

数字化工具赋能。胖东来在运营过程中积极引入数字化工具，通过数据分析和智能化管理提升效率。例如，利用大数据分析顾客购买行为，精准推送个性化商品，提高顾客满意度和忠诚度。同时，数字化工具在库存管理、供应链协同等方面也发挥了重要作用，确保商品流通的高效性和准确性。这些数字化工具的应用，不仅优化了胖东来的业务流程，还为其模式的复制提供了强有力的技术支持。

行业生态共建。主动开放供应链数据、接待永辉等 15 家企业实地学习，通过帮扶步步高等案例验证模式输出的可行性。这种知识共享机制为行业提供了渐进式改良路径。要实现模式的广泛复制，单打独斗远非长久之计。因此，它积极倡导并参与行业生态的共建。通过与其他零售商、供应商以及技术服务商的深度合作，胖东来不仅共享了自身的成功经验，还借鉴了行业内其他优秀企业的做法，共同推动整个零售行业向更高效、更智能的方向发展。这种共建生态的理念，使胖东来在其他企业复制自身模式的过程中，能够获得更多的资源和支持，同时也促进了整个行业的共同进步。此外，胖东来还注重与消费者的互动，通过社交媒体、线上社区等渠道，收集消费者的反馈和建议，不断完善自身的服务和产品，进一步增强了与消费者之间的黏性，为模式的复制奠定了坚实的市场基础。

（二）复制的现实挑战性

胖东来模式的复制存在现实挑战性。不同地区的市场环境、消费者习惯以及供应链体系存在差异，这些因素都可能影响到胖东来模式的适用性。如何在保持原有模式精髓的基础上，进行本地化调整，以适应不同区域的市场需求，是胖东来面临的一大挑战。随着零售行业的快速发展和变革，新技术、新业态层出不穷，胖东来需要不断创新和升级自身的模式，以保持竞争优势。然而，创新往往伴随着风险，如何在保持稳健发展的同时，积极拥抱变革，是胖东来需要深思的问题。胖东来模式的成功在很大程度上得益于其独特的企业文化和价值观。然而，企业文化和价值观的复制并非易事，需要长时间的积累和沉淀。如何在快速扩张的过程中，保持企业文化的连贯性和一致性，是胖东来需要面对的另一大挑战。

地理与市场环境适配性。胖东来在中原地区的高增长依赖特定消费群体对服务质量的敏感度，而一线城市价格敏感型市场可能难以支撑其高成本运营结构。此外，人力资源的适配性也是不可忽视的一环。胖东来模式中的员工激励机制、培训体系和团队文化，在复制过程中需要与当地的人才市场、教育水平以及社会文化背景相契合。如何吸引和培养具备胖东来精神的员工，确保他们在新的环境中能够迅速融入并发挥作用，是复制过程中的又一难题。同时，法律与政策环境的不同也可能对复制工作带来挑战。不同地区的法律法规、行业标准以及政策导向，都可能对胖东来模式的落地实施产生影响。因此，在复制过程中，胖东来需要深入研究各地的法律法规，确保自身经营活动的合规性，避免因不了解当地政策而带来的风险和损失。

资源投入阈值限制。胖东来模式在复制过程中，除了上述提到的人力资源适配性和法律政策环境差异外，资源投入阈值限制也是一个不可忽视的现实挑战。胖东来以其高品质的服务和独特的经营理念著称，这背后需要大量的资源投入，包括资金、物资、时间等。在复制过程中，如果资源投入不足，将直接影响胖东来模式的落地效果和服务质量。特别是在新市场开拓初期，需要投入大量资源进行市场调研、店铺选址、员工培训等工作，这些都需要充足的资金支持。因此，如何在保证服务质量的同时，合理控制资源投入，是胖东来在复制过程中需要解决的一个重要问题。员工培训成本占比超 15%、自建食品工厂等重资产布局，对中小型商超构成资金壁垒。如某企业模仿强制闭店休假制度，却因坪效不足导致现金流断裂。

组织文化转型阻力。传统企业“利润至上”思维与胖东来

“顾客—员工优先”逻辑存在根本冲突。部分企业试图照搬服务标准（如雨雪天气向顾客赠伞），却因缺乏配套授权机制引发执行变形。胖东来模式强调员工幸福感和顾客满意度，这种独特的组织文化是其成功的关键之一。然而，在复制过程中，组织文化的转型往往面临巨大阻力。一方面，原有的企业文化和经营理念可能根深蒂固，员工对新文化的接受程度不一，需要时间和持续的努力来引导和塑造。另一方面，组织文化的转型涉及价值观、行为准则、工作方式等多个层面的改变，这不仅要求员工在思想上认同，更需要在行动上践行。因此，如何在复制过程中有效推进组织文化的转型，确保新文化能够深入人心并转化为实际行动，是胖东来及其模仿者需要面对的另一大挑战。

（三）理念可复制但形式需迭代

这涉及复制维度、成功要素、风险控制、价值观植入等。胖东来模式的可复制性取决于企业能否把握其本质——通过“人性化溢价”重构商业逻辑，而非简单模仿服务动作或管理制度。在把握本质的基础上，企业还需要结合自身的实际情况，对胖东来模式进行灵活调整和创新。例如，在推进“无理由退货”这一理念时，可以先选择部分门店进行试点，观察市场反应和顾客接受程度，再逐步推广至全公司。这种分阶段推进的方式，有助于企业更好地适应市场变化，减少转型风险。同时，企业还应注重培养员工的创新能力和服务意识，鼓励员工在日常工作中积极探索和实践，为胖东来模式的本土化落地注入新的活力。

成功案例显示，永辉等企业通过吸收“员工幸福感驱动服务创新”理念，结合自身市场特点调整实施节奏，已实现客流量回升 20%。但试图全盘复制的企业往往陷入“有形无魂”困境，印证创始人警示，“背离文化内核的模仿是对胖东来最大的误读”。这些企业在复制胖东来模式的过程中，虽然表面上学习了其服务理念和管理制度，但由于缺乏对新文化内核的深入理解和认同，导致在实际操作中往往流于形式，难以达到预期的效果。因此，对于想要复制胖东来模式的企业而言，不仅要关注其表面的服务动作和管理制度，更要深入挖掘其背后的文化内核和价值观，才能真正实现模式的本土化落地和持续发展。同时，企业还应注重培养员工的归属感和忠诚度，让员工成为企业文化的传播者和践行者，共同推动企业的转型升级和持续发展。

避免形式化模仿，如仅提高薪资忽视精神关怀。避免形式化模仿的关键在于，企业需要在吸收先进理念的同时，结合自身的实际情况进行创新和调整。例如，在推进某一政策时，企业可以先进行小范围的试点，观察市场反应和消费者需求，再逐步调整和优化政策内容。这样不仅可以确保政策的可行性和有效性，还能避免因为盲目模仿而带来的经营风险。同时，企业还需要注重细节和服务的个性化，以满足不同消费者的需求，提升客户满意度和忠诚度。同时，这种复制要分阶段推进，在试点的基础上，企业需不断收集和分析数据，评估政策对企业运营、消费者行为以及市场竞争格局的影响。通过细致的调研和反馈机制，企业可以逐步优化和调整策略，确保其在不同阶段都能发挥最大效用。此外，分阶段推进还能有效控制成本，避免因一次性投入过大而带来的财务风险。在复制先进理念的过程中，企业还应保持灵活性和创新性，随时准备根据市场变化进行调整。只有这样，企业才能在激烈的市场竞争中立于不败之地，实现真正的可持续发展。

四、胖东来现象对中国商业的启示

有人总结说，胖东来给大家提供了三种价值。一是商品价值。作为一个商超品牌，胖东来的业务基础是商品交易，服务再好，如果商品质量很差，顾客也不会满意。所以，胖东来首先要提供优质的、富有性价比的商品。大家觉得胖东来卖的东西好，价格合理，童叟无欺，这就是商品价值。二是体验价值。光有好的商品还不行，大家来逛超市（商场），追求的是过程的愉悦性，这包括对卖场硬件的要求，比如，灯光要明亮，货架要干净，走道要宽敞；也包括对软环境的要求，比如，服务员要笑脸相迎，咨询要有问必答，出了问题要快速得到解决等。大家觉得胖东来卖场硬件好，服务态度好，营业员周到细心。三是情绪价值。情绪价值是商品或者服务能带给顾客某种情感体验。比如，你在超市买了很多东西，提不动，这时候有位服务员跑过来，很热情地说帮你提到车上去吧。遇到这种情况，你会非常感动，因为帮你提东西并不是服务员的义务，但他却主动伸出援手，会让你觉得很温暖。这种服务带给你的正向情绪就是情绪价值，胖东来经常给顾客提供这种情绪价值。顾客感受到商家的善意，在胖东来购物感觉很奇妙，很舒服，又不知道用什么词概括，这体现的就是服务带来的情绪价值。[1]

胖东来作为一个从许昌本地成长起来的零售企业，其独特的经营理念和企业文化，不仅在当地赢得了极高的口碑，也为中国商业的发展带来了新的启示。一方面，胖东来坚持“人性

1 参见刘杨：《何以胖东来》，人民邮电出版社2025年版，第8页。

优先”的价值观，打破了传统商业中“利润至上”的固有逻辑；另一方面，胖东来在服务创新方面独树一帜，通过提供个性化、差异化的服务，成功破解了同质化竞争的难题。在胖东来，顾客不仅能享受到优质的商品，还能感受到家一般的温暖和关怀。这种独特的服务体验，让胖东来在众多零售企业中脱颖而出，成为消费者心中的首选品牌。

（一）价值观重塑商业逻辑

胖东来通过价值观重塑商业逻辑，实现了从利润至上到人性优先的正确认知。这一转变不仅体现在企业的经营理念上，更渗透到了企业的每一个细节中。胖东来深知，员工是企业最宝贵的财富，只有让员工感受到尊重和关爱，他们才能以更加饱满的热情投入到工作中，从而为消费者提供更优质的服务。因此，胖东来在企业管理中，始终将员工的利益放在首位，通过一系列人性化的管理措施，激发了员工的积极性和创造力。这种以人为本的价值观，不仅提升了企业的凝聚力和向心力，也为企业的可持续发展奠定了坚实的基础。同时，胖东来还积极履行社会责任，通过参与公益事业、支持地方经济发展等方式，回馈社会，传递正能量。这种社会责任感，不仅提升了企业的品牌形象，也赢得了社会的广泛赞誉。

胖东来以“自由与幸福”定义企业使命。胖东来创始人于东来提出“自由、幸福、快乐远比挣钱重要”的核心理念，将员工尊严与顾客信任置于利润之上，打破传统企业追求规模扩张的惯性逻辑。这一使命不仅体现在对员工的关怀上，更贯穿于胖东来商业活动的每一个环节。企业的存在不仅仅是为了追求经济利益，更重要的是为员工创造自由与幸福的工作环境，为消费者提供自由与幸福的购物体验。在这一使命的指引下，胖东来不断探索和实践，力求在商业活动中实现人与社会的和谐共生。通过提供优质的商品和服务，胖东来让消费者在购物过程中感受到自由与幸福的氛围，从而建立起与消费者之间深厚的情感联系。同时，胖东来也积极倡导和践行社会责任，通过参与公益事业、推动环保等方式，为社会创造更多的自由与幸福。这种以“自由与幸福”为企业使命的价值观，不仅为胖东来赢得了广泛的认可和赞誉，也为中国商业的发展提供了有益的启示。

胖东来以透明化经营建立信任。通过公开商品成本价、利润率及检测报告，用信息对称重构消费者关系，验证“真诚是最高效的商业策略”。在当下这个信息爆炸的时代，消费者对于商家的信任度日益降低。因此，胖东来选择了以真诚为核心，将真诚贯穿于企业运营的每一个环节。从商品的采购到销售，从服务的提供到售后，胖东来都力求做到透明、公正，让消费者能够清晰地看到企业的每一个动作，从而建立起与消费者之间的深度信任。这种真诚的经营策略，不仅让胖东来在消费者心中树立了良好的形象，也为其带来了持续稳定的客源和口碑。在商业竞争中，胖东来用真诚赢得了消费者的心，也赢得了市场的认可。

（二）服务创新永远在路上

胖东来致力于服务创新，驱动信任经济，破解同质化竞争。在瞬息万变的市场环境中，唯有不断创新，方能保持领先地位。胖东来通过设立顾客服务中心，提供一站式购物体验，从商品咨询、选购到售后服务，全程贴心陪伴，确保顾客满意度。同时，胖东来还推出了一系列特色服务项目，如免费包装、快速退换货等，这些看似微不足道的细节，实则大大提升了顾客的购物体验，增强了品牌忠诚度。此外，胖东来还积极探索数字化转型，利用大数据、人工智能等技术手段，精准分析顾客需求，实现个性化推荐和服务，进一步提升了服务效率和顾客满意度。

胖东来不断推动服务创新，构建超预期服务标准体系。优质的服务不仅仅是对顾客需求的满足，更是对顾客情感的关怀与尊重。将“不满意就退货”升级为可量化动作，通过 200 余项服务细则构建差异化体验，带动许昌地区顾客年均消费频次达行业均值近 5 倍。因此，胖东来在服务设计上力求超越顾客的期待，从细节入手，打造全方位、多维度的服务体系。例如，他们设立了专门的顾客休息区，提供舒适的座椅、免费的茶水与零食，让顾客在等待的同时也能享受到贴心的服务。同时，胖东来还注重员工服务技能的提升，定期开展服务培训，确保每一位员工都能以专业、热情的态度为顾客服务。通过这些努力，胖东来成功构建了超预期的服务标准体系，让顾客在每一次购物中都能感受到家一般的温暖与关怀。

胖东来实现场景化价值创造。自建烘焙坊实现当日生产清仓、活鱼到店先饿养 10 天等举措，将品质承诺转化为可感知的消费场景，形成“高质—高价—高复购”的正向循环。他们不仅仅满足于传统的服务模式，而是不断探索新的服务场景，以满足顾客在不同场景下的需求。此外，胖东来还推出了线上购物平台，顾客可以通过手机下单，享受便捷的送货上门服务。这些场景化的服务创新，不仅提升了顾客的购物体验，也进一步巩固了胖东来在顾客心中的地位。

胖东来服务创新永远在路上。胖东来通过不断探索和实践，从细节入手，持续优化服务流程，提升服务质量。无论是线上还是线下，胖东来都致力于为顾客提供无微不至的关怀和个性化的服务体验。在这个日新月异的时代，只有不断创新，才能跟上时代的步伐，满足顾客日益增长的需求。因此，胖东来将服务创新视为企业发展的核心动力，不断推陈出新，引领行业潮流。

（三）人力成本可转化溢价

胖东来将员工幸福感转化为组织效能，实现了人力成本的重构。在胖东来，员工不仅享受着高于行业平均水平的薪资待遇，还拥有充分的休息时间和丰富的员工福利，如定期的旅游、节日礼物以及完善的培训体系。这种对员工幸福感的重视，不仅激发了员工的积极性和创造力，还促使他们更加主动地投入到工作中，为顾客提供更优质的服务。因此，胖东来的人力成本虽然看似较高，但实际上却通过员工的高效工作和服务创新，转化为了更高的组织效能和顾客满意度，从而实现了人力成本的溢价。

摒弃眼前短期利益的困扰，通过高投入激活服务创新力。要想在激烈的市场竞争中脱颖而出，就必须摒弃那些只关注眼前利益的短视行为。因此，胖东来不惜投入高额成本，用于提升员工的幸福感与归属感，招聘高学历员工，进而激活整个团队的服务创新力。员工高薪高福利，使员工流失率远低于行业均值，证明高人力成本投入可转化为服务溢价能力。这种高投入并非盲目为之，而是基于对未来长期发展的深思熟虑。它促使员工不断追求卓越，勇于尝试新方法、新技术，从而推动服务质量的持续提升。

尊严管理推动机制创新。仅仅依靠高投入还不足以持续激活服务创新力，更需要一种能够激发员工内在动力的管理机制。尊严管理，正是胖东来所倡导的核心管理理念。在这一理念下，每一位员工都被视为企业不可或缺的宝贵财富，他们的尊严和权益得到了充分的尊重与保护。设立人格尊严补偿金、强制闭店休假等制度，将员工权益保障从口号转化为可量化标准，推动组织文化从“管控”向“赋能”转型。尊严管理不仅体现在对员工物质待遇的慷慨上，更体现在对员工精神世界的关怀与塑造上。胖东来通过建立健全的员工激励机制，鼓励员工积极参与企业管理，提出创新性的意见和建议。同时，企业还为员工提供了广阔的职业发展空间，使他们能够在工作中不断实现自我价值，从而激发出更大的工作热情和创造力。这种尊严管理的推动，不仅促使胖东来在服务创新上取得了显著成效，更在机制创新上迈出了坚实的一步。员工在尊严管理的激励下，勇于挑战传统，敢于突破自我，为企业的持续发展注入了源源不断的动力。

（四）商业向善的实践验证

胖东来现象证明，当企业将员工尊严、顾客信任与社会价值纳入核心决策维度时，“人性化溢价”可重构传统成本利润模型，形成“高投入—高体验—高复购—高分配”的良性循环。其成功并非简单模式复制，而是为行业提供了价值观锚点——在效率与公平、利润与人性之间找到动态平衡点。这提示中国商业需从“挣快钱”转向“修内功”，通过文化穿透力构建可持续竞争力。胖东来的实践，如同一股清流，挑战了传统商业逻辑，证明了商业成功并不等同于利润最大化，而是要在尊重员工、赢得顾客信任和实现社会价值的基础上，实现企业的长远发展。其“人性化溢价”模式，不仅提升了员工满意度和顾客忠诚度，还促进了企业的良性循环，展现了商业向善的力量。胖东来的成功，是对传统商业模式的超越，更是对未来商业文明的一种探索和实践。

胖东来调改实践表明，开放知识共享平台有助于推动行业标准升级。通过主动接待永辉等企业学习、输出供应链管理经验，并以帮扶步步高等案例验证“行业共生”的可能性，有效促进了零售业整体效率的提升。胖东来调改永辉信万店后商品更新率达 80%，为传统商超提供“需求导向选品 + 敏捷供应链”的转型范本。胖东来不仅关注内部管理与服务优化，更致力于成为行业标杆，引领整个零售业的正向变革。通过开放知识共享平台，胖东来将自身在员工关怀、顾客服务、供应链管理等方面的成功经验无私分享，鼓励更多企业加入提升服务品质、保障员工福利的行列中来。胖东来的实践证明，商业向善不仅关乎企业自身的长远发展，更对社会整体福祉有着积极的推动作用。

不断校准文化系统，保持商业向善方向。企业文化是企业行为的指南针，是商业向善的基石。因此，胖东来不断优化和完善自身的文化系统，确保每一项决策、每一次行动都能体现对社会的责任和关怀。通过定期的文化培训和价值观引导，胖东来确保每一位员工都能深刻理解和践行商业向善的理念。同时，胖东来还积极寻求外部合作，与志同道合的企业共同推动商业向善的实践，形成行业内的良好风气。这种不断校准文化系统的做法，使胖东来在商业向善的道路上越走越远，也为其他企业树立了榜样。特别是通过招募维权团队快速响应恶意舆情，如 2025 年“起诉百万粉丝网红”事件，保障价值观的持续落地。从初创期“用真品换真心”到成熟期“行业生态共建”，再到线上的信用优先，胖东来始终围绕“人”的需求调整战略重心，避免成功经验异化为路径依赖。

五、未来的零售行业：是胖东来，还是拼多多

零售行业有个灵魂拷问，那就是在消费升级与市场竞争的双重驱动下，企业究竟应坚守何种核心价值？近年来中国出现了两个模式，一个是胖东来模式，一个是拼多多模式。胖东来以其独特的企业文化和对人性关怀的深刻理解，走出了一条差异化发展之路。而拼多多则凭借极致的性价比和社交电商的创新模式，迅速崛起成为行业巨头。两者看似截然不同的路径，实则都指向了零售行业的本质，那就是如何更好地满足消费者需求，同时实现企业的可持续发展。从发展规律来看，不存在某个模式是永恒的，但可以肯定的是，未来必然是多元的、多彩的、多样的。未来零售行业也必然是多轨演进的。

（一）文化理念的差异

1999 年，于东来就宣称“要做一个伟大的人”，当时很多人都说他是个神经病。但于东来并不在乎别人说什么，他知道每个人的思维不一样，习惯不一样。于东来知道自己追求的是自由的精神，而追求幸福、享受人生、真诚待人就是追求自由的具体体现。

胖东来与拼多多在文化理念上的差异是本质的差异。胖东来注重人文关怀，将员工视为企业最宝贵的财富，致力于打造

一个温馨、和谐的工作环境。其创始人于东来坚信，只有让员工感受到家的温暖，他们才能将这份温暖传递给顾客，从而赢得顾客的忠诚。胖东来的文化理念体现在对细节的极致追求上，无论是商品陈列、服务质量还是售后保障，都力求做到最好，让顾客感受到宾至如归的体验。而拼多多则秉持“用户至上”的原则，通过社交电商的模式，将消费者紧密地联系在一起。拼多多深谙价格敏感型消费者的心理，通过团购、砍价等创新方式，让消费者在享受优惠价格的同时，也能感受到分享的乐趣。拼多多的文化理念更加注重效率和创新，通过技术手段不断优化购物流程，提升用户体验。

此外，胖东来通过强化信任经济驱动“人性溢价”。胖东来通过高人力投入和服务创新，将顾客信任转化为复购率，许昌地区年均消费频次达行业均值 4 倍。在当下的商业环境中，信任是维系企业与消费者关系的基石。因此，胖东来不仅注重商品的质量与服务，更将信任经济融入企业运营的每一个细节中。他们通过建立透明的供应链体系，让消费者能够清晰地了解到商品的来源与品质，从而增强消费者的信任感。同时，胖东来还积极履行社会责任，参与公益事业，用实际行动展现企业的担当与情怀，进一步加深了消费者对企业的信任与认同。这种信任经济的强化，使胖东来能够在激烈的市场竞争中脱颖而出，实现了“人性溢价”，即让消费者愿意为胖东来的品牌、服务与文化理念支付更高的溢价。帮扶永辉、步步高等案例验证其模式可复制性，但依赖区域市场对服务质量的敏感度，一线城市高租金可能挤压其利润空间。

拼多多走的是另一条路径。拼多多通过强调效率优先，实现“低价霸权”。其独特的拼团模式，让消费者能够享受到团购带来的价格优惠，同时，高效的供应链管理和物流体系，使商品能够快速送达消费者手中，进一步提升了消费者的购物体验。拼多多还利用大数据分析，精准推送消费者可能感兴趣的商品，增强了消费者的黏性。这种以效率为核心的文化理念，让拼多多在短时间内迅速崛起，成为电商行业的一匹“黑马”。然而，这种强调效率的文化理念，也可能带来一些负面影响，如商品质量参差不齐、售后服务不完善等，这些都是拼多多在未来发展中需要面对和解决的问题。拼多多依托全托管模式和算法驱动，2025 年预测日均利润 3 亿元，以“全网最低价”占据下沉市场，但商家利润率压缩至 3%～5%，长期面临供应链质量隐忧。出海战略成效显著（作为拼多多的跨境电商平台 Temu 全球用户破 5 亿），证明了低价策略在国际市场的穿透力，但品牌价值积累不足。

（二）供需市场的选择

胖东来和拼多多在市场适配性上存在分野。胖东来作为一家区域性的零售巨头，更注重消费者的线下体验和服务质量。其独特的“以人为本”的企业文化，让其在消费者心中树立了良好的口碑。胖东来通过提供优质的商品和服务，赢得了消费者的信任和忠诚。然而，胖东来的发展模式相对较为保守，更多地依赖于线下门店的拓展和运营，对于线上市场的布局相对较弱。在价格敏感型市场中，胖东来可能无法与拼多多等电商平台进行直接的价格竞争，但其独特的品牌魅力和优质的服务体验，仍然吸引了一部分追求品质生活的消费者。因此，胖东来和拼多多在市场适配性上的分野，体现了不同零售企业在市场定位和发展策略上的差异。

在消费群体上，胖东来与拼多多也存在明显不同。胖东来主要吸引的是那些注重消费体验和服务质量的消费者。这部分消费者往往对价格不是特别敏感，他们更看重的是商品的品质、购物的环境以及售后服务。胖东来的消费者群体相对稳定，忠诚度较高，他们愿意为优质的服务和体验支付一定的溢价。而拼多多则主要聚焦于价格敏感型消费者，这部分消费者追求极致的性价比，他们往往更关注商品的价格，对购物环境和服务的要求相对较低。拼多多通过团购、秒杀等营销策略，吸引了大量价格敏感型消费者，形成了庞大的用户基础。因此，消费群体的差异进一步加剧了胖东来与拼多多在市场适配性上的分野。说到底，这取决于消费群体对服务溢价的认同程度。

在区域市场上，胖东来与拼多多存在明显差异。胖东来深耕本地市场，注重在特定区域内建立强大的品牌影响力。他们通过优质的商品和服务，赢得了当地消费者的信赖和忠诚。胖东来在区域市场上的成功，得益于其对本地消费者需求的精准把握和深度满足。而拼多多则采取了一种更为广泛的覆盖策略，通过线上平台打破了地域限制，吸引了来自全国各地的消费者。拼多多利用互联网的优势，实现了商品和服务的快速传播，形成了全国范围内的用户群体。因此，在区域市场上的不同策略，使胖东来和拼多多在各自擅长的领域内绽放光彩。

胖东来专注区域深耕，狠抓区域渗透力，单城坪效达行业均值 3 倍。而拼多多通过线上实现全国覆盖，特别是三、四线城市市占率超 60%。此外，从供应链控制看，胖东来通过垂直整合、自建工厂，将损耗降低至 0.3%。而拼多多则实行轻资产运营模式，主要依赖第三方商家。因此，对这两种模式的选择，最终仍取决于市场供需关系。

（三）互不替代的生态

胖东来和拼多多重构着行业的生态，互不替代。胖东来以其独特的区域深耕策略，成为当地消费者心中的首选，其提供的优质服务与精准的商品选择，使它在区域内拥有极高的忠诚度。而拼多多则凭借广泛的线上覆盖和丰富的商品种类，满足了全国各地消费者的多样化需求。两者虽然面向的市场有所不同，但都通过各自的方式，为消费者提供了优质的购物体验。胖东来在区域内的深耕细作，不仅提升了自身的品牌影响力，也为区域内的商业生态带来了积极的影响。它的成功模式，鼓励了更多的本地企业注重服务质量和消费者体验，从而推动了整个区域商业水平的提升。而拼多多则通过线上平台的优势，打破了地域限制，让全国各地的消费者都能享受到便捷的购物体验。它的轻资产运营模式，也使更多的第三方商家有机会参与到电商市场中来，共同促进了电商行业的繁荣发展。

因此，胖东来和拼多多虽然采取了不同的市场策略，但它们都在各自擅长的领域内取得了成功，共同推动了商业生态的多元化发展。这种互不替代的生态，不仅为消费者提供了更多的选择，也为整个商业社会带来了更多的活力和创新。

现实中，不同发展模式已成定局。无论是胖东来以员工幸福为核心的文化驱动，还是拼多多以低价策略吸引消费者的市场导向，两者都在各自的领域内构建了独特的竞争优势。这种多元化的生态格局，不仅避免了同质化竞争，还为整个商业社会带来了更为丰富的发展路径。企业不再单纯追求短期的利润最大化，而是开始注重长期的社会价值和品牌影响力。这种趋势，无疑为未来的商业发展指明了方向。

胖东来代表的“服务 + 品质”模式验证了其主打高端市场的可行性。其细致入微的服务和严格把控的品质，不仅赢得了消费者的信赖，更在行业内树立了标杆。胖东来的成功，证明了在商业竞争中，单纯地追求低价或规模化并不足以构建长久的竞争优势。相反，通过提升服务质量和产品品质，企业可以在细分市场中获得更高的溢价能力，从而实现可持续发展。这种“服务 + 品质”的组合，为胖东来赢得了口碑，也为其带来了稳定的利润。在互不替代的生态中，胖东来以其独特的经营理念和模式，成为商业社会中的一道亮丽风景线。

拼多多主导的“低价 + 效率”仍占主流，但需破解消费者对“低价 = 低质”的认知惯性。在当前的商业环境中，拼多多凭借其“低价 + 效率”的策略，迅速占领了大量市场份额，成为电商领域一股不可忽视的力量。然而，这种模式的成功背后，也隐藏着消费者对“低价 = 低质”的固有认知惯性。这种认知不仅影响了消费者的购买决策，也对拼多多的品牌形象和长期发展构成了挑战。为了破解这一认知惯性，拼多多需要采取一系列措施来提升消费者的信任度和满意度。例如，加强对入驻商家的审核和管理，确保商品的质量和安全；同时，通过优化供应链和物流体系，进一步提高效率和降低成本，从而在保持低价的同时，提升商品的整体品质。此外，拼多多还可以通过加强与消费者的互动和沟通，了解他们的需求和期望，为他们提供更加个性化和定制化的服务。这样不仅可以增强消费者的忠诚度，还可以为拼多多赢得更多的口碑和市场份额。

第六章

结语：商业的终极答案

幸福感比利润更重要

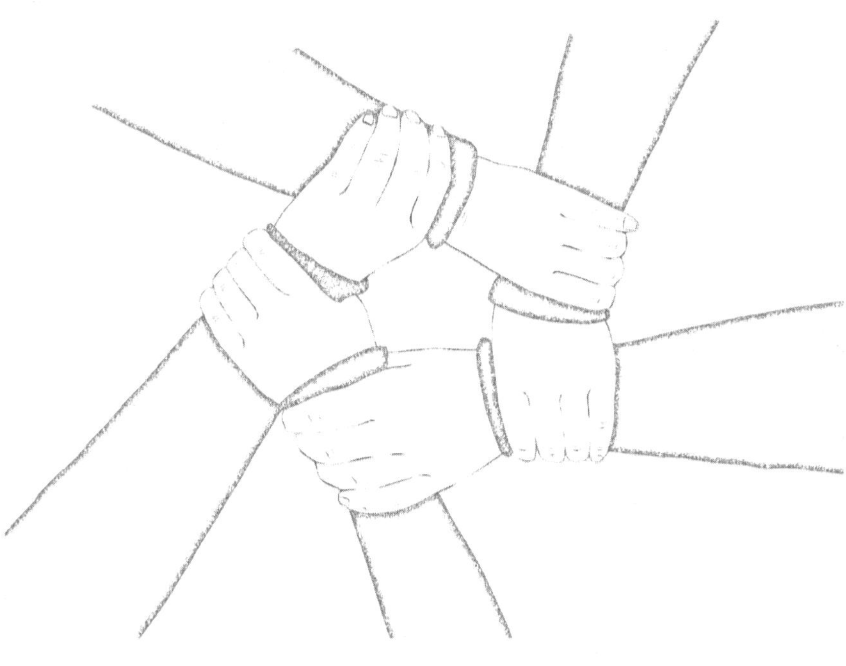

在商业社会的浪潮中，企业作为经济的微观主体，其行为和追求无疑对社会的整体发展产生深远影响。

一、企业的最终价值是什么

企业的最终价值，不仅仅在于其创造的利润，更在于其在平衡利润与社会价值，追求经济效益的同时，承担起对社会的责任。从长远来看，一个企业的成功，不应仅仅以财务报表上的数字来衡量。那些能够深刻洞察社会需求，积极履行社会责任，实现利润与社会价值共生的企业，往往能够获得更持久的竞争优势。它们通过提供高质量的产品和服务，不仅满足了消费者的需求，也为社会的进步和发展作出了贡献。因此，企业的最终价值，应体现在其对社会、对环境的积极影响上，体现在其为人类的幸福生活贡献力量上。这样的企业，才能在激烈的市场竞争中立于不败之地，成为真正的行业领袖和社会楷模。胖东来用实际行动证明了幸福感比利润更重要的道理。

（一）超越经济价值之外的社会价值

经济价值与社会价值的统一不仅体现在企业内部的运营决策上，更贯穿于企业与社会的广泛互动之中。经济价值是企业生存和发展的基础，它确保了企业有足够的资源和能力去创新、改进、满足市场需求。然而，如果企业仅仅追求经济价值，而忽视了社会价值，那么它的长远发展将受到严重制约。社会价值，包括环境保护、社区参与、员工福利等方面，是企业社会责任的重要体现。它不仅能够提升企业的社会形象，增强消费者的信任和支持，还能够激发员工的归属感和创造力，从而为企业带来无形的资产和持久的竞争优势。因此，经济价值与社会价值的共生平衡，是企业实现可持续发展的关键所在。

企业需在创造经济价值的同时承担社会责任，例如，胖东来通过“员工幸福感驱动服务创新”，以高于行业的薪资与人格尊严补偿金激活组织效能，实现员工低流失率。这一实践生动诠释了经济价值与社会价值如何在企业实践中和谐共生。胖东来不仅关注经济效益，更将员工的幸福感放在首位，通过优厚的薪资和尊重员工人格的政策，极大地激发了员工的工作热情和忠诚度，进而将其转化为高效的服务创新和卓越的企业绩效。同时，胖东来积极履行社会责任，疫情时慷慨捐赠及对教育和环保事业的长期支持，不仅提升了企业的社会形象，更在社会中积累了宝贵的信任资本。这种做法不仅有助于企业的长期发展，也为构建和谐社会贡献了力量，展现了企业经济价值与社会价值的完美统一。

（二）建立在信任基础上的品牌效应

在当今这个信息爆炸、竞争激烈的市场环境中，品牌效应的重要性愈发凸显。而建立在信任基础上的品牌，无疑具有更强的生命力和竞争力。信任是品牌与消费者之间最坚实的纽带，它源于企业对消费者需求的深刻理解、对产品质量的严格把控以及对社会责任的积极承担。当消费者对一个品牌产生信任时，他们更愿意为该品牌的产品或服务买单，甚至愿意为其支付溢价。这种信任不仅带来了稳定的客户群和持续的市场份额，还为企业创造了难以估量的品牌价值。同时，信任还能激发消费者的口碑传播，进一步扩大品牌的影响力和市场份额。因此，企业要想在激烈的市场竞争中脱颖而出，就必须注重建立和维护与消费者之间的信任关系。这要求企业不仅要提供高质量的产品和服务，还要积极履行社会责任，展现企业的社会担当和人文关怀。

有些顾客到胖东来超市购物，根本不看标价，而是直接抢购，说到底就是对产品和服务的彻底信任。这种信任并非一朝一夕所能建立，而是胖东来超市长期以来坚持高品质、优服务的结果。只有真正站在消费者的角度，用心去理解他们的需求，才能赢得这份难能可贵的信任。而这种信任一旦形成，便成为胖东来超市最宝贵的无形资产，为其带来了源源不断的客流和口碑传播。在这样的商业环境中，胖东来超市成为社区中的一个标志性存在，顾客们在这里不仅能享受到物美价廉的商品，还能感受到家一般的温馨。他们对待每一位顾客都如同亲人，细心倾听他们的意见和建议，不断改进和创新，以确保顾客的满意度和忠诚度。胖东来超市的故事，正是建立在信任基础上的品牌效应的最佳例证，它证明了企业与消费者之间的信任关系是推动品牌成长和市场扩张的强大动力。

（三）围绕人性化构建起的商业生态

在商业界，一个成功的品牌往往不仅仅依赖于其产品或服务的经济价值，更在于它能否围绕人性化构建起一种健康的商业生态。这样的生态不仅能够吸引并留住消费者，还能激发员工的归属感和创造力，进而推动企业的持续发展和创新。拼多多作为电商平台，其早期的成功无疑得益于对价格敏感型消费者需求的精准把握。然而，随着市场的不断变化和消费者需求的日益多样化，单纯依靠低价策略恐难以支撑企业的长远发展。一个以人性化为核心、以信任为基础的商业生态将逐渐形成，为企业的持续发展注入源源不断的动力。

胖东来帮扶永辉、步步高等企业改造供应链，推动行业从零和竞争转向共生共赢，验证“行业共建比单点突破更具社会价值”。胖东来的这一举措不仅展现了其作为行业领导者的担当与远见，更为整个零售行业树立了新的标杆。通过供应链的优化改造，胖东来不仅帮助合作伙伴降低了成本、提升了效率，还促进了整个行业的健康发展。这种共建共享的理念，打破了传统零售行业中企业间零和竞争的格局，推动了行业向共生共赢的方向转变。在这一过程中，胖东来不仅实现了自身的社会价值，更为整个社会的和谐与进步贡献了自己的力量。在胖东来的影响下，其他企业也开始认识到合作共赢的重要性。他们开始主动寻求与其他企业、供应商甚至是竞争对手的合作，共同开发新的市场机会，共享资源和信息，以实现更大的市场竞争力和更高的客户满意度。通过这种开放合作的模式，企业间的竞争不再是简单的价格战，而是转变为服务、品质、创新等多维度的综合竞争。胖东来的成功案例为业界提供了一个可复制、可推广的典范，让更多的企业意识到，在追求经济效益的同时，承担社会责任，构建和谐的商业生态，最终将实现可持续发展和长远利益。

传统企业若固守“利润至上”思维，可能陷入“高增长—

低口碑—用户流失”的恶性循环，如部分模仿胖东来服务标准的企业因缺乏文化支撑导致执行变形。这些企业往往只关注短期的经济利益，而忽视了消费者体验和员工福祉，最终导致品牌口碑下滑，用户忠诚度降低。相比之下，胖东来之所以能够成功，正是因为其始终坚持以用户为中心，注重提升用户体验感和员工幸福感。这种人性化的商业生态不仅吸引了大量忠实用户，还激发了员工的积极性和创造力，形成了良性循环。因此，传统企业在追求利润的同时，更应注重构建人性化的商业生态，以实现可持续发展。

胖东来搭建的超越利润的综合价值网络，使企业价值立足于“经济—社会—人文”三位一体的发展格局。在经济层面，通过合理利润分配（如胖东来公开商品利润率）维持商业可持续性。在社会层面，以行业共建（如胖东来供应链开放）推动生态进化，而非掠夺性竞争。在人文层面，将员工尊严（胖东来人格尊严补偿金）与用户信任（透明化服务承诺）纳入决策核心。胖东来现象表明，当企业将社会价值置于与利润同等地位时，可形成“高投入—高体验—高复购—高分配”的良性循环。企业价值的终极体现，在于成为“商业向善”的实践标杆与行业进化引擎。

二、胖东来的成功，是给企业家们上的一堂课

胖东来模式引发了人们对人性的思考，也给企业家们上了一堂课。一方面这是于东来彻底反思的结果，另一方面体现了胖东来持续学习的精神。胖东来团队始终处于整体学习和成长当中。胖东来的愿望是希望更多人能活出美好的生活状态，希望每个人都能活出美丽的生命，让每个人宝贵的生命时光是充实的、健康的、美好的、热情的、美丽的、有意义的。胖东来作为中国零售行业的标杆企业，其成功模式不仅颠覆了传统商超的运营逻辑，更为企业家提供了多维度的管理启示。

（一）以人为本的价值驱动

胖东来以“人”为核心的双向价值体系，是其走向成功的关键。比如，对员工的关怀，将员工从成本要素转变为价值创造者。胖东来打破“员工是成本”的传统观念，将员工视为企业价值的核心驱动者。通过高薪酬、严格限制加班、带薪年假等福利，提升员工的归属感与幸福感。此外，设立“委屈奖”等独特机制，强化员工心理安全感。这种人性化管理不仅降低了离职率，还激发员工主动创新服务细节，形成“员工满意—顾客满意—企业盈利”的良性循环。再比如，胖东来坚持顾客至上，体现了服务细节的极致化。胖东来将零售业升级为“服

务业”，通过无理由退货、差价补偿、免费充电宝等超出预期的服务，实现近乎 100% 的复购率。其核心理念是“以顾客为本”，例如，严格把控商品质量、缺货商品快递到家等，甚至将服务细节的改进权交给一线员工，通过“岗位实操小组”持续收集员工反馈并迭代服务标准。

“老吾老以及人之老”。在道义面前，金钱不值一提。为顾客提供超值服务，包括缺货登记服务，让顾客感觉像在自己家开的商店购物。流传已久的“4 两荞麦面”的故事就是那时胖东来企业文化的一个缩影。故事中这位顾客说：

> 我是许昌的一位教师，平时忙于教学，很少光顾商场，不想近日为了购买为母亲配药所需的 4 两荞麦面，跑了不少地方。7 月 12 日上午，天下着雨，就为这 4 两荞麦面，我不得不顶风冒雨，寻寻觅觅，几乎跑遍了许昌市区大街小巷的所有粮油店（现在农村也很少种荞麦），可店主不是说没有了，就是觉得量太少，不值得费那事儿（进货）。时至中午，几乎绝望的我路过火车站附近的胖东来量贩商场，便抱着试试看的念头直奔粮油经营处，一问也没有，我一下子像泄了气的皮球，脚步也变得沉重了起来。待我说明

急于购买这4两荞麦面的用途后，不想这件事件有了转机。营业员热情地说："这里有意见簿，请你写上去。"我急忙说："我不是给你们提什么意见，而是想请你们给帮个忙。"不想营业员笑容可掬地说："你写上就可以了。"我迟疑了一下，心想不少店家的意见簿都形同虚设，就直截了当地问："这意见簿有人看？"营业员好像看出了我的心思，笑着解释道："我们领导每天都看，对所有问题都认真处理。"说到这地步，我就心存侥幸地写下了我的姓名和电话号码，至于荞麦面的购买量，我不好意思写4两，而是写了1斤。回家后，我和先前一样依然对此事不抱什么希望。然而，就在第二天下午5时许，胖东来量贩的电话打来了，问清了我家的详细地址。大约6时许，两位男同志匆匆忙忙地赶到我家送来了我"踏破铁鞋无觅处"的一袋荞麦面。我立刻感动得不知道说什么好，只是忙着切瓜倒茶，但被两位同志婉言谢绝。我看他们执意要走，就慌忙付钱，可他们就是不要，只是说："大娘有病，这是我们应该做的，一点荞麦面用不着付钱了。还需要啥尽管说，我们能帮忙的一定帮忙！"说完他们就急匆匆地走了。目送他们的身影，我含着眼泪掂量了一下那袋荞麦面，感觉远远不止1斤，用秤一称，居然足足有4斤。[1]

（二）愈挫愈勇的坚定信仰

胖东来坚定的信仰，是战略定力与文化沉淀的结果。信仰对于个人或企业，都是至关重要的。信仰什么很关键，这直接关乎其发展方向、创新创造、面对困境的态度等。于东来一直强调，“做事要有信仰，这样才有约束，不迷失”。作为企业文化的重要组成部分，于东来一直强调“信仰的力量”“信仰的重要性”，这也给企业家们上了一堂课。

有信仰，才能有约束。有约束，才有敬畏之心，才会适可而止。有信仰，才能有担当，才能在风雨中砥砺前行。有信仰，才能有定力。没有定力，跟风追新，结果只能力不从心，甚至心神迷乱。有信仰，才能不迷失。胖东来对长期主义的战略选择，把企业文化作为核心竞争力。胖东来以学校为定位，让员工与顾客共同成长。创始人于东来亲自参与网课开发，将企业经验转化为社会公共知识。在胖东来的企业文化中，信仰

1 参见汤献华、王译慧：《胖东来·心零售》，中国工商出版社2025年版，第13页。

不仅仅是一种精神寄托，更是一种行动指南。他们相信，只有坚守信仰，才能在复杂多变的市场环境中保持清醒，不迷失方向。面对各种诱惑和挑战，胖东来团队始终坚守初心，不为短期利益所动摇，而是着眼于长远，致力于实现企业的可持续发展。这种对信仰的坚守，不仅让他们在商业竞争中保持了一份难得的清醒和坚定，也为他们赢得了更多的机会和可能。正是这种不迷失的信仰，让胖东来在风雨中更加坚韧，不断向着更高的目标迈进。

（三）不忘初心的社会责任

于东来很早就意识到了社会责任和企业发展的平衡关系。1996 年 3 月，于东来一家三兄弟赴北京向中国航天基金会捐款 2 万元。中央电视台拍摄的专题片《三兄弟的故事》，在社会上反响强烈，让胖东来树立了“热心公益事业”的形象。1996 年 6 月，于东来向青少年发展基金会捐款 1.5 万元，荣获“青少年发展基金会”支持奖。1997 年 1 月，许昌军分区政治部授予胖东来“支持国防先进单位”荣誉称号。

胖东来“位卑未敢忘忧国”，国内每次发生重大灾害都能看到胖东来身先士卒的身影，2003 年“非典”期间捐款 800 万元，2008 年汶川地震捐款 1000 万元，2010 年青海玉树地震捐款 100 万元，2021 年河南特大暴雨捐款 5000 万元，新冠疫情期间给武汉捐款5000万元，给许昌捐助1000万元现金及物资。

帮扶同行，让胖东来从竞争到共生。自2022年起，胖东来通过“调改帮扶”模式，协助永辉、步步高等13家超市优化商品结构与管理流程。例如，郑州永辉超市调改后首日销售额是调改之前日均销售额的13.9倍，验证了其经验的可复制性。2025年，胖东来计划成立“中国梦践行联盟企业群体”，通过网课分享工作方法，赋能中小企业，推动行业整体升级。

在承担社会责任的过程中，胖东来实现了利润与公益的协同发展。2024年，胖东来在实现170亿元销售额、8亿元利润的同时，积极参与公益活动，如捐赠灾区、支持社区建设。创始人于东来强调，企业的终极目标不是利润最大化，而是“让更多人幸福”。

三、未来，胖东来模式会成为主流吗

胖东来模式以其独特的管理理念和社会责任感，已经在业界树立了良好的口碑。其核心竞争力在于以人为本的管理哲学，以及对社会责任的深刻践行。在这种模式下，企业不仅关注利润，更重视员工的幸福感和顾客的满意度，从而实现了员工、顾客与企业的共赢。然而，要成为主流模式，胖东来还需要克服一些障碍和挑战。一方面，胖东来模式的成功在很大程度上依赖于创始人的个人魅力和管理智慧，如何将这种个人化的管理模式转化为可复制、可推广的制度化模式，是胖东来面临的一大挑战；另一方面，胖东来模式在注重人文关怀的同时，也需要不断提升自身的运营效率和市场竞争力，以应对日益激烈的市场竞争。尽管如此，胖东来模式的出现无疑为行业带来了新的思考和启示。它提醒我们，企业不仅要追求经济效益，更要关注社会责任和人文关怀。未来，随着社会的进步和消费者需求的不断变化，胖东来模式或许会成为更多企业学习的榜样，推动整个行业向更加健康、可持续的方向发展。如果用四句话概括胖东来，可以说是：有质量的产品，有温情的老板，有尊严的员工，有责任的企业。

（一）胖东来模式的核心竞争力具有可借鉴性

胖东来模式的核心竞争力在于其独特的企业文化和管理理念，这种以人为本、注重人文关怀的模式在当前的商业环境中显得尤为珍贵。它不仅仅关注经济效益，更重视员工的幸福感和社会责任，这种平衡使胖东来在消费者心中树立了良好的形象。对于其他企业来说，胖东来模式的可借鉴性在于其强调的人文关怀和社会责任。在追求经济效益的同时，企业也应该思考如何为员工创造更好的工作环境，如何为消费者提供更优质的服务，以及如何在社会中扮演更加积极的角色。胖东来的实践表明，这种以人为本的理念不仅能够提升企业的竞争力，还能够为企业带来长远的发展。

胖东来一直希望人们都能有一种共同的理念或者对美好的理解，都能相互信任，把我们国家建设得更加富强，更加美丽，更加幸福，然后也能为世界的美好、为人类的美好，贡献出中国人的美好品格和智慧。这种理念不仅体现在胖东来的企业文化中，更贯穿于其日常的经营活动中。胖东来鼓励员工和消费者共同参与社会公益活动，通过实际行动传递正能量，营造和谐美好的社会环境。于东来相信，只要每个人都心怀美好，共同努力，就能实现社会的繁荣与进步。因此，胖东来不仅是一种商业品牌，更是一种传递美好、倡导和谐的社会符号。

胖东来的商业模式以其独特的“人性化治理 + 极致服务”组合在零售行业引发了广泛关注，但其能否成为主流仍需结合行业特性、复制难度及商业逻辑的普适性综合评判。从目前发展态势看，胖东来模式既有显著优势，也存在规模化挑战，未来更可能作为行业标杆影响主流趋势，而非完全替代传统模式。显著优势方面，胖东来模式通过以人为本的管理理念，极大地提升了员工的归属感和工作积极性，从而保证了服务质量和消费者满意度。这种由内而外的服务提升，使胖东来在激烈的市场竞争中脱颖而出，赢得了良好的口碑和忠实的客户群体。此外，胖东来模式强调社会责任和正能量传递，不仅提升了品牌形象，还增强了与消费者之间的情感联系，为企业的长远发展奠定了坚实的基础。然而，规模化挑战也不容忽视。胖东来模式的成功在很大程度上依赖于其独特的企业文化和管理理念，这些难以被简单复制和标准化。随着企业规模的扩大，如何保持原有的服务品质和文化内涵，成为胖东来面临的一大难题。此外，零售行业本身具有高度的竞争性和快速变化的特点，胖东来模式需要不断适应市场变化，保持创新活力，才能在行业中立于不败之地。

员工与顾客的双向价值创造。胖东来通过高薪酬、限制加班、带薪休假等福利，将员工从“成本”转化为“价值创造者”，激发其服务主动性。同时，对顾客的极致服务建立了极高的信任“高墙”。这种以人为本的底层逻辑为零售业提供了可借鉴的方向，尤其是在消费者对情绪价值需求日益提升的当下。胖东来模式通过构建员工与顾客之间的良性互动，实现了双向的价值创造。这种双向的价值创造，使胖东来模式在零售行业中独树一帜，成为其他企业学习和借鉴的典范。

局部市场的规模经济与客户锁定。胖东来深耕河南许昌、新乡等区域，通过高密度门店布局和精细化运营，形成局部市场的规模效应。其单店年盈利超6000万元，远超行业平均水平。这种“区域深耕”策略降低了供应链成本，并通过本地化服务强化了客户黏性，成为其抵御全国性竞争对手的关键。此外，胖东来还通过会员制度和个性化服务，进一步增强了客户锁定效应。会员不仅可以享受专属优惠和定制化服务，还能参与到胖东来的社区活动中，感受到品牌的温度。这种深度互动不仅提升了顾客的忠诚度，也为胖东来积累了宝贵的用户数据，为未来的精准营销和服务优化提供了有力支持。因此，局部市场的规模经济与客户锁定，共同构成了胖东来模式的核心竞争力之一，使其能够在激烈的市场竞争中保持领先地位。

（二）胖东来模式要成为主流还存在诸多挑战

高成本运营的不可持续性。胖东来的高员工福利和高服务投入依赖极高的运营效率与区域市场的高消费力支撑。若复制到成本敏感或消费能力较低的地区，可能面临利润压缩甚至亏损风险。胖东来模式的成功，在很大程度上依赖于其高成本投入的精细化运营。然而，随着企业规模的扩大和市场环境的变化，这种高成本运营模式的可持续性将面临严峻考验。一方面，随着门店数量的增加，租金、人力等固定成本将大幅上升，给企业的盈利带来压力；另一方面，若市场环境发生变化，如消费者需求转移或行业内出现更为灵活的竞争策略，胖东来可能需要调整其运营模式以适应新的市场环境，而这将对其高成本运营模式构成挑战。因此，如何在保持核心竞争力的同时，实现成本的有效控制，将是胖东来未来发展中必须面对和解决的关键问题。

文化与管理模式的难以有效复制性。胖东来的成功高度依赖创始人于东来的个人理念与企业文化的深度绑定，难以完全效仿。精细化管理标准，对执行力要求极高，普通企业可能因管理成本过高而放弃。胖东来模式在特定地区取得了显著成效，但不同地区的消费者需求、消费习惯以及市场环境存在显著差异。这种地域性差异可能导致胖东来模式在其他地区难以有效复制和推广。例如，在一些经济欠发达地区，消费者可能更注重价格因素，而对于胖东来所强调的服务质量和个性化体验并不敏感。这可能导致胖东来在这些地区的市场接受度不高，进而影响其模式的推广和普及。同时，行业内的竞争态势也在不断变化。随着零售行业的快速发展和市场竞争的加剧，越来越多的企业开始注重服务质量和消费者体验。这意味着胖东来所倡导的理念和服务标准可能逐渐成为行业内的普遍要求。在这种情况下，胖东来需要不断创新和升级其模式，以保持竞争优势。然而，这种创新和升级往往需要大量的资金和资源投入，对于普通企业来说可能是一个不小的挑战。

规模化扩张的天然矛盾。胖东来 30 年仅开设 13 家门店，拒绝跨省扩张，核心在于避免因规模扩大导致的品质下降和管理失控。若盲目扩张，可能重蹈覆辙——规模增长但利润下滑，最终陷入“大而不强”的困境。此外，胖东来模式的成功在很大程度上依赖于其独特的企业文化和团队凝聚力。在规模化扩张的过程中，如何保持企业文化的统一性和团队的高效协作，将是一个巨大的挑战。企业文化的传承和团队的培养需要时间和精力的投入，而这些在快速扩张的过程中往往难以得到充分的保障。一旦企业文化被稀释，团队凝聚力下降，胖东来模式的核心竞争力也将大打折扣。因此，如何在保持品质和管理效率的同时，实现规模化扩张，是胖东来未来发展中必须面对和要解决的问题。

（三）胖东来模式将会成为行业优化演变方向

胖东来模式将会成为行业优化演变方向的这一判断，是基于胖东来模式所展现出的独特优势和顾客的高度认可。在当前的零售行业中，消费者对于品质和服务的要求越来越高，而胖东来模式恰好契合了这一趋势。胖东来通过精细化管理、高品质的商品和服务，以及独特的企业文化，构建了难以复制的竞争优势。

随着行业的发展和竞争的加剧，越来越多的零售企业开始意识到品质和服务的重要性，并试图模仿胖东来的成功模式。然而，胖东来模式的精髓在于其长期积累的企业文化、团队凝聚力和对细节的极致追求，这些都不是一朝一夕可以模仿到位的。因此，想要学习胖东来，必须看到它深层次的东西。

未来，随着消费者需求的不断变化和升级，胖东来模式也将继续演变和完善，以适应市场的变化。同时，胖东来模式的成功经验也将为更多企业所借鉴和学习，推动整个零售行业向更高品质、更人性化的方向发展。

胖东来模式必然会推动服务升级与差异化竞争。胖东来的极致服务正在被行业模仿，倒逼传统商超提升服务标准。例如，永辉等企业引入胖东来的调改经验后，短期内销售额显著增长。这种“服务内卷”可能促使行业从价格战转向消费体验竞争。胖东来模式强调的服务升级与差异化竞争策略，不仅提升了消费者体验，也为零售行业的未来发展指明了方向。

在差异化竞争方面，胖东来通过精准的市场定位和独特的商品组合，打造出了具有鲜明特色的品牌形象。胖东来不仅注重商品的品质和性价比，还注重商品的独特性和文化内涵，满足了消费者对个性化和高品质商品的需求。这种差异化竞争策略，使胖东来在市场中形成了独特的竞争优势，避免了与竞争对手的同质化竞争。

“区域深耕 + 人文关怀”模式具有启发性。胖东来证明，区域型企业可通过聚焦本地需求、强化员工归属感实现高盈利。未来，更多中小型零售企业可能借鉴其“局部霸主”策略，而非盲目追求全国性扩张。例如，通过社区化运营、员工持股等方式增强竞争力。在此过程中，必然加速行业向重视“社会价值”的方向转型。

胖东来将会是标杆化而非普及化。胖东来模式更可能作为“理想型案例”存在，激励行业探索人性化管理与服务创新，但受限于成本与文化差异，难以全面普及。胖东来模式的成功实践，将促使行业反思现有的经营模式，推动零售企业向更加人性化、服务导向的方向转变。尽管全面复制胖东来模式存在难度，但其核心理念将成为行业变革的重要参考。未来，零售企业可能会根据自身实际情况，灵活吸收胖东来模式的精髓，打造出各具特色的经营模式。这种局部引领主流的趋势，将有助于行业的多元化发展，满足不同消费者的需求，推动整个零售行业向更高质量、更可持续的方向发展。

胖东来的模块化经验输出将会得到推广。通过帮扶计划或知识共享平台，胖东来可将部分可复制的经验赋能行业，推动局部优化而非整体转型。这些经验分享不仅能提升被帮扶企业的服务质量与运营效率，还能促进整个零售行业管理水平的整体提升。胖东来模式的精髓在于其对细节的关注和对人性的尊重，这些价值观将通过模块化经验的传播，逐渐渗透到更多零售企业的日常运营中。此外，胖东来还可能通过举办行业论坛、研讨会等形式，搭建交流与学习的平台，让更多企业能够近距离地了解其成功之道，从而激发行业内更多的创新灵感与实践探索。随着胖东来模式影响力的不断扩大，它将逐步成为推动零售行业转型升级的重要力量。

胖东来模式将是局部引领，而非全面替代，其核心价值在于证明商业成功与人文关怀可并行不悖，是中国人文经济学的实践典范，具有深入研究的价值。

后 记

在深入研究稻盛和夫经营哲学的同时，我们也将目光投向了中国本土企业——胖东来。其独特的经营理念和文化哲学，不仅与稻盛和夫的经营哲学有着异曲同工之妙，更融入了鲜明的中国特色和时代特色，并在诸多方面展现出创新之举，极具深入研究的价值。

本书通过追溯胖东来在零售业的发展历程，深入探寻其在处理企业与员工、企业与顾客、企业与社会等关系时的具体做法及其根源，揭示了胖东来独特企业文化背后的深刻逻辑。从对员工无微不至的关怀，到对消费者体验的极致追求，每一个细节都彰显出胖东来对以人为本理念的深刻理解和生动实践。胖东来在处理消费者问题上的大量实践案例，不仅是企业管理的成功范例，更是对人性光辉的颂扬，对社会责任的担当。通过深入剖析胖东来的发展历程和企业文化，我们不仅能学习到其独特的经营之道，更能感受到那份对美好社会的向往与追求。

胖东来的崛起，既是一个值得大书特书的商业传奇，更是一次关于人性与幸福的探索之旅。本书以胖东来品牌为切入点，分为六章，详细分析了胖东来的奇迹、员工至上、顾客是家人、企业文化的力量、突破零售业的困境以及幸福感比利润更重要的理念等方面，深入探索胖东来背后的哲学逻辑。我们相信，读者能够从中获得启发与感悟。

通过对成功企业背后的文化哲学进行逻辑分析，我们能够更深入地理解其运行机制，并探索其可复制性。书中真实而生动的案例会激发更多人对企业文化建设的思考与探索，推动更多企业走向卓越。在当今竞争激烈的商业时代，企业文化已成为企业持续发展和创新的重要动力。胖东来作为零售业的一面旗帜，其企业文化的独特性和成功实践，无疑为我们提供了一个宝贵的学习样本。

在本书的写作过程中，我们参阅了中国知网的学术论文、新华网的权威报道，以及市场上众多研究胖东来的书籍，特别是胖东来官网和《胖东来文化分享系列》等一手资料，在此一并表示感谢。本书能够顺利出版，离不开中国民主法制出版社编辑们的辛勤付出，我们在此向他们致以诚挚的谢意。

本书只是从一个视角去观察和分析一家企业，难免存在局限性。随着胖东来在新时代的不断实践与创新，我们相信还有更多值得深入研究的内容。如有不足之处，恳请读者批评指正，以便我们在未来的研究中不断完善。

中国传统政治文化书系

主　编　齐　涛

副主编　蒋海升　谢　天

中国传统大同理想

何　成　闫化川　李丹莹　著

泰山出版社 · 济南 ·

图书在版编目（CIP）数据

中国传统大同理想 / 何成，闫化川，李丹莹著；齐涛主编；蒋海升，谢天副主编. -- 济南：泰山出版社，2023.1

ISBN 978-7-5519-0684-5

Ⅰ. ①中… Ⅱ. ①何… ②闫… ③李… ④齐… ⑤蒋… ⑥谢… Ⅲ. ①大同（政治主张）—研究—中国—古代 Ⅳ. ①D092.2

中国版本图书馆CIP数据核字（2021）第242664号

ZHONGGUO CHUANTONG DATONG LIXIANG

中国传统大同理想

策　　划 胡　威
主　　编 齐　涛
副 主 编 蒋海升　谢　天
著　　者 何　成　闫化川　李丹莹
责任编辑 池　骋
装帧设计 路渊源

出版发行 泰山出版社
社　　址　济南市泺源大街2号　邮编　250014
电　　话　综 合 部（0531）82023579　82022566
出版业务部（0531）82025510　82020455
网　　址　www.tscbs.com
电子信箱　tscbs@sohu.com
印　　刷 山东华立印务有限公司
成品尺寸 165 mm × 240 mm　16开
印　　张 19.5
字　　数 280千字
版　　次 2023年1月第1版
印　　次 2023年1月第1次印刷
标准书号 ISBN 978-7-5519-0684-5
定　　价 69.00元

总序

政治文化是基于政治制度和政治行为而形成的政治思想、政治观念与价值取向。它既是对政治制度和政治行为的抽象，又是社会文化中的客观实在，对政治制度与政治行为产生着重要影响。中国传统政治文化则是对中国传统政治制度和政治行为的抽象，具有丰富而深刻的内涵，影响着中国传统政治的构建，也影响着近代以来中国政治道路的选择。

相当长的一个时期以来，我们对传统政治文化没有给予应有的关注，更没有给予客观的评价。多数情况下，我们将其视为封建专制主义的糟粕，将其贴上落后、保守甚至反动的标签，其中一个重要原因是受西方学术范畴与话语体系的影响。

早在启蒙运动时代，一些著名的欧洲启蒙思想家便借中国古代政治之例抨击欧洲封建专制主义。孟德斯鸠在《论法的精神》中认为，历史上存在过三种政体，即共和政体、君主政体与专制政体：共和政体是全体人民或仅仅一部分人民握有最高权力的政体；君主政体由单独一个人执政，不过遵照已确立且被固定了的法律执政；专制政体既无法律又无规章，由单独一个人按照一己的意志与反复无常的性情领导一切。他认为，中国古代就是专制政体，在这种政体下，人的命运和牲畜一样，就是本能服从与接受惩罚，即使西方的暴君统治也强过东方的专制统治。

冷战时期，有的学者基于强烈的意识形态偏见，不遗余力地揭示东方专制主义的“罪恶”，其中最具代表性的就是美国历史学家魏特夫的《东方专制主义：对于极权力量的比较研究》一书。该书认为：东方国家的治水导致了专制政体与东方专制主义，“由此产生的权力是一种极权力量。在这样的治水社会中，政治上是君主暴政，经济上消灭土地私有制，文化上是奴性状态。生活在这种治水社会中的民众必然屈从于中央集权，处在全面恐怖之中，最终陷入全面的孤独”[①]。当然，也有许多严肃的西方学者从不同角度探讨和研究中国传统政治文化，但往往不得要领，比如，近代政治学的代表性学者马克斯·韦伯曾着力于中国古代政治研究，并认定中国古代政治体制是家产官僚制。所谓家产官僚制，就是以家产制国家为基础，家产制与官僚制相结合的政治体制。马克斯·韦伯认为：“当君侯以一种人身的强制，而非领主式的支配，扩展其政治权力于其家产制之外的地域与人民，然而其权力的行使仍依循家权力的行使方式时，我们即称之为家产制国家。”[②]当家产制国家继续扩大时，必然要借助于官僚制度，国家愈大，对官僚制度的依存就愈是绝对。马克斯·韦伯在《儒教与道教》一书中提到，自秦王朝开始，各王朝都是“家产官僚制”，在这一体制下，君主将国家政权作为私人权力与私人家产，置于其官僚制行政的管理之下。这一体制下的官僚不同于近代官僚，他们更像是君主的家臣与“包税人”，他们必须与君主建立人身依附关系，获准在其任职范围内充分的收益权，他们可以将其行政内所得的收入作为俸禄，事实上与

① 金寿福：《东方专制主义理论是冷战产物》，《历史评论》2020年第2期。

② 马克斯·韦伯：《韦伯作品集Ⅲ：支配社会学》，康乐、简惠美译，广西师范大学出版社，2004，第103页。

其私人收入并无区别。

对于孟德斯鸠出于工具目的对东方专制主义的批判可以另当别论，但其影响力不容忽视；对于魏特夫等人的观点，学界虽进行了较为充分的讨论，但并非从根本上解决了相关理论问题；对于为数颇多的严肃学者所进行的相关研究，国内学术界也进行了积极的回应与讨论，但对中国传统政治文化研究长期未见全面深入的突破，并未构建起完整的、客观的研究体系。究其原因，在于分析工具的选择。西方学者所使用的学术范畴与话语体系，都是在对西方文明的发展研究基础上形成的，他们往往以之为标准来评判中国传统政治文化。马克斯·韦伯这位严肃的学者，尽管注意到了中国传统社会种种内在逻辑与独特存在，但仍不愿放弃其既有的范畴，而是以家产制与官僚制这两个既有范畴打造出“家产官僚制”之履，削足适履，将中国传统政治塞入其中。国内学术界与西方学术界关于中国传统政治文化的对话、对中国传统政治文化的研究，也多是借用舶来的西方政治学的理论与范畴，难免力不从心，甚至还可能带来更严重的后果。中国台湾学者林端在21世纪初不无忧虑地认为，马克斯·韦伯对中国传统政治与法律存在诸多误解，“如果这些误解不断存续下去，甚至中国人的世界也越来越接受这种误解的说法，会是很可怕的事情，到最后中国人自己不了解中国文化的特征，却顺着西方人的眼睛来看自己的中国，看自己的文化”[①]。在以往的学术讨论中，我们总是说西方人戴着有色眼镜看中国问题，实际上，最大的问题在于我们自己也戴着西式有色眼镜看自己的问题。所以，我们的当务之急是摘下这副眼镜。

摘下西式有色眼镜，我们会蓦然发现，在人类政治文明进程

① 尤陈俊：《中国传统法律文化的重新解读与韦伯旧论的颠覆——〈韦伯论中国传统法律：韦伯比较社会学的批判〉评介》，《法制与社会发展》2006年第2期。

中，并不存在唯一正确的普世的政治思想、政治观念与价值取向。习近平总书记在2021年世界经济论坛“达沃斯议程”对话会上的特别致辞中指出：“世界上没有两片完全相同的树叶，也没有完全相同的历史文化和社会制度。各国历史文化和社会制度各有千秋，没有高低优劣之分，关键在于是否符合本国国情，能否获得人民拥护和支持，能否带来政治稳定、社会进步、民生改善，能否为人类进步事业作出贡献。各国历史文化和社会制度差异自古就存在，是人类文明的内在属性。没有多样性，就没有人类文明。多样性是客观现实，将长期存在。”[①]习近平总书记在中共十九届四中全会第二次全体会议的讲话中还指出：“一个国家选择什么样的国家制度和国家治理体系，是由这个国家的历史文化、社会性质、经济发展水平决定的。”[②]

西方近代政治文明就不是资本主义时代的专利，而是在欧洲独有的历史文化基础上产生的，如美国学者拉塞尔·柯克所说：“（美国）秩序的根基可蜿蜒曲折地追溯到希伯来人对上帝之下的有目的的道德生活的认知。它们涵括了古希腊人在哲学和政治上的自我意识；罗马人的法治与社会组织经验涵育了这些根基；它们与基督教对人之责任、希望和救赎的理解盘根错节地交织在一起；它们从中世纪的习俗、学问和英勇精神中吸取生命的养料；它们紧紧地抓住16世纪酝酿的宗教情绪；它们源自英格兰千辛万苦争来的法律之下的自由；殖民时期美国一百五十年的共同体经验强化了这些根基；它们得益于18世纪的辩论；它们借着《独立宣言》和美国宪法崭露峥嵘；它们经过美国内战的严酷考验后又全面恢复生机。”[③]

① 习近平：《让多边主义的火炬照亮人类前行之路——在世界经济论坛“达沃斯议程”对话会上的特别致辞》，《人民日报》2021年1月26日第2版。

② 习近平：《习近平谈治国理政》（第三卷），外文出版社，2020，第119页。

③ 拉塞尔·柯克：《美国秩序的根基》，张大军译，江苏凤凰文艺出版社，2018，第474页。

同样，中国现代政治文明也是在中国独有的社会土壤中生长起来的，其中，传统政治文化是十分重要的组成部分，如习近平总书记所指出的："像这样的思想和理念，不论过去还是现在，都有其鲜明的民族特色，都有其永不褪色的时代价值。这些思想和理念，既随着时间推移和时代变迁而不断与时俱进，又有其自身的连续性和稳定性。"[①]

因而，对中国传统政治文化的发掘与构建不仅可以让我们认识过去的中国，更可以助益于当代中国政治文明的发展，助益于中国特色社会主义制度和国家治理体系的进程。我们必须摘下西式有色眼镜去看中国自己独特的政治制度与政治行为，去把握与构建中国人自己的传统政治文化。

摘下西式有色眼镜，我们可以发现，在五千年中华文明发展进程中，我们创造了独具风格的传统国体，"天下"与"社稷"是基本的国家范畴。

中国早期政治家们坚定地认为，"天下"是他们政治作为的地理空间，也是国家政权覆盖的地理范围。从西周王朝的"普天之下，莫非王土；率土之滨，莫非王臣"，到孔子所秉持的"修身齐家治国平天下"，陈述的是同一政治表达。在这一政治框架中，"国"只是政权存在，无论是万国时代，还是西周各诸侯国都是如此。天子是天下的最高统治者，是各国的宗主，具有至高无上的地位。对于远近不同、关系不同的各国政权，均认定为同一天下，分为五服，设定不同的责任与义务，以德怀远、万国来朝是最为理想的天下治理状态。在秦汉统一王朝时代，虽然诸侯之国消失，但天下观并未改变，历代王朝仍认定自身为天下宗主，以天下为己任。

在这一政治框架中，正统与正朔成为非常重要的政治符号，统

① 习近平：《习近平谈治国理政》（第一卷），外文出版社，2014，第171页。

治者都认定自己是天下正统所在，而正统的标志就是奉其正朔。正朔是历法，使用其颁行的历法，就是奉其正朔，认可其正统地位。因而，对于天下各政权，历代王朝或有征讨，但并无掠夺，只要称臣纳贡，奉其正朔，便可换来封名，获得应有的保护。

在这一政治框架下，统一的王朝是历史发展的基本形态，每一个分裂时代都是被动的，分裂时代的任何一个王朝无不以正统自居，都想让其他王朝奉其正朔，都不肯偏安一方。海内为一的大一统是每个王朝共同的追求。

中国早期政治家们还敏锐地将天下细分为社稷、民、君三个组成部分。在《孟子·尽心下》中，孟子旗帜鲜明地认为："民为贵，社稷次之，君为轻。"这一论述的意义不仅仅是认识到了民众在社会历史中的地位，更是将社稷与君分离开来，以君主为代表的统治者只是社稷的管理者，并非社稷本身，这成为中国古代最为重要的政治传统。齐宣王曾问孟子，商汤推翻夏桀、周文王讨伐商纣王，是否真有此事？孟子说有。齐宣王又问，臣弑其君可否？孟子回答是，凡背弃仁义、残害百姓者，就是独夫民贼，人人可诛之。可以说，"民惟邦本"的政治理念在中国古代深入人心。唐太宗曾把君主与百姓的关系比之为舟与水的关系，说"水可载舟，亦可覆舟"，这也是认可君权并非神圣不可转移。因而，当统治者不足以维持其统治时，总是被农民起义拉下马来，实现改朝换代。

必须指出的是，在一次又一次的历史更替中，天下未变，文化人伦未变，天下之民及其共同的精神追求与心理取向未变，社稷也未变。所谓王朝的周期更替只是政权变动，而非国家变动。五千年的中华文明从未中断，赓续至今。

摘下西式有色眼镜，我们还会发现中国传统政体的明显特性，可以看到中国古代政治文明之路是一条不同于西方社会的文明之路，它有着集权一统的行政体制、充分发育的政府职能和平等开放的社会结构。

就传统行政体制而言，韩非为秦始皇设计了“事在四方，要在中央。圣人执要，四方来效”[①]的行政体制总则。这里所说的“圣人”就是君主。中央对于地方，“如身之使臂，臂之使指，莫不制从”[②]，指挥自如；君主对于全国，则是“天下之事无大小皆决于上”[③]。此总则通行于整个中国古代社会，各王朝自上而下设置层层相属的地方行政机构，又设置了分工明确、职责清晰的职能部门，确保各地权力集于中央王朝，中央王朝权力集于君主。

在这样一种体制下，基本不存在独立的政治实体。古代中国没有西方中世纪相对独立的自治城市，王朝的体系一直延伸到城市里坊；也没有西方中世纪自行其是的封建领主和自治村庄，王朝的体系也囊括了所有村落；更没有西方中世纪宗教的威权，各种宗教都在王朝行政体系的管理之中。还必须说明的是，中国古代各王朝均非所谓“家产制”国家，皇室财产与王朝财产始终有清晰的界限，君主私人财务与社会公共财政也并未合一。

就传统政府职能而言，“父母官”可以说是对传统政府职能的最好概括，王朝政府几乎是唯一的主体。中国古代各级政府是实施社会管理的全能的一元化政府，从中央到地方，有着构造齐全、涵盖几乎所有事务的机构与管理者。无论是国计民生，还是司法、治安、民政以及宗教、教化等，都在各级政府的一元化管理体系之中。如经济事务的管理，从农业到工商业，无一遗漏。中央王朝既有大农令、大农丞、劝农使，又有均输官、平准官，还有工部、户部、少府等。县一级则有工曹、户曹、市曹等，连县城中的市场也有市令与均平令进行市场秩序与物价管理。社会精神文化生活也是在一元化的管理下，倡导什么礼俗，尊崇什么宗教，甚至于表彰

---

① 高华平、王齐洲、张三夕译注：《韩非子》，中华书局，2010，第59页。
② 班固：《汉书》，中华书局，1962，第2237页。
③ 司马迁：《史记》，中华书局，1959，第258页。

孝子烈妇、调和邻里之争，都在政府的统辖之下，可以说是事无巨细，无所不包。尤其是基层地方政府，几乎就是一地之大家长。

在这样一种体制下，没有行政权力之外的权力存在，没有类似西方中世纪的各种社会中间组织分割其事权，也没有西方中世纪那样的各式法庭分割其司法裁判权，更没有西方中世纪的议会分割其税收或其他社会权力。中国古代社会存在着宗族与其他各色民间组织，但都不具有较为完整的权力，只是在行政权力的认可或赋予下，拥有一定的社会权力，是行政权力的补充或延伸。

就传统社会结构而言，中国古代社会的最大特点就是“编户齐民”制度，其实质是相对平等、开放的社会角色体系。中国古代社会存在着明显的角色差异、社会地位差异，但没有严格的社会鸿沟，不同角色的人们拥有一个共同的身份，即编户齐民，所有人户都在政府的编制管理之中，都可能实现社会角色的转换。

在这样一种体制下，中国古代的农民有可能转而为官或是经商，“朝为布衣，暮为卿相”并非个例；而西方却是严格的身份世袭制，中世纪的农民没有此通道。中国古代的“士”是文化的掌握者与传承者，也是社会流动的中转站；西方中世纪的文化都垄断在教会之手，直接制约了社会的活性。中国古代社会实行家产继承的诸子均分制，每一个子嗣都可以均等地继承家业，保障了社会结构的稳定；西方中世纪则是长子继承制，大量余子与骑士的沉淀成为其社会结构的一个顽疾。

摘下西式有色眼镜，我们又会发现，中国传统治理体系也独具风格，难以用现有政治范畴进行诠释，无论是中国传统政治治理体系、经济治理体系，还是文化治理体系，都是如此。

就中国传统政治治理体系而言，现有的民主、法治、专制等范畴都难以表达中国传统政治治理体系的本来。如，中国古代政治是民主政治吗？当然不是。是专制政治吗？也不全是。中国古代有君主专制，但君主的权力往往受到制约，实际是有限君权，最为典型的是唐朝的三省六部制，从诏令的起草、复核到执行，都有庞大的官僚部门负责，彼此制约。而且，还有较为完整的朝堂议事制度、监察制度、谏议制度，朝堂之上，并非君主一言九鼎。另外，中国古代王朝均有十分完整庞大的法律规定，从民事、刑事到社会事务、行政运转都有详尽规定，依法行政的色彩十分明显，但又难以认定这就是法治社会，因为从君主到各级地方官员，他们在各种事务中的自由裁量权还是比较突出的。这就是中国传统政治治理体系的实际：既非民主，又非专制；既非法治，又非人治。

就中国传统经济治理体系而言，现有的国有化、私有化等范畴，也都难以准确表达传统经济治理体系。以土地制度为例，在中国古代相当一个时期，土地一直没有明确的国有或私有的属性，虽然自秦王朝统一后，宣布“令黔首自实田”，似乎认可了农民的土地所有权，农民可以转让与买卖土地，但此后，各王朝仍不断进行土地的重新调整与分配：从西汉的授田制、王莽的王田制，到西晋的占田制、北朝与隋唐的均田制，王朝政权总在不断地否定私有，保障农民的土地占有；直到明清时期，农民仍不具备西方私有权属意义上的完整的土地私有权。以工商政策为例，中国早期国家形成于三次社会大分工完成之前，使工商业在出现之初就打上了明显的国家印记。春秋战国以来，虽然允许私营工商业发展，但“工商食官”制度并未终结，官营工商业一直未退出历史舞台，而且还处在不断发展中，从而出现了官营工商业和私营工商业并存，官营工商业一直处于垄断与主导地位的格局，这一格局贯穿中国古代社会两千年。

就中国传统文化治理体系而言，现有的文化专制、思想自由等范畴同样无法诠释中国传统的文化治理体系。以思想自由定性中国传统文化治理显然荒谬，但是，以文化专制指认中国传统文化治理同样不妥。中国历代王朝都重视文教，推广教化，中国古典文化的繁荣世所公认。更为重要的是，中国古代社会没有出现西方中世纪宗教力量钳制思想的现象，人们拥有较为宽松的信仰选择，除了以祭天为核心的垄断性信仰外，并无多少禁区。

中国传统政治的上述特性，当然是在中国长期稳定的农耕文明土壤中形成的，其中最根本的一点就是中国古代政治文明独特的发生与发展道路。中华文明有着独特的发生途径与成长历程，传统中的胎记遗存清晰可辨。一万多年前相当长的一个时期，由于受大理冰期的影响，全球性气温下降，冰川扩张，海平面大幅度降低，渤海、黄海、东海成为新的大陆，朝鲜半岛、日本列岛以及台澎诸岛都与东亚大陆连为一体。在这方新的土地上，我们的先民们拥有了更为广阔的生存空间，自北向南，依次活动着渔猎采集群落、初始农耕群落、高级采集狩猎群落。我们上古传说中的尧、舜、禹、共工、三苗、蚩尤等，都生存于其中。而当时的旧大陆，尤其是北部大陆，由于严寒与干旱，冻土带南移，人口较为稀少。一万年前左右，随着大理冰期的结束，全球性气温转暖，冰川融化，暴雨成灾，海水上涨，接踵而至的洪水淹没了新大陆，也湮没了新大陆上的所有文明。人们的生存空间大大缩小，幸存的群落与群落间发生了旷日持久的冲突，尧、舜、禹与共工、三苗的战争都在此列。①

在中华文明的发生史上，存在着一个一直没能解决的问题，那就是早期文明的源头究竟在何处？现在看来，答案应当有了，即这一时期的洪水与战争是中国早期文明的源头。在治洪、御洪的过程中，尧舜禹集团内部开始萌生社会分工、公共权力以及刑罚，尧舜禹的禅代、鲧的放逐以及四岳的存在，都为我们透露出了这样的信息。更为重要的是，洪水进逼所引起的大规模的群体战争同样在促成权力与统治的萌生。《吕氏春秋·荡兵》曾言："人曰'蚩尤作兵'，蚩尤非作兵也，利其械矣。未有蚩尤之时，民固剥林木以战矣，胜者为长。长则犹不足治之，故立君。君又不足以治之，

① 齐涛主编：《世界史纲·绪论》，泰山出版社，2012，第1～7页。

故立天子。天子之立也出于君，君之立也出于长，长之立也出于争。”“立长”“立君”“立天子”，实际上是国家形成三阶段的写照。尧、舜、禹与共工、三苗的战争，标志着“立长”阶段的开始，也意味着中国早期文明的滥觞。

中国早期文明萌生后所面临的主要压力仍是群体间的冲突与对抗。随着生产的进步、人口的膨胀，这种对抗愈演愈烈。群体内部的组织体系也开始完备。这种组织体系的完备首先是在聚落中实现的，尔后又逐渐延伸，进而形成了早期方国，其时间大约在五六千年前，这也就是古史上所谓的“万邦时代”。随着方国间对抗与联系的逐步加强，方国共同体开始出现，夏王朝的建立标志着更大范围方国共同体的出现，也标志着大一统王朝的萌生。此时的方国共同体并非方国联盟，而是诸方国对方国共同体的主导者的服从与认可；而作为方国共同体主导者的夏，对其他方国也并非征服与掠夺，而是视为同类，致力于人文教化的一统。商之代夏、周之代商，只是一个主导者对另一个主导者的取代，人文教化一统的方国共同体并未改变。在此基础上建立的国家政权已带有浓重的统一国家色彩。经过春秋战国的历史整合，至秦王朝建立，大一统的中央集权王朝已经形成，西方近代意义上的国家已经出现在两千多年前的中国，大一统传统由来已久，根深蒂固。

由于中华文明的萌生缘于冰后期群体间的对抗，其萌生之时，私有财产和贫富分化尚未出现，私有制与阶级也未产生，三次社会大分工更没有展开，氏族血缘组织还未被地缘组织所取代，因此这些历史任务都是由先行出现的国家机器渐次完成的。这一过程，必然要打上国家的烙印。国家政权对社会的控制与管理是全方位的，国家政权之外的其他力量难以生成。

与文明发生的途径相联系，国家产生之时，没有明显的阶级对立和阶级差别，没有内部奴隶，各成员之间的差别更多的是社会分工与角色的不同，社会成员都有一定的参政、议政权利。直到西周春秋时代，实行的仍是国人内部民主制，遇有重大事务，国君往往要与国人相商，甚至与之盟誓。国人废黜国君，另立新君之事也曾发生。战国以来，君权强化，君主专制体制不断发展，但民主制的基因并未中断，社会成员的平等性在一定程度上得以延续。

与文明发生的途径相联系，中国早期社会组织不是以地缘关系代替血缘组织，而是对血缘组织的确认与强化。家庭与家族是基本的社会组织，无论是群落，还是方国、方国联盟以及后代的夏、商、周，其组织结构基础都是家族。在此基础上，国家作为宗法血缘关系下的父家长制大家庭放大后的产物，必然会带来内部的集权化倾向，带来全能的政府职能；群体内部的纽带是血缘关系，又为父家长式的专制奠定了基础。

与文明发生的途径相联系，中国古代的三次社会大分工一直没有完整实现。西周及其以前的时代，土地为宗族所有，实行的是以家族为单位的大田集体劳动，家畜饲养与农业生产是在同一个劳动单位内完成的，纺织和陶器制作等手工业生产也是如此。家族之间和全社会所需的手工业商业活动则由王朝政府承担，此即商周王朝的工商食官制度。在此基础上，形成了独特的土地制度与官营工商制度。

与文明发生的途径相联系，中国早期政治是人文政治，而不是神祇政治，祭祀僧侣集团在中国政治上一直没有取得过主导地位。在文明的萌生中，中国也与西方世界一样，有祭祀与专职的祭祀人员，有通天人之际的“若木”与神山。从红山文化的祭坛到三星堆的神杖，从种种的民间神祇传说到遍布南北的新石器时代的岩画，我们都能感受到神仙世界对世俗世界的影响。但在中国社会，神职人员一直没有成为独立的政治集团，神职首领往往是世俗首领兼而领之，这种情况下的祭祀集团只能是政治的附庸。与之相对应，在中国传统政治生活中，一方面是世俗首领垄断了天人之际的通道，“天之子”“予一人”以至后世的封禅大典，充分体现了这种垄断；另一方面，人文与人伦成为基本的价值取向，从周公旦的“敬天保民”，到孔夫子的人文教化，反映的都是这一精神。因而，中国古代社会未曾出现欧洲中世纪宗教的桎梏与束缚，而是成就了中国古代社会的人文繁盛与相对宽松的信仰世界。

从上述内容我们可以清楚看到，中华文明的发生与西方迥异。西方文明的发生，走的是一条符合传统理论的基本道路，即在原始社会的后期，随着生产的进步，有了剩余产品与剩余劳动，又有了私有财产与私有观念，在此基础上，形成了贫富分化与阶级对立，国家机器在阶级对立的基础上应运而生，代表统治阶级的利益，实行阶级统治与阶级压迫。与之同时，原始的氏族血缘关系被打破，以地缘关系编制、管理其国民成为国家形成的重要标志。自国家出现到希腊罗马时代，欧洲社会完成了其政治基础的奠基与政治制度的完善，基于个人权利至上的公民权与财产私有权成为其社会的两大基点，城邦民主政治与自由文化精神构成了欧洲政治文明的基本框架。此后，虽然经历了中世纪的黑暗，但这一基础并未被完全摧毁，在许多方面仍以种种不同的方式在继承与发展，尤其在城乡二元结构下，城市文明崛起，为欧洲社会提供了另一个版本的治理体系。至文艺复兴，则在新的历史时期实现了对希腊罗马文化的续写与迸发。随着资本主义运动的进展，近代国家、近代法律、近代思想文化以及近代国际秩序逐步形成，从而完成了欧洲文明的构建。

中华文明的发生与欧洲社会已大不同，发生之后，中华文明仍旧沿着自己的基点行进。近百年来，不断有学者将中国的历史进程与欧洲的历史进程相比附，得出了种种结论。就历史的客观性而言，两者虽不乏相似之处，但仍是不同道路上的行进者。如中国春秋战国时期的变革与希腊、罗马的变革实际是同工异曲，中国的秦汉帝国与罗马帝国的强盛也并非一事，中国的封建社会也不能等同于欧洲的中世纪社会等。特别是春秋战国这一特定历史变革时期所造就的中华文明的框架，更是上承远古以来中华文明的发生，下启两千年中华文明的发展，有着独特的内涵与意义。

中国传统政治的特性已述于上，如何总结、提炼由中国传统政治制度与治理体系所凝聚的思想与文化，是这套书系的任务所在，如习近平总书记所指出的：

> 在几千年的历史演进中，中华民族创造了灿烂的古代文明，形成了关于国家制度和国家治理的丰富思想，包括大道之行、天下为公的大同理想，六合同风、四海一家的大一统传统，德主刑辅、以德化人的德治主张，民贵君轻、政在养民的民本思想，等贵贱均贫富、损有余补不足的平等观念，法不阿贵、绳不挠曲的正义追求，孝悌忠信、礼义廉耻的道德操守，任人唯贤、选贤与能的用人标准，周虽旧邦、其命维新的改革精神，亲仁善邻、协和万邦的外交之道，以和为贵、好战必亡的和平理念，等等。这些思想中的精华是中华优秀传统文化的重要组成部分，也是中华民族精神的重要内容。马克思主义传入中国后，科学社会主义的主张受到中国人民热烈欢迎，并最终扎根中国大地、开花结果，决不是偶然的，而是同我国传承了几千年的优秀历史文化和广大人民日用而不觉的价值观念融通的。[①]

这套“中国传统政治文化书系”就是以习近平总书记所指出的中华民族在几千年历史演进中所形成的关于国家制度和国家治理的丰富思想为纲，从不同方面对习近平总书记所提炼的中国传统政治文化进行阐释。我们要表达的不是政治史，也不是制度史，而是政治史与制度史中所蕴含的文化精神。这种精神通过政治事件、政治制度和政治人物来体现。也可以认为这是一个另类的政治史，是围绕问题说话的

① 习近平：《习近平谈治国理政》（第三卷），外文出版社，2020，第119～120页。

政治史。

为便于更多读者阅读，我们未把这套书系打造成深涩难懂的理论著作；为保障其科学性与可靠性，也不想把它制作成迎合市场的通俗演义。而是采用“非史”“非论”的叙述手法，既不是历史的，也不是理论的；既不是通俗的，也不是高大上的。力求以一种独特的模式，让人们从政治历史中感知传统政治文化精神之所在。在叙述中力避夸夸其谈，从概念到概念，力避事无巨细，面面俱到，而是画出三分，留白七分。用完整的叙事、画龙点睛的提炼，把传统政治文化的基点与内核告诉读者，读者自然可以领会其中的政治精神，构建自己心中的中国传统政治文化。

目录

绪论

大同理想的产生

社会理想是人类社会发展的远大目标。每个国家和民族都有自己的社会理想，大同社会就是中华民族五千多年来孜孜以求的理想目标。大同理想以原始公社的集体生活为社会基础，经过一代代人的发掘、充实、完善、提升以及不同模式的社会实践，逐渐建构起天下为公、选贤与能、平等友爱、各得其所的理想社会模式，并成为解读中国历史、中华优秀传统文化、人类命运发展的一把金钥匙。

大同理想来自现实生活，又高于现实生活，是对农耕文明的美化与提升，是对平等劳动的向往与追求，是对阶级压迫的反抗与控诉，是对公平正义的憧憬与渴望，是对天下太平的呼吁与倡导。它是经验式的总结，动态式的发展，开放式的提升，跨国族的包容，全人类的格局。它的实现路径，是递进式的推己及人、由小而大：自身修德—带动亲族—服务家国—服务天下，即修身—齐家—治国—平天下，具有浓郁的家国情怀、兼容并蓄的开放自觉和放眼天下的世界眼光。大同理想致力于“老有所养、病有所医、学有所教、住有所居、用有所长、各尽其能、各得其所”的理念追求，关心天下苍生万民福祉而不拘泥于制度设计的琐碎细节，关注黎民百姓道德教化的提高和弱势群体的社会保障，念兹在兹的更是公平正义基本原则的彰显。

如果将大同理想与西方乌托邦主义相比较，可以发现二者在所有制、分配方式、家庭观、社会保障方面有异曲同工之妙。托马斯·莫尔的《乌托邦》，成为乌托邦主义的代表作，展示了西方空想社会主义所幻想的那种经济平等、财产共有、关系融洽的美好生活图景。大同理想与空想社会主义产生于不同时空，有着不同的思想渊源和时代特征。比如：大同理想侧重于道德教化、理念原则设计，而乌托邦主义侧重于制度规划，忽视了人的道德教育；大同理想犹如人类思想宝库里熠熠生辉的一件艺术品，而乌托邦主义则更像是别具匠心的一件器具。由于国情、传统、历史的不同，大同理想在农耕经济基础上天然地具有了朴素社会主义的因子，因而能够在马克思主义传入中国并在传播的初始阶段就与大同理想产生了高度的契合性，并成为中国先进分子探求济世救民的重要选项之一。

1. 农耕文明的最高理想

大同理想是农耕文明所承载的最高理想社会模式，在中华民族发展进程中发挥着无可替代的旗帜引领作用。五千多年来，中国人民在农耕文明基础上形成了一套科学完整的农业文化体系，成为中华文明史的重要组成部分，并为世界人民所公认，如二十四节气便是中国古代农耕文明沿用至今的农业时间认知体系，仍在指导中国人民的生产、生活、生息等，被誉为“中国第五大发明”。农耕文明对自然时序的科学遵从，对自然资源的取用有度，对后世农业经济结构产生了重要影响，形成了农林牧副渔并举、功能比较齐全的农业生态模式，其“农本”思想作为国家价值理念“也融入传统社会各级地方官员的执政理念和政绩考核中”，其中所包含的生态智慧“不但可以做到可持续发展，还可以拥有山青水绿的美好生态”[①]。农耕文明是人类社会历史上第一种文明形态，也是人类文明、中华文明的基础，其最高理想社会形态就是大同理想社会。15世纪之前，人类文明主要是由农耕文明和游牧文明两种形态组成。相较于游牧文明，农耕文明需要顺天应命、辛勤劳作、守望家园、与世无争，而不需要战争掠夺、尔虞我诈、零和博弈，是一种“善而不争”、和平共处的文明。在古代中国，中华文明也是伴随着游牧文明与农耕文明的冲击碰撞而兼容并蓄、发展成长起来的。中华文明以农耕文明为主，以农为本，热爱和平，注重内敛式发展而不崇尚弱肉强食的“丛林法则”。中华文明一经形成，就具有开放性和包容性，就善于消化吸收异质文明、更新提升本质文明，因而中华文明是在坚守自身文明特质的前提下兼收并蓄、主动开放。在世界四大文明之中，中华文明之所以成为唯一延续至今而没有“断档”的文明形态，主要原因就在于此，这也是中华民族、中国人民对人类文明的重大贡献。

一直以来，中国人民始终坚信：要实现大同理想的美好生活，必须依靠双手的辛勤劳动。中华民族对劳动的重要性深有体会，已经如同习惯呼吸一样习惯劳动、习惯歌唱。在进行农业生产劳动、创造美好生活的耕作过程中，产生了赞美劳动的民谣诗歌。我国最早一部诗歌总集《诗经》中，就有大量专门描写劳动的诗歌，而且这些劳动诗歌大多语调轻松愉悦，感染力强，极具生活情味，如《魏风·十亩之间》描写采桑、《唐风·椒聊》描写采摘花椒、《周南·芣苢》描写采摘车前子草，《小雅·无羊》简直是一首牧歌，《大雅·绵》则是一首气势磅礴的创业者之歌，等等。甚至一些歌咏爱情的诗歌，同时也是礼赞劳动的生产之歌、讴歌生活的生命之歌。先民们在平凡简单而又艰辛的耕作生活中，陶醉于劳动的

① 参见王育济《齐鲁农耕文明的“农本”思想与“恒产”理论》，载于《光明日报》2019年3月25日第14版。

自由，思绪插上歌声的翅膀，跨越生命的轮回，推动着中国农耕文明的历史车轮缓缓前行。这段田园牧歌、岁月静好、无忧无虑的美好时光，以口传和文传多种形式铭刻在先民们集体记忆的深处。此后，随着社会生产力的进步、阶级社会的出现，先民们痛感于现实社会的暴力、剥削、不公和不均，深切感受到远古社会与现实社会的对比之鲜明，对于远古社会财物共有、集体生活、平等协商、老幼得养的原始生产生活方式产生了无限眷恋和遐思，以至于在愤恨现实社会之余而将远古时代、远古社会一些历史阶段（如三皇五帝时期）视为理想社会模式（后来以“大同社会”指代），并认为这种理想社会模式才应该是人类社会追求的最高理想社会。伴随着这种集体心理认知、文化认知的强化与发展，逐渐形成了以大同理想为特质的民族文化基因，致力于实现大同理想也就成为中华儿女、中华文化所特定的目标一致、接续奋斗、锲而不舍的最高理想目标。

从盘古创世神话到大同理想的成型、发展、传播、提升，中华文化的大同基因始终在发挥着不可或缺的指引作用，促成了中国人民自力更生、坚毅刚强、生生不息等民族性格的养成，上升为中华优秀传统文化的显性基因。大同理想不仅承载着中华农耕文明的基因密码，而且成为激励中华民族砥砺奋进、自强不息的精神家园。大同理想，主要代表着以“天下为公、选贤与能、老有所养、各得其所、世界太平”为特点的农耕文明价值观。它从人类、世界、自然的广度来思考未来社会秩序的构建问题，蕴含着一种贯通古今、融汇中西的深邃历史思维。千百年来，大同理想始终是先贤圣哲和劳动人民孜孜以求的最高社会理想，一直流淌在中华儿女的奋斗血脉里，一以贯之着中华民族最深沉的精神追求，具有超越时空、跨越国度、历久弥新的时代魅力。为了实现大同理想，无数中华儿女前赴后继，勇往直前，死不旋踵。

2. 传统文化的优秀基因

中华文明走过了五千多年，留下了许多无形的（口传历史）和有形的（文传历史）思想文化遗产。这些薪火相传、弥足可珍的精神宝库，记载着中华优秀传统文化的大同基因。为了实现大同理想社会，中国人民从远古时期就通过口传和文传历史，在长期生产生活中，实现了以大同理想为特质的民族文化基因的不断复制和代际传承。在不懈追求和努力实践大同理想的探索进程中，中华民族形成了甘于劳动奉献、勇于追求美好生活、自觉维护天下太平的大同基因。大同基因不但塑造了中国人民艰苦奋斗、自力更生、崇尚正义、不畏强暴的民族性格，而且在世界舞台上展示了中华民族与人为善、睦邻友好、开放包容、美美与共的民族形象，因而在中华文明五千多年发展史上一以贯之的主流主线始终是中国人民为天下谋大同、为世界谋发展的探索奋斗史、文明守护史，在中华民族的血液中更没有侵略他人、称王称霸的文化基因。

在《诗经》中有许多农耕英雄吃苦耐劳、勤劳勇敢、热爱和平、自强不息的光辉无私形象，其中后稷就是最具代表性、最受人们推崇的一位农耕英雄。据《鲁颂·閟宫》记载，后稷是仅次于大禹的农耕英雄，大禹的伟大之处在于战胜了洪水之患，但是领导先民们灾后重建、恢复生产生活、贡献最大的却是后稷，“奄有下土”“缵禹之绪”。后稷带领百姓播种百谷，进行农耕生产工作，将中华农耕文明推向了一个新高度。《大雅·生民》是歌颂后稷丰功伟绩、泽被后人的另一诗篇，追述了后稷的传说和业绩，提供了周民族兴起的远古史料，塑造了以后稷为代表的先民们热爱劳动、热爱生活、勤劳善良、自强不息的民族形象。后稷长大成人之后，心系苍生，胸怀天下，立志要改变人们饥一顿饱一顿的困苦生活，毕生都在致力于解决人们的食物问题。为此，他上山尝遍各种野生植物，经历了层层磨难，不惜以身试险，寻找辨认可以维系生命、补充能量的植物食材。他细心观察着野生植物，看它们如何生长，在生长过程中又需要什么样的条件，哪些品种比较优良、高产，哪些品种适合什么样的土壤、气候条件等，然后又把这些农耕经验无私地传授给族人和更多人。后稷的农耕经验，既需要智慧的思考，又需要一次次耐心的尝试。这些农业贡献，在当时农耕社会是一个巨大的飞跃。他也因此被后世尊为“农神”、中华农耕文明始祖。《史记·周本纪》记载了后稷的这些伟大业绩。

> 弃为儿时，屹如巨人之志。其游戏，好种树麻、菽，麻、菽美。及为成人，遂好耕农，相地之宜，宜谷者稼穑焉，民皆法则之。帝尧闻之，举弃为农师，天下得其利，有功。帝舜曰：“弃，黎民始饥，尔后稷播时百谷。”封弃于邰，号曰“后稷”，别姓姬氏。后稷之兴，在陶唐、虞、夏之际，皆有令德。

后稷从一个“弃婴”到“农神”“农耕文明始祖”的成长经历及其自强不息、大公无私、造福人类、泽被后世的丰功伟绩，受到了后人神话般的赞美，历朝历代对他无不尊崇奉祀有加，世代相传，沿袭成风。这一社会价值观的传承与取向，说明中华民族自古以来就是崇尚劳动、热爱劳动、热爱生活、勤劳善良的优秀民族，不屈不挠、勇往直前、积极开创美好生活的大同基因也因此成为中华民族知难而进、开拓进取的优秀基因。

大同理想是中国人民凝聚力量、汇聚智慧、生生不息的精神黏合剂。中华文明的大同基因，决定了中华民族是一个善而不争、开放包容、美美与共的伟大民族。大同理想的共同奋斗目标，激发了大同基因自我复制和代际传播的民族本能，彰显了中国人民和中华民族公平、正义、友爱、大度的民族自觉，成为中华文明延绵不绝、中华民族生生不息的遗传密码。然而，并不是从树上掉落的每个苹果，都能砸出一个伟大的发现；并不是每个民族，都像中华民族一样推崇劳动、推崇创造、推崇用双手开创美好生活。与中华民族劳动价值观形成鲜明对比的是，有一些民族的社会价值观却是崇尚弱肉强食、不劳而获（盗抢他人劳动果实）、暴力杀戮、“丛林法则”“零和博弈”等，这些民族又怎么可能会去关注和解决人类社会大多数人的公平、正义、友爱呢？又怎么可能会实现永续发展呢？

大同理想既是传承中华农耕文明的基因纽带，又是热爱生产生活、赞美劳动光荣的民族颂歌。农耕文明本质上需要靠天吃饭、辛勤劳作、守望相助，特别希望风调雨顺、地利人和、国泰民安。从远古时期开始，中华民族聚族而居、安居乐业，进入了农耕文明时代，过上了“日出而作、日入而息，凿井而饮、耕田而食”的田园牧歌生活。男耕女织、半耕半读的家庭模式，乐天知命、顺时而为的耕作习惯，守望相助、邻里互帮的生活习俗，勤劳善良、乐于助人的优良传统，自力更生、开创美好生活的大同基因，合力构成了中华农耕文明的基本特质。生产力低下的刀耕火种，生产生活方式的简陋粗放，生存环境的艰险苦难，淬炼了中华民族刚毅坚强、不屈不挠的民族性格和勇往直前、大胆追求美好生活的大同基因，并沿袭成俗，根深蒂固，熏陶影响着中国人民至今。

自由自在的农耕生产、无忧无虑的劳动生活，曾是大同理想的最初萌芽。如《大雅·公刘》叙述了周远祖公刘率领部族从邰迁到豳，在豳地开荒辟土、辛勤劳作、建造家园的拓荒史，字里行间洋溢着劳动创造美好生活的自豪与自信。直接歌颂生产劳动的诗篇《周南·芣苢》，全诗三章，每章四句，重章叠句，反复地表达劳动过程，充满了劳动的欢欣，洋溢着劳动的热情，是一曲劳动的欢歌，再现了三五成群的女子在山坡旷野劳动的身影，仿佛听到她们采摘时的欢乐歌声。《周南·芣苢》通过反复咏唱、畅然表达，表现了姑娘们娴熟的采摘技能和欢快的劳动心情，洋溢着热爱劳动、积极进取的人生态度和朝气蓬勃、奋发向上的健康情趣，充满着追求自由幸福生活的精神特质。《十亩之间》与《芣苢》是《诗经》

中在艺术风格上最具可比性的两首劳动歌谣。《芣苢》是一群女子采摘车前子的欢歌，《十亩之间》是一首女子采桑的乐歌，以轻松的旋律，表达愉悦的心情，展示了健康的审美。在茂密的桑园里，采桑女子娴熟地采摘着桑叶，桑叶满筐满篓了，大家结伴返回，一路歌声笑语，表现了桑园里的欢乐气氛和劳动后的欢快心情。此外，《诗经》中也有不少歌颂女性参加生产劳动的诗篇，可见当时女性的劳动地位及对农业生产的较大贡献，《卷耳》《采蘩》《采蘋》《采苓》《采薇》《采芑》等诗篇就是这类题材。《诗经》中这些欢快、热闹、奔放的劳动场面及对剥削阶级的鞭挞，反映了人们愉悦的劳动热情和建设美好生活的自觉，展现了他们健康的生活理念、顽强的生命意识和积极的人生态度。这些歌颂劳动的诗篇，不仅反映了劳动是生产生活的第一需要、劳动者是物质财富的创造者，也反映了劳动人民对集体劳动、农耕生活的讴歌和双手创造美好生活的自豪。这种生产生活方式，这种社会土壤，这种价值理念，孕育产生了中国人民向往美好生活、建设理想家园的大同理想。

在生产劳动过程中，大同理想得以以诗歌的艺术形式留存、传唱，大同基因也逐渐成为中华传统文化的优秀基因、显性基因。如在《诗经》中，就有许多记录先民们生产生活的诗篇，再现了当时的劳动场面，包括农耕、蚕桑、采摘、纺织、建筑、捕鱼等各种劳动场景，表达了人们对建设美好家园的热情、对生产劳动的热爱。尽管《诗经》的时间跨度为五百余年，“直接反映社会理想，尤其大同社会理想的诗篇不多”[①]，但是，即使通过这些残留的片段的文字记载，仍能看到中华文化和中国人民带有农耕文明烙印的朴素人生观、价值观、世界观，他们爱劳动、爱生活、爱和平，求生存、

① 陈正炎、林其锬：《中国古代大同思想研究》，上海人民出版社1986年，第17页。

求均等、求大同，同时也爱憎分明、敢于斗争，充满正义感，反奴役、反剥削、反不义战争等。这些诗篇所塑造的劳动英雄形象，脍炙人口，口口相传，复制传承了中华民族向往和创造美好生活的大同基因，从而更加激励了中国人民接续奋斗、锲而不舍追求并实现幸福理想生活。

自由自在的劳动生活、田园牧歌的悠闲美好，深深铭刻在先民们的集体记忆之中。远古时代集体生活、财物公有、平等劳动、老幼得养的生产生活模式，自然成为中国人民建构大同理想社会的胎盘和母版。在原始共产社会中，天然产生了朴素社会主义和共产主义的因子，劳动构成了人们生存的第一需要，集体协作、平均分配、友爱和谐成为人们的群体共识和大同理想社会的基本原则。在大同理想的精神支撑下，中国人民挺过了人类社会发展史上的黑暗时期，大同基因经历了艰难困苦的生存考验，成功地实现了生长、裂变、强大。随着社会生产力的发展进步、原始公社制度的逐渐解体、阶级社会剥削压迫的出现，先民们在生存压力愈来愈大的同时，面对物质生活条件的加剧恶化、劳动强度的急剧增大，以及精神层面的巨大压力，对美好生活的幻想和对理想社会的憧憬就成为支撑他们继续生存的动力来源，口口相传的远古时代生产生活方式就成为他们精神世界的希望之光。在此基础上，原始共产社会就成为人们希冀的理想社会，成为人们精神寄托的美好家园，并逐渐发展出中国传统理想社会的雏形。

3. 大同理想的孕育产生

中华农耕文明孕育产生了独具中国特色的大同理想；中华农耕文明的源远流长，滋养了大同理想的茁壮成长。农耕文明既是中华民族的根脉和中华文化的底色，又是哺育大同理想根深叶茂的沃土。农耕社会上万年的岁月积淀、智慧结晶，勾勒出中华文明的精神意境，合成了大同理想的民族基因。大同理想不但成长为农耕社会的最高理想，而且跃升为中华文明的长寿基因。从远古农业生产开始，大同理想就成为指引中国人民在苦难深重生产生活中自强不息、深耕不辍、奋斗不懈的希望之光。

大同理想作为一种相对独立的思想体系，在历史长河中逐渐演变为人们对抗剥削压迫的思想武器，成为未来幸福生活与理想社会的最美好象征，而财物公有、平等劳动、平均分配则成为大同理想社会的基本架构。对此，历朝历代都有关于早期大同理想的多种形式记载、阐释和实践。一是借助诗文及小说等文献载体，记述人们对大同理想的想象与向往。如《魏风·硕鼠》对“乐土”“乐国”及“乐郊”的歌赞，充分表达了劳动人民对于理想社会的向往；东晋诗人陶渊明在《桃花源记》中所描绘的“世外桃源”理想社会图景，立意幽远，脍炙人口。二是通过历代学者的理论阐释，丰富发展了大同理想的理论和版本。如《礼记·礼运》篇借孔子之口，首次提出“大同社会”，阐述了古人对于远古时期“天下为公”大同理想社会图景的经典解读，并成为中国古代大同理想社会的权威阐发和经典版本。三是历代农民起义的实践活动，不同程度推动了大同理想社会的建构与实现。如秦末陈胜、吴广农民起义进行了“平均平等”生存权的理想诉求，东汉末年黄巾起义及五斗米道兴起进行了“平均平等”理想社会的局部试验，唐末黄巢起义进行了“平均平等”理想社会的伟大尝试，宋代钟相、杨幺起义进行了“等贵贱、均贫富”理想社会实验，明末李自成起义进行了“均田免粮”理想社会试验，清代太平天国农民起义进行了“有田同耕、有饭同食”理想社会的执政试验等。通过文献记载、理论阐发、农民实践等多种形式，大同理想经过基因复制和代际传承，拓展深化了理论内涵，从而凸显为中华传统文化的优秀基因、显性基因。

对土地的本能热爱和对强迫劳动的被动反抗，这种矛盾纠结的大众心理成为大同理想生根发芽的内生动力之一。农耕社会的人们，对土地和家园有着格外深沉厚重的情感和发自内心的热爱。“为什么我的眼里常含泪水？因为我对这土地爱得深沉……”劳动的忙碌、艰辛和愉悦，曾给人们带来诗意和欢乐，赞美劳动的诗篇佳作更是代代传颂。但是，自从劳动成为阶级压迫的手段之后，人们热爱劳动、赞美劳动的由衷之情也变成了对社会劳动、社会分配的愤慨不满。这种大众情绪的日积月累，就不可避免地演变为对阶级压迫的愤慨、对社会不公的控诉、对理想社会的希冀。大同理想就是中国人民在对社会公平正义的憧憬、渴望、争取中，有了进一步发展。在夏商周三代时期，社会底层的“众人”“庶人”，社会地位低下，承担着各种“贡”“助”“彻”“赋”等，接受最苛酷的盘剥、压迫，过着最悲惨的生活。他们在沉重野蛮的剥削压迫之下，被迫发出了抗议的怒吼。他们不甘剥削奴役、反对征战迫害、向往自由乐土，幻想再造一个没有阶级、没有压迫、人人平等、财产公有的理想社会——“乐土”“乐国”“乐郊”。他们对于理想生活、理想社会的憧憬与渴望，表明大同理想已在这时产生。

硕鼠硕鼠，无食我黍！三岁贯女，莫我肯顾。逝将去女，适彼乐土。乐土乐土，爰得我所。

硕鼠硕鼠，无食我麦！三岁贯女，莫我肯德。逝将去女，适彼乐国。乐国乐国，爰得我直。

硕鼠硕鼠，无食我苗！三岁贯女，莫我肯劳。逝将去女，适彼乐郊。乐郊乐郊，谁之永号！

《魏风·硕鼠》通过借喻形式，描写了“硕鼠”（剥削阶级）对劳动阶级贪得无厌、无休无止的无情剥削。劳动者长年累月辛苦劳作换来的劳动成果“黍”“麦”“苗”等，都被“硕鼠”剥夺殆尽。劳动者不甘剥削、奴役，被迫发出了将要离开这个人剥削人、人压迫人的现实社会的呐喊，明确表示要去追求一种没有剥削、人人平等的理想社会，即“乐土”“乐国”“乐郊”。劳动人民反剥削反压迫、阶级觉醒的朦胧意识，可视为大同理想产生的标志之一。劳动人民对于人间“乐土”的向往与呼喊，开启了阶级对抗的思想先河。当然，在这一历史阶段，劳动人民还根本不具备阶级对抗的自觉和能力，他们的抗议与控诉只是一种本能的不平则鸣，他们的向往和追求只是一种空想和自我安慰，他们这一时期的“大同理想”也只是早春大地上“草色遥看近却无”的一抹嫩绿。

“乐土”在何方？现实生活中无处觅踪。“乐土”无处可寻，劳动人民只能在寻找“我邦族（故土家园）”的过程中来寄托精神情感。这种对美好生活的苦苦求索，构成了中国早期大同理想的另一道风景线。如《小雅·黄鸟》实际描述了一个让人不忍面对、无可奈何的残酷社会现实：“硕鼠”为患家园，“黄鸟”作恶他乡；从此地（家乡）到彼处（他乡），皆无安身之所。非但“乐土”无处可求，身处异乡仍要遭受压迫欺凌。“黄鸟”的恶劣行径不亚于家园的“硕鼠”，“此邦之人”的侮辱欺凌不亚于“君子”的恶行。生存的希冀、理想的火花，在黑暗年代里犹如一盏孱弱发光的油灯，随时可能熄灭。由此可见，大同理想在孕育产生之初即面临着随时夭折的可能。在现实社会让人窒息的情形之下，人们另辟蹊径构想出了安放苦难灵魂的精神家园如“乐土”等，这就是大同理想的萌芽。

“溥天之下，莫非王土”，现实世界很大，古人却找不到一处没有压迫、人人平等的人间“乐土”。既然在现实生活中无法找到寄托理想社会的一席之地，那么只能在时间的回溯中、历史的记忆里“寻觅”一个幸福、美好、平等、理想的“虚拟社会”。这也是远古时期，中国人民所能构想出来的早期理想社会。早期理想社会，主要是以缅怀往古的回忆形式，让思绪徜徉于人类童年时代无忧无虑的美好，幻想时光倒流，重回“生初”之地（儿时的理想世界），以艺术形式表现人们对理想社会的渴求。《王风·兔爰》即以借喻的表现形式，将“我生之初”与“我生之后”做对比，控诉了现实社会人与人的不平等，表现出对“生初”社会的怀恋和对现在社会的厌恶。对现实的不满和对未来的追求，激发了劳动者的义愤，激起了他们对“生之初”的无限缅怀：没有劳役，不用当差，无忧无虑，自由自在。而现实社会却是“百罹”“百忧”“百凶”，让人烦忧。“生初”的美好时光已成回忆，当下的徭役赋税压力巨大，不堪重负，无路可走，只能以“无吪”“无觉”“无聪”（不欲言、不欲见、不欲闻）自欺欺人。从热爱劳动、热爱生活、乐观进取转为消极逃避、悲观厌世甚至鼓励“不如无生（生不如死）”，当时人们所承受的生活压力之大，可想而知。

生活既然有馈赠，也会有剥夺。悲思忧愤，往往植根于现实社会的土壤。对于现实的不满，对于宿命的怀疑，对于压迫的反抗，这些点点滴滴抗争思想，在社会底层传播、碰撞、汇聚，逐渐引导劳动人民走上了以抗争来追求美好生活的新路径。自力更生开创美好生活和理想社会的新路径开辟之后，大同理想走向了进一步发展阶段。

4. 捍卫和平的民族自信

大同理想是对世界和谐、天下太平的向往与崇尚。“太平和合”是大同理想追求的最高层面，以德服人、以战止战则是实现大同社会的基础保障。因此，大同理想爱好和平的另一面就是坚决勇敢地捍卫家园、维护世界和平，“兄弟阋于墙，外御其侮”的民族大义也就成为中国人民几千年来所恪守不渝的民族底线，“人不犯我我不犯人，人若犯我我必犯人”也就成为中华民族保家卫国、捍卫家园的民族自信。自古以来，中国人民就深刻认识到：开创美好生活，要靠双手劳动创造；捍卫美好生活，同样要靠双手誓死力争。爱好和平、反对战争的大同基因，与捍卫和平、以战止战的大同基因，实现了完美结合、相得益彰。唯其如此，中华民族才能在人类社会发展史上屹立不倒。毛泽东同志曾讲：“我们爱好和平，但以斗争求和平则和平存，以妥协求和平则和平亡。”这就是中国传统大同理想一脉传承的“和平辩证法”。在战争与和平的天平上，中国人民总是以最大善意去追求和平、维护和平。即使在面临亡国灭种、艰苦卓绝的十四年抗日战争中，中华民族也从未放弃对和平的追求。1938年5月毛泽东在《论持久战》一文明确指出，历史上的战争分为正义和非正义两类，我们不反对正义战争，“不但不反对，而且积极地参加”；我们不但追求“一国的和平”，而且追求“世界的和平”；不但追求“一时的和平”，而且追求“永久的和平”。大同理想“和平辩证法”的一脉相承，折射出中国人民有力量、有信心坚决捍卫世界和平的民族自信。

格局决定情怀，实力决定底气。中华民族大国担当的襟怀、捍卫国家主权尊严的决心，始终是大同理想旗帜鲜明的民族底线。霹雳手段与菩萨心肠，相辅相成，互为保障，这就是中国传统大同理想的价值观、和平观、世界观。大同理想致力于天下为公、世界大同，在国际关系上讲求上兵伐谋、以德服人、邻望邻好、与人为善，但是也并不迂腐，并不讳言“能战则存，不战则亡”“杀人安人，杀之可也”“以战止战，虽战可也”“朋友来了有好酒，豺狼来了有猎枪”的民族立场。孙中山先生曾指出：“中国人的本性就是一个勤劳的、和平的、守法的民族，而绝不是好侵略的种族，如果他们确曾进行过战争，那只是为了自卫。”中华民族在面临侵略、挑衅时，不惧战、不惜战，宁可站着死，绝不跪着生。因此，爱好和平、维护世界公平正义的大同基因在赋予中国人民与人为善、善而不争的友善一面的同时，也赋予了中华民族绝不屈服、视死如归、敢战必胜的血性基因。

毋庸讳言，在人类文明发展史上，长期存在着农耕文明与游牧文明的斗争。游牧文明时常要面对生存难题，经常会入侵农耕文明，侵略性强；农耕文明自给自足，生活安定，尚武不足。世界四大文明古国之中，中华文明是硕果仅存的文明，并延续至今。中国人民在追求实现大同理想的进程中，从未以文化或者宗教之名发动过侵略战争，也不曾主动挑起任何战争，面对强敌入侵更不会屈膝投降。“犯我中华者虽远必诛”的民族精神座右铭，至今仍清晰铭刻在中华儿女的血脉里。正是因为中华儿女汩汩流淌了数千年的血脉里，既有亲望亲好、邻望邻好、合和发展、世界大同的善良基因，又有马革裹尸、不破楼兰终不还的血性基因，所以每当中华民族到了最危险的时候，大同理想就像一面高扬不息的奋斗旗帜，号召天下中华儿女，汇聚民族磅礴力量，同仇敌忾，共赴国难，捍卫家园，振兴中华。中华五千多年文明历经沧桑磨难而从未中断，原因就在于此。

以大同理想为特质的民族文化基因，总是在警醒着中华民族必须随时做好两手准备，既不好战，又不忘危。“国虽大，好战必亡；天下虽安，忘战必危。”中国人民为了早日实现大同理想，不但善于打破旧世界和善于建设新世界，而且勇于捍卫新世界。例如素以“仁爱”著称的孔老夫子，在腰间总是佩戴一把剑。这把剑，虽然不是那么醒目，可是也绝不是附庸风雅的装饰摆设，而是随时准备战斗的力量象征。中国人民创造美好生活、建设大同理想社会的实践，从未止步；中国人民不惜一切代价保家卫国、捍卫和平的决心，从不动摇。不了解这一点，就不可能了解中华文明长盛不衰、生生不息的基因密码，就不可能了解中国人民众志成城、万众一心实现大同理想的决心与信心。

大同基因赋予了中国人民向死而生、保家卫国、捍卫和平的尚武精神与民族自信。这种尚武精神，不是匹夫之勇、逞强斗狠、嗜血如命，而是一种追求正义、捍卫和平、死不足惜的亮剑精神。一个国家、一个民族，如果连家园都不能保护，又何必去奢谈什么美好生活、理想社会呢？对于战争，中华民族主张上兵伐谋、不战而屈人之兵，注重文德教化、德政布施、军事力量威慑，希望能够以直报怨、以理服人。这与西方崇尚血腥的战争理念，有天渊之别。如希腊史诗《伊利亚特》浓墨重彩渲染鲜血淋漓、横尸遍地的战争场面，赞美血腥厮杀的暴力美。这一战争审美观，与中华民族的战争理念截然不同。中国古代描写战争的诗篇，刚健清新、意气风发、催人奋进，如《秦风·无衣》便是一首表现将士们同仇敌忾、斗志昂扬、奋勇杀敌的优美短诗。

岂曰无衣？与子同袍。王于兴师，修我戈矛。与子同仇！
岂曰无衣？与子同泽。王于兴师，修我矛戟。与子偕作！
岂曰无衣？与子同裳。王于兴师，修我甲兵。与子偕行！

《秦风·无衣》是为数不多的一首军中歌谣，表现了战士们同仇敌忾、慷慨从军的乐观精神和保家卫国、视死如归的英雄气概，也是中国人民血性基因的健康展示。此外，《小雅·采薇》也描写了战士们召之即来、来之能战、战之必胜的英勇豪迈和为国戍边、光荣自豪的爱国者形象，抒发了他们敢于战争、不胜不归的豪迈自信。当然，我国战争诗篇中反对战争、向往和平的诗篇所占比重更大。这表明，早在几千年前，中国人民就清醒意识到：开创美好生活、创造理想社会的大同梦，只是大同理想的一方面；同时必须拥有足够强大的力量，捍卫家国、守护和平，这是大同理想的另一面。中国人民为了捍卫自己的劳动果实，为了早日实现自己的大同理想，在与其他部落、其他国家发生冲突时也不得不遵守“实力说话”的游戏规则，不能不培养勇敢战斗的尚武精神。这在源头上为大同理想的实现、中华文明的赓续，源源不绝地注入了鲜活强健的血性因子，润物无声塑造了中华民族“低调内敛”（不惹事）和“敢战能胜”（不怕事）的民族性格，从而确保了中国人民接续踏上实现大同理想的正常进程。

中国人民以三皇五帝时代的原始共产社会为蓝本，创造了中国特色的大同理想，形成了财物共有、平等劳动、平均分配、老幼得养的理想社会架构，并命名为大同社会。为了实现大同社会这一传统的中国梦，中国人民锚定目标、接续奋进。“和羹之美，在于合异。”中国人民在充分尊重文化多样性的同时，秉持公平、正义、开放、包容的原则，主张交流互鉴、取长补短、共同进步。“志合者，不以山海为远。”尽管各个国家的国情、传统、历史不同，中国人民仍坚持主张文明不分高下优劣、国家不分大小强弱，一律平等；仍坚持强调求同存异、合和发展是人类社会发展进步的正确方向。为此，中国人民愿与世界人民一道开创天下为公、世界大同的美好生活，愿为人类问题贡献中国智慧和中国方案。

第一章 诸子心中的理想社会

大同理想是农耕文明、中华文化、中国国情孕育产生的最高理想社会，是中国人民为人类社会持续发展所做出的规律总结、方向研判。大同理想经过中国人民的口传和文传，以及历朝历代的理论阐释与实践探索，得以茁壮成长。春秋战国时期，先秦诸子耳闻目睹了礼崩乐坏、乱世流离、民不聊生，怀揣济世救民的强烈社会责任，站在人类社会的整体高度，关注天下苍生万民的生活境遇，究天人之际，通古今之变，推演历史和未来的社会演变，积极谋划人类社会的美好未来。他们从各自立场出发，构思了一幅幅理想社会图景，提出了一套套救世救民的设想，形成了一个又一个版本的理想社会模式。这些理想社会模式，各有侧重，各具特色，救时之弊，为民造福，成功搭建了人类理想社会的基本架构。这些不同版本的早期理想社会模式，在诸子百家的理论阐发、智慧碰撞之下，又产生了新的变化，逐渐由朦胧到清晰、由粗糙到精致、由单调到丰满，逐步发展出《礼记·礼运》篇理想社会模式的经典版本——大同社会。此后，大同理想便成为中国人民的最高梦想，大行于世，影响至今。

一、《礼记·礼运》中的大同蓝图

关于“大同社会”最权威、最完整的叙述，当推《礼记·礼运》篇。《礼记》又名《小戴礼记》，一般认为成书时间是在秦汉之际。《礼记》记载了先秦时期的有关礼制，是我国古代历史上关于典章制度的一部重要书籍，也是研究先秦社会的一部重要资料汇编，被后世奉为儒家经典之一。“大同”这一概念，就是源自《礼记·礼运》篇。在《礼运》篇，正式提出“大同社会”之说，并借孔子与弟子子游的对话，集中阐述了儒家关于“大同社会”和“小康社会”的思想。以此为标志，大同社会成为中国古代理想社会模式的经典版本和中国人民心向往之的最高理想社会。

1. 美好世界的经典版本

《礼记·礼运》篇记载，有一年冬月（农历十二月，也叫腊月），孔子在鲁国，参加蜡祭这一重大祭祀活动。对于祭祀活动，孔子向来高度重视。他认为，祭祀祖先就应当相信祖先会接受后代子孙的邀请而准时回家“探亲”，祭祀神祇就应当相信神祇会回应人们的祈祷而准时驾临祭祀活动。他还强调，参加祭祀，必须诚心诚意，并说：“我如果不能亲自参加祭祀，那就等于没有举行祭祀活动。”蜡祭结束之后，孔子站在楼台上，触景生情，喟然长叹，感慨世风日下、人心不古的现实，并有感而发，简要阐述了自己心目中的理想社会——“大道之行、天下为公”的大同社会。

> 大道之行也，天下为公。选贤与能，讲信修睦，故人不独亲其亲，不独子其子，使老有所终，壮有所用，幼有所长，矜寡孤独废疾者皆有所养。男有分，女有归。货恶其弃于地也，不必藏于己；力恶其不出于身也，不必为己。是故谋闭而不兴，盗窃乱贼而不作，故外户而不闭，是谓大同。

孔子认为，在夏朝以前，存在着一个“大道之行、天下为公”的“大同社会”，并用了短短107字，对“大同社会”做出了最经典、最权威的阐发，描绘了一个令人向往的美好世界。这个理想社会，主要有如下特点：一是在政治制度设计上，大同社会以“天下为公”为最高准绳，是选贤与能、政治民主的贤人政治。这个理想社会是“公天下”，而不是“私天下”或者“家天下”，实行最为民主、大公无私的管理制度；不但在社会治理方面选贤与能、公平选拔人才，而且在公权力分配上也实行民主选举，即推行“禅让制”选举君王。尧授舜、舜授禹的王位禅让，正是“大道之行、天下为公”的独特体现。人们皆有公心，是大同社会的另一标志，具体表现是货不必藏于己、力不必为己，实现了天下太平、路不拾遗、夜不闭户。二是在经济制度设计上，大同社会实现了公有制。财产公有、平均分配是大同社会的基本原则，取消了生产资料“排他性”的私人占有，社会公平公正，消灭了贫富差距、两极分化，人们有平等的劳动权、发展权、消费权，大家安居乐业、公而忘私、各尽其能、各得其所。三是在社会管理制度设计上，公共事业由大家共同办理，即通过“选贤与能”的人才选拔制度，遴选优秀廉洁、勤勉能干、德行高尚的管理人员（包括国君）进行治国理政，负责治理天下、服务百姓。而这些管理人员，也都不负众望、严以律己，勤勤恳恳、兢兢业业为天下百姓服务。在大家齐心协力之下，天下太平，盗贼不兴，人们友爱和谐、无尔虞我诈，国家平等相处、无霸权欺凌。四是社会实现了助老救弱的全覆盖保障体系。无论是老年人、中年人、未成年人，还是无家可归者、无配偶者、身体有残疾者，都能得到全覆盖、无死角、零差别的供养与关爱。每个社会成员都能够最大限度地自由发展、施展才华、发挥作用，每个人都能够大公无私、尽职尽责地服务所在的组织或者集体，从生到死都无医疗、住房、养老等后顾之忧并能得到运行高效的社会保障服务。五是实现了高度的天人合一、融合发展，人与人、人与社会、人与自然之间友爱和谐，人与自然万物平等相处，国家之间没有战争纠纷，男女各得其所，人人讲信修睦，社会风气淳朴。

大同社会制度设计上的“公制”、政治权力分配上的“公权”、社会管理上的“公德”，选材用人上的“公选”，“亲亲及人”的“公心”，实现路径上的“仁爱之道”，具有儒家理想社会的鲜明特征。大同社会成为儒家极力推行的理想社会模式之后，又吸收借鉴了诸子百家其他学派的思想理念，成为当时社会认可度最高、普世性最强的理想社会模式。如它吸收继承了墨家“尚贤”思想，将其改造为“选贤与能”；吸收借鉴了墨家“老而无妻子者，有所待养，以终其寿”思想，将其改造为“老幼得养”的社会养老保障理念；吸收借鉴了墨家“尚同社会”之名，将其改造为“大同社会”；吸收借鉴了道家学派的一些思想，将道家术语“道”改造为儒家所推崇的“大道”；等等。由此可见，大同理想虽然是儒家的经典版本，实际也是诸子百家集体智慧的结晶和中华传统文化的集大成者。大同理想的可贵之处，在于它进步的社会发展观和天下为公的公有制原则。它指出，人类社会基本遵循着“乱世—小康—大同”的演变规律而向前发展为当时人类社会发展进步指明了正确的前进方向，代表了文明史的进化观点，具有积极意义。在儒家和诸子百家合力的推动下，大同理想深入人心，传播天下，成为中国古代人民描绘美好世界蓝图的经典版本。

2. 天下大治的小康社会

2020年底，中国十四亿人民消除了绝对贫困，完成了脱贫攻坚各项目标任务，全面建成了小康社会，实现了中国人民千百年来的小康梦，取得了举世瞩目的重大成就。我们建成的小康社会，就是《礼记·礼运》篇所说的仅次于大同社会的小康社会。

在《礼记·礼运》篇，孔子认为从现实社会，要先经过小康社会，才能到大同社会。从现实社会到小康社会，是比较关键、比较艰巨的一步。

今大道既隐，天下为家，各亲其亲，各子其子，货力为己，大人世及以为礼，城郭沟池以为固，礼义以为纪，以正君臣，以笃父子，以睦兄弟，以和夫妇，以设制度，以立田里，以贤勇知，以功为己。故谋用是作，而兵由此起。禹、汤、文、武、成王、周公，由此其选也。此六君子者，未有不谨于礼者也，以著其义，以考其信，著有过，刑仁讲让，示民有常。如有不由此者，在埶者去，众以为殃。是谓小康。

以孔子为代表的先贤圣哲认为，小康社会仅次于大同社会，是到达大同社会的必经阶段。小康社会，在夏朝进入了“大道既隐、天下为家”历史时代之后，经过大禹、商汤、周文王、周武王、周成王和周公旦前赴后继的努力，实现了亲亲、为己、尊礼、正纪、守法、和睦的天下大治局面，社会政治清明，人们知礼守法，安居乐业，遵守诚信，倡导仁爱，这就是小康社会。从现实社会进入到小康社会，也不容易实现。

与大同社会有所不同，小康社会的主要特征是：一是在经济制度上是“天下为家”的私有制，天下不是天下人所共有的天下，而是一家一姓的天下。社会财富由公有、共享，变为了私有、独享，于是形成了“大道既隐，天下为家”的专制制度。私有制就意味着治国理政不过是君王一家一姓之事，百姓劳动不过是为君王之家增添一些劳动成果，平等劳动、平均分配也就不可能实现。社会上的不公平、不公正，直接导致了各种利益纷争，产生了盗窃、抢劫、战争，以大欺小、倚强凌弱、诸侯征战也就成为常态。二是在政治制度上，不再实行“选贤与能”的人才选拔制度，天子诸侯都不再经过民主选举，而是按照“嫡长子继承制”进行世袭，并通过礼制加以确认和保障。这种世袭制度，直接导致了无能者、无德者都可以身居高位、治国理政，也必然会引起有能者、有德者的不满和反抗。为了维护和巩固自己的既得利益，统治阶级便不惜“谋作兵起”、修筑城郭、镇压反抗。三是在人际关系上，形成了“各亲其亲，各子其子”的家庭赡养制度。在小康社会，人们能自觉做到爱家人、尊道德、守良俗，国家能自觉做到爱人民、轻徭赋、少刑罚，那么这就是彬彬有礼、秩序井然、亲爱有差的小康社会。与大同社会一样，先贤圣哲对于小康社会也是比较注重人们的道德修为，只是小康社会民众思想境界达不到大公无私的高度。四是在社会管理上，天下大治，约定俗成，赏罚分明，形成了“礼义以为纪”的社会制度。人们各安其位，各司其职，守信知礼，在公序良俗、司法管理这两种无形与有形的机制管束之下，各为其家，各尽其能，各得亲养，社会秩序稳定，君臣有序、父子有情、兄弟和睦、夫妇好和，这就是差别有等、上下有序、天下大治、人心大悦的小康社会。

小康社会的基本架构是“家—国—天下”，参照了禹、汤、文、武、成王、周公等的治国理政模型，辅之以宗法制度和儒家伦理纲常，为人们构建了一个有区别、有差等、有层级的理想社会。通过比较可以发现，小康社会强调“天下为家”的私有制，突出了礼乐纲纪的宗法制，表明了德治法治融合的人治性，体现了家族范围内“各亲其亲”的亲情性；大同社会则强调“大道之行、天下为公”的公有制，突出了人与人、家与家、国与国的道德无私。在古人看来，经由治国理政层面的“乱世—小康—大同”和个人修养层面的“修身—齐家—治国—平天下”这几个发展阶段、实现路径，就可以逐步实现小康社会和大同社会；小康社会虽然尚未达到大道之行、天下为公、选贤与能、财物共有、讲信修睦、平等和谐的最高理想社会状态，也是仅次于大同社会的天下大治、人心大悦、比较难得的理想社会。如果说大同社会是中国人民自我设定的一个终极奋斗目标，那么小康社会就是一个相对容易实现的中短期奋斗目标。为了实现小康社会、大同社会，孔子奔波一生，希望通过恢复周礼的办法，循序渐进，移风易俗，重建宗法社会，却抱憾终生、赍志而殁。

3. 大同理想的精神价值

在儒家和诸子百家的合力推动下，大同理想成为社会影响最大、知名度最高的经典版本。中国古代语境下的大同社会，彰显了人性道德的最高境界，昭示了人类文明的精神价值，构想了一个天下为公、友爱和谐、各得其所、至善至美的理想社会。大同理想的精神价值，要远大于其物质价值，因而仅从制度层面探讨大同社会的各种研究，在研究路径上无异于缘木求鱼，也不可能有助于真正理解中国传统大同理想。几千年来，为了探索实践大同理想，中国人民展开了从理论阐释、模式解析到社会实践的不懈努力。尽管由于时代局限和立场、视角的不同，他们始终未能找到一条通往大同社会的科学路径，但是他们的努力及成就，殊途同归，异曲同工，共同把中国传统大同理想的求索推向了一个历史新高度。中国人民在大同理想的美好蓝图指引下，锚定目标，接续奋进。历代贤明君王，无不励精图治，以实现天下太平、国强民富为己任；历代先贤圣哲，无不呕心沥血，以实现教化百姓、讲信修睦为己任；历代劳动人民，无不勤劳勇敢，以实现平等平均、共同富裕为目标，发动了无数次农民起义，进行了无数次社会实践。中国人民的这些理论和实践，丰富了大同理想的表现形式，拓展了大同理想的时代内涵，高扬了大同理想的精神价值，激发了中华民族的凝聚力、向心力、战斗力。

大同理想的精神价值，首先在于它高度强调了道德教育的重要性和必要性，在社会上起到了精神引领的旗帜作用。中国传统大同理想是中国古代人民的“中国梦”，它之所以强调思想教育、精神引领，与其所处时代的物质基础有关。当时农耕社会所创造的物质财富、物质价值，比较有限，相对稳定，短时间内很难有较大的提升，因此先贤圣哲便把提升人的道德修养视为改造社会的重点，克己复礼、修身齐家治国平天下的内在逻辑和实践路径就是其具体体现。大同理想所设定的道德境界，不仅是个体成员也是全社会、全人类的道德标准，强调的是每个人都要同步提高道德境界，然后才能有大同社会全体成员共有的道德素养和思想境界，而且这种极高道德境界已经超越了一己、一家、一族、一国之私，因而才能在大同社会这个人类共同体之中实现天下为公、选贤与能、讲信修睦、各得其所的理想社会状态。这一道德境界的设定和实现，即使在今天看来，仍会有很大的挑战、很高的难度、很强的阻力。然而，中国先贤圣哲之所以伟大也正因为此，他们在洞悉了人性的丑陋面之后却依然坚信人性道德的美好。他们相信道德教育的力量足以改变人性的私心、私欲、私德，可以引领人类的精神意识迈入一个天下为公、至善至美的理想境界，从而引导人类社会步入一个高度文明、天人合一、各得其所的理想社会。不言而喻，大同理想精神价值的最大贡献就是赋予了中国人民、中华民族充沛坚强的民族自信、文化自信、历史自信，也为人类社会健康发展贡献了中国智慧、中国方案。

大同理想的精神价值，还在于它卓然而立，建构了一个全天下、全人类的理想家园。由于认知范畴的时代局限，先贤圣哲对于"天下"的理解并不局限于地理概念，而是把"天下"作为一种超越疆域界限的文化延展，既实指中国和世界，又包括人类思维的精神世界。在农耕社会特殊的自然地理环境、社会文化状况、具体历史进程等诸多因素影响下，中国古代人民比较关注现实世界、现实之人及其修养，对"人"的高度关注就成为中华传统文化的一大特征。而对于自然科学，却未给予同样的关注。先贤圣哲在构想大同社会时，再三强调提升人的道德境界，高度重视社会教化的力量，不约而同地注重理念设计，原因即在于此。大同理想的成功建构，使得中华文明具有了天人合一的高度自觉、和谐共生的生存价值、持续发展的人类思维。英国历史学家汤因比就曾指出，中华民族的这一传统“思维方法”不仅是中华传统文化的灵魂，而且是避免人类走向自杀之路的唯一出路。

中国传统大同理想具有开放性、包容性、思想性等显著特点，在实践性方面着眼于精神引领、方向指引，因而其路线图在科学性、可行性方面不够精细具体。例如，在实现大同社会的路线图问题上，先贤圣哲只是设想了一个比较宽泛而模糊的“两步走”路线图：先立小康之治，再致大同之远。儒家提出“乱世—小康—大同”三阶段划分法之后，关于人类社会历史阶段的划分就基本未能跳出“三分法”的窠臼。东汉何休在《春秋公羊解诂》中，提出了“三世说”：衰乱世—升平世—太平世，分别对应孔子所说的乱世、小康和大同社会，实际是孔子“三段说”的继承发展。清末康有为在《大同书》中，也提出了“三世说”：据乱世—升平世—太平世，实际也是孔子“三段说”的继承发展。总之在古人看来，现实社会为“乱世”，大同社会遥不可及、一时难以实现，比较容易实现的理想社会就是小康社会。什么是小康社会？孟子在《孟子·梁惠王上》中曾构想了一个温饱型的小康社会：百姓安居乐业，家家户户都有一定“恒产”（不动产），如田产包括五亩之宅、百亩之田；都有一些固定收入，如从事养蚕织布、家畜饲养、园艺种植之类家庭副业；在生产生活方面都能自给有余、温饱无忧、老幼得养，并设立了几个生活标准以资参照，如五十岁以上的人能够穿着丝绸、七十岁以上的人能够经常吃肉，就算是生活富足、达到小康生活了。南宋洪迈在《夷坚志·五郎君》中，认为家有余财、生活宽裕、衣食无忧就是小康生活，并成为人们对于小康社会的共识。

大同理想是中华优秀传统文化的杰出代表，是中华民族汇聚磅礴力量的内生动力，是中国人民几千年来高扬不息的奋斗旗帜。

它不但内生为超越地理界限、物质基础、政治制度和价值观念的大同基因，而且积淀出朴素社会主义和共产主义的亲和基因，赋予了中华文明源源不竭的前进动力和思想张力。中国古代的先贤圣哲、有识之士和劳动人民虽然未能真正认识到原始社会到封建社会的历史进步性，却不约而同地看到了阶级剥削、阶级压迫的不平等、不公正，进而反思为人性道德的集体沦丧、私心贪欲的无限放纵。为此，他们殚精竭虑，构想了多种形式、多个版本的理想社会模式，并做了不同程度的社会实验，试图重建公平、正义、美好的人类社会。《礼运》篇正式提出大同理想并成为大同社会的经典版本之后，大同理想便成为中国人民批判现实、返本开新的重磅思想武器，成为中国人民内心深处挥之不去的民族情结，并以其独特的精神价值、理想主义色彩和对人类的终极关怀，跨越了时空，历久而弥新，延绵而不绝。

二、“小国寡民”的理想社会

中国传统理想社会模式，可以简单划分为两种。一种是追求自我管理、无君臣、无政府的自治模式，如道家追求小国寡民、无欲无求的理想社会；一种是追求选贤与能、参与管理的共治模式，如儒家追求的大同社会、墨家追求的尚同社会。自治和共治的理想社会模式，在中国传统文化语境下又划分为出世的道家理想和入世的儒家理想。出世和入世这两种思想宛如太极的阴阳，协和构成了中国人民的精神世界，融合塑造了中国人民“儒表道骨”的民族性格。其中，倡导小国寡民出世理想社会模式的道家杰出代表人物，首推老子。

老子（约前561—约前471年），本名李耳，字聃，一字伯阳，或曰谥伯阳，出生于周朝春秋末期楚国苦县。老子其人，众说纷纭。老子著有《老子》一书（又称《道德经》），共81章、五千余字，基本为三四言韵语，中间还掺杂一些散句。这些散句，可能是

"后人所加入"[①]。在写作时间上，是在战国中期之前。[②]《老子》这本书，是对中国人影响最深远的三部思想巨著（《易经》《论语》《老子》）之一，也是全球文字出版发行量最大的著作之一。汉初黄老之学、魏晋玄学、宋明理学无不受到老子学说的影响。后世的很多帝王，都是老子的崇拜者和"粉丝"。有些帝王，如唐玄宗李隆基、宋徽宗赵佶、明太祖朱元璋、清世祖顺治等，日理万机之余还亲自为《老子》作注。老子心目中的"小国寡民"理想社会，以"无为而治"提醒人类在物质层面应该"无欲无求"、在精神层面应该自由自在。他善良地使用了"人为"乃是"伪"的寓言式语言，含蓄告诫了人类不要自作聪明、弄巧成拙，而应该追求一种各安其位（尊重现状）、各得其所（人与人之间）、合和发展（国与国之间）的"小国寡民"理想社会。

1. 自然无为的理想境界

老子心目中的理想社会是"小国寡民"，他一贯主张和追求的理想境界便是自然无为。这一指导思想，也是老子"被逼"写作《道德经》的一段佳话。

前485年，老子骑着青牛，不紧不慢地来到函谷关（今河南省灵宝市东北）。老子曾在东周担任"守藏室之史"，遍阅馆藏三皇五帝之书，学识渊博，心藏大智，深不可测。孔子曾经以学生身份向老子请教周礼，听完老子的教导之后，孔子敬佩不已，称赞老子是"神龙见头不见尾"。只是老子生不逢时，周景王去世后，王室起了内讧，家贼难防，许多馆藏典籍莫名其妙"失窃"。老子身为馆长，难辞其咎。万般无奈，老子只能逃出都城洛阳，准备西出函谷关。他的坐骑青牛，颇有灵性，一路行来，竟无须引导。在《易

① 吕思勉：《先秦史》，上海古籍出版社1982年，第473页。

② 任继愈主编：《中国哲学史》（第一册），上海古籍出版社1979年，第251页。《老子》一书的成书年代过去多有争论，至今仍无法确定。据1993年出土的郭店楚简年代推算，成书年代至少在战国中前期。

经》中，牛是坤卦的象（坤为牛），表达“柔顺”“厚德载物”之意；青属木，代表东方之色，象征“生生不息”的自然之道。

函谷关口，负责把守的关令为尹喜。尹喜字文公，甘肃天水人，自幼究览古籍，精通历法，善观天文，习占星之术，能知前古而见未来。数日前，尹喜夜观天象，便知近日必有异人前来。今日一早，又见紫气东来，已然断定异人必在今日出现。所以，当老子出现时，他一眼就认出了这位须发皆白、面色红润、精神矍铄的老者，一定是当今世上的智者老子。

出关需要有关牒，老子虽无关牒，却也并不慌张，只是泰然自若，等候检查。

几个守关士兵看到老子大模大样地跨坐在牛背上，居然不下“牛”接受检查，便骂骂咧咧围了上来。尹喜急忙上前制止，然后恭敬施礼，低声请求老子出示关牒。

老子骑在青牛背上，慈祥地看着尹喜，依旧淡定自若，一语不发。青牛沉静如水，自然如风，看也不看尹喜一眼。

尹喜尴尬地堆着笑，继续说道：“在下是函谷关令尹喜。前些日子我观天象，见东方紫气云集，知有圣人来到，已恭候多时了。敢请先生到寒室一叙，学生想聆听先生教诲。”

老子淡然一笑，不置可否。

尹喜心头一喜，赶忙上前牵引青牛。那青牛竟不用驱赶，仿佛与尹喜早就相识，径直掉转头来，跟随着尹喜走去。尹喜乐陶陶地走在前面，带路引导。

守关士兵见状，纷纷让开通道，目送长官及老者离去。

尹喜请老子至官驿上房，安排好食宿，又将青牛牵到厢房喂草料、饮水。

侍奉老子晚饭毕，尹喜殷勤奉上清茶、果饯，然后又端来笔墨、竹简若干，恳请老子在归隐之前，著书立说，以慰后人。

老子笑而不语，但微微颔首。

尹喜大喜过望，轻掩房门，悄然退去。

一连数日，尹喜总是按时奉上馔玉、清茶、笔墨和竹简，间或陪老子闲聊数语。一俟老子开始撰写，尹喜便迅即退去。

一日东方既晓、雄鸡三唱，尹喜前去请安，推开房门，发现老子已经走了，几案上摆放着一些墨迹未干的竹简。尹喜赶紧整理、翻看，发现一字一句，极其珍贵。全部竹简，约五千言，上篇下篇，主旨言简，意蕴悠远。尹喜如痴如醉，望着竹简发呆，竟油然而生向往之心。

不远处，隐约传来青牛几声“哞”叫，回声悠长，若有所待。

尹喜蓦然醒悟，马上喜上眉梢。他一跃而起，抓取布包，噼里啪啦一股脑儿将全部竹简囊括在内，然后头也不回，门也不关，衣也不带，循声追奔而去。

函谷关外，老子、尹喜和青牛，师徒一前一后，沐浴着万丈朝霞，渐行渐远，不知所终。

2. 小国寡民的真实解读

老子的小国寡民理想社会，是国无征战、无为而治、民安其业、各得其所的美好社会。由于种种原因，人们对于老子小国寡民理想社会的政治主张及为政之道的理解，实在是有很多误解。这些误解，脱离了历史语境，率意解读，以讹传讹，曲解、背离了老子的初衷与本意。

老子理想中的“寡民”，率性随心，淳朴无“智”。老子被误解最大的一个政治理想，即所谓“愚民”政策。老子曾经指出，百姓因为“智多”，所以“难治”，故善于治国理政者不应启发“民智”，而是“愚之”；凡是鼓励“以智治国”则为“国之贼”，不鼓励“以智治国”则为“国之福”。这些话语，如果忽略了老子所处的时代语境以及前后文的语境，单纯从现在的字面意思来解读（比如“智”，现在理解为智慧、聪明），老子确实是在倡导所谓“愚民”政策。但是，如果还原至老子的语境之下，所谓“智慧”

之“智”，在老子时代、老子口中实际为一个贬义词，相当于“小聪明”“投机取巧”。如果一个国家、一个民族、一个社会任由耍奸取巧之风气大行于世，甚至推波助澜（如鼓励“以智治国”），那么这个国家、这个民族、这个社会必然会走向颓败衰微。即使今天，我们也不会鼓励投机取巧之风、不会纵容精致利己主义者得势。因此，老子所谓“智”，绝非今之所谓“智慧”，而是投机取巧、尔虞我诈之“智”。在《老子》第五十七章：

> 人多伎巧，奇物滋起；法令滋彰，盗贼多有。故圣人云，我无为而民自化，我好静而民自正，我无事而民自富，我无欲而民自朴。

老子强调，只有遏制那些自作聪明、投机取巧的不良风气，百姓才能得到更多实惠。大道至简，只要不鼓励那些奇技淫巧、虚名物欲，倡导俭朴务实之风，无须大作为，百姓就能自然而然接受教化、生活富足。老子所极力反对之“智”，乃是“奸诈之智”，翻译为今天的流行用语就是“耍心眼”“小聪明”“精致的利己主义”之类。鉴于此，他不鼓励投机取巧、“耍心眼”“小聪明”泛滥的不良社会风气，倡导老实做人、老实做事、率性而为的淳朴务实之风尚。只有杜绝或者扼杀这种“耍心眼”之风，提倡务实求真之风，民风才会淳朴，百姓才会得到实惠，盗贼才会灭绝，这才是老子“愚民”的本意。由此可见，老子所谓“愚民”，不是引导百姓心智变得愚蠢，而是引导社会弘扬实干、真干、苦干的正风正气，劝导百姓以老老实实为荣、投机取巧为耻。

老子的小国寡民理想，实际更关注底层社会与个体成员的福祉。老子秉性仁厚，不用重言，但是他对于民生的关切超过了其他人，对于百姓拼死抗争的反抗给予了真挚同情和人道主义支持。如对于百姓不惜冒着生命危险，铤而走险的反抗行为，他深表同情和支持，认为这并不是百姓的过错。他有一句名言："民不畏死，奈何以死惧之。"就是说如果百姓被逼迫得连死都不怕了，还会害怕统治者用死来威胁吗？这种不怕死的百姓，是最难治理的。百姓为什么不怕死呢？是因为统治者逼迫得他们无法生存了。食不果腹、衣不蔽体、饥寒交迫的生活，是谁导致的呢？是统治阶级横征暴敛、税赋太重造成的。"民之饥，以其上食税之多"。如果统治阶级不是那么"有作为"，而是实行无为而治（轻徭薄赋、与民休息），百姓能够维持基本生活，谁还愿意去死呢？归根结底还是统治者把百姓逼上了死路，百姓无法生存、没有活路，必然就会铤而走险，冒死抗争。老子强调，使民不争、不盗、不乱的治理办法，就是效法施行"圣人之治"，就是要保障百姓的温饱需要，并引导他们崇尚实干、真干、苦干，杜绝一切要奸取巧的投机言行和华而不实、大而不当的奢华物品，这样就可以实现天下大治、人心向善、民风淳朴的理想社会愿景。因而老子最反感统治者自作聪明的"有为"（与民争利、折腾百姓），最反对社会上投机取巧（不正当竞争）之风的滋生蔓延，最强调保障民生、尊重民意。老子反复强调"无为而治""小国寡民"，良苦用心即在于此。

作为一位年过八旬的老者，老子以幽默语言"长话短说""重话轻说""正话反说"，用心良苦，用意深刻。事实上，以他的人生智慧及其对于人性、人心的洞察，他不可能不知道统治阶级对于被统治阶级的贪婪之心和剥削压迫是无底线、无止境的，但是他仍然希望统治阶级能够自我克制、能够自觉主动地做出一些让步，让利于民、与民休息。他所描绘的小国寡民社会模式，就是希望统治阶级做出一定让步之后，百姓安乐、天下大治的美好愿景。为了实现这一理想社会，老子还设计了"路线图"和量化管理的考核标准，将治国理政"绩效考核"情况依次分为四个等次：第一等次是"太上"，即由于统治者施行无为而治、自然之治，以至于百姓都不知道统治者的存在；第二个等次是"亲誉"，即深受百姓亲近和赞誉的统治；第三个等次是“畏之”，即令百姓畏惧害怕的统治；第四个等次是“侮之”，即让百姓蔑视仇恨的统治。

3. 小国寡民的深层智慧

基于上述语境，老子洋洋洒洒数千言之后，在《老子》第八十章，概括了理想中的“小国寡民”社会模式：

> 小国寡民，使有什伯之器而不用，使民重死而不远徙。虽有舟舆，无所乘之；虽有甲兵，无所陈之；使人复结绳而用之。甘其食，美其服，安其居，乐其俗。邻国相望，鸡犬之声相闻，民至老死不相往来。

“小国寡民”的理想生活，是老子有感而发的现实体悟，也是他在当时历史条件下为人类社会存续发展所能设想到的最先进、最美好社会形态。老子生活在春秋末期，礼崩乐坏，天下纷争，周室越来越衰微，众多小诸侯国被兼并，大国争霸、兼并战争不断，百姓家破人亡、流离失所。周初分封制所分封的七十一国，姬姓之国就有五十三国，各封国之间非亲即戚，关系亲密，各有土地、百姓，原本应该各安其命、各守本分、万世和乐，但是有些封国却贪大求多、觊觎别国并引发了封国之间的侵吞战争，给社会和百姓带来无尽苦难。现实社会诸侯国争霸并吞，严重背离了周初分封的初衷，老子主张“清静无为”“小国寡民”就是希望重回周初邦国各安其位、百姓安居乐业的美好世界。为此，老子希望现实社会中那些“尾大不掉”的诸侯国，即使周天子鞭长莫及，也应自我约束、尊王攘夷，同时要有大国担当，自觉履行维护天下和平正义的职责，保障百姓安居乐业。这种天下太平、各守本分、与世无争、自得其乐的安逸生活，就是老子心向往之的理想生活，也代表了广大百姓的民意心声。老子反复陈述“兵者，不祥之器，非君子之器。不得已而用之，恬淡为上，胜而不美”；甚至认为，与安居乐业、自由生活相比，宁可物质生活简单粗糙一些，宁可退回到“结绳记事”的远古时代。“结绳记事”的远古时代就是原始共产制时代，就是早期大同社会，就是老子“小国寡民”的理想社会。由于国小民少，没有了国际之间的征战杀伐、弱肉强食，没有了人际关系的精心算计、尔虞我诈，人们得享宁静祥和、质朴简单、无忧无虑、无欲无求的田园牧歌生活。

在小国寡民理想社会里，人的自由天性充分流露，人类生产生活简单自然，人际关系的交往圈更是简约到了极致。不追求国家疆域宽广、民众数量众多，而是追求百姓生活质量和幸福指数的提高，这才是老子构想小国寡民理想社会的大智慧。然而，有些人对于“小国寡民”社会形态的理解，不结合特定历史环境、历史语境，而误以为“小国寡民”就是国家小、人民少、保守封闭、小农意识，殊不知这在当时历史条件之下却是一种最先进、最普惠、最务实的理想社会模式。“民至老死不相往来”也不是常人理解的那种自我封闭、互不理睬，而是指人们生产生活基本需要已经得到满足，无须奔波劳碌而已自给自足，各田其田，各宅其宅，互不侵扰，岁月静好。这种与世无争、田园牧歌的自由生活，才是老子理想的社会状态。为了突出强调这一点，老子在最后又说“信言不美”云云，大意是说忠言逆耳（其实老子所说已经相当委婉客气了），再次强调“为”与“不为”的辩证哲理，强调只有“无为而治”才能实现“小国寡民”的理想社会。显而易见，老子心目中的理想社会是一个大道至简、删繁就简、无为而治、各得其所的美好社会，是一个丢弃人情世故、抛弃无效社交、生活简单惬意的美好社会。总之，老子“小国寡民”理想社会的落脚点，在于提高百姓生活质量和幸福指数，反对国强必霸和弱肉强食，这种深层智慧和良苦用心绝不可简单地视为古人的空想。

4. 理想社会的存在前提

老子一方面不惜笔墨，大加阐发对无为而治、和平生活的向往，另一方面却又指出，有备无患、备而不用才是“小国寡民”理想社会能够存在的前提。这一点上，老子与孔子、墨子的思想是一致的。

在讲到“小国寡民”理想社会时，老子说，有舟船车马却没有人去乘坐，有军事力量（甲兵）却只是个摆设。这几句话，总让人感觉有些突兀，画面感不是那么和谐、流畅。按照我们的正常思维，如果舟船车马、军事力量没有什么用武之地，那么完全没有提出的必要。为什么还要啰唆这么几句话呢？其实，老子此言语重心长、大有深意。比如军队，它虽然不能直接创造社会财富，但是它可以保障国家安全。有备无患、备而不用和没有准备、临阵磨枪，完全是高下不同的两个层次、两种境界，老子强调的是“有备无患”，这个大前提也往往是我们最容易忽略的一点。不能临阵磨枪，要提前准备，才能做到有备无患、不战而屈人之兵。在准备充分、足以自卫的大前提之下，百姓才能安居乐业。若没有这个大前提，“小国寡民”将是任人宰割的一块肥肉。老子当然认识到了这一问题，而且并不回避这一问题。他明确告诉后人，解决问题的途径是“备”，发展建设国家军事力量，可以不战，但不可以不备。一般而言，小国、弱国不会主动挑战大国、强国，老子主张小国寡民实际就是针对大国、强国而言。他认为，如果能够做到小国寡民，就等于从根本上剪断了大国、强国野心勃勃的翅膀，也等于延续了大国、强国的寿命。

为了说明这一道理，86岁高龄的老子在写到第五十章时，意味深长地先讲述了一个“不临绝境”的人生哲理：我们的人生，能够寿终正寝的仅占三分之一，意外死亡的占了三分之一，本来可以善终却因贪欲死亡的又占了三分之一；只有善待生命之人，才能善终和延年益寿。善终和延年益寿的秘诀，在于不临绝境，即善于选择安全的生存环境，避免走入绝境、自取灭亡。比如，一个人要避免野兽的伤害，就要避免在茂密山林里活动；一个国家要避免战争时不必要的流血牺牲，就要在和平时期加强军事力量建设（用现在的话说，就是平时多流汗、战时少流血）。这种未雨绸缪、早做准备的思维方式，才能保障自己和国家避免不必要的伤亡，从而得到善终和延年益寿，这就是“不临绝境”的生存智慧。随后，老子在第八十章书写了“小国寡民”理想社会。明乎此，便可以精准理解：老子构想的“小国寡民”理想社会，其实是不露牙齿的大智慧、真善良，也是当时比较先进的一种理想社会状态。

“小国寡民”理想社会的指导思想，就是“无为而治”思想。老子“无为而治”思想，对后世安邦治国影响很大。如田齐的黄老之学和汉初的黄老之治，都是当时治国理政的主流政策，并发展为官学、显学，齐国霸业和文景盛世便是“无为而治”的治理成果；唐初把道教定为国教，推行“垂拱而治”，出现了“贞观之治”盛世景象；明初力推“休养生息”政策，出现了“仁宣之治”盛世景象；清初推行轻税减赋政策，成就了“康乾盛世”。老子去世以后，庄子成为踵继其后的道家著名代表人物，庄子所构想的“至德之世”理想社会也成为影响深远的理想社会模式之一。

三、“老安少怀”的理想邦家

孔子生活的时代，尚能见到一些关于夏、商、周三代文化的历史文献。孔子在整理有关文献时，曾经将夏、商、周三代文化内涵分别概括为“尊命文化”“尊神文化”“尊礼文化”：夏代敬畏鬼神，民风淳朴，少用刑罚；商代尊神敬鬼，轻视礼教，重用刑罚；周代尊礼畏神，待人宽厚，赏罚有序。所以孔子对于周礼非常崇拜，认为判断一个理想社会的重要标志就是“周礼兴”。

孔子的理想社会是“老安少怀”，被认为是大同社会的另一个版本。孔子名丘，字仲尼，一说生于鲁襄公二十一年（前551年），一说生于鲁襄公二十二年（前550年），死于鲁哀公十六年（前479

年），终年实72岁。[①]《论语》一书比较真实地体现了孔子的政治主张。孔子有感于现实社会与理想社会的反差之大，便立下志向，热心救世，要实现“老者安之，朋友信之，少者怀之”的社会理想。为此，他奔走终生，“不知老之将至”，致力于构建“老安少怀”的理想社会。“老安少怀”理想社会涵盖了物质层面（衣食温饱等基本民生问题）“有所养”和精神层面（道德教化等）“有所乐”两个方面，尤为注重道德情操的培养与提升。因而中国历史上，除了《礼记·礼运》篇“大同社会”的经典版本之外，孔子“老安少怀”理想社会也引起广泛关注，传播较广，影响较大。

1. 文武兼备的政治实践

当孔子之时，天下大乱，礼崩乐坏。孔子终其一生，幻想可以通过礼乐而非征伐来实现其孜孜以求的理想社会，因而孔子一生慎战，很少“言兵”。但是孔子在政治上也并不幼稚、更不迂腐，而是一贯主张文事武备“两手都要硬”。《左传·鲁定公十年》就记载了孔子在夹谷会盟时有勇有谋、文武兼备的政治家气魄。《左传·定公十年》记载：

> 夏，公会齐侯于祝其，实夹谷。孔丘相。犁弥言于齐侯曰：“孔丘知礼而无勇，若使莱人以兵劫鲁侯，必得志焉。”齐侯从之。孔丘以公退，曰：“士兵之！两君合好，而裔夷之俘以兵乱之，非齐君所以命诸侯也。裔不谋夏，夷不乱华，俘不干盟，兵不逼好。于神为不祥，于德为愆义，于人为失礼。君必不然。”齐侯闻之，遽辟之。将盟，齐人加于载书，曰：“齐师出竟，而不以甲车三百乘从我者，有如此盟。”孔子使兹无还揖对，曰：“而不反我汶阳之田，吾以共命者，亦如之。”

① 杨伯峻译注：《论语译注》，中华书局1980年，附录第1页。

前500年春季，鲁定公与齐景公约定在夹谷会见。齐国的客卿犁弥（《史记》作黎鉏）对齐景公说："孔丘懂得礼而缺乏勇，如果派莱地人用武力劫持鲁侯，一定会如愿以偿。"齐景公对于犁弥的建议，深以为然。前501年秋，在攻打晋国的夷仪时，犁弥率先登上城墙，却主动把功劳让给了大夫东郭书。东郭书称他与犁弥一起登城，不分先后，两个人都辞谢了封赏。以此之故，齐景公颇为尊重犁弥，便依计安排人手，做好武力准备。

犁弥所说的"懂礼而无勇的孔丘"，正是在鲁国担任"摄相事"的孔子。孔子确实以"好周礼"著称，以至于不但后人会误以为孔子只是"文圣人"，就是当代人也认为孔子只是善于纸上谈兵的一介迂腐大儒，所以齐景公、犁弥才有了孔子"知礼无勇"的错误共识。

事实恰恰相反。孔子临危受命，担任了鲁国"代理国卿"一职，前往夹谷去主持齐鲁两国的会盟仪式。临行之前，孔子不但考虑了会盟的各种繁文缛节、礼仪程序等，更是在武备方面精心部署，做好充分准备。会盟时，孔子有勇有谋，文武兼备，兵来将挡水来土掩，不卑不亢，一举挫败了齐国武力胁迫的阴谋，迫使齐国归还了郓、讙、龟阴等汶阳之田。

"夹谷会盟"是孔子短暂政治生涯中彪炳史册的政绩之一，大大改变了人们对孔子"知礼而无勇"的看法。此外，《左传》《孔子世家》等均记载了齐鲁夹谷会盟、孔子以武助文事的经过。

孔子以弱胜强，以礼胜兵，原则性与灵活性高度结合，充分显示出了政治家的风貌，展示了孔子既崇德尚礼又注重"武事"，他强调"有文事者必有武备，有武事者必有文备"的策略。因此，真实的孔子并不重文轻武或者以文废武，而是"文武双全"。在春秋战国时期，文武双全大概是全民性的"素质教育"，如教授学生"六艺"，其中"射""御"便是侧重对青少年的军事训练。有备无患，两手准备，也一直是中国传统政治文化的优秀基因之一。

孔子曾提出治国理政的“三驾马车”：足食、足兵、民信，若不得已而去之则首先“去兵”。军备武装固然重要，但是与百姓温饱衣食等民生第一需要、与百姓精神信仰等需求相比较仍是次之。但是，孔子不愿“言兵”或者很少“言兵”，并不代表他不知用兵或者不敢用兵、不能用兵，而是尽量避免不必要的战争、尽量避免战争造成的巨大伤亡损失，孔子的格局之高、眼界之宽、胸怀之博、人性之善常人确实难以企及，所以他极力主张“不战而屈人之兵”，对于管仲“九合诸侯，不以兵车”的仁德赞不绝口，尤其推崇尧“所重民、食、丧、祭”的“成功”之道。孔子周游列国，一生漂泊不定，又以在卫国居住时间为长，但是当卫灵公向孔子请教战阵之事时，孔子却推辞说只学过礼乐祭祀之事、没有学习过军旅征战之事。第二天，他便决然离开了卫国。孔子的反战思想之强烈，抑或曰“迂腐”，可见一斑。

尽管孔子对于战争闻之色变、极力避免，但是孔子并不是胆小怕事、畏战如虎，或者是“投降派”。对于“救无辜，伐有罪”的正义之战，孔子不但主张积极备战，而且号召血战到底、宁死不屈。他坚信，只要民心所向、正义在手，即使无衣无食、军备孱弱，百姓亦能慷慨赴死、捍卫家园。他高度重视战前准备，主张“教民而战”，提前备战练兵，随时做好迎战准备，以战止战，以强大武力作为实现以德服人、不战而胜的战争目标。他强调全民皆兵、军民融合，认为一般百姓习兵练武七年，便可以投入战争，从而可以减少不必要的伤亡。如果不得已要进行战争，那么就必须事前慎重谋划，不能单凭武力蛮干，更不能犯了徒手搏虎、徒足涉河这类匹夫之勇的战争大忌。孔子一贯主张见义勇为、见利思义、见危授命，强调指出“见义不为，无勇也”，即强调“义勇”之勇，应该见义勇为，而不能逞匹夫之勇。《论语·阳货》集中记述了孔子的尚勇思想等。孔子所认可的勇，必以义当先。对于无义之勇、无礼之勇、不义之勇，孔子深恶痛绝，不屑一顾，嗤之以鼻。

对于“不逊之勇”，孔子师徒更是睥睨不屑。孔子所赞同的勇，不是“有勇无谋”，而是“谋定而后动，知止而有得”，强调提前做好战争准备，以实现“未战而庙算胜”、不战而屈人之兵的战略目标。他的这一系列战争理念，即使现在看来，也是相当高明和超前的。当然，在孔子看来，“兵”并非解决问题的唯一途径，“讲信修睦”，“信”而胜兵，不用兵而天下安，“近者悦，远者来”“远人不服则修文德以来之”，这才是孔子推崇的美政善政和“上战”思想。在孔子的传播和影响下，追求合和发展、求同存异，主张以德服人、以理服人，反对侵略战争、穷兵黩武，很早就成为中华优秀传统文化的核心价值观，并构成了大同社会的基本原则之一。

必须指出，孔子所设想的天下太平、和平共处、老安少怀、各得其所的大同社会，是有明确前提的，即首先保持足够强大的军事国防力量作为保家卫国的安全后盾和战略威慑，然后才能实现从容座谈和平、崇德尚礼、讲信修睦、维护正义、以德服人等理想目标；否则，那就是与虎谋皮、自取其辱、葬送家国。孔子以文事武备协力开创美好生活、实现理想社会的主张，成为儒家学说和中华民族几千年来的主流意识形态和中国人民实现理想社会的指导思想之一。

2. 理想邦家的构想轮廓

孔子的伟大，在于他虽然洞察了天下大势、人情世故，却依然初心不改，“明知其不可为之”，坚定执着、义无反顾地去践行自己救国救民的理想。

由于文献缺失，我们对于孔子设想的“老安少怀”理想社会，只能大致了解其基本轮廓。孔子认为，解决百姓衣食温饱基本需求、均衡分配社会财物、选贤任能教化民心、实现老安少怀各有所养这几个“治理指标”，才算是美好的理想社会。孔子这些思想，成为后世建构大同社会的基本架构。

首先，孔子认为，一个理想社会治国理政第一要务是解决百姓衣食温饱等基本民生问题，在实现了“有所养”之后再施行“有所教”，即解决百姓的道德教化问题。在《论语·颜渊篇》中，当子贡向孔子请教治国理政之策时，孔子第一个回答便是“足食”。

> 子贡问政。子曰：“足食，足兵，民信之矣。”
>
> 子贡曰：“必不得已而去，于斯三者何先？”曰：“去兵。”
>
> 子贡曰：“必不得已而去，于斯二者何先？”曰：“去食。自古皆有死，民无信不立。”

孔子以为，“足食、足兵、民信”是治国理政的“三驾马车”。“三驾马车”的理政思路，亦有轻重主次之分。“足食”为百姓生存的第一需要，是治国理政的第一要务，舍此一切均无从谈起。“足食”关乎百姓生存，是“老有所终”“幼有所长”“鳏寡孤独废疾者皆有所养”的物资保障，是“仁”之首务。无“食”则无民，有“食”则国安。民为国家根本，食乃民之性命。即使在今天，“食”仍为国家重要战略储备物资，粮食安全更是被提升至国家战略安全的高度。所以孔子强调指出“三驾马车”之“食”是当仁不让的“主驾”，是治国理政的根基，是取信于民、政得以成的根本。本固邦宁，民信政成，“信”是治国理政的终极目标，在《论语》中共出现了38处。经过这样一个从物质到精神的发展，国家、民心已经发生了质的变化。这样的国家、人民，即使遭遇不可抗力灾害，百姓哪怕是缺衣少食、军备孱弱，民心仍在，国亦不亡。“人民有信仰，民族有希望，国家有力量。”这样民心凝聚、众志成城的国家，才是孔子心目中的理想之国。

其次，孔子认为，一个理想社会，应该主动进行社会再分配，调节贫富差距，以使百姓无贫富之忧、国家无分裂之虞。在《论语·季氏篇》中，他集中表达了“均无贫”一系列政治主张。孔子强调国家不分大小强弱，只要国内避免“不均”和“修文德”便可“近悦远服”，内无萧墙之忧、外无灭国之祸。“均”是一个相当重要的社会分配准则。“均”，指依据周礼规定来分配土地、管理农务，针对同等级、同阶层而言，侧重于社会生产资源的公平分配，而不是进行社会财富的绝对平均分配。

再次，孔子认为，一个理想社会，必须有较为健全的社会保障、社会救助机制体系，能够兜底保障、救助老弱病残等弱势群体，给予必要的人道帮助、人文关怀，以实现“老安少怀”的社会理想。在《论语·公冶长篇》中，孔子集中阐发了构建“老安少怀”理想社会的美好愿景。

> 颜渊、季路侍。子曰：“盍各言尔志？”
> 子路曰：“愿车马衣轻裘与朋友共敝之而无憾。”
> 颜渊曰：“愿无伐善，无施劳。”
> 子路曰：“愿闻子之志。”
> 子曰：“老者安之，朋友信之，少者怀之。”

“老安少怀”是孔子心目中理想社会的形象表述。它是物质生活和精神生活的双实现，是物质文明和精神文明的双丰收。此后，“老安少怀”成为衡量一个社会文明公正的主要标准。

孔子强调，一个理想社会，应该是贤人执政、百姓乐享的社会常态。而古往今来，能够做到这一点的只有舜。舜任人唯贤，所任得人，所以能够悠游自逸、不下席而天下治。舜治国理政的大智慧、大格局，开创了天下大治、民心大悦、社会大好的发展新面，是国君应当效法的楷模。孔子政治理想具有强烈浓郁的人治德治情结和厚德载物的家国情怀，成为中华传统文化一以贯之的入世精神。孔子终其一生，都在致力于构建这样一个天下太平、政通人和、不约而亲、不令而行、王道乐土的理想社会。当然，他也深知，在现实社会中，自己这些政治主张、理想抱负等都很难实现。“道”不得行，如之奈何？在《论语·公冶长篇》中，孔子虚构了一处“海外之地”“海中之国”，作为寄托“大道之行”的理想之所、化外之地。

子曰：“道不行，乘桴浮于海。从我者，其由与？”

情由境造，言为心声。孔子喟然而叹，表示只能“乘桴浮于海”去寻找他的理想之国。显而易见，此“海”只不过是一种虚指或假借，并无实际意义。即便如此，亦可见孔子对于“大道之行”美好社会的殷殷期盼、向往之至，以及明知其不可而为之的积极进取勇气，千载之下，令人肃然起敬。

此外，孔子的学生们，对于老师所设想的理想邦国，亦有耳闻和记述，如《论语·子张篇》记载了子贡捍卫师道尊严，称颂孔子之贤无人能及，“犹天之不可阶而升也”，并深以孔子未能建立一个“立之斯立、道之斯行、绥之斯来、动之斯和”的“理想邦家”为憾。孔子的理想邦家，除了百姓足食、社会均平、选贤任能、老安少怀、天下太平等共性之外，更侧重强调百姓的精神层面，高度关切人们的参与感、获得感、幸福感，积极弘扬仁爱亲亲的社会价值观，大力培植忠勇智信的民族精神。这样一个人民有信仰、国家有力量的理想邦家，人民彬彬有礼，生活富足，坚毅自信，成为其他国家艳羡归化的美好国度。《论语义疏》赞“孔子若为时所用，得为诸侯及卿大夫之日，则其风化与尧舜无殊”，即是对孔子理想邦家的赞颂。尽管孔子怀才不遇、志未得展，但是他的理想邦家以及基本理念却得到了广泛传播，并经由《礼记·礼运》的阐发而成为大同社会的经典版本。

3. 理想邦家的建构模式

理想邦家的建构模式，不仅包括理想社会、理想国家的建构，还通过理想人物、理想人格的形塑来引导民众崇德尚贤，以推动理想邦家的建构。理想邦家的治理体系，国家层面是明君政治、贤人执政、选贤与能，社会层面是公平正义、平等友爱、老幼得养，个人层面是信仰坚定、道德高尚、尊德崇礼。为此，孔子赋予了社会精英、高尚之士引导社会风尚的职责，并以“至德”作为评判理想社会、理想人物道德素养高下的主要标准。孔子认为，周朝尚贤能、聚人才，“三分天下有其二”，君贤臣能，尊德尚贤，百姓安乐，却依然能恭敬服事殷朝，周朝之治“可谓至德”。周朝有“至德”之治，遂为“至德之邦”“至德之世”。此后，“至德之世”便成为中国古代社会所推崇的一种理想社会模式，如庄子、陆贾、嵇康、邓牧等人都极为推崇“至德之世”。

然则如何构建这一理想邦家？孔子指出，需要建立“君臣父子”的理想社会关系和理想社会秩序，概括说就是“君君、臣臣、父父、子子”，就是要求人们明晰和践行自己的公职身份、家庭角色，“在其位谋其政”，不要“僭越逾矩”。“君臣父子”社会关系明确之后，大家依据各自“名分（社会角色）”分工行事，君王努力效法学习尧、舜、禹这些贤明之君，臣民则勤勉尽职、各安其位、各得其乐、各得其所。在位者、当权者既要以身作则，“居之无倦，行之以忠”；更要注重以上率下、以德化民。只要统治者在推行政令和道德准则方面以身作则，做出榜样，治理国家也就不会有什么困难了。榜样的力量是无穷的。孔子格外强调榜样的力量、君王率先垂范的重要性，并指出礼制的引领作用不可或缺，名分的约束作用无处不在。

孔子目光如炬，看到了国君治国的本质问题，把“正名”视为治国理政的头等大事，强调道德教育比行政命令、刑罚更能有效地防止犯罪，更有利于形成和谐舒畅的社会秩序。孔子深信，通过说服教育以增强人们道德意识和向善为善自觉性的做法，效果要比强迫命令的办法更明显、更可取，“道之以政，齐之以刑，民免而无耻；道之以德，齐之以礼，有耻且格。”百姓固然畏惧严刑峻法，但是严刑峻法却并不能在百姓心中构筑羞耻之心和道德感，只有德治才能教化百姓自觉地遵守公序良俗、法令制度。在孔子看来，有史以来能够达到这一道德高度的，大概只有夏、商、周三代。“三代”是“直道而行”的美好时代，也是令人向往的理想社会。孔子指出，三代是人类社会发展史上一段美好时光，是值得后世竞相学习的历史榜样，是理想邦家的设计蓝图。孔子又指出，判断一个国家、社会、民众的生活是否美好，能否“直道而行”是一个重要参考依据。直道而行的社会，才是公平、正义、美好的理想社会。《周易》说：“君子直道而行，不为物动，不以情拘。”直道既是治国之道、人间正道、社会责任，也是为人处世、坚守底线、风骨凛然的重要标准。在孔子影响下，直道守节成为中国知识分子安身立命、穷且益坚不坠青云之志的精神之“钙”，成为中国人民自力更生、艰苦奋斗、自强不息的民族精神写照。

4. 理想邦家的人格设计

孔子的高明之处，在于他成功地为人们树立了学习效仿的道德楷模，开辟了实现理想邦家的现实路径。孔子不仅完成了理想邦家的理念设计，而且形塑了理想人格的人设支撑。这些理想人物的人设，都具有品德高尚、见义勇为、大爱为国的理想人格。通过对理想人格的赞美引导，树立了正确的道德规范。

首先，孔子理想邦家的领导人物，要具有我已无我、天下为公的大格局和勇于为天下人谋利益的大担当。对于尧、舜、禹“天下为公”的无私奉献精神，孔子大加赞叹，以“巍巍乎”“荡荡乎”等词汇叠加复用，充分表达了他的推崇之情。尧的为君之道（顺天应命）及其礼制习俗的“焕然成功”，舜、禹“天下为公”（有天下而不与）的无私品德，尧、舜、禹以天下苍生为念、以为万民造福的担当，夙夜在公，励精图治，这些都是现实社会中的君王应积极效法学习的楷模和榜样。孔子的理想社会是君主贤明无私、选贤任能、公正无私，臣子各安其位、各司其职、勤政清廉，百姓尊礼而行、友爱互助、各得其所，人人道德情操高尚，社会和谐有序。

其次，孔子理想邦家的忠臣孝子，在道德方面都是“至德之人”。孔子以赞美伟大人物的“曲笔”方式，从顶层设计上为君王、臣子和百姓都树立了所遵循的道德标杆，并对臣子进行了高标准、严要求的约束。如品德高尚的“至德之人”，应该德为人先，学为人师，行为世范，见贤思齐，见利思义，见危授命。孔子津津乐道的“模范臣民”泰伯，便具备“至德”品德。泰伯（姬姓，生卒年不详）为周部落首领古公亶父之长子，次弟仲雍，少弟季历。传说古公亶父知道季历的儿子姬昌有圣德，便想传位给季历。为帮助父亲实现心愿，泰伯与二弟仲雍一起避居到吴地。古公亶父死后，泰伯不回来奔丧，后来又断发纹身，表示终身不返。在当时，“父死不赴，伤毁发肤，皆非贤者之事”，泰伯毁己成人，实际是在暗助季历即位。季历即位后，又传位给姬昌，姬昌即周文王。周文王的儿子武王灭了殷商，一统天下。按照古人“以三为节”的辞让礼节（一辞为礼辞，再辞为固辞，三辞为终辞），泰伯“三让天下”，在孔子看来，其道足以济天下，是道德最高尚的人。这一道德标杆的上层设置，具有双重效力，既表彰忠臣孝子“让贤”传统美德，又警示乱臣贼子：“僭越”人神共愤。不言而喻，天下太平、君臣图治、选贤与能、讲信修睦已上升为理想社会的基本准则。社会风气形成之后，百姓在耳濡目染、潜移默化下通过学习模仿，从而形成上下有序、父慈子孝、诚信友善的良好社会风气。

孔子的思想以“仁”为核心，主义内涵为忠和恕。忠，便是“己欲立而立人，己欲达而达人”；恕，便是“己所不欲，勿施于人”。但是“仁”并不是最高境界，“圣”才是最高境界。在《论语》中，讲“仁”有109次，讲“礼”有75次。这些道德高尚之人，既有“圣人”“贤人”，也有“成人”“君子”等。被誉为“圣人”的“周公（姬旦）”功绩至伟，集大德、大功、大治于一身，是中国历史上以臣子身份被评价最高的第一人，也是孔子最敬服的“圣人”偶像。西周初期，政治清明，周礼盛行，路不拾遗，夜不闭户，百姓安居乐业，这是周公的丰功伟绩。到了孔子所处时代，周公制定的周礼已是“礼崩乐坏”，孔子致力于复兴周礼、重建良好社会秩序，为此奔走一生，锲而不舍传承周公思想。孔子和周公神交已久，多次梦见周公向他传授周礼。纵观《论语》，孔子可谓“周公”的“铁杆粉丝”。据《尚书·大传》记载，周公摄政，一年救乱，二年克殷，三年践奄，四年建侯卫，五年营成周，六年制礼乐，七年致政成王。孔子最折服周公“不骄不吝”、尊德重礼的大德，并以此号召天下人学习周公。

孔子理想邦家以“仁、义、礼”等儒家思想为核心，以周公为理想人格，以君明臣贤、崇德知礼、社会和谐、各得其所为架构，至此初具轮廓。在一贯注重思想道德建设的中国传统政治文化语境下，孔子通过褒扬理想人格的方式方法来重建周礼，重建理想邦家。为此，他形塑了一系列忠臣、贤人、君子、成人的理想人格，如泰伯、周公是忠臣的理想人格，伯夷、叔齐是贤人的理想人格，臧武仲是成人的理想人格。孔子认为，伯夷、叔齐求仁得仁、无所怨，是“贤人”的典范。伯夷是商代末期孤竹国君的长子，叔齐是三子，伯夷因尊奉父命让位给三弟叔齐而离国出走，叔齐则认为传嫡以长，亦避位而离国出走。至于“君子”，多指“有德者”即具有高尚人格的人，在《论语》中多达107处提到，此不赘述。孔子还把“成人（全面完美之人）”作为普通人学习的榜样，指出臧武仲等几人皆是。臧武仲，是“有智慧”的代表人物。《左传·襄公二十三年》记载，在鲁国做大夫时，臧武仲因为得罪了鲁国的权臣，被迫逃到了齐国。齐庄公对臧武仲非常赏识，并打算赏赐给臧武仲一些田地。臧武仲经过分析研判，认为齐庄公日后会牵连自己，便拒绝接受齐庄公的赏赐。后来，齐庄公果然被杀，臧武仲也未受到任何牵连。公绰是鲁大夫孟公绰，为人廉洁，能够克制自己的欲望。卞庄子是鲁国著名的勇士，能够单独与猛虎搏斗。卞庄子同时也是个大孝子。母亲在世时他非常“惜死”，随军作战时故意示弱以求全身，因此三战三败，朋友看不起他，国君羞辱他。卞庄子的母亲去世三年之后，卞庄子再次随军作战，三战三胜，大雪以前战败的耻辱。最后，卞庄子又冲杀七十人，直至阵亡。成人的最高境界，就是冉求这样的“全才”。冉求是孔子的弟子之一，精通政事、六艺。成人就是能够把上述四个人的长处汇集于一身，然后经过礼乐教化，成为完美之人。此外，一个人只要在利益、危险、穷困面前能做到以义当先、忠诚担当，便可以称之为成人。通过自上而下的理想人格设计，孔子成功建构了老安少怀、各得其所的理想邦家。

5. 理想邦家的实践路径

那么，通过怎样的实践路径，才能实现其理想社会呢？首先，孔子主张，加强思想道德建设，从思想道德抓起，以道德力量教化百姓，多管齐下、综合施策，礼法合治、德主刑辅，先施行礼乐教化而后辅以刑罚，反对“不教而诛”。

“为政以德”是孔子总结出的治国理政原则之一，也是我国历史上常用的社会治理方式。孔子特别强调，为政者肩负管理国家职责，应做出表率，严以修德，以上率下，以德化民，以德服人。在具体实施时，为政者要先以道德移风易俗，身体力行，教化百姓，有不从者则以贤德之士加以劝勉，仍顽固不冥者再施以刑罚。如此，百姓自然就会知道是非对错。“法令禁于一时，而教化维于可久”。综合使用思想道德教育手段和法制手段，两手并用，相得益彰，才能收到自律（德）和他律（刑）结合的最佳效果。

“为政以德”的施政理念，还体现在轻徭薄赋、“节用爱人”“使民以时”等几方面。孔子认为治理国家不但要诚信为本、节约财政支出，而且要爱惜民力、轻用民力，适时征发力役，以不违农时。孔子强调，治国理政要有敬业担当、诚实守信的契约精神，要有为国守财、体恤百姓的经济思想，要有轻用民力、适时征发力役的政治自觉。对于横征暴敛、盘剥百姓的行为，孔子深恶痛绝。前562年季氏分得鲁国公室的三分之一，前537年季氏在第二次瓜分鲁国公室时又分得四分之二，很快富裕起来。但是季氏仍不满足，还要增加赋税，并委派孔子的学生冉求前来征求孔子的意见。孔子建议“施取其厚，事举其中，敛从其薄”，季氏却不采纳。冉求也助纣为虐，帮助季氏积敛钱财，搜刮百姓。孔子很生气，要求弟子们大张旗鼓声讨冉求的这种不义行为。

> 季氏富于周公，而求也为之聚敛而附益之。子曰：“非吾徒也。小子鸣鼓而攻之，可也。”《论语·先进篇》

其次，孔子主张，富民是实现理想邦家的必由之路，也是治国理政的第一步。孔子强调，治国之道必先富民，从政者必须把富民放在首位。为了实现第一步的“富民”目标，即使做一个守门小卒也心甘情愿。“先富后教”是孔子的施政理想，他认为，民富之后再教之以礼，国强则指日可待矣。在人口稠密的卫国，冉有询问孔子治理之要。孔子明确提出“庶—富—教”三个发展阶段的施政理念，指出人口众多（“庶”）是基础指标，百姓富裕只是治国理政的第一步，教化百姓、和合天下才是为政之道的理想追求和最高目标。

第三，孔子指出，贤人执政、管理国家是实现理想邦家的第二步。在选贤与能方面，孔子也提出了一系列主张。他认为，只有把正直有才干的人提拔起来，百姓才能心悦诚服。要选举良善之人、教育能力不足之人，百姓便会积极上进。那么，怎么选举贤能之才，怎么知道谁是贤能之才呢？孔子给出选贤之法：先把你所知道的贤能之才选拔上来，你不知道的那些贤能之才就会被其他人选拔走了。为政者不但要善于选拔人才，更要善于发现人才，通过谈话交流的方式可以发现人才、避免人才流失。为政者如果发现了人才，却不提拔重用人才，那么他肯定是一个不担当作为、不负责任的管理者。

第四，孔子强调，社会保障是实现理想邦家的第三步。为确保社会公平正义，还要做好社会救助和兜底保障方面的工作。孔子坚持“周急”“济贫”“济众”等原则，要求雪中送炭，而不是锦上添花。他明确提出“周急不继富”的救穷周急思想。孔子曾经给予总管原思“粟九百”，并嘱咐原思不要拒绝，而是把这些粟分发给贫困的乡党，救济一下他们。孔子认为，能够帮助百姓的人，就是“圣人”。孔子还主张“嘉善矜弱”，即表彰好人好事、鼓励扶弱济困。“周急”“济贫”“矜弱”等救助思想，适用于国家财政支出或者国民财富再分配领域，虽然不可能解决社会贫富不均问题，亦不失为一种积极的施政理念。这与老子的“天之道损有余补不足”思想，殊途同归，对后世影响较大。《太平经》一书即继承了这一思想，在其“六罪十治诀”中，便明确规定“积财亿万，不肯救穷施急，其罪不除”。

在《论语》中孔子虽然没有明确提出大同社会，但是他关于理想之国、理想之人、理想之治、理想之路、理想之战等的“碎片化”思想，亦能清晰勾勒出“老安少怀”理想社会的基本轮廓。此后，“老安少怀”理想社会模式，也成为大同社会的另外一个版本，得到广泛传播。

第二章 百家构想的理想社会

春秋时期，周室衰微，诸侯纷争，百家争鸣。先贤圣哲痛感于社会大动荡、大变革的现实世界，纷纷提出了救时之弊、改造社会的一剂剂良方。有的主张小国寡民，顺其自然，重回远古时期无忧无虑、无欲无求的理想社会；有的主张尊崇周礼，加强人的思想道德建设，重回三代之治；有的主张直面现实，正视矛盾，致力于改造现实社会的不公不均、霸凌掠夺。以墨子为代表的“埋头苦干”“拼命硬干”的墨家学派，忧国忧民，为民请命，舍命行道，并在无我、救民、救国、救天下的奋斗过程中上升为中华民族的脊梁。

一、“兼爱非攻”的尚同社会

墨家学派创始人墨子，是战国初期著名思想家。墨子名翟（约前468—约前376年），宋国人，后长期住在鲁国。体现墨家思想的《墨子》一书，《汉志》著录为七十一篇，今存五十三篇。墨子思想以“兼爱”为指导，以“尚同”“尚贤”“非攻”“节用”等为对策，设想构建一个政令畅通、中央集权制的“兼爱尚同”理想社会。这个理想社会“刑政治，万民和，国家富，财用足，百姓皆得饱暖衣食，便宁无忧”“有力者疾以助人，有财者勉以分人，有道者劝以教人”“饥者得食，寒者得衣，乱者得治”。墨子构想的国泰民安、选贤任能、人人平等、丰衣足食、相亲相爱、天下一家的兼爱社会，正是很多中国人梦寐以求、心向往之的理想社会。尽管墨子并没有明确提出“大同社会”，但是他所构想的“尚同社会”基本架构及其主要原则被儒家等学派加以吸收、借鉴和发扬，因而尚同社会也成为中国传统理想社会的重要版本之一。

1. 和平共处的身体力行

中国人民热爱和平、追求和平、反对不义战争的思想传统由来已久，墨子就是世界上当之无愧的和平主义者，墨家“兼爱”“非攻”的和平理念就是和平主义思想的早期体现。尤为可贵的是，墨家一反其他学派坐而论道的传统风气，以躬身践行非攻的和平思想为己任，知行合一，不辞辛劳，奔走斡旋，努力谋求国家之间的和平共处，努力消弭祸乱百姓的战争灾患。其中，墨子帮助宋国成功抵御楚国侵犯、不战而胜的“止楚攻宋”事迹最为著名。

相传约前440年，公输盘（鲁班）被请到楚国，连夜制造云梯之类的攻城器械，以协助楚国攻克宋国。鲁班姓姬，公输氏，名般（盘），鲁国人，出身于工匠世家，是当时最为著名的能工巧匠。

墨子听到消息后，赶紧派出弟子禽滑厘等三百余人携带守城器械赶赴宋国，帮助宋国做好防御准备，自己则日夜兼程赶往楚国。脚掌磨出血泡、流出血水，墨子便用块布包裹起来继续赶路。就这样披风戴月、风餐露宿走了十天十夜，终于赶到了楚国都城郢。见到楚王后，墨子不慌不忙，向楚王讲述一个寓言故事：有一个人，自己家明明有豪华高档的车子，却还去偷邻居家破烂不堪的车子；自己明明锦衣玉食，却还去偷邻居家的破衣服、剩饭菜。这个人是不是有点儿不正常啊？

楚王颔首，同意墨子的说法，认为这个人一定是有“窃疾”。

墨子微微一笑，说道：“楚、宋两国富贫差别很大，就好比一个是富裕之家、一个是贫穷之家。楚国土地富饶，物产丰富；宋国又弱又小，资源贫乏。大王您攻打宋国，这不正如“窃疾”者一样？再说了，大王您如果不顾道义，执意以强欺弱、以富侮贫，那么肯定会失败的。”

楚王沉吟片刻，说：“你说的这些道理我是明白了。可是，鲁班已经造好攻城器械了，那就先把宋国攻下来再说吧。”

墨子说道：“大王您这么说，大概是认为已经胜算在握了。那么，我请求您批准我与鲁班推演一下攻宋的过程吧。”

楚王也来了兴致，马上安排二人在殿前模拟进行一场攻守器械的对抗演习。鲁班穷尽所有招数，模拟了九次攻城，都被墨子阻挡了。鲁班似笑非笑地看着墨子黢黑疲惫的面庞，叹了口气，说道：“我还有个办法，但是我不想说出来。”

墨子看着鲁班，微微一笑，说道：“我知道你的办法是什么。但是我也不想说出来。”

楚王有些莫名其妙，不知所云。

墨子缓缓说道：“鲁班以为，只要杀掉了我，就没有人可以帮助宋国守城了。然而，可惜的是，即便杀掉了我，楚国也不会攻下宋国的。因为，在我来之前，我的三百弟子已经赶到了宋国，正在用我这些防守器械积极备战呢。”

楚王、鲁班以及群臣听罢，面面相觑。鲁班更是垂头丧气，不再言语。楚王意兴索然，只得罢休，放弃攻打宋国。

“止楚攻宋”的情报，很快传到了宋国。宋国举国上下，欢欣鼓舞，纷纷称颂墨子。

墨子使命已达，并未在楚国逗留，而是匆匆赶回宋国，以防万一。

墨子来到宋国城门下，天下起了大雨，守门士兵临时关闭了城门。时间不长，雨势减小，天将放晴，很多着急进城的百姓便在城门外排起长队冒雨等候。衣衫褴褛、倦容满面的墨子，也平静地挤在队伍中间，任凭淅淅沥沥的雨滴淋在身上。守门的士卒、排队的百姓都在低声议论、称赞、感谢着他们心目中的大英雄墨子，浑然不知墨子正在他们中间。凯旋的墨子，并不介意没有鲜花、掌声、迎接。阻止了强楚对宋国的攻伐，不战而屈人之兵，非攻思想在实践中有了用武之地，老百姓避免了战争之苦、得到了和平的实惠，这才是墨子最欣慰的。

2. 兼爱天下的大爱思想

推己及人、兼爱天下，实际就是试图构建一个天下一家、和平共处、友爱互助的兼爱社会。在这个理想社会里，大家心往一块想、劲往一块使，齐心协力，组织严密，同仇敌忾，爱他人、爱他家、爱他国如同爱自己、爱本家、爱本国，无论老弱病残、贫穷富有、大小强弱，大家一律平等。

兼爱思想的博大，超越了儒家的仁爱思想。仁爱是一种有区别、有等级、有阶段的爱，主张通过分阶段、逐步提升自己素养，然后帮助他人提高，经由“修身齐家治国平天下”这一路径，分阶段、逐步实现改造社会的目标。兼爱则是一种无阶级、无差别、无阶段的爱，设想天下之人同时具有大爱无私的道德素养、同步达到兼爱天下的思想境界；之后，现实社会就会变为一个大爱、和平、美好的理想社会。兼爱的理想社会，忽视了人与人、国与国的差异性、多样性，在理论上是可能的，但是在实践上明显不具备可操作性。这是墨家兼爱思想的问题所在。

墨子倡导全人类齐心协力，共建共享兼爱社会。其兼爱思想，既包括纵向的君臣、父子、兄弟之爱，也包括横向的人与人、家与家、国与国之爱。在兼爱理想社会里，人类社会已经达到了兼爱境界，天下、国家、财富都是大家共建、共有、共享，大家在这个“人类共同体”之中协调发展，各履其职、各尽其责、各得其所，既有民主又有集中，既有个体的自由发展又有集体的充分发展，大家相向而行、友爱和谐，这就是墨家理想中的兼爱尚同社会。兼爱思想的提出及其践行，使得墨家卓然而立，前瞻性地看到了人类社会发展的必然归宿。墨子的伟大之处，也恰在于此。继墨子提出天下之人和天下之国平等共生的“人类共同体”理念之后，庄子又进一步提出了人类与自然万物平等的“自然共同体”思想（“齐物论”）；两千多年以后的今天，中国人民又创造性地提出了“人类命运共同体”理念。

墨子的兼爱思想超越了他所在的时代，即使在当下也遥遥领先、相当超前。墨子悲天悯人的目光直接跨越了历史时空，透视了人性、社会、家国、天下的丑陋面，看到了“人类不相爱”是天下大乱的根源，是导致天下之人皆“亏人而自利”、国家相互侵夺的祸根，也是人类社会发展进步的痼疾和毒瘤。这种小爱、私爱、别爱，纵容了人类自私自利的丑恶一面，遮蔽了人类的慧眼、社会的良知、家国的理性，必然会导致人生观、价值观、世界观“三观不正”。为此，他开出了一剂根治人类社会痼疾的救世良方：人类社会只有“兼相爱”，才能化解乱世纷争、诸侯攻伐、兄弟阋墙，才能避免天下大乱、哀鸿遍野、民不聊生。

在墨子看来，人类应该自觉换位思考，主动摒弃自私自利之心，共同践行天下一家人、四海皆兄弟的大爱原则，灭私欲、行天道、救万民，从而树立起以兼爱为指导思想的新型人际关系、新型国际关系，人类社会就可以自然而然建立起一个和合与共、求同存异的“人类共同体”。墨子认为实现兼爱理想社会的现实路径，墨子坚信是通过兼爱之道，彻底消弭你我、彼此、家国之别，然后天下大治、万民大利，强不欺弱，富不侮贫，贵不傲贱，国家实现和平、和谐、富足，人民得到自由、实惠、赡养，全世界共同生活在“人类共同体”之中。这个“人类共同体”，就是墨子信心满满所设想的兼爱理想社会。

墨子苦心设计的兼爱理想社会，充满了乐观和自信，同时也过高预估了人类自我拯救的自觉性、低估了人性之恶的劣根性。人性是复杂多变的，既有趋利避害的动物性，又有平等互助的社会性。

自私逐利、欺凌弱小的动物性，是人性最丑陋的一面。患难与共、扶弱济贫的社会性，则是人性最善良的一面。如果人性善的一面占据社会主流，社会就会形成公平正义、和谐向善的良好道德风尚，反之则出现不良道德风尚。墨子兼爱思想的提出及其践行，正在于墨子坚信善必胜恶，坚信人性向善的道德力量一定会成为社会道德的主导力量，人类社会也一定会走向光明可期的美好未来。基于此，墨子及其弟子高举“兼爱”“非攻”的理想大旗，不屈不挠捍卫和平正义，大公无私兴利除害，舍己为人除暴安良，挺身而出匡扶正义，“赴火蹈刃，死不旋踵”。墨家学派毫不利己专门利人、敢于牺牲服务大众的救世精神，激励着天下很多侠义之士追随其学说、践行其理想，墨家因此不断壮大，“徒属弥众，弟子弥丰，充满天下”。即使最坚决反对墨子之说的孟子，也非常钦佩“墨子摩顶放踵，利天下为之”的无私奉献精神。

敢为人先、敢为民死，明知不可行却毅然去践行、去赴死，明知人性之恶却甘愿牺牲生命去拯救苍生、拯救世界，这正是墨家学派古往今来最伟大、最崇高、最孤独之处，这种坚定自信与儒家“德不孤必有邻”的入世信念殊途同归。《墨子·贵义》对墨子苦行救世、勇于担当、舍我其谁、无私奉献精神，进行了记载。

> 子墨子自鲁即齐，过故人，谓子墨子曰：“今天下莫为义，子独自苦而为义，子不若已。”子墨子曰：“今有人于此，有子十人，一人耕而九人处，则耕者不可以不益急矣。何故？则食者众而耕者寡也。今天下莫为义，则子如劝我者也，何故止我？”

3. 积极防御的务实主义

墨子是中华民族以义当先、埋头苦干、拼命硬干的实干派代表，是“中国脊梁”的象征。墨子反对一切侵略战争，主张采取积极防御的务实态度，捍卫公平正义，维护人类的和平。

墨子主张“非攻”是反对不义之战，而不是主张非战争，更不是绝对反对一切战争。这与孔子强调“文事武备”、老子“甲兵不用”的战争观是一致的，由此可见中国传统大同理想就包含着以战止战、勇于自卫的正确战争观，就充分肯定了自卫战争的正当性、必要性。墨子认为，禹征伐有苗、汤伐桀、武王伐纣，都是为天下万民兴利除害、讨伐不义的正义之战，是应该肯定和支持的。为了区分这两种战争的不同性质，他特意用了“攻”和“诛”两个字加以区别：攻，是攻伐无罪的不义之战；诛，是讨伐有罪的正义之战，并提出了正义战争必胜、不义之战必败的战争观。在墨子看来，所谓“春秋之战”都是属于非正义战争，历史上好战而亡的统治者更是不可胜数，依靠掠夺战争称王称霸的国家绝不会久盛不衰。

墨家战争观也成为中国人民争取美好生活的思想武器。墨子揭示了战争带给百姓、国家的沉重灾难：一是贻误农时，破坏生产，民不聊生。二是抢劫财富，不劳而获，强盗行径。三是残害无辜，百姓遭殃，国破家亡。墨子深知，光讲大道理是不可能说服大国君主放弃战争的，因而主张“深谋备御”，以积极防御制止侵略战争，如倡导亟敌为上、积极防御，并提供了有效防御的十二种攻城方法。墨子的“备御”思想，是在自卫立场的主动防御，反对纸上谈兵、坐而论道、坐以待毙。他指出，当初周天子分封诸侯时，诸侯国的数量是万国有余；由于兼并战争，只剩下楚、越、齐、晋等为数不多的几个大国。为了实现国际和平、平等相处、和合发展的美好愿景，墨子设坛讲学，率领弟子周游诸国，推行其“兼爱”“非攻”等政治主张，提出了“七不”作为处理国际关系的准则，即“大不攻小也，强不侮弱也，众不贼寡也，诈不欺愚也，贵不傲贱也，富不骄贫也，壮不夺老者也”。“七不”的关系理念是人类社会历史上比较早的一个“国际关系公约”。

兼爱理想社会模式明确将兼爱思想从一国延伸到了国家之间，关切对象涵盖了个人权利、国家关系、人类命运，具有超越时代的普惠价值，成为中华文化的优秀代表，为人类社会发展提供了中国智慧。在当今世界，既有超级大国也有弱国、小国，既有发达国家也有发展中国家，很有必要在国与国之间倡导树立一种积极正确的国际关系。中华人民共和国倡导的和平共处五项原则，强调“互相尊重主权和领土完整、互不侵犯、互不干涉内政、平等互利、和平共处”，其实就是对于墨子“国际关系公约”思想精髓的创造性继承、创新性发展，也是呼吁世界和平、维护人间正义、保障人类权益的国际关系新准则。历史发展到今天，正面临着百年未有之大变局。当今世界已经进入了同生共死、休戚与共的全球化时代，要么共存共荣，要么同归于尽，传统意义上的胜利者或失败者已不复存在，传统战争思维也必将退出历史舞台。新时代、新世界、新气象，人类将向何处去？回望历史之路，也许墨子“兼爱”“非攻”的中国传统智慧将为我们构建人类命运共同体、重建国际新秩序提供更具有现实针对性的启迪。

4. 万众一心的中央集权

中央集权政治体制在中国已有两千多年历史，是一种处理中央与地方关系的行政管理体制，在维护国家统一、集中力量办大事、加强经济文化交流方面起到了积极作用。中央集权与专制主义并无必然的因果关系，但农耕文明地大物博、人口众多的特殊国情却决定了中国人民必然会选择中央集权。为了实现“兼爱”，达到“尚同”，墨子认为有必要改变诸侯割据、一盘散沙、各自为政的分裂局面，代之以实施中央集权的一元化领导体制，按照民主集中制原则，个人服从集体、下级服从上级、地方服从中央。为此，他提出了“尚同”主张，建议选贤任能，民主推选天子、三公、诸侯、正长，建立一元化集权政体，将民众意见建议集中起来层层上传，然后再由君主以政策命令形式层层下达，这样就可以做到政令畅通、万众一心、众志成城、天下大治。

要建立这种自上而下、逐级管理的中央集权体制，墨子认为必须贯彻执行“上同而不下比”原则。“上同”，就是要求上下级之间、地方与中央之间，保持高度一致，“不下比”就是禁止底层百姓、地方官员结党营私或者欺上瞒下，或者人为设置一些障碍来阻碍政令的畅通。建立起上通下达、民主集中的渠道之后，天下之人、草野之民均可随时随地能够反映自己的意见建议，各级“政长”汇总这些意见建议之后，再层层传达，汇聚至“天子”。“天子”要遵从天意和民心，集思广益，赏善惩恶，正向引导，凝心聚力，这样便能达到“治天下之国若治一家，使天下之民若使一夫”的高效率，通过一元化领导，从而可以实现“天下大治”、实现“尚同社会”。

墨子的“尚同”理想社会，首先是一个友爱社会。每个社会成员思想境界都很高，都能做到不分亲疏、舍己为人、助人为乐，都能具有“兴天下之利，除天下之害；利人即为，不利人即止”的美德。在这个理想社会里，没有霸权欺凌，只有关心关爱，无子女的老人、无父母的少年都能够在社会帮助下快乐生活；国家之间，没有战争纠纷，不分大小强弱，一律平等；彻底实现了人与人、家与家、国与国之间的相亲相爱、和睦共处。

其次是一个平等社会。全体社会成员都平等劳动，按劳分配；按照分工，各事所能，不劳不食，不劳不获，而且全体社会成员都具有高度的劳动自觉，从而实现天下大治、衣食无忧。在这个理想社会，劳动成员劳动自觉性越高，生产的社会产品量就会越大，人均份额就会水涨船高、分配数量就会越多，社会财富总量就会越来越大，形成了生产生活水平不断提高的良性循环。在构建平等社会问题上，墨子旗帜鲜明提出“官无常贵、民无常贱”的平等观，强调人与人之间无差别、无等级，拥有平等互爱、平等生存、平等发展的权利。在经济层面，他要求全民同利、有财相分、有利相交，实现所有人的共同幸福、共同富裕。他大而扩之，要求实现国与国平等、人与人平等、政治地位平等、经济地位平等、用人体制平等、发展机会平等。为此，他鼓励百姓通过奋斗改变命运，争取平等的社会地位。他还主张节葬、节用，让财富回归全社会，回归劳动者。天下大公、人人平等、共同富裕，是墨子对民生的终极关怀。

再次是一个保障社会。每一社会成员都有基本的民生保障，社会救助体系比较健全。墨子以“兼爱”为纲，提出了节葬、节丧、节用、非乐等十大主张，呼吁统治阶层要爱惜民力、尊重民意、还利于民、造福于民。墨子提出“民生为甚欲”的观点，强调生存是民生第一需要，重视民生、重视劳动者的生存权。墨子提出“足食、养民、富民、息劳、均财”等主张，强调治理国家要顺天应命、与民休息、兴利除弊，如此才能实现多生产粮食、充实仓库、满足百姓衣食温饱需要。他劝勉人们，要相信世间自有“天道鬼神”在监督着人们一言一行、一举一动，所以要心存良善、与人为善、多做好事、莫问前程，只有“信鬼神而敬之”才能确保社会分配的公平公正。他宣扬“天志”“明鬼”之说，相信人间自有公道运行，相信上天鬼神对于世间不义行为自会罚恶。对于弱势群体，墨子尤为关注，提出“有力者疾以助人，有财者勉以分人，有道者劝以教人。若此，则饥者得食，寒者得衣，乱者得治。”理想社会的基本架构，希望能将“兼爱”思想传送到每一个人心中，真正帮助社会弱势群体。墨子此说，成为儒家大同之说的思想源泉之一，如《礼记·礼运》说：“使老有所终，壮有所用，幼有所长，鳏寡孤独废疾者皆有所养。”

墨子重视思想舆论的引导，认为“一同天下之义”是治国理政的关键一招，主张统一思想、凝心聚力、众志成城，共同发展。在当时，大一统的中央集权呼声很高，他的“尚同”思想自然对后世产生了深远影响。秦始皇统一天下之后，废除了周朝的分封制，采用了郡县制，进行了“车同轨、书同文、行同伦”以及统一度量衡、货币、文字的一系列改革，包括“焚书坑儒”，都是统一思想、加强中央集权的举措，也深得墨子“尚同”思想的精髓。尽管秦王朝二世而亡，中央集权制度却经过两汉王朝四百多年的巩固强化而深入人心，汉族共同体思想已成为中国人民根深蒂固的民族认同，中华文明也以国家形式在王朝更迭中实现了代际传承。墨子“尚同”思想不仅影响了中国古代，也影响了中国近现代化历程。1919年巴黎和会上遭受到的空前耻辱，让中国人民集体醒悟到：唯有建立中央集权政府、完成国家统一，中华民族才能避免亡国灭种。五四运动以后，革命先驱孙中山等人果断放弃了联邦制建国构想，开始走向重建中央集权的大一统道路。1949年中华人民共和国成立后，以毛泽东同志为核心的中国共产党建立了人民民主专政的社会主义国家。

中国人民倡导构建人类命运共同体不但是对优秀传统文化的创造性继承，也是对中国传统大同理想的创新性发展。在21世纪的今天，全球一体化物质条件日渐成熟，现代网络通信技术高度发达，集思广益、民主集中的硬件比较完善，实现“尚同社会”的时机、条件更加完备。假如全人类能同心同德构建一个人类命运共同体，人类社会在通往天下为公、世界大同的康庄大道上必将行稳致远。

5. 行广无私的爱民情怀

墨子身处乱世，苦民所苦，为民不平，具有行广无私的爱民情怀。他认为，德义才能服天下、得天下、稳天下，兼爱才能消弭祸乱、止攻救世、利国利民，在兼爱思想下，爱民、利民、助民才是“义”，陷民水火、与民争利、夺民之财则为“不义”。对于“义”，应该引导人们“同义”，即同心同德建设家园；对于“不义”，人人可以得而诛之。

为了实现“兼爱尚同”理想社会目标，墨子从改造人性入手，试图培育人们的博爱情怀与大我境界，以解决现实社会人与人之间、家与家之间、国与国之间的各种祸害弊端。他认为，只有兴义师，伐无道，利天下，以德服人，才能世界和平、天下归心、万国协和。墨家弟子率先垂范，带头实践，赴汤蹈火，死不旋踵，墨家迅速上升为先秦时期社会影响最大的学派之一，一度与儒家并称“显学”。墨家组织严密、纪律严明、信仰坚定，领袖称为“巨子”，执行“墨者之法”，分财互助，以苦为乐，致力于拯救天下苍生和建立一个兼爱尚同的理想社会。墨子“兼爱”“尚同”的理想社会，也成为中国大同理想早期版本之一。与孔子“老安少怀”的理想社会相比，墨子兼爱理想社会里包含了较为具体的物质层面（足食均财）和精神层面（尚同）的制度设计，但是墨子对于物质生活条件要求极低，对于精神层面要求极高，展示了公而忘私、爱而忘战、同生共存、和谐与共的极高思想境界与博爱情怀。其前瞻性思考与社会改造方案的横空出世，跨越了时空，超越了人性，为人类社会破解“丛林法则”“零和博弈”等世界难题提出了一个超前的解决方案。这一天才设计另辟蹊径，放射出超时空的耀眼光芒，虽然实践难度相当大，却不失为集中代表中国古老智慧解决人类发展问题的建设性方案之一。

中华文明是人类历史上唯一未曾断代且延续至今的文明共同体，涌现出来老子、孔子、墨子等一批伟大思想家。他们对人类命运的思考，支撑起中国人民开创明天的思想大厦，成为中华民族屹立世界的自信基石。特别是墨家毫不利己专门利人，积极主动舍身成仁、舍命行道，不仅是中国历史也是世界历史上第一个全心全意为天下百姓谋利益的社团组织。虽然墨家被历朝历代统治阶级视为危险学说，屡遭打压和禁绝，导致了墨家学派的式微和湮没，但是他们也当之无愧地得到了人们的推崇赞誉。孙中山称赞说：“墨子是中国第一平等博爱主义大家。”毛泽东也称赞墨子是“中国的赫拉克利特”“古代辩证唯物论大家”。中华人民共和国成立后，中国实现了生产资料公有制，彻底消灭了私有制、剥削阶级，生产资料归全体人民公有和共享，人人平等，按劳分配，人民当家作主，领导干部吃苦在前、享受在后，与劳动人民“同吃、同住、同劳动”，初步实现了“路不拾遗、夜不闭户、天下为公”的治世景象。实行改革开放以来，中国又接续奋斗，成为全球第二大经济体，全面建成了小康社会，中国人民在中国共产党正确领导下正在一步步把传统大同理想变为现实。

二、“至德之世”的复古梦想

“至德之世”是战国思想家庄子的梦想。庄子名庄周，字子休（一说子沐），宋国蒙人，生于周烈王七年（约前369年），卒于约周赧王十七年（前298年）至周赧王二十九年（前286年）之间。庄子著有《庄子》一书，一般认为“内篇”为庄子所写。庄子是站在宇宙万物平等基础上肯定一切生命及其意识独立的先驱者，否定了人类社会以及自然万物高低贵贱之分，认为“道”在主宰宇宙万物。他不仅具有“大宇宙观”，还追求“至德之世”的理想社会。在这个理想社会里，物质产品极大丰富，人们可以随心所欲享用，而且人类已经超脱了物欲追求，成为自然万物的平等一分子。在精神层面，庄子提出“齐物论”，认为万物一体，天人合一，人类在摒弃物欲贪心、看轻世间芜杂之后才能完成思想道德提升，获得心灵永恒安宁，从而实现“博爱自然万物”的更高境界（具有跨物种的境界），并直言不讳地指出：人类若自认为是自然万物的主宰并高高凌驾于自然万物之上，则是走向不归路。

1. 众生平等的天下思想

天下太平，没有战争，和合与共，这是中国传统理想社会的基本特征之一。为了消弭战乱、实现和平的理想目标，先贤圣哲通过不同方式方法进行了种种努力。如果说墨子是世界上最伟大的和平主义者，那么庄子就是世界上最伟大的平等主义者。墨子为了实现天下太平的理想社会，不惜身赴虎口，以战止战；庄子为了实现平等的理想社会，更是谈笑之间便直接“掐断”了君主攻城略地的勃勃野心，不战而屈人之兵，维护了和平正义。

天人合一，万物有灵，众生平等，是至德之世区别于其他理想社会模式的关键。庄子认为，发生战争的根本原因在于打破了人我的平等，未能看到事物的差异性。世间万物是有差异的，承认差异性并充分尊重人我之间、家国之间的差异性，才能各安其位、实现和平。而战争并不是解决差异性问题的选择方式，“有待”（相对）的差异性在“无待”（绝对）条件下便可以消失殆尽。什么大国小国、强国弱国、高低贵贱，在时间空间条件下都可以忽略不计。他这一理论，在蜗角蛮触这则寓言故事里体现得淋漓尽致。

周显王四十六年（前323年），在魏国首都大梁，47岁的庄子，化名“戴晋人”，经由魏国宰相惠施引荐，前去拜见魏惠王。

惠施（约前370—前310年），即惠子，学富五车，是合纵抗秦的代表人物，也是名家学派的创始人。他的“历物十事”思想贯穿着“合同异”的辩证思想，其“泛物论”思想与庄子“齐物论”思想相当接近。惠施与庄子为同乡好友，二人经常切磋论学，交游甚密。前334年，魏惠王以惠施为相。在惠施的推动下，魏国和齐国签订了盟约，可是不久齐国就违约了。魏惠王非常生气，想派人暗杀齐王或者攻伐齐国。对此，大臣们意见不一。惠施对魏惠王说：“有个人叫戴晋人，很有见识，很有学问，陛下不妨请他来，听听他的意见吧。”魏惠王答应了。惠施所谓“戴晋人”，其实就是庄子。庄子应邀来到大梁之后，惠施却听信了谣言，误以为庄子前来，是为了取而代之、谋取魏国相位，竟然派人在国都内搜索了三天三夜，抓捕庄子。庄子见到老友惠施之后，平静地向他讲述了一则寓言故事：“南方有一种鸟，名字叫鹓鸰。鹓鸰从南海起飞，要飞到北海去。在飞行中，不是梧桐树不栖息，不是竹子的果实不吃，不是甜美的泉水不喝。一只猫头鹰正在食用腐臭的老鼠，看到鹓鸰从面前飞过，唯恐鹓鸰抢食它的臭老鼠，便发出怒斥声恐吓鹓鸰。现在，听说你也想用梁国来吓我吗？”惠施羞愧不已。

见到魏惠王之后，庄子娓娓说道：“有一只蜗牛，头上长着两只角，每只角上有一个国家，左角上的国家叫触氏国，右角上的国家叫蛮氏国。这两个国家因为争夺土地经常打仗，致使数万人死在战场上，追赶败兵要往返十五天……”

魏惠王笑道：“先生您是在开玩笑吧？我不明白您的意思。”

庄子肃然说道：“我怎么敢和国君您开玩笑呢？那么，就让我进一步为您解释一下吧。请问国君，您认为天地四方、上下左右，有没有尽头呢？”

魏惠王沉吟道：“没有穷尽。”

庄子继续说道：“如果我们的思想能够在浩瀚无际之境遨游之后，再返回来看我们脚下的国土，是否会感觉脚下这片国土小得仿佛不存在一般？”

魏惠王说道：“确实如此。”

庄子话锋一转，说道：“现在，我们脚下这片国土上，有个魏国；魏国的国土里，有个大梁城；在大梁城里，有魏惠王您。如果与浩瀚无际之境相比，仿佛一粒尘埃的魏国与蜗牛角上的蛮氏国，又有什么区别呢？”

魏惠王沉吟片刻，缓缓说道：“没有什么区别。”

庄子说道：“我的话已经说完了。请允许我告退吧。”然后施礼，告退。

魏惠王怅然若失，良久，才召见惠施，说道：“你引荐的这个人，神龙见首不见尾，真了不起啊，就连圣人都不足以和他相提并论呢。”

惠施回答道：“是啊。传说中的圣人尧、舜，如果与这个人相比，那也是微不足道啊。那么，大王您下一步怎么打算呢，是打算暗杀齐王，还是准备攻打齐国呢？”

魏惠王摇首叹息，说道：“算了吧，算了吧，都是触角虚名。”

2. 上如标枝的至德之世

由于认识世界的方法论、价值观等不尽相同，先贤圣哲在构想各自理想社会模式上各有侧重，各具特色。在庄子看来，“齐物”就是一种价值的态度，自然万物的存在价值都是平等的、等价的，亦不否认事物在实存意义上的差异性。如《庄子·秋水》说：“以道观之，物无贵贱；以物观之，自贵而相贱；以俗观之，贵贱不在己。”贵与贱，即是一种价值的尺度。人类若要实现返璞归真、自由自在的美好生活，就要摒弃概念上的自我约束，摒弃自我意识和行为中不自然、人为的东西，就是说一切事物都是相同的、没有什么差别的，世间万物皆一体，皆有存在价值。套用佛教的话语，“齐物”大概就是“看破红尘”之后的“众生平等”。所谓“红尘”，就是人为的种种概念；摆脱了这些束缚，就可以把人类打回原形，就能实现一切生命平等。庄子推崇的至德之世、理想社会，实现了天人合一、众生平等，人类忘怀于物，清心寡欲，居无思、行无虑，君王如树枝无所作为，民众如野鹿自由奔跑，天地万物和谐共生。

庄子齐物思想，越过道德观念，回归生命本源，承认万物万事皆有存在价值，世间无所谓是非、对错、美丑、贵贱，随着是非对错向其对立面转化，就变成了无差别。举例来说，如果按照人类的价值标准，某人前去翻地垦荒，在平整土地时，会伤害很多土壤里的“原住民”如蚯蚓之类，可是人类并不会因此产生任何道德上的负疚感、不适感。同理，如果用大宇宙观的视野看待银河系，也许人类赖以生存的地球以及人类同样只是一块土壤和“蚯蚓”之类，“超级文明体（非人）”在清理“土壤（地球）”时也会毫不在意地把“蚯蚓（人类）”除掉，他们也同样不会有什么负疚感。基于这种大宇宙观的认识，庄子继承发展了老子“小国寡民”的社会理想，把旷古时期无为无欲、无拘无束、物我两忘的“至德之世”作为其最理想的社会模式。他在《庄子·天地》描写了这一理想社会：

> 至德之世，不尚贤，不使能；上如标枝，民如野鹿；端正而不知以为义，相爱而不知以为仁，实而不知以为忠，当而不知以为信，蠢动而相使，不以为赐。是故行而无迹，事事而无传。

在“至德之世”理想社会，万物并生并育而不相悖，各种物类平等共生，无贵、贱、高、低之等级划分，人类亦是万物之一，与花草为伴，与鸟兽同居，与禽兽游玩，无所谓动物植物，无所谓君子小人。这时候的人类，已经彻底达到了超脱物外的忘我境界。这样的生存状态虽然原始，却无尔虞我诈、阴谋中伤、投机取巧，无须蝇营狗苟、钩心斗角、溜须拍马，人与万物各得其所，各得其乐，敦厚纯真，恬静安宁。至德之世的基本构想，就是希望人类社会能够返璞归真、割舍贪欲、天人合一、万物共生、君王无为、民众无忧。

庄子设想的“至德之世”，已经具有了超人类的格局与视野。他强调，人类只是万物之一，无知、无欲、无求，没有道德束缚，返璞归真，混迹禽兽，率性而活，并无任何优越性可言。他指出，从容成氏直至神农氏的结绳记事时代，百姓能够甘其食、美其服、乐其俗、安其居，国家之间能够友好相处、互不侵犯，已经达到了“至治”的最高境界，在古远之世曾存在的“至德之世”将是人类社会发展的归宿。

3. 无为之治的人文关怀

庄子构想的“至德之世”，是一个自由自在、自然无为、无欲无求的理想社会。这个理想社会，存在年代比较久远，是在黄帝时代之前。在黄帝时代，治国理政的人为痕迹已经相当明显，人们的道德境界已经“不能致德”，人们生活已经有了各种规则法纪的约束。在黄帝时代之后，人们之间相互倾轧，纷争四起，世风日下。因而庄子在现实社会土壤里，为人类社会设计了一个天人合一、众生平等、和谐共生的终极理想社会方案。

“至德之世”作为一种社会理想，有很强的现实批判意义和深沉的人文关怀情结。庄子生逢乱世，耳闻目睹了诸侯各国的长期割据、频繁的兼并战争、深重的横征暴敛、社会的动荡不安，他痛心于无辜百姓所承担的时代灾难、流离失所，痛感于人类社会礼崩乐坏的信仰丧失、道德人性的彻底沦丧、逐名求利的蝇营狗苟，便构想了这个无战乱、有道德、无名利、有人性、无欲求、有快乐的“至德之世”。在庄子看来，世人为追求功名利禄而劳心损性，失去了本该有的简单、快乐和幸福，这是不值得的。尽管对现实社会感到失望和不满，他不是选择逃离现实，而是冷静思考，植根于现实，设计出了“至德之世”理想社会，并幻想人类能生活在其中，自由自在，乐享生活。

“至德之世”社会理想也具有明显的主观虚构性和幻想性。在“至德之世”，人与自然万物是原始状态下的共生共存、和谐友善关系，无任何对立和斗争；人类也并不是万物之长，而是万物之一，众生平等，回归自然，无烦扰浮躁，心灵恬淡安宁，无欲无求，“不知悦生，不知恶死”。庄子尤其反对那些违背自然规律的“人为”行为，认为这实际就是虚伪之心在作祟。真正的无为社会，就是率性而为、顺从天道、抛弃刻意的自然生活。这种自然简单的生活，不但不需要政治宣传、礼乐教化、仁义劝导，还要忘掉这些道德羁绊，忘掉成心、机心、分别心。庄子所关心的，不在于生理我的满足，不在于家庭我的实现，也不在于社会我的完成，而在于体现宇宙我的理想。“天地与我并生，万物与我为一”。因此，庄子渴望生态、文明、绿色、简单的美好生活，这个理想社会里既无有毒物质和生态灾难，又无种族歧视、性别压迫、霸权主义，实现了天人合一、无为而治、众生平等。

庄子对现实社会的深刻批判，也否定了人类社会进化发展的主观能动性。在人类文明的轴心时代，庄子立足世界东方，提出了东方特色的理想社会模式，而同处于轴心时代的柏拉图则立足世界西方，提出了西方特色的乌托邦理想社会模式。庄子的“至德之世”和柏拉图的“理想国”，在构建理想社会时，相同之处在于：一方面都构建了一个理想社会模式，寄托对美好生活的追求向往，另一方面又都批判了现实社会。不同之处在于，二者在具体建构模型上有所不同。庄子所构想的“至德之世”，是在黄帝时代之前的远古时代，是对原始共产社会的美化与提升；柏拉图的“理想国”，其实是对斯巴达社会制度的借鉴。该制度分为斯巴达公民、庇里阿西人（周边住民）、希洛人（黑劳士，即奴隶）三个阶层，其中只有斯巴达公民有参政权。二者在政治体制上，也明显不同，如“至德之世”是没有阶级剥削、阶级压迫的无为社会，君王只是一个象征而不行使管理职能；“理想国”阶级划分为统治者、辅助者（军人）、劳动者三个阶级，实际上一种贵族体制。在教育问题上，庄子忽略教育，强调个性自由，柏拉图却很重视教育。

道家主张天人合一，万物平等，无为而治，基本原则是道法自然、为而不争。老子、庄子都被道家尊为“道家之祖”。道家发展经历了三个阶段：先秦老庄道家、秦汉黄老之学、魏晋玄学。道家在东汉时期，逐渐被神化。魏晋南北朝时期，“老庄学派”逐渐取代了“黄老学派”，成为道家的主流学派。隋唐时期，道教发展到了鼎盛阶段，在唐代被奉为“国教”。唐玄宗天宝元年（742年）二月，庄子被封为“南华真人”。其间，庄子还被道教的隐宗妙真道，奉为“开宗祖师”“太乙救苦天尊”化身等。北宋时期，《庄子》一书被封为“《南华真经》”，庄子也被徽宗皇帝册封为“微妙玄通真君”。此外，由于庄子继承发展了老子的“道法自然”思想，他还被称为“出世派哲学的创始人”。

中国传统理想社会大致可分为两种模式，一是出世模式，以道家为代表；二是入世模式，以儒家、墨家、法家等为代表。出世入世理想社会模式，都是针对春秋战国乱世现实而提出的解决方案。道家倡导天人合一、清心寡欲、无为之治，儒家主张教化民众、加强思想道德建设以重建周礼、重回治世。道家希望人类自觉，儒家希望人类自省，墨家希望人类自强，法家希望人类自抑……先贤圣哲这些解决方案，都体现了对大道的共同追求，都成为中华民族的精神支撑。

三、“至人之治”的至德社会

“至德”是臻至最高道德境界，至德社会也成为人们心目中的理想社会模式之一。除了庄子的至德之世理想社会之外，文子也提出了类似的“至德社会”。文子，据说姓辛，字文子，是老子的弟子，与孔子同时代，著有《文子》九篇，成书时间在先秦。[①]文子曾问学于子夏和墨子，从年龄上看应该比孔子年轻一些。齐国比较著名的隐士彭蒙，曾经拜文子为师，跟随文子学习黄老之术。彭蒙的学生田骈、慎到，继承了黄老之学，因此文子也被尊奉为“黄老学之祖”。在唐代，文子被唐玄宗诏封为“通玄真人”，《文子》一书也被册封为“道教四大经典”（《老子》《庄子》《列子》《文子》）之一，并改名为《通玄真经》。隋唐以后，《文子》逐渐湮没。《文子》一书，主要解说老子之言，阐发老子思想，继承和发展了道家“道”的学说。它的每一篇都是以“老子曰”三字开头，表明与老子的师承关系（也有人认为“老子曰”这三字，是后人补加的）。关于《文子》一书的真实性，也一直为人所质疑。直到1973年在河北定县汉墓出土了竹简《文子》，经专家比对研究，确

① 参见李定生《文子要诠》，复旦大学出版社1998年；王艳、郑杰文：《竹简本〈文子〉成书年代再考》，载于《管子学刊》2008年第2期，第99～102页。

证了《文子》一书为先秦古书，而不是“伪书”。在《文子》一书中，文子构想了一个“至人之治”的至德社会，被认为是中国理想社会早期版本之一。

1. 至人之治的三个层次

道家人物，大多是一些神龙见首不见尾的世外高人，文子即为其一。《太平御览》卷924记载：计然，姓辛，名钘，字文子、计然，葵丘濮上人。他外貌平庸，性格愚钝，自小非常好学，博学多才，天文地理无所不通，善于观察学习自然规律并从中体悟生命之道，善于在事物端倪初露之时即能预判未来发展趋势及结果，善于从人物言行细节之中准确预知其人前途命运。他这些了不起的才能，深受当时一些人的追随，但是文子天性低调、谨慎，凡是不入其法眼者，都不予理会，宁肯藏之名山大川。文子喜爱泛舟山水，无意仕途，自甘藏名于山水，久而久之竟然姓名不显，其学说亦不传于后世。一次南游越国之地，文子发现范蠡（自号陶朱公）是可造之才，便收范蠡为徒。范蠡学成之后，便想引荐恩师文子到越国发展。文子不以为然，告诫范蠡说：“越王为人，长颈鸟喙，可与共患难，不可与共荣乐。”范蠡牢记于心，在帮助越王复国之后，功成名就之际便毅然归隐而去，得以善终。与范蠡一起辅助越王复国的功臣文种（？—前472年），因为未听从范蠡的劝告，最后被越王勾践赐死。文子识人之准，可见一斑。

文子兼容并蓄，融会贯通各家学说，形成了自己的思想，主要是三个方面：一是无私，二是敬贤，三是节用。文子在楚国游学时，楚平王孙白公胜曾向他请教治国理政之事。随后，他来到齐国讲学，并收了彭蒙、田骈、慎到、环渊等一批徒子徒孙，在齐国影响较大，成为“黄老之学”发展史上的一个高峰。此后，文子隐居在南方吴越一带，深居简出，不知所终。文子的思想博大精深，在后人看来，老子与文子，一个好像是天，一个好像是地，都是非常了不起的伟大人物。

文子构想的理想社会模式为“至人之治”，分别体现在三皇时代、黄帝时代、虙戏氏时代这三个层次上。（1）文子认为，三皇时代，无为而为，却能够顺应生死、自然之道，调和阴阳、四季之变，养育世间万物，天下太平，社会安定，百姓富足，民风淳厚，老幼得养，各得其所。这是以德治国的最高境界。（2）黄帝时代，遵循四季演变规律，顺应天意民心，制定法令制度，引导社会习俗，规范教化百姓，以“无为之道”引领社会发展，于是天下大定，风调雨顺，五谷丰登，政治清明，官吏廉洁，男女有别，上下有序，强暴不兴，路不拾遗，夜不闭户，讲信修睦，各得其所。这是以人治国的最高境界。（3）虙戏氏时代，物质条件比较落后，人们无问西东，不知父母，不辨亲疏，无欲无求，随心所欲，悠游自在。人类生活轻松、简单、愉快，自然万物都具有灵性，既不随意伤害人类，又不随意伤害其他动物，真正成为天人合一、万物平等、友爱和谐的地球生命共同体。因此在文子看来，“至人之治”理想社会分为了人治、德治和无为之治，黄帝之治是人治的最高境界，三皇之治是德治的最高境界，虙戏氏之治是无为之治的最高境界，而他最推崇虙戏氏的无为而治。当然，虙戏氏无为而治所能达到的“地球生命共同体”境界，只是处在社会生产力较低条件下的原始共产社会形态，是人类社会初期阶段的早期文明形态；马克思所提出的共产主义观、“自由人联合体”，是人类社会发达阶段的高级文明形态，二者不可同日而语。

2. 至人之治的基本原则

文子构想的“至人之治”理想社会，主要有四条原则：一是公心。人们要养成为公众利益着想的公心，在公利与私利发生冲突时自觉以公为上，推动社会良性发展。父子、兄弟、家国的关系处理方面，都能做到大公无私、公而忘私。这样才能建构一个天下为公、我为人人、人人为我的美好世界。二是公平。公平是衡量理想社会的标准之一，必须建立保障社会公平的体制机制，社会管理要公平，选用人才要公平，使用法律要公平，劳动分配要公平，坚决杜绝以大欺小、以强凌弱、以众欺寡的不公平现象，确保为民众提供平等生存权、平等发展权。三是共治。治理国家、管理百姓，管理者与被管理者都必须遵守执行共同的规章制度，都必须干好自己的本职工作，大家齐心协力、和睦相处、共同建设。四是公有。社会财富集体共有，平等分配。在这个理想社会，从自然万物到人类社会，春夏秋冬，生老病死，都按照各种规律有序运行、自我调节、自我平衡。管理者公而忘私，公而不阿，正而无私，无为而治；民众心情舒畅，各安其分，各得其所；天下太平无事，社会秩序井然，人人平等，衣食丰裕，无忧无虑。这种治国理政的“至人之治”境界，就是文子心目中的理想社会。文子强调，无为也是“无不为”，无治也是“无不治”。意思是说，无为的做法就是不要先入为主、以物为先，不要头疼医头、脚疼医脚，而是要按照事物运行的客观规律，顺其自然，顺势而为；无治就是在无为的基础上，不要乱作为或者不作为，而是因势利导，在遵循世间万物运行规律、不改变自然之道的前提下顺势而为、科学作为。无为而治就是大道之行，就像流水润物一样。世间万事万物，都在大道的指引下自然运行，看似无所为，实则是有为、至治。在《文子·道原》中，集中记述了文子的“至人之治”理想：

夫至人之治也，弃其聪明，灭其文章，依道废智，与民同出乎公。约其所守，寡其所求，去其诱慕，除其嗜欲，捐其思虑。约其所守即察，寡其所求即得，故以中制外，百事不废，中能得之，则外能牧之。中之得也，五藏宁，思虑平，筋骨劲强，耳目聪明。大道坦坦，去身不远，求之远者，往而复返。……天下莫柔弱于水，水为道也，广不可极，深不可测，长极无穷，远沦无涯，息耗减益，过于不訾，上天为雨露，下地为润泽，万物不得不生，百事不得不成，大苞群生而无私好，泽及蚑蛲而不求报，富赡天下而不既，德施百姓而不费，行不可得而穷极，微不可得而把握，击之不创，刺之不伤，斩之不断，灼之不熏，绰约流循而不可靡散，利贯金石，强沦天下，有余不足，任天下取与，禀受万物而无所先后，无私无公，与天地洪同，是谓至德。

在文子看来，至人之治要胜于圣人之治。圣人之治是在人们不知不觉中完成了治国理政，好像没有看到圣人有所作为而天下已经实现了大治，圣人治国之道的高明之处也即在于此。但是，尽管圣人之治在治国理政过程中能够让人们浑然不觉，还是会表现出一些人为的痕迹、人治的影子。而至人之治却不同于圣人之治，因为至人之治根本无须施加任何外在影响力，彻底做到了无为而治。如风调雨顺，便引领百姓适时收获；如遇冰雹水旱之灾，便引领百姓及时应对。由于至人已经做到了天人合一，已经与自然万物、天下百姓形成一体，能够做到上知天意、下顺民心，能够做到“忧民之忧”“乐民之乐”，所以他自然而然会成为民心所向、天下所向的伟大领袖。文子强调，要实现“至人之治”，关键在于引领，尤其要注意正确引领社会风气。大道至简，不必施用严刑峻法、烦琐政治，不必鼓励奇技淫巧、投机取巧，不必尔虞我诈、巧言令色，大家只要顺其自然，顺势而为，各安其分，各尽其责即可。在至人的引领之下，实现了无为之治，迈进了至德理想社会。文子的设想虽然美好，但是他囿于历史时代和社会发展的局限，过多地将“至德之世”“至人之治”的美好理想寄托在少数社会精英“至人”身上，幻想通过精神力量和个别英雄人物的力量来引领社会发展方向，而未能看到人民群众的力量、未能意识到人民群众才是历史的创造者。

3. 无为思想的继承发展

作为老子的衣钵传人之一，文子“至人之治”理想社会主要是继承发展了老子“小国寡民”理想社会模式，强调人类社会要学会与自然万物和谐、共生、共存，要在遵循自然规律、不乱作为的前提下顺天应道、顺势而为，这样就能实现人与自然、国家与国家、人与人的和谐相处，天下归心，大道得行，人心大治。

无为而治是先秦道家的重要思想。文子继承发展了老子的“无为”思想，进一步指出“无为”并不是任何事都不干、绝对消极的不作为，而是尊重自然规律、顺其自然、顺势而为。这一无为思想，尊重事物发展客观规律，强调大道之行的科学性，主张顺其自然、顺势而为才是无为，反之则是有为。如“引之不来，推之不往，迫而不应，感而不动，坚滞而不流，卷握而不散”，即俗话所说“拉不动、推不动、软硬兼施都不动”，这些逆势之为都不是真正的“无为”；都违背了事物发展本性、万物运行规律。文子的高明之处在于他科学阐释了无为的相对性，并将“无为”与干事创业结合起来，指出只有将个人事业（私志）与集体事业（公道）统一起来、相向而行，遵循事物发展的客观规律，由易而难，循序渐进，才能取得事业成功，才是遵循了“自然之势”，才能做到“因时而安其位、当世而乐其业”，如此才是“圣人”。文子非常关注百姓的衣食温饱等，强调吃饭穿衣就是百姓的第一需要，治国理政者应该充分利用天时地利人和的多种因素，优先考虑解决百姓的民生日用问题；只有解决了这一问题，才有可能去做其他事情，才能够巩固国家基础、确保国家根本。理想社会、理想君王，首先就要妥善解决民生日用问题。而解决民生日用问题等，就需要管理者或统治者以德修身，加强个人修为，遵循无为之道，知民情、顺民意，公正无私，讲信修睦，克制私欲，与民休息。如果能够做到修己体道，不对百姓敷衍了事，不因贪欲扰乱工作，不以权谋私，不失信于人，不轻举妄动、不乱作为、不胡作为，就能够不谋而当、不言而信、不虑而得、不为而成，就会得到百姓拥戴、天下归心、所向无敌。文子总结道：圣人之道就是不用谋略欺诈、不加重人民负担、不破坏自然规律，只需要顺民心、从天意、行仁政，就能够以柔克刚、无往不胜。无为而治、为而不争，天下无不遵从，民众无不拥护，四海无不服膺，这就是至人之治的理想社会。

文子也继承发展了老子的“示弱”思想，认为柔可刚、弱胜强，示弱者往往是真正的强者，善于向民众示弱（怀柔）才能天下归心。他指出，得人心者得天下是亘古不变的真理，国家的强盛、强大就是通过民心向背来体现的，而赢得民心的办法就是对待百姓要多体恤、多宽容、多尊重，即温柔、善意、大度地对待百姓。这些看似“柔弱”的举措，却能够得到百姓的拥护、支持，所以得民心者表面上看起来总是很“柔弱”，实际却获得了百姓最大限度的爱戴、最大限度的帮助。如果使用百姓这种自发汇聚而来的磅礴力量，凝心聚力，就可以成就大事、无往不胜、天下归心。“故云上德者天下归之，上仁者海内归之，上义者一国归之，上礼者一乡归之，无此四者，民不归也，不归用兵，即危道也。”他将仁义道德视为贤明君王治国理政的必修课，强调不同层次的思想道德修为将收获不同境界的民心。如果一个君王思想道德修为达到了义，便可收获一个诸侯国的民心拥护；如果达到了仁，便可收获华夏人民的民心拥护；如果达到了义，便可收获华夏和周边国家的民心拥护；如果达到了德，就能收获全天下的民心拥护。

在文子看来，英明君王所具有的格局决定了其人生高度及其价值观、世界观。在“大我”的面前，“天下”相对就变小了，高明的君王以“大我之心”来治理“比较小的天下”，就会游刃有余、轻松笃定、从容不迫，这就是老子所说“治大国若烹小鲜”的精髓，也是对老子“以柔克刚、以弱胜强”理论的进一步阐发。文子的“示弱”主张，实际还是幻想统治阶级能够加强自身的道德修养、克制一己的私心私欲，以减轻统治阶级对百姓的横征暴敛、残酷剥削。在当时的时代背景、历史条件下，黄老之学的“无为之治”理论得到了统治阶级不同程度的认可与接受，在客观上减轻了百姓的负担、缓和了阶级矛盾，发挥出了积极进步的历史作用。

四、“君民并耕”的农家理想

战国中叶，出现了一个从事农业生产、代表农业思想的农家学派，这些农家学者及其学术流派，被称为“农家”。农家的出现，与农业生产发展进步分不开，“农家者流，盖出于农稷之官，播百谷，劝农桑，以足衣食。”在先秦诸子之中，各家学说都是为“救时之弊而起”，“所据最陈旧者，实惟农家。”[①]农家学派分为东国农家和西国农家，一在齐鲁，一在陕西，代表人物为许行，他们奉神农为祖师，祖述神农，主张劝耕桑，发展农业生产，以足衣食，提出了“君民并耕”的社会理想，核心理念为：一是提倡重视农业，强调农为本、商为末；二是提倡全民劳动，上至国君下至百姓均应参加农业生产，一切收获归个人所有，国家不设仓库；三是分工合作，社会成员有分工的不同、无阶级的区别；四是农产品与手工业品实行物物交换，价格公平，市无二价。在农家学派的努力下，重视发展农业成为国家基本政策，祭拜神农氏等农耕文明习俗流传至今。

1. “君民并耕”的农儒之辩

陈良是战国时楚国人，也算是当地有名的一位儒学大师了，但是他“学而知不足”，向学之心日增，遂毅然决然赴北方求学。他的两个弟子陈相、陈辛，也跟随着踏上求学向道之路。途中，陈良不幸病逝。陈相、陈辛处理完老师的后事，大哭一场，又继续上路了。

陈相、陈辛两个年轻人身强力壮，腿脚敏捷，很快风尘仆仆从宋国来到了滕国（今山东省滕州市）。在滕国一个街头，陈相、陈

① 吕思勉：《先秦史》，上海古籍出版社1982年，第473页。

辛兄弟二人见到了农夫打扮的许行。许行带领着几十个弟子，一色的粗麻衣服，靠打草鞋、织席子为生，正在滕国推行农家学派君民并耕的政治主张。一番交谈之后，陈相、陈辛兄弟二人大为折服，决定弃儒学农，改师从许行。

许行（约前372—约前289年）是农家学派的代表人物，楚国人，大概与孟子同一时代。许行无著作留传，生平事迹仅可见于《孟子》一书。《汉书·艺文志》将其列为“九流”之一。《吕氏春秋·爱类篇》《尸子》《商君书·画策》等关于“神农氏身亲耕”“并耕而王”“男耕而食、妇织而衣”的记载，基本都是出自《神农》一书，即《汉书·艺文志》中的《神农》篇“为许行所作，殆无疑义”[①]。遗憾的是，农家学派的一些代表著作如《神农》《野老》等书都已经逸失了，现在我们能够看到的农家著作，只有《孟子》书中记述了许行的一些言行。东汉中期以后，农家衰落。

陈相、陈辛兄弟二人弃儒学农，投入许行门下，这引起了当时另一位著名儒学大师孟子的严重不满和高度关注，因此也引发了一次著名的辩论：孟子与陈相的“君民并耕”之辩。

陈相见到孟子，不卑不亢，大致陈述了农家学派的社会理想：在这个理想社会里，国君为贤君，君与民一起耕作、一起饮食，百姓在市场上以物易物，在同一市场购买同一物品只有一个价格，货真价实，童叟无欺。君民同耕作、同饮食、同生活，百姓勤力劳作，男耕女织，衣食足用，安居乐业，民心相洽，就可以实现以耕作而天下大治的美好目标。

孟子问道：“你们的许行老师，都是先耕作再食用、先织布再穿衣吗？”

陈相回答说：“是这样的。”

---

① 齐思和：《先秦农家学说考》，《中国史探研》，中华书局1981年，第187～188页。

孟子问道："那么，你们许老师戴的帽子也是自己做的吗？"

陈相回答说："帽子不是自己做的，是我们用粟交换的。"

孟子问道："既然你们主张不劳动不得食，那你们许老师怎么不自己做帽子呢？"

陈相回答说："许老师忙于耕作，哪有闲暇时间再去做帽子呢。"

孟子问道："那么你们许老师做饭用的锅碗瓢盆、耕地用的铁犁之类，也都不是自己做的喽？"

陈相回答说："那当然了。我们都是用粟来交换的。"

孟子说道："看来你们也承认各行各业有工作分工了。既然这样，为什么治理天下只有通过耕作这一个办法呢？治国理政，也是有分工的，既有官吏负责的事情，也有农夫负责的事情，一个人是不可能承担所有事情的。所以古人说，世间的各项工作可以分为两类，一类是脑力劳动，一类是体力劳动。脑力劳动的人负责管理领导体力劳动的人，体力劳动的人接受脑力劳动的人的管理领导。管理者就需要被管理者来供养，管理天下也是这个样子啊。例如尧舜禹时代，即使你们想耕作也没有条件；尧舜治理天下，也不是只依靠耕作就可以实现天下大治的。我只听说华夏先进文明可以改变夷狄的落后思想，从未听说过有人心甘情愿变为野蛮落后的夷狄之族。"

话语至此，孟子勃然变色，厉声道："你们原来的老师陈良，是多么好的一位老师啊。他为了学习周公、仲尼之道，不惮路途遥远，千里迢迢来北方学习儒学之术。其实他的学问之高深，就是很多北方学者也望尘莫及。可是他一去世，你们兄弟俩就背叛了师门，太不像话了！当年孔子去世，他的弟子们都守孝三年。你们不感到羞愧吗？"

陈相面不改色，徐徐说道："夫子啊，我们现在谈论的是治国之道。我认为，如果按照许老师君民并耕的治国办法，君主贤明，上下同心，同耕同食，安居乐业，市无二价，民风淳厚，不就可以实现尧舜时代的天下大治了吗？”

孟子喝道：“自然万物千差万别，大小不同，价值也不相同。如果大鞋与小鞋一样价格，天下不就大乱了吗？你们许老师的这个并耕之道，虚伪至极，怎么可以用来治理国家呢？太荒谬了。”

陈相说道：“许老师说的市不二价，是说同样物品、同等分量，在同一个市场上是同一个价格，我刚才已经向夫子您讲得很明白了。既然夫子如是说，那么我就告辞了。”说罢，陈相揖礼而退。

孟子不屑一顾，兀自坐在那里生闷气。

孟子声色俱厉，大加挞伐农家，甚至不惜断章取义、偷换概念。孟子主张“民有恒产”等思想，实际与农家学派有些思想还是近似的。许行所代表的农家学派，主张建立以农为主和士农工商适度发展的社会分工模式，强调自食其力、自耕自食，反对不劳而食、而获。在其理想社会，农民是有田产的，职责就是耕田务农、生产粮食；君王是负责治国理政的，同时也要参加农业生产劳动，自耕自食。君王和农民只是社会分工不同，都可以通过交换劳动成果、劳动产品来满足自己生活的需要。许行这一理想社会模式，类似于一个自然经济社会的共同体或联合体，全体社会成员按照不同社会分工，各司其职，物物交换，互通有无，每个成员都是自耕自食、参加劳动的劳动者，大家只有分工的不同、没有阶级的划分。君王也是联合体的一员，也需要劳动。君民并耕，实际是主张建立一套从上至下的农官治国体系。

2. 以农为本的农家理想

“君民并耕”理想社会，代表的是农家学派理想社会模式。其代表人物许行，假借神农氏的名号，创造了“教民农耕”有关理论，提出了男耕女织、自耕自食、君民并耕、其乐融融的朴素田园生活理想。农家强烈主张人人必须参加劳动，不劳动者不得食，并主张不同物品可以进行物物交换，但要使用自己的劳动产品才能进行交换，不管是国君还是百姓，都是如此。许行带领着几十个门徒，衣衫褴褛，粗茶淡饭，在江汉一带编织草席，然后贩卖草席、换取粮食，初步实现了自食其力，验证了其理论的正确性。为了进一步宣传推广农家的理论主张，许行在前332年，来到了滕国，向滕文公阐述了农家学派的理论主张及其“君民并耕”的政治理想，请求滕国划拨给他们一些耕地进行试验。滕文公颇为心动，便划拨了一些田地，供许行及其弟子耕种。经过一段时间运营之后，效果甚好，农家学派的社会影响也日渐增大。陈相在滕国，见到许行之后，大为折服，便又拜入许行门下，成为农家学派的忠实信徒。这一年，适逢孟子来到滕国，双方便展开了一场有名的“农”“儒”论战。这场论战，虽然记录在《孟子》一书，但是孟子似乎未占上风。

在论战中，通过陈相之口，大致看出农家的“君民并耕”理想社会，主要是两点：一是“贤者与民并耕而食”；二是主张公平交易、“市贾不二”。这些主张，旨在提倡社会分工互助和公平交易，通过互助可以实现生产扩大化、产品丰富化，通过交换可以实现不同行业分工的物品需要，继而促进各行业正常发展。在社会分工上，许行强调人人参加劳动，即使君王在治国理政之余也要亲自参加劳动生产，引导社会重视农业生产。因此许行提出“君民并耕”之说，强调国君必须重视农业并亲自耕作，以救时弊。农家关于“不劳动不得食”的主张，表现出下层农民从事劳动的积极性的一面，也是社会公平原则在农家理想社会的反映。许行提出“市贾不二”的价格论，是一种以物易物、公平交易的交换办法。这种办法简单易行，农民可以将自己生产的粮食等农产品，在市场上与手工业者生产的一些手工业品如各种农具、炊具、衣物等，进行物物交换。至于交换价格，要遵循平等交易的基本原则，不得弄虚作假、欺老瞒少。凡是在市场上出卖的布帛之类商品，如果其质量、尺寸相等就应该执行同一个价格；丝麻棉絮之类如果重量相等，也应该执行同一个价格……即市场上的同一商品，只能执行同一个价格。这些主张，表达了农家学派要求平等劳动、等价交换的朴素思想和农民阶级要求公平交易的基本诉求。

农家学派强调，每一个有劳动能力的男女都要进行生产劳动，平等劳动是其理想社会的绝对原则。农家的这些思想，集中显示了劳动农民自食其力的淳朴本色，表达了企图解除现实压迫的强烈愿望，充满对平均社会的美好憧憬，对后世农业生产、农业生产模式产生了很大影响。关于君民并耕之说，《吕氏春秋·开春论·爱类》说：

神农之教曰：士有当年而不耕者，则天下或受其饥矣。女有当年而不绩者，则天下或受其寒矣。故身亲耕，妻亲织，所以见致民利也。

许行所追求的理想社会，就是希望通过男耕女织、公平交换这一社会分工形式，构建一个体恤百姓疾苦、轻徭薄赋、勤俭节约、民无饥馑、灾荒能救、以农为本的农耕社会。为此，农家强调，必须重视农业生产，必须把农业生产视为国计民生的大事。百姓手中有粮食，国家发展才有根基，才能提供充足的军粮和稳定的兵源，才能为国家稳定提供安全保障。农业稳，天下安。农耕社会的实际国情以及农家的积极努力，使得重视农业成为历朝历代的国策，“三农”问题至今受到高度重视。

诸子百家在治国理政方面各抒己见，各有侧重，但是他们唯独在农业问题上却立场一致，都非常重视农业发展，都认为农业是国家根本。如何发展改善农业生产技术，诸子百家却关注不够，农家学派于是应运而生。农家学派注重农业科技研究，主张农业技术的实践与改良，在诸子百家之中最强调知行合一、学以致用，是最接地气的一派。农家弟子身体力行“最接地气”，研究耕作技术，推广优良品种，促进了农业发展。农家学派的思想传承就是“神农之言”，系统理论便是“许子之道”。经过农家学派及其弟子们的努力，从早期的“许子之道”到后来的《吕氏春秋》，农家思想得到了传承发展，农家学派的政治诉求“重农”也成为历朝历代的基本国策。当然，一些不合时宜的建议也被统治者所忽略，如许行曾经主张的“收获均分”鲜为人知了。

第三章 其他版本的理想社会

春秋战国以来的百家争鸣，以及同一时期出现的希腊民主哲学思想，都深刻影响了东西方文明的发展进程，这一时期也被称为人类文明的“轴心时代”。大同理想是先秦哲学的精髓和经验世界的认知，也是中国古代“天下观”的总结。中国古代先民认为，天下是由华、夷两部分构成，华夷之间不是政治界限，更不是疆域或者种族界限，而是文化分野。中华文明不但不主张自我封闭的华夷之防，反而希望“与夷狄共天下”，四海会同，天下一家，世界大同。中华文明形成之后，历经夏商周三代发展，至秦汉时期形成了以中华文明为核心的中华文化圈（中华文明圈）。隋唐时期，中华文化圈发展至鼎盛阶段。数千年来，文化认同与心理认同仿佛无形的黏合剂，成功地吸纳了许多民族、国家自觉加入了中华民族大融合的行列，逐渐形成了一个多元文明、超越一国概念的中华民族政治实体。在中华文化圈，大同理想始终是激励人们追求美好生活、开创理想社会的精神旗帜。天下大同的核心思想，就是通过“四海之内皆兄弟”的平等尊重、交流互鉴，达到天下一家、共享太平的理想社会，亦即儒家“仁”的最终归宿，内在地蕴含着一种对世界、对天下、对人类的济世情怀。大同理想的理论和实践，丰富发展了大同思想体系。先贤圣哲的思想碰撞，成为大同理想璀璨耀眼的智慧火花。大同理想的济世情怀和人文精神，以过去烛照现实，以理想指引未来，指引着人们学会了思考民生问题（物质世界）和人伦问题（精神世界），引导着人们勇于向善和开创公平正义、友爱和谐的理想社会。

一、“天下为公”的至公社会

关于大道之行、天下为公的理想社会模式，如至公社会、至治社会、贤君社会、道家仙境，都成为中国传统理想社会的其他版本。天下为公的“至公”理想社会，在吕不韦《吕氏春秋》一书中有较充分的阐释。

吕不韦（前292—前235年），姜姓，吕氏，卫国濮阳人。吕不韦曾是一个商人，富有传奇色彩，后来由商入政，成功实现了“人生转型”，通过扶立国君，身居高位，进入秦国政治高层。秦王嬴政即位后，吕不韦又协助嬴政先后攻取周、赵、卫的国土，为秦国兼并六国的统一大业做出重大贡献。在文化事业上，他主持编纂了《吕氏春秋》。《吕氏春秋》又名《吕览》，是一部资料汇编性质的丛书，以道家学说为基本架构，收录了先秦时期诸子百家的各种学说，既兼收了儒家、墨家的思想，又糅合了名家、法家的理论，成为中国古代思想文化史上“杂家学派”的代表作。该书阐述了“天下，非一人之天下也，天下之天下也”，即“天下为公”“君者无私”思想，并构想了一个“公平社会”，成为秦汉时期理想社会模式的新发展之一。

1.《吕氏春秋》的轰动效应

秦王嬴政十年（前239年），秦国丞相、仲父吕不韦正在翻阅诸位门客精心编撰而成的《吕氏春秋》一书，不禁踌躇满志、捻须微笑。他仿佛看到自己流芳百世、众口交誉的身后事。殊不知，如日中天的他这时已处在其人生事业的巅峰了，可谓“一人之下万人之上”（两年后，即前237年，吕不韦因嫪毐叛乱受牵连，被免职；前235年，他饮鸩自尽）。吕不韦注重谋略、尊重人才，善于广招门客。在当时，门客制度是一种开放包容式的人才管理制度，能广泛吸引人才并充分激发人才的积极性、创造性。吕不韦在秦国招揽门客的人数，最多时达三千人，不仅在人数上与“战国四公子”（齐孟尝君田文、楚春申君黄歇、赵平原君赵胜、魏信陵君魏无忌）之中包养门客人数最多的春申君黄歇不相上下，而且对于人才类型的要求上也与“战国四公子”有所不同：“战国四公子”招揽门客，比较看重勇夫猛士；秦国军力强大、猛将如云，吕不韦招揽门客时就比较注重招揽文学才辩之士。借助这些文学才辩之士，吕不韦希望通过著书立说以扬名后世。在他的组织下，经过多次筛选、归类、删定，最终将各位门客分工撰写、门类不同的文章汇编成书，命名为《吕氏春秋》。这部书共有一百六十篇、二十余万字，分为八览、六论、十二纪，类似一部百科全书，包揽了“天地、万物、古今”，“纪治乱存亡”“知寿夭吉凶”“上揆之天、下验之地、中审之人”。对这部传世巨著，吕不韦相当看重，他自认为这部书稿将成为大秦统一天下的指导思想，但是没想到嬴政始皇帝统一天下之后却选择了法家思想作为大秦帝国的国家意识形态，致使包括儒家在内的诸子百家一时受挫。

为了精益求精和提高《吕氏春秋》的知名度、影响力，吕不韦想出来一个绝妙的办法。书成数日后，他在咸阳城各出入口处悬挂了一张醒目告示，自称为了提高《吕氏春秋》一书的编写质量，现诚征修改意见，凡是能改动一字者，即赏赐千金为酬劳，等等。人们蜂拥围观，啧啧称赞，却无人提出修改意见。几天时间过去了，仍无一人提出。

《吕氏春秋》一书，虽然在当时获得了比较高的评价，但是也不至于如此字字珠玑，之所以没有人站出来“改动一字”，大概是因为大家都敬畏吕不韦的威势。总之，经过此番宣传，确实扩大了影响，产生了巨大轰动效应，《吕氏春秋》和吕不韦的大名也远播诸国，传之后世。

2. 天下为公的至公社会

《吕氏春秋》被誉为“杂家”的第一部代表作。该书虽然以道家为本，却认为社会是发展前进的，历史观比老庄积极、进步。在该书中，设计了一个天下一家、公平公正的理想社会。这个理想社会，主要有以下特征：

一是王道大行、天下为公的公平社会。《吕氏春秋》的作者们认为，远古圣王治理天下的第一个原则便是公平为先，只有做到公平才能天下太平。怎么做到公平呢？只有先做到公正，自然就会公平。只有做到公平公正，“无偏无党”“无偏无颇”，那么就会天下大治，百姓安居乐业，国家之间和平相处。所以圣王的治国之道便是牢记“天下为公”这一基本原则，牢记天下是天下人的天下而不是一个人的天下，在治国理政时必须大公无私、公平公正而不能偏爱一人、偏向一物，这样王道才能大行于天下。

二是男耕女织、自给自足的农耕社会。在这个理想社会，男子耕作，女子织绩，人们以耕织为本、以劳动为荣。如果当年不耕作，天下之人就可能有人挨饿；如果当年不织布绩麻，天下之人就可能有人挨冻。男耕女织，人人劳动，百姓家庭逐渐有了积蓄之后，就可以抵抗饥寒灾荒，人们就可以过上衣食无忧的快乐生活。贤明的国君充分认识到耕作纺织才是治国理政的当务之急、治国之本，并身体力行、鼓励耕作，那么将很快天下大治、万民归心。

三是道德高尚、友爱和谐的贤君社会。“天子”“君”“官长”都是勤劳为民、清正廉洁、不与民争利的爱民典型。而尤为重要的是，这个理想社会里最为推崇禅让天下、选贤与能。衡量贤君的一个重要标准，就是看君王是否具有这种主动让贤、禅让王位的美德。如果君王没有这种主动让贤的美德，即使功高过世、超过大禹，也不是人们心目中的理想君王。大禹治理洪水，“疏河决江，为彭蠡之障，乾东土，所活者千八百国”，是勤劳为民的杰出人物。但是，大禹虽然劳苦功高，后来却抛弃了“天下为公”的原则，传位于儿子启，被讥讽为“今赏罚甚数，而民争利且不服，德自此衰，利自此作，后世之乱自此始”的始作俑者，故不在诸圣王之列。

四是民主选任、公正无私的德治社会。在这个理想社会里，国君都是像尧、舜那样公正无私心，选贤任能，以能力品行为禅位依据，而不是传授给子孙。尧有十个儿子，却传位于舜；舜有九个儿子，却传位于大禹。尧和舜公而忘私的禅让行为，就像是天地、日月、四时那样烛照天下、惠泽后人。他们所推行的选贤任能、禅让天下的民主政治，摒弃了公权力私相授受、利益输送的弊端，都是当之无愧的公而忘私、道德高尚、受人尊敬的有德贤君。他们的无私行为、高尚品德，润泽了世间万物的生长、发育，教化引领了人类社会的风俗、礼仪，成功开创了治国以德、人心大治、民风淳朴、讲信修睦的德治社会。

五是礼义为本、赏罚严明的法治社会。首要原则是以义为治国理政之根本，其次以赏罚为施政之原则，再次是注重发挥道德教化的思想引领作用。强调只有教化有效、赏罚得当，百姓才能够各安其位、各司其职、各尽其能。在德治与法治关系上，指出以德为主、法治为辅，而法规条文又要随着时代发展而不断变化、更新，“世易时移，变法宜矣”，这样才能更有效治理国家、管理百姓。

六是大道之行、各得其所的无为社会。大家各安其职、各当其任，社会运转有序高效。君王衣食俭朴，无为而治，虚无为本，听有用之言，去爱恶之心，退贪得伪诈之曹，治理天下能够抓住根本要害，兴利除弊，选贤任能，政治清明，四海升平；官吏勤勉尽责，夙夜在公，清廉为民；社会上无浮躁虚夸之气，无夸夸其谈之人；行业规则明晰简单，大家照章行事，井井有条；百姓淳朴率性，摒弃了空谈浮华之风。

从“至公社会”的基本架构看，它糅合了墨、儒、道、法、农、名及阴阳诸家思想，提出了一些进步思想，特别是“天下非一人之天下”的“公天下”思想，影响最大，传播最广，经常为后人阐发引用。西汉的贾谊、北宋的王禹偁、明末的黄宗羲，以及近代一些思想家，都依据“天下为公”思想加以阐发，使之成为改造社会、谋求变革的重要思想武器。当然，《吕氏春秋》带给了吕不韦很高社会声望的同时，也像一把双刃剑，给他带来了致命的政治打击。如该书宣扬“天下为公”“有德能者居之”的思想，极力鼓吹“禅让”的有关言论，无疑也成为大秦帝国统一思想的舆论“杂音”，不可避免地走向了被打压、被禁绝的不归路。

3. “君权神授”的天命否定

以《吕氏春秋》为代表的杂家登上历史舞台及其产生的重大社会影响，无疑是封建国家统一过程中随着政治、思想、文化等融合加剧而出现的一个必然结果，经过碰撞之后，新的意识形态才会出现。杂家被列为“九流”之一，并无明确的学派传承。其代表人物一是编撰《吕氏春秋》的吕不韦，一是编撰《淮南子》的淮南王刘安。杂家著作，对诸子百家兼收并蓄，略显庞杂。吕不韦《吕氏春秋》所设想“天下为公”的至公社会，主要是宣扬天下是天下人的天下，而不是一家一人的天下；国君也不是一家的国君，而是“万民之主”，所以国君的传位不必局限于一家，而应该实行“禅让”，有德能者居之，无德能者让之，这才是社会公平的至公境界。而且，在《吕氏春秋》所设想的理想社会里，既没有君臣、父母、亲疏、男女的分别，又没有上下、长幼、礼让的礼俗，也没有衣服、冠冕、宫室的使用，更没有器械、舟车、城郭的制造，大家聚在一起，共同生活，无忧无虑。《吕氏春秋·恃君览·侍君》对于无君生活的美好，进行了记载。

昔太古尝无君矣，其民聚生群处，知母不知父，无亲戚、兄弟、夫妻、男女之别，无上下、长幼之道，无进退、揖让之礼，无衣服、履带、宫室、畜积之便，无器械、舟车、城郭、险阻之备。此无君之患。

在远古社会，人类尚未启蒙，懵懵懂懂，不知逐利，不必设防，相处共生，所以无君无父，生活简单纯朴，悠游自在。后来，随着社会的进化，人性丑恶的一面开始暴露，出现了以大欺小、倚强凌弱，为了追名逐利不惜互相残杀。鉴于此，先贤圣哲设计出了最科学合理的“天子”治理天下的管理制度，以保护天下的良善百姓，以彰显社会公平正义，从而在制度设计上赋予了中央集权君主专制的正当性。

《吕氏春秋》这一“设置君主”的进化理论，从根本上否定“君权神授”的天命理论，强调君主职责本来是为服务天下百姓所设、为维护天下之人的集体利益所设，以及设置“天子—国君—官长—百姓”管理体系的初衷都是为天下苍生之计，旨在维护天下百姓的利益。这一“天下为公”“君王民选”思想振聋发聩，虽然肯定了君主制度是人类社会发展进步的表现，却否定了“君权神授”，这在当时天下大一统局面即将到来之际成为一股比较不合拍的“逆流”。作为《吕氏春秋》的主编以及主持一国之政的政治家，吕不韦对于时局政治的判断和把握确实不够审慎，或者说就是在“冒天下之大不韪”。以吕不韦为代表的这一“杂音”，肯定与秦王嬴政雄心勃勃、统一天下的既定国策“很不合拍”，甚至很可能已经引起了嬴政的高度警惕。因此，即便两人曾经情同父子，分道扬镳也是早晚的事情。

吕不韦公天下理想社会模式，对于有德能的贤君充分肯定、推崇备至，却未发现秦王嬴政就是身边最伟大的贤君。仅此一点，就足以注定了他的人生归宿。历史上关于吕不韦的死因，聚讼不休、众说纷纭，其中比较流行的说法之一是他“淫乱宫闱”，甚至说嬴政是吕不韦与赵姬所生的儿子。此外，嬴政更是被丑化为忘恩负义、“可共患难不可共富贵”之君，但是历史上的他实际是一位有情有义、有始有终的共情之君。如丞相李斯，终其一生都颇受始皇帝器重。虽然仲父吕不韦之自尽，嬴政确实有不可推卸的间接责任，但是又毕竟不是直接死于其手，二者还是有很大区别。前210年，始皇帝嬴政崩于沙丘（今河北省邢台市广宗县），享年49岁，在其家族史上也算是“高寿”。在大秦帝国历史上，其父秦庄襄王享年35岁，其祖父昭襄王嬴稷享年75岁，其曾祖惠文王嬴驷享年46岁，其高祖秦孝公享年43岁。从寿命看，日理万机的嬴政显然是遗传了其家族的“长寿基因”。

二、“天下一家”的至治社会

周代确立了“周天子天下共主”的地位，通过实行分封制、宗法制，以及各诸侯国按照周礼行事、学说统一的“雅言”等，促进了区域性文化的融合，形成了以华夏文化为主体的中华文化圈（也称中华文明圈），从而把国与家结合起来，助推了天下一家的文化认同、心理认同。中国古代这种文化认同、心理认同，超越了狭隘的民族认同或者宗教认同，成为一种更高层次、更宽范围的中华文化认同，塑造了中华民族的价值取向，形成了中华优秀传统文化的根基血脉。随着春秋战国时代天下一家的文化心理认同不断强化，出现了天下一家的理想社会模式，其中兵家尉缭所构想的“天下一家”至治社会，产生了较大影响。

尉缭，历史上曾有两人：一是魏惠王时期的隐士，一是秦王嬴政时期的国尉。在本文，则是指后者。尉缭，生卒年均不详，战国时期魏国大梁（今河南省开封市）人，是兵家学派的著名代表人物之一。据说他是千古奇人鬼谷子的弟子，入秦游说之后被任命为“国尉（秦武官名，主管军政）”，改称“尉缭”。尉缭在秦国大展身手，为统一六国立下汗马功劳。尉缭著有《尉缭子》一书，既是中国古代史上一部著名兵书，又包含了许多政治思想。在该书中，他构想了一个“天下一家”的至治社会，丰富了大同社会的模式和内容。

1. “连横”理论的治国实践

秦王嬴政十年（前237年），尉缭来到秦国，向秦王献上“连横”之计：秦国目前在诸侯国之中虽然实力最强，但是如果其他诸侯国联合起来，共同对抗秦国，那么就会严重阻遏秦国的发展。为今之计，上策就是想方设法打破诸侯国的联合。要想打破诸侯国的联合，就要施行反间计，不惜金银财宝，派人分头贿赂各国的权臣，挑拨它们之间的矛盾，从而避免诸侯国的结盟。这样粗略估算下来，秦国至多损失三十万金，却可以从容分化消灭其他诸侯国。

尉缭的“连横”之计，是针对秦国统一大势而为，是服务于秦国统一大业的战略考量。秦王嬴政为此谋划已久，却苦于无法破题，经过尉缭如此这般指点迷津之后，他坚定了实施连横之策统一天下的战略决心，因而对尉缭刮目相看，认为这是一个不可多得之才，决定重用尉缭。在生活待遇上，秦王嬴政准允给予尉缭“高规格礼遇”，破例安排尉缭与秦王享受同样规制的衣服饮食。在政治待遇上，秦王每次见到尉缭，总是礼让三先，异常尊重尉缭。按说有了秦王这番礼遇，尉缭应该死心塌地效忠秦王、竭尽全力在秦国建功立业才是，但是尉缭却心有不甘。据说尉缭在师从鬼谷子学习兵法时，也学得了一些面相占卜之术。见面之后，经过暗自观察秦王的面相、言谈、举止，他断定秦王是一个刚愎自用、不可共富贵之君，于是尉缭就心生异心，打算伺机而逃，另投明君。经过努力，尉缭终于成功脱逃了秦王的“殷切保护”。但是事实证明，尉缭只是一个运筹帷幄决胜千里之外的伟大兵家，并不是占卜相面的行家里手，甚至可以说是一个失败的相面师。比如说他断定秦王嬴政是一个不可共富贵之君，就在帮助秦国完成统一天下、功成名就之时，急流勇退，并私下劝好友李斯也退隐江湖，李斯不听，继续辅佐嬴政，位至丞相，权倾朝野，享尽荣华富贵，只是在嬴政驾崩后，李斯矫诏改立二世，辜负了始皇帝嬴政的顾命之托，并死于二世之手，这些当然是后话了。

且说秦王闻听尉缭逃走，雷霆大怒，欲派人追杀尉缭。这时，东方六国也派遣大量间谍潜伏在秦国，伺机而动，纵横捭阖，各显其能，干预朝政，引起了秦国群臣朝野的不满。秦王遂下达“逐客令”，要求驱逐一切来客。担任客卿的李斯，也在被驱逐之列。李斯是楚国上蔡（今河南省驻马店市上蔡县）人，曾师从儒学大师荀卿求学，来到秦国后曾担任相国吕不韦的舍人、郎、长史、客卿。秦王下达“逐客令”后，李斯便上了著名的《谏逐客书》。秦王幡然醒悟，听从了李斯的建议，取消了“逐客令”，李斯被加封为“廷尉”。李斯是“远交近攻”策略的建议者，也是尉缭的引荐人，更深知秦国统一大业的攻城伐国之事离不开军事家尉缭，便多次苦苦请求秦王应以天下大业为重。秦王听从了李斯的建议，并委派李斯追回了尉缭，委以重任，授予尉缭“国尉”之职。

尉缭与李斯，在秦国统一天下的过程中均起到了重要作用。秦王嬴政一统天下之后，尉缭便辞官归隐，飘然而去；李斯未听尉缭“归隐”之言，升任丞相，继续辅佐秦始皇统一度量衡、货币、文字、车轨等，加强了中央集权。前210年，始皇帝嬴政驾崩，李斯利令智昏，竟然参与矫诏、改立二世胡亥，最后被二世夷灭三族（夷灭三族是指李斯父亲的所有兄弟、李斯的所有兄弟、李斯的所有儿子，全部被杀掉。但是李斯的长子李由，因在外带兵抵抗陈胜吴广起义军而得以幸免）。刑场上，73岁的李斯在被处以“五刑”（先黥、劓、斩左右趾，再笞杀）。“腰斩”之前，他感伤地对儿子说道：“吾欲与若复牵黄犬，俱出上蔡东门，逐狡兔，岂可得乎！”

2. 安民怀远的理想社会

尉缭最大的贡献是继承发展了关于战争的两个理论：一是以经济为基础的战争观，将耕作、城防和战争都纳入国家的根本事务，超前地指出战争是国家综合实力的较量。尉缭认为，战争需要依赖于农耕经济，建议“农战结合”。二是继承发展了“以战止战”思想，对战争性质进行了明确划分并区别对待。他认为，世界上的战争分为正义和不正义两种，而且正义之战必胜、不义战争必败，明确反对不义之战，强调不能攻打无过错之国家、更不能肆意杀害无辜百姓。凡是残害他人生命、掠夺他人财物、霸凌他人妻女的无耻行径，都是不义战争，都是令人不齿的盗贼行为。基于这些进步战争理念，他构想了一个安民怀远、饥寒与共、天下一家的至治社会。

尉缭所设想的安民怀远“至治社会”，是一个农耕为主、勤俭节约、依法治理、公平公正的无私社会。在这个理想社会里，男子从事耕种，女子从事纺织，人们专心从事耕织工作，国家储备逐渐丰富。饮食生活习惯以实用为上，不尚奢侈，不务虚名。春夏季节男子在田里耕种庄稼，秋冬季节女子在家里染织布帛，人们生活逐渐富裕，吃饭穿衣等基本民生问题得以解决。在此基础上，对民众进行教育，教育人们以天下为一家，摒弃自私自利的价值观。道德提升之后，人们有饭同吃，有衣同穿，安居乐业，世无纷争，天下太平，这就是至治社会了。在《尉缭子·治本》中，他集中阐释了这一美好社会。

> 夫谓治者，使民无私也。民无私，则天下为一家，无私耕私织，共寒其寒，共饥其饥。故如有子十人，不加一饭，有子一人，不损一饭，焉有喧呼酖酒以败善类乎？民相轻佻，则欲心与争夺之患起矣。横生于一夫，则民私饭有储食，私用有储财。民有犯禁，而拘以刑治，乌有以为人上也。善政执其制，使民无私。为下不敢私，则无为非者矣。反本缘理，出乎一道，则欲心去，争夺止，囹圄空，野充粟多，安民怀远，外无天下之难，内无暴乱之事，治之至也。

在尉缭所设想的“至治”理想社会中，强调“男耕女织”为“民之二事”，提倡俭朴生活，并通过古今社会对比，得出了结论：只有人人做到了大公无私、患难与共，天下才能够成为真正的一家；只有公而忘私、同甘共苦，才能够安民怀远、天下太平，这就是至治社会。关于至治社会的构想，一是在所有制形式设计上，涉及社会生产、分配、消费和法治等原则，即财产共有、共享，共同劳动，平均分配，反对奢侈浪费，违反者“拘以刑治”。他认为，只要把握好“使民无私”这一社会底线，坚守“为下不敢私”的法治原则，就能“安民怀远”，四海清平，天下一家，就能实现“至治之世”的理想社会。二是在社会分配上设计的理念是平均分配，即实行“共寒其寒，共饥其饥”的分配原则，主张有饭大家吃、有衣大家穿，平均分配社会财富。他解释说，譬如粥饭已经做好，十个人来吃饭和一个人来吃饭，都是这些饭菜，多一个人或者少一个人并不影响社会分配。由此可见，尉缭在社会分配上不是主张“按需分配”，而是主张“平均分配”，有着比较浓郁的绝对平均主义精神。“大锅饭”式的绝对平均分配，自古以来就是农民阶级和小资产阶级所渴望的一种分配方式，但是这种绝对平均分配在实践上是有害的，也是不可取的。毛泽东就曾指出：“就是在社会主义时期，物质的分配也要按照‘各尽所能、按劳取酬’的原则和工作的需要，决无所谓绝对的平均。”三是强调德治法治相结合的治国理念，指出思想道德建设在社会治理层面的重要性、必要性。他认为，只有加大教养力度，教育民众树牢公德心，遵法度，息诉讼，多生产，去浮华，就能实现安居乐业、天下太平、安民怀远的至治理想社会。

尉缭运用兵法，谋划布局天下，辅佐秦国完成了统一大业，被誉为“兵家四圣”（兵圣孙武、亚圣吴起、计圣孙膑、尉圣尉缭）之一。据说韩信是尉缭晚年的弟子之一。《尉缭子》一书，被称为中国古典军事文化遗产的重要组成部分，对后世影响深远。尉缭的一些论断，眼光独到，预言准确。应该说，尉缭的民本思想在当时是比较先进的，其为民发声的自觉及其至治社会的构想，都是站在社会下层和弱势群体立场上而提出的，具有积极意义。其中的“天下一家、使民无私、共寒其寒、共饥其饥”的社会理念，也与大同社会“天下为公，选贤与能、讲信修睦……鳏寡孤独皆有所养”理念不谋而合，或者是二者进行了互鉴，因而被视为大同社会的版本之一。

三、“国安民治”的贤君社会

“天下一家”思想曾经是先秦时期社会影响较大的思潮之一。在这一思想框架中，君主与天下的关系是核心所在。《六韬》即提出“天下非一人之天下也，乃天下人之天下也”“同天下之利者得天下，擅天下之利者失天下”。这在战国时期，天下未能统一之际，实际是为全国统一制造舆论声势，是符合历史发展进步趋势的。随着统一形势的渐趋明朗，以君王为核心的中央集权政治体制也为世人所接受。从理论上说，君主专制下的“君主”应该具有绝对独裁的权力，但在中国古代“天下一家”框架中的“君主”，却与西欧“绝对君主制”有很大区别。西欧“绝对君主制”一般是独裁的，享有无上的权力；中国“君王”即使在“家天下”政治背景下也不能享有随心所欲的权力，而是受到各种制约、制衡。因此在秦统一全国之前，人们从“天下一家”思想转而强调“贤君之治”，希望在遵从天下统一、君主专制社会发展大趋势之下能够由“贤君”来治国理政，将国家治乱兴衰取决于君主贤明与否。从主张“无君”到主张“贤君”，这是与时俱进的进步表现，《六韬》一书所构想的“君贤圣则国安而民治，祸福在君不在天时”的贤君社会，就是这样一种理想社会模式。

1.《六韬》奇书的理想路径

在山东省临沂市市区东南部，有两座不起眼的山岗。山岗之上，生长着一种灌木。每年春夏之交，灌木便会开花，花朵形似云雀，颜色各有不同。在东面的山岗上，花朵为黄色；在西面的山岗上，花朵则是白色。当地人因此命名东岗为“金雀山”、西岗为“银雀山”。

1972年4月，有关部门进行银雀山汉墓考古发掘。经过考古发掘，银雀山汉墓出土了两座古墓，时间在西汉前期，分别命名为“银雀山1号墓”“银雀山2号墓”。银雀山汉墓都是在岩石上开凿的长方形竖穴，规制皆为本椁一棺，在椁内另有隔板，棺木旁边陪葬有若干边箱。打开边箱，发现里面放置着随葬器物共95件。经过清理，在1号墓共出土了竹简4942枚，多是《孙子兵法》《孙膑兵法》《六韬》《尉缭子》等兵书，以及先秦古籍《管子》《晏子》《墨子》等，另有《相狗经》《曹氏阴阳》《风角占》《灾异占》等残简；在2号墓，共出土了竹简32枚。此次考古发现，被评选为“新中国十大考古发现”之一。[①]银雀山汉墓出土《六韬》一书（竹简53枚，一说54枚），证明该书至少在西汉时已广泛流传。关于《六韬》是否“伪书”的争议，不攻自破，就此平息。

1973年，考古工作者又在河北定县八角廊40号西汉墓中，发现了《六韬》的部分竹简。经确认，属《六韬》的竹简共有144枚，计1402个字，简文《六韬》共发现篇题13个。这一考古发现，进一步证明了《六韬》的真实性，并佐证了《六韬》的成书时间，是在战国时期。

在中国古代历史上，《六韬》也是一部富有神秘色彩而又久负盛名的兵书、奇书。《六韬》，也称为《太公六韬》《太公兵法》，共分为《文韬》《武韬》《龙韬》《虎韬》《豹韬》《犬韬》六卷，每卷各十篇，共六十篇，约二万字。

全书通过对话方式（太公与文王、武王），阐述了治国安邦

① 参见罗福颐《临沂汉简概述》，载于《考古》1974年第2期。

的政治理念，并构想了一个“国安民治、万民富乐、君如日月”的理想社会。对于如何实现这一理想社会，也创造性地设想出了一条基本路径：圣人—家—国—天下。即通过“古之圣人”的个人魅力和号召力，凝聚人心，由小而大，由家而国而天下。至于怎样凝聚人心，该书的建议是，要按照自然规律办事，服务民生基本需求，因势利导、顺时而为，与百姓同生共死，天下便会岁月静好、百姓富足。而实现这一美好社会，唯一可行的办法就是实行“无为而治”。能否实现这一理想社会，最关键的还在于君王的道德修为。显而易见，贤君社会的主导思想还是无为而治的黄老思想。

2. 贤君社会的理想之治

《六韬》设想的“君贤而圣”“国安民治”的理想社会模式，强调了“君王”的个人作用，对“君王”个人道德修养给予了厚望，甚至是一种过高奢望。

《六韬》书中构想的贤君社会，首先是一个君王贤明的人治社会。该书通过周文王与姜太公的对话，指出要达到“帝尧之治”的美好社会，关键在于“君贤圣”。“君贤圣”的标准，便是具有尧的治国美德：不爱锦衣玉食、不爱金银珠宝、不爱华丽宫殿、不爱淫佚之乐，不因享乐横征暴敛、不因劳役耽误农事，而是顺应天时、爱惜民力、清心寡欲、无为而治，劝农桑，旌善行，存养弱势群体，赈济祸亡之家，由此而实现百姓富足快乐、国家安定富强、社会亲善和睦、君民亲如家人的“天下一家”理想社会。这一政治清明、万民富乐的理想社会能否实现，归根结底取决于“君王”，即“祸福在君，不在天时”。“君贤”则“国治”，“国治”则“民安”，“民安”则“富乐”，“富乐”则风俗淳厚、民心大治。对“君王”能力水平、道德境界、施政方针的高标准，是贤君社会最突出的一个特点。

其次是一个天下为公的民选社会。《六韬》重申了“公天下”的进步观点。所谓“公天下”，就是“天下为公”，“天下”是天下人的天下而不是一人一家的天下，君王是以其德才深孚众望并由百姓选举产生而不是以其血缘关系世袭，强调了君王“民选”。理想社会的“贤君”，知民意顺民心，爱惜民力、让利于民，与百姓共饥寒、共患难，想民之所想、急民之所急，君民一心、亲如父兄、天下一家。在这个理想社会里，大家互相帮助、一起劳动、共同富裕。

三是一个人人道德高尚的德治社会。贤君会强调德治，要求百姓遵守公序良俗，恪守道德规范，并赋予了“公序良俗”新内涵，重新定义了“仁义道德”：“仁”，就是能够按照四时耕作、共享社会财富；“义”，就是能够同甘共苦、同生共死；“道”，就是尊重人类贪生怕死的本性并使之发财获利；“德”，就是助人为乐、免人之死、解人之难、救人之患、济人之急。贤君会衡量“君王贤圣”的一个重要标准，就是“爱民”。因为贤君是天下百姓共同选出的君主，肩负治理天下的重任，理应以为民造福为己任，否则就要被天下之人无情抛弃。贤君的爱民之道，就是六个字：利、成、生、与、乐、喜，就是要做到鼓励百姓勤于农桑耕作、不违农时，对待百姓要少用刑罚、轻徭薄赋，不要大兴土木、横征暴敛，爱护百姓如同父母疼爱子女，看见百姓饥寒交迫就非常忧虑，看见百姓劳作辛苦就心生同情，看见百姓得到赏罚就如同自己得到赏罚一样高兴或者痛苦，看见百姓缴纳赋敛就如同拿走自己的财物一样心疼，能够做到与百姓共饥寒劳苦、共赏罚赋敛、共喜怒哀乐才算是践行了“爱民之道”的贤君。

为了实现贤君理想社会，还设计了六条实现路径。一是“大”，就是要有放眼世界、胸怀天下的大格局；二是“信”，就是要以诚立信、建立天下信服的公信力；三是“仁”，就是要有包容天下、怀柔各国的宽厚仁爱之心；四是“恩”，就是要有服务天下的情怀和庇护天下的实力；五是“权”，就是要有公平公正、协和万邦、求同存异、共同发展的领导力；六是“事”，就是要有顺时而为、好事办好的水平和与时俱进、开拓创新的气魄。如果能够做到这六条，就可以拥有天下、服务天下，就能实现天下为公、天下大治。

《六韬》一书所提出的“爱民之道”，其实与老子“圣人无常心，以百姓心为心”的政治观是一致的，都是强调要尊重民意、顺应民心去治国理政，不妄为、不折腾、不急功近利。“民为邦本，本固邦宁。”“得众则得国，失众则失国。”只有以民为本、服务于民、造福于民，才能得民之心、根基牢固、长治久安。“爱民之道”就是“圣人之道”，就是民心所向的考量。由此可见，大道之行、天下为公是中国传统理想社会的基本内涵，是中华优秀传统文化的核心思想，是民本思想的载体之一。

中国传统大同理想社会的早期版本虽然形式各异、名称不同、各有侧重，其实折射了以民为本、造福天下、共致太平的人文情结。从维持社会秩序的稳定性而言，中国古代民本思想和现代国家社会治理理念并无根本区别。“民本”是政府主动、民众被动；“民主”则是民众主动、政府被动。国情、历史、文化不同，导致了治国理政的指导思想不同。中国大一统体制的传统国情，决定了中国特色的“大政府”理念，提倡“当官要为民做主”，形成了包办一切的管理角色，故民众对政府的依赖性较强，民本思想较浓。古代中国不仅有“民本”，也有“民主”；既有民主的思想，也有民主的制度和实践。如春秋史上的“国人”群体（以“士”为主体的自由民），就有议论国事、仲裁争端、废立国君等权利，“国人大会”就是其民主议事的制度和载体。据《左传》记载，（1）共和元年（前841年）“国人暴动”，就是“国人”登上历史舞台的一次轰轰烈烈的政治表现，也是中国历史有确切纪年的开始。（2）僖公十八年（前642年）冬，邢人、狄人攻击卫国，卫文公想“禅让”国君之位，但是他的这一提议在“国人大会”上被“国人”否决。（3）僖公二十八年（前632年），卫成公想亲附楚国，被“国人”

否决。（4）鲁定公八年（前502年），卫灵公不堪晋国之辱，想解除卫晋之盟，但是被大夫们组成的贵族会议所否定；他又召开“国人大会”，得到了“国人”支持，最终如愿解除了卫晋之盟。（5）鲁哀公二十六年（前469年），卫出公在越国军队的护送下打算回卫国复位。兵临城下之际，在卫国执政的公孙弥牟只好紧急召集“国人大会”征求意见，但是“卫出公复位”提议被“国人”否决，占据军事优势的卫出公闻悉后竟不敢进城，后来客死在越国。（6）鲁定公四年（前506年），吴国破楚，一直追随楚国的陈国不知何去何从，就召开“国人大会”征求意见。（7）鲁僖公十五年（前645年），秦晋在韩原之战后，晋惠公被俘。晋国召开“国人大会”，议立新君。上述“国人大会”，犹如近代所谓“全民民主”；“国人”参政议政的这些记载，是先秦民主实践的珍贵史料，成为春秋各国政治文化的基石。追求民主治国的思潮虽然一度风起云涌，但是随着中央集权政体的形成，大一统就成为深入中华民族血脉的共同追求和价值取向，内生为中华民族维护国家统一的不竭动力，并成为中国人民建构理想社会的思想基石。

四、《列子》记述的仙幻之境

在道家经典著作《列子》中，记述了“华胥氏之国”“列姑射山”“终北国”等“理想国”，这些亦仙亦幻、亦实亦虚的道家著作记载，进一步充实丰富了大同理想的内容与模式。《列子》的作者列御寇（约前450—约前375年），又名圄寇、圉寇，春秋时期郑国人，是老子、庄子之外道家思想又一位代表性人物，被尊为“列子”。在汉代，列子被追封为“冲虚真人”，《列子》被尊为《冲虚真经》。在唐代，唐玄宗下旨将《列子》升为道教经典。《列子》思想内容驳杂，记载了许多神话传说，在其卷一记述了“华胥氏之国”和“列姑射山”、卷五记述了“终北国”等理想之国。通过艺术手法展示了人们对于理想社会的向往。

1. 华胥氏之国的理想图像

《列子·黄帝篇》中，记述了黄帝神游华胥国。

> 黄帝即位十有五年，喜天下戴己，养正命……于是放万机，舍宫寝，去直侍，彻钟悬，减厨膳，退而闲居大庭之馆，斋心服形，三月不亲政事。昼寝而梦，游于华胥氏之国。华胥氏之国在弇州之西，台州之北，不知斯齐国几千万里，盖非舟车足力之所及，神游而已。其国无师长，自然而已。其民无嗜欲，自然而已。不知乐生，不知恶死，故无夭殇；不知亲己，不知疏物，故无爱憎；不知背逆，不知向顺，故无利害：都无所爱惜，都无所畏忌。入水不溺，入火不热。斫挞无伤痛，指擿无痟痒，乘空如履实，寝虚若处床。云雾不硋其视，雷霆不乱其听，美恶不滑其心，山谷不踬其步，神行而已。黄帝既寤，怡然自得，召天老、力牧、太山稽，告之，曰："朕闲居三月，斋心服形，思有以养身治物之道，弗获其术。疲而睡，所梦若此。今知至道不可以情求矣。朕知之矣！朕得之矣！而不能以告若矣。"又二十有八年，天下大治，几若华胥氏之国，而帝登假，百姓号之，二百余年不辍。

《列子·黄帝篇》以黄帝梦游的虚幻形式，记述了华胥氏之国这一无为之治的美好社会。华胥氏之国，所处地理位置不可详考；当时人类交通落后，运输条件简陋的情况下，华胥国是人类不可能到达的人间天堂。在这里，没有君长、高低、尊卑、贵贱之分，人人平等，不分亲疏、爱憎、利害，不知生之乐、死之痛，无欲无求，自然随性，无灾无病，无忧无虑，无畏无惧，入水不溺、入火不热，腾云驾雾、跨山越海，无所不至、无所不能，完全处于自然无为的超级文明状态。这里的人类，不但拥有“金刚不坏”之身，道德境界极高，而且还具有各种“超能力”，如飞行、千里眼、顺风耳之类神通。据说列子本人就是一个能够“御风而行”的奇人。因而华胥国也被称为“神仙国”。

华胥国的神圣，相当于西方《圣经》中的“伊甸园”。这一美好社会，不仅成为黄帝心向往之、努力构建的理想社会图像，也成为指引后世不懈追求的理想社会模板。至于其真实性，众说纷纭。现有考古史料表明，华胥国处于远古母系氏族公社时期。那个时候人类正处于资源匮乏、生存危机四伏的环境之中，竟然想象出如此高度文明的人类社会形态，确实让人匪夷所思、难以解释，只好以“黄帝梦游”形式加以记载。高度发达的物质文明，才能产生高度发达的精神文明。“仓廪实而知礼节，衣食足而知荣辱。”人类社会若要达到初级自治阶段，尚且需要每个成员都具备高度自律性，即使是虔诚宗教信徒也未必能保持步调一致、境界齐一的道德高度。华胥国之人“无为而无不为”的精神境界，大概只有人类社会物质文明、精神文明以及人类个体，同步进化到相当高的文明程度之后，才有可能实现。华胥国的美好生活“虽不能至，心向往之”，成为人们构想理想社会的模板之一。

2. 姑射神山的道家仙境

如果说“华胥国”犹如西方《圣经》的“伊甸园”；那么“姑射山”在道家的神圣地位就相当于佛教中的“西方极乐世界”。

姑射山、昆仑山这些神仙居住之所，都是道教经典记载的理想之国、人间天堂，甚至要比“天庭”“瑶池”更加神圣。关于姑射山神人的最早文字记载，亦见于《列子·黄帝篇》：

> 列姑射山在海河洲中，山上有神人焉，吸风饮露，不食五谷；心如渊泉，形如处女；不偎不爱，仙圣为之臣；不畏不怒，愿悫为之使；不施不惠，而物自足；不聚不

敛，而已无愆。阴阳常调，日月常明，四时常若，风雨常均，孛育常时，年谷常丰，而土无札伤，人无夭恶，物无疵厉，鬼无灵响焉。

“列姑射山”应该不是一个虚构的地点，而是有所实指。据《山海经·东海经》记载，其中有三处写到“姑射”，分别为姑射之山（无草木，多水）、北姑射山（无草木，多石）、南姑射山（无草木，多水）。《山海经·海内北经》记载，列姑射山在海、河洲中。在中国古代，一般称“河”，就是指“黄河”。《庄子》所指“藐姑射”，从地理环境、人居环境综合分析可能是庙岛列岛之中最大岛屿的长岛。在古代，长岛属于古莱夷之地，孤悬于海外烟波浩渺之中，遥不可及，被道教视为“神仙之地”。

在古代道教和方士的理想中，修真得道、长生不死的人就是“神人”。在早期道教经典《太平经》中，曾将“神仙”分为六等：一等是神人，二等是真人，三等是仙人，四等是道人，五等是圣人，六等是贤人。神人负责管理“天”，真人负责管理“地”，仙人负责管理“风雨”，道人负责“教化吉凶”，圣人负责治理百姓，贤人则是圣人的“助手”。列姑射山上的神人，按照这些标准，应该是神通广大、境界最高的一等神人。他们彻底做到了“四大皆空”，无感情、无欲求、无所为，无男女之分，几乎无须饮食；他们呼吸空气，饮用露水，不吃五谷，心神宁静淡然，形神宛若纯真柔美的少女；他们公正无私，不威不怒，不施舍不惠赠，不聚积不征敛，却四时有序、风调雨顺、五谷丰登、物产丰饶、无灾无难、祥和安宁。通过这番亦真亦幻、亦实亦虚的仙境及神人描写，构设了一个无耕作之劳、无衣食之忧、无赋敛之烦、无习俗之约、无疾患之虑、无情感之累、无阴阳之分、无作为之需的仙幻理想世界。

此后，《庄子·逍遥游》也记载了姑射山神人的形象。在道家语境里，姑射山象征着神仙世界，得道的神人居住在姑射山上。他们深不可测、若隐若现，须发肤白如冰雪，风骨绰约若少女，吸风饮露为食，乘云驭龙以行，遨游四海之间。他们具有超自然的能力，能让万物健康成长，能让五谷自然成熟，能泽被人类万物。其神通之大，无法想象。经过庄子的转述，姑射山神人遂广为传播、名扬天下。姑射山神人的形象，是超然物外、超凡脱俗的，往往被视为终极自由之境的体现者，大概是山神与祖先神崇拜合流的产物，是前代文化积淀的艺术形态。[①]受到姑射山神人形象的影响，此后宋玉《神女赋》、曹植《洛神赋》、阮籍《清思赋》等作品也都描写了“神女”形象，继承发展了“姑射山神人”形象，都具备了神人逍遥自适的精神风貌，成为人世间的美好寄托。宋代全真教道士长春真人丘处机《无俗念》曰：“浑似姑射真人，天姿灵秀，意气舒高洁。”道家通过描绘神人“大而美”，揭示了姑射山神人“孰弊弊焉以天下为事”的政治内涵，即天下为天下人之天下，而不是一人一家之所有，治理天下不以己私、不为己有，便能境界超脱、逍遥自适，也是“至人无己、神人无功、圣人无名”的具体象征（至人是庄子理想人格的最高境界，神人是庄子无为而治思想的表达，圣人是庄子扬弃功名的人生追求）。

3. 终北之国的人间天堂

《列子·汤问》中还记载了一个名为“终北国”的人间天堂。此处不仅自然环境优越，社会环境更加理想，以至于让周穆王流连忘返。据说“终北国”在北海之北，距离齐州有几千万里之遥。齐州，古代亦称为中州，代指中国。“终北国”离中原地区很远，人们不知道它的疆界所至。大禹在治水的时候迷路了，误打误撞地来到了“终北国”。“终北国”在中国之北，据说是在北海以北，大

① 参见李炳海《祖先神、山神传说的融汇——藐姑射神人与汾河文化的关联》，载于《山西师大学报（社科版）》1999年第3期。

概是在某处洞穴之内，热气蒸腾，山石无土，所以才能一年四季无霜雪风雨。内有地热温泉，气候宜人，却无花鸟虫鱼。推测泉水含有某些矿物质，可能是少量呋喃环形式葡萄糖的天然化合物。这种葡萄糖溶于水，人类或者动物饮用吸收之后可转化为能量，但是其中所含微量呋喃，则会释放温和香味，并产生麻醉和弱刺激作用，类似于酗酒症状，而且呋喃对水生生物有害，故有水无鱼。泉水通过管网，分流而行，供应国民饮用。“终北国”之人，性情温和，无欲无求，怡然自得，和睦相处。他们的社会习俗不分君臣、长幼，男女混居而处，无须媒妁之言、聘嫁之礼，无须耕作劳苦、无须纺织绩麻。人们无生老病死之虑、无喜怒哀乐之欲，以歌唱为习俗，经常歌声互答，数日不辍，饥渴则饮神泉之水，过量则如宿醉，旬日方能清醒，年满百岁便会寿终正寝。在《列子·汤问》对此有所记载：

> 禹之治水土也，迷而失涂，谬之一国，滨北海之北，不知距齐州几千万里，其国名曰终北，不知际畔之所齐限。无风雨霜露，不生鸟兽、虫鱼、草木之类。四方悉平，周以乔陟。当国之中有山，山名壶领，状若甔甀。顶有口，状若员环，名曰滋穴。有水涌出，名曰神瀵，臭过兰椒，味过醪醴。一源分为四埒，注于山下。经营一国，亡不悉遍。土气和，亡札厉。人性婉而从物，不竞不争；柔心而弱骨，不骄不忌；长幼侪居，不君不臣；男女杂游，不媒不聘；缘水而居，不耕不稼。土气温适，不织不衣；百年而死，不夭不病。其民孳阜亡数，有喜乐，亡衰老哀苦。其俗好声，相携而迭谣，终日不辍音。饥惓则饮神瀵，力志和平。过则醉，经旬乃醒。沐浴神瀵，肤色脂泽，香气经旬乃歇。周穆王北游过其国，三年忘归。既反周室，慕其国，慠然自失。不进酒肉，不召嫔御者，数月

乃复。

“终北国”可能是一个原始公社部落的遗存，因其与世隔绝，得以保留下来。他们栖息地的特殊自然环境、饮食起居习俗，增添了其神秘性。他们丰衣足食、无所事事、悠哉悠哉的生活面貌，财物公有、平等分配、自我管理的社会形态，都成为世人美好的向往。至于这一理想世界究竟是虚幻之境还是有所实指，都不妨碍其成为先民们慰藉心灵、放飞想象的精神家园。“终北国”生活之美好，令人神往，周穆王在该国居留三年而忘归，归来之后仍怅然若失很久。

上述三个“理想国”，都寄托着人们对美好生活的无限向往，具有几个共同特点：其一，是一个组织结构散漫的群居社会。它们皆为无国家、无君臣、无等级、无尊卑、无贵贱、无欲望、按需分配、率性而为的平等社会，人们任其自然、各取所需、无拘无束、无忧无虑、和谐相处。其二，是一个物质产品比较丰富的福利社会。这些理想国，或因得天独厚的地理位置、自然环境，或因其他情况，社会物质产品比较丰富，人们比较容易解决衣食温饱问题，而且实行公有制，集体生活，平均分配，进入了社会供养、集体保障的福利社会。其三，是一个精神文明高度发达的自由社会。人们精神境界很高，各得其所，各得其乐，无忧无虑，无欲无求，和谐共处。上述理想国，无论物质财富怎么丰富，无论自然禀赋如何不同，理想国之人都是世人的精神楷模。他们不会倚仗自身优势或者技术优势，霸凌落后之国、欺压弱势之人，更不会掠夺他国的国民财富。这样的理想社会、理想人格，既是中国传统大同理想物质文明和精神文明双丰收的理念折射，又是中国人民勤劳向善、为而不争的大同基因的一脉传承。

第四章 大同理想的发展

中国传统大同理想虽然有多种版本形式，但是其共同目标都是致力构建一个国家统一、民族团结、公平公正、友爱和谐的理想社会，因而春秋战国时期诸子百家、先贤圣哲都不约而同地追求天下大一统，希望尽快结束割据混战的乱世局面，早日建立天下太平、天人合一、安民怀远的大同社会。历朝历代有识之士，更无一人主张中国分裂。老子小国寡民理想社会模式，也是希望在天下共主周天子的领导之下，各国相安无事，天下太平，甲兵不用。而西方理想社会模式，却比较推崇城邦独立自治制度，养成了根深蒂固的均势思维、制衡思维。中国特色的大一统思想、中央集权政体促进了中华文化共同体的形成和中华民族的融合，促进了中国人民对周边国家及民族的文化认同、心理认同，大同理想也随之上升为引领中华儿女接续奋斗、自强不息的精神旗帜。

一、“至德之世”的汉代模式

秦汉时期建立的大一统中央集权封建国家，继承发展了大一统治国理念，以君主专政形式实现了中央集权。“天下一家”的文化认同、心理认同已经深入人心，社会对于“君主专制”也有了积极认可。在充分肯定“君贤圣”可以实现国家治理最高境界的基础上，人们对于“君贤圣”的道德标准、执政理念等也提出了新要求，大同理想社会模式也出现了一些与时俱进的新构想。西汉时期，陆贾《新语》、刘安《淮南子》等书，先后提出了构建君王无为、与民休息、安居乐业、路不拾遗的“至德之世”理想社会。“至德之世”的汉代模式，成为西汉初年比较有代表性的理想社会模式，集中反映了这一时期人们渴望安居乐业、向往和平生活的休养生息思想。

1. 陆贾构想的“至德之世”

陆贾关于“至德之世”的构想，体现在其著作《新语》。陆贾是楚国人，以宾客身份追随刘邦，是口才出众的一代大儒。《史记·郦生陆贾列传》记载：西汉初年，陆贾经常在汉高祖刘邦面前谈论《诗经》《尚书》等儒家典籍。刘邦一向讨厌儒生，见陆贾如此，便说道：“我是靠马上打天下得天下的，这些子曰诗云都是迂腐之论，在我看来没有什么用处。”

陆贾反驳道：“陛下您是在马上得天下的，这话不假。但是，马上可以得天下，却不能在马上治理天下。马上得天下、又在马上失天下的殷鉴，历史上有很多。以前的吴王夫差、智伯，就是因为穷兵黩武，很快亡国；秦朝也是如此，很快亡国。如果他们能够及时汲取这方面的历史教训，效法先王、施行仁政、与民休息，那么就不会亡国了。陛下您难道也想步其后尘、甘当亡国之君吗？”

刘邦听后面有惭色，马上和颜悦色，表示要汲取前朝历史教训，并委托陆贾著书立说，探讨秦亡汉兴、天下得失的治国之道，以资借鉴。陆贾遂著文十二篇，每奏一篇，刘邦都极力称赞，称其书为“新语”。《新语》一书，提倡无为而治，构想了一个“至德之世”，奠定了西汉王朝之初的政治基础。

陆贾的《新语》一书，主张实行比较宽松的统治政策，无为而治，与民休息，建设一个顺天应时、不言而信，不怒而威、安居乐业的“至德之世”理想社会。这个理想社会，天下太平，官不扰民，民无争讼，无为而治，尊卑有序，老幼得养，教育大兴，知礼守信，民风淳朴，犬不夜吠。《新语·至德》描述了这一理想社会。

> 君子之为治也，块然若无事，寂然若无声；官府若无吏，亭落若无民；闾里不讼于巷，老幼不愁于庭；近者无所议，远者无所听；邮无夜行之吏，乡无夜召之征；犬不夜吠，鸡不夜鸣；耆老甘味于堂，丁男耕耘于野；在朝者忠于君，在家者孝于亲。于是赏善罚恶而润色之，兴辟雍庠序而教诲之，然后贤愚异议，廉鄙异科，长幼异节，上下有差，强弱相扶，大小相怀，尊卑相承，雁行相随，不言而信，不怒而威，岂待坚甲利兵、深牢刻令、朝夕切切而后行哉？

陆贾构想的“至德之世”理想社会，继承发展了道家“无为之治”的思想，并肯定了“无为之治”其实就是一种不乱作为、不乱折腾的“无为之作为”，就是要求统治阶级不要过多干涉百姓的生产生活，而是应该顺其自然，因势利导，与民休息，保障百姓安居乐业。陆贾也明确指出，统治阶级的“有为”，应该把工作重点放在百姓的教与养，既要关心百姓的衣食温饱日用问题，又要见微知著引领百姓的道德教化和社会风俗的发展方向，还要发挥政府赏善罚恶、正向引导的激励作用。同时又明确指出，“有为”不是“妄为”，一定要遵循“道”的标准，把握好因势利导的“度”。凡是顺民意、合道德、能做到的事情，就要尽心尽力尽快去完成；凡是顺民意、合道德、却又暂时不能做到的事情，就要暂缓。这就是“无为之治”的最高境界、最大之道。

在实现“至德之世”理想社会的路径方面，陆贾也做了梳理和设计。一是加强道德修养，施行仁义之政，顺势而为，无为而治。二是减轻对百姓的剥削压迫，轻徭薄赋，与民休息。三是重视农业生产，爱惜民力，科学使用民力。通过这些措施和办法，陆贾认为就可以实现“至德之世”理想社会。陆贾的“至德之世”理想社会与老子的“小国寡民”理想社会相比，有继承更有发展。“小国寡民”理想社会弱化了政府管理职能和教育引导，更注重精神层面的个性自由；“至德之世”理想社会则肯定了政府管理机构（如邮驿、庠序）存在的合理性，更符合西汉初期治国理政的现实需要。简单说，就是一个主张“无政府管理”、一个主张“适度的政府管理”。特别是在社会教育方面，“小国寡民”理想社会明显是不太注重社会教育；“至德之世”理想社会却比较重视社会教育，主张大兴教育、加大教育引导力度。因此，陆贾虽然提倡“无为之治”，貌似继承了道家学派的黄老思想，但是又掺杂了许多儒家治国理政的政治理念，儒道融合特征较为明显，其理想社会模式与儒家大同社会更为相似。如“贤愚异议，廉鄙异科”，就是《礼记·礼运》所说的“选贤举能”；“近者无所议、远者无所听”“不言而信”，就是《礼记·礼运》所说的“讲信修睦”；“老者息于堂，丁壮者耕耘于田，在朝者忠于君，在家者孝于亲”“长幼异节，上下有差，强弱相扶，小大相怀，尊卑相承”，就是《礼记·礼运》所说的“男有分，女有归”“人不独亲其亲，不独子其子，使老有所终，壮有所用，幼有所长，矜寡孤独废疾者，皆有所养”。陆贾“至德之世”理想社会适应了汉初天下亟须休养生息的基本国情和时代需要，具有进步意义。随后，《淮南子》一书也提出了一个至德之世理想社会模式。

2. 刘安提出的“至德之世”

汉代“至德之世”理想社会模式在淮南王刘安主编的《淮南子》一书中也有提及。

刘安（前179—前122年）是汉高祖刘邦之孙，淮南王刘长之子。刘安好读书鼓琴，善为文辞、辩博，不喜欢嬉游打猎，很注意抚慰百姓。其门下宾客方术之士，多达数千人，以“八公”（苏飞、李尚、左吴、田由、雷被、伍被、毛周、晋昌）最为著名。刘安组织编纂了《淮南子》一书，集黄老学说之大成，是“杂家学派”另一部比较重要的代表作。《淮南子》一书，贯穿着社会向前发展的科学进化观，认为治国理政的根本原则就是“利民为本”。如果有些政策法规执行起来能够对百姓有利、对国家事业有帮助，就不必恪守古训，而应主动加以变通或者进行改革。在这一指导思想的指引下，《淮南子》也构想了一个“至德之世”理想社会。建构这个理想社会，同样要通过“无为之治”来实现，即遵循世间万物发展的客观规律，尊重天意民心，适时加以引导，而不能妄加干涉、违背自然之道和客观规律。自然之道和客观规律，就是“公道”，反之就是“私志”。这其实也是对道家学派“道法自然”理论的进一步阐发，由此推论出“无为之治”便是“圣人”治理天下、天下归心的治国大道。为了验证这一理论的正确性，《淮南子·览冥训》对黄帝之治和虙戏氏之治这两个理想社会图景作了比对。

昔者黄帝治天下，而力牧、太山稽辅之，以治日月之行律，治阴阳之气，节四时之度，正律历之数；别男女，异雌雄；明上下，等贵贱；使强不掩弱，众不暴寡；人民保命而不夭，岁时熟而不凶；百官正而无私，上下调而无尤；法令明而不暗，辅佐公而不阿；田者不侵畔，渔者不争隈；道不拾遗，市不豫贾；城郭不关，邑无盗贼；鄙旅之人，相让以财，狗彘吐菽粟于路，而无忿争之心。于是日月精明，星辰不失其行；风雨时节，五谷登熟；虎狼不妄噬，鸷鸟不妄搏；凤皇翔于庭，麒麟游于郊；青龙进驾，飞黄伏皂；诸北、儋耳之国，莫不献其贡职，然犹未及虙戏氏之道也。……当此之时，卧倨倨，兴眄眄，一自以为马，一自以为牛；其行蹎蹎，其视瞑瞑；侗然皆得其和，莫知所由生；浮游不知所求，魍魉不知所往。当此之时，禽兽蝮蛇，无不匿其爪牙，藏其螫毒，无有攫噬之心。考其功烈，上际九天，下契黄垆；名声被后世，光晖重万物。乘雷车，服驾应龙，骖青虬，援绝瑞，席萝图，黄云络，前白螭，后奔蛇，浮游消摇。道鬼神，登九天，朝帝于灵门，宓穆休于太祖之下。然而不彰其功，不杨其声，隐真人之道，以从天地之固然。何则？道德上通，而智故消灭也。

通过对比黄帝之治和虙戏氏之治，该书赞扬了虙戏氏治理之道，称之为是“无为之治”的最高境界。黄帝时代，四时有度、社会有序，风调雨顺、百姓友爱，官不扰民、法令公道，各行各业兴旺发达，人们道德比较高尚，动物都得懂谦让友善，天下归心、邦国协和。缺点是“人治”痕迹比较明显，距离“至德之世”理想社会的“无为之治”境界，尚有一定差距。而虙戏氏时代，已经达到了“至德之世”理想社会“无为之治”的最高境界。虙戏氏时代，已无“人治”的痕迹。人们无欲无求，一切顺其自然，没有尔虞我诈，没有礼法习俗，没有管理约束，人类真正返璞归真、回归自然；自然万物自由生长，皆有灵性，皆自觉向善；各种祥瑞征兆，此起彼伏，层出不穷；至于邦国、疆界、种族，都已消失，完全没有了所谓“人治”的一切痕迹，无治而功成，道法自然而了然无痕，真正实现了“万类霜天竞自由”“万物各复归其根”。虙戏氏时代大概是处于原始公社早期，生产生活条件应当要落后于此后的黄帝时代。但是人们不以物质粗陋为苦，不为物欲所累，生活简单舒适，幸福指数很高，比较鲜明地反映了中国传统理想社会注重思想道德自由而漠视物质生活的建构特征。

既然“虙戏氏之道”完全不需要“君王”有任何作为，既然

“至德之世”要求“君王”彻底放弃“存在感”，那么这种“无为无君”思想毫无疑问不如陆贾“君贤圣”思想主张更能顺势应变，更能适应时代发展潮流，更能为中央集权的“君王”所接受。特别是在君主专制制度强势兴起之际，要求“君王”放弃作为、放弃权威、放弃存在感，无异于公然挑战“皇权”、否定“皇权威严”。可以想见，这种“无为无君”的“异端”思想对于雄才大略的汉武帝刘彻而言，意味着什么。因此，无论汉武帝刘彻再怎么尊重和礼遇他的叔叔淮南王刘安，也绝不会容忍这种“无为无君”思想的肆意传播。治国理念的严重分歧，决定了汉武帝刘彻与淮南王刘安必然会走向决裂。

3. 性质不同的理想社会

刘安其实一直是一个不安分且政治糊涂的文化界领袖人物，自视甚高却屡遭现实打脸，直至丢了卿卿性命。汉文帝十六年（前164年），“阜陵侯”刘安被封为“淮南王”。后元三年（前141年）正月，汉景帝驾崩，15岁的太子刘彻即位，是为汉武帝。汉武帝刘彻（前156—前87年）是刘邦的曾孙，喜好文学，一度对刘安特别尊重。凡是寄发给刘安的书信，汉武帝都要先请司马相如等文士认真把关之后再发出；凡是刘安所献的新作品，汉武帝都非常喜爱并珍藏起来、反复吟诵；凡是宴请刘安，叔侄二人都要深入交流，畅所欲言，不至黄昏宴席不撤。

建元六年（前135年）五月，窦太后去世，21岁的汉武帝亲政后，采纳了大臣主父偃提出的“推恩令”，开始着手削弱诸侯王的势力、收回地方的财政权，在思想文化上实行“罢黜百家，独尊儒术”，加强中央集权。元狩元年（前122年），淮南王刘安被迫自尽、满门被抄斩。据民间传说，刘安之死是“得道升天”，也是“一人得道鸡犬升天”典故的由来。刘安本来是个有名望的“文化人”，为了编撰《淮南子》，他曾亲自带领数千人，在八公山上花费数年时间、精力，终告成功。在个人兴趣上，他几乎把所有精力都花费在了琴棋书画等文化活动上，在当时算是一个风靡一时的“文化领袖”。“秀才造反，十年不成。”刘安早在20年前就曾自不量力，参加了景帝三年（前154年）吴王刘濞发动的“七国之乱”，失败后被赦免。57岁时，他利令智昏，再次蠢蠢欲动。不仅如此，刘安的儿子刘迁，更是自作聪明，愚蠢妄为，到处树敌，授人以柄，结果刘安被迫自尽、全家满门抄斩，父子的“皇帝梦”彻底破灭。

刘安“至德之世”与陆贾“至德之世”这两种理想社会模式，虽然都提倡“无为而治”，但是却是性质不同的两种“无为而治”模式。刘安《淮南子》构想“至德之世”理想社会，鼓吹“君王”应放弃王权、实行“无为而治”，他心目中的“无为而治”实质上是“无君之治”；陆贾所构想的“无为而治”，实质上是“贤君之治”。秦汉时期大一统思想蔚然成风，汉初大一统中央集权君主专制已经深入人心，人们普遍认为“贤君之治”要大胜于“无君之治”，更胜于“昏君之治”。只有人类社会发展到相当成熟的历史阶段，“无君之治”、无政府主义才有可能成为社会发展的最终归宿。离开了这一前提条件，“无君之治”只能是不合时宜、逆时代发展潮流的“早产儿”，必定会夭折。

陆贾设想的“贤君之治”理想社会，既不主张历史倒退、回到“远古社会”，也不主张“无君之治”，而是要求“贤君”爱惜民力、与民休息、不过多干预社会经济发展。这一符合社会发展规律和国情、传统、文化的“无为而治”治国方略，旨在劝诫统治阶级少干涉百姓生产生活，与民休息，让利于民，缓和阶级矛盾，从而使人们能过上安定富裕生活。显然，陆贾的见解是一种比较积极进步的政治理念和实事求是、契合时代发展的务实之策，要比“无君之治”高明许多。他提倡的“无为而治”，与后出的西方“政府不干涉理论”颇有类似旨趣。如二者都主张官方政府不要过多干预经济社会的自由发展、自行运转。“自由放任主义”理论是二千年后的英国经济学家亚当·斯密提出的，主张政府不必以“看得见的手（行政手段）”去干涉经济市场，只需要履行好看管政府的基本职能：一是负责维护好国家的安全统一，避免被侵略；二是负责维持好社会的公平公正秩序；三是负责建设、运营和管理公共事业及公共设施。亚当·斯密将政府职责设定为“守夜人”角色，这一看管政府的角色定位与陆贾主张“无为而治”的政府角色定位并行不悖、异途同归。

二、理想社会的理想人格

先秦及秦汉时期，人们主要是通过描述社会状态的方式来建构理想社会及其理想人格，人的思想道德建设往往成为最庞大的系统工程。魏晋时期，人们开始通过描述理想人物的理想人格来表达理想社会的道德境界，如阮籍构想“太初之世”理想社会时塑造了一个模范公民“大人先生”、嵇康在构想“至德之世”理想社会时塑造了一个模范公民“弘达先生”。这一时期，理想人格成为建构理想社会的路径创新和形塑理想人物的道德指引。理想社会建构模式的发展，也进一步拓宽了中国传统大同理想的内涵与外延。

1. 阮籍推崇的理想人格

先秦以来，神仙思想广泛流传。魏晋时期进一步形成了形而上世界的玄思冥想和形而下世界的寻仙访道两种思想潮流，代表老、庄、佛的思想居于社会主流，道家人格开始与儒家传统的“修身齐家治国平天下”理想人格相鼎立。其中，阮籍塑造的“大人先生”已是纯然道家精神的象征，在“大人先生”身上较为集中展示了道家“四无（无己、无功、无名、无为）”人格理想，从而树立了道家理想人格的典型范式。此后，“道家独立无为”与“儒家入仕进取”这两种人格范式便构成了中国文人特有的两种人格模式。阮籍也以其成功塑造了“道家理想人格”这一贡献，而卓然屹立于中国传统政治文化大家之列。

阮籍（210—263年），字嗣宗，陈留（今属河南）尉氏人，曾任步兵校尉，世称“阮步兵”。阮籍早年崇尚儒家思想，志在用世，后对现实失望，愤激之余开始蔑弃礼法名教，思想转型到道家的隐世哲学，崇尚道家“无为”“无君”的理想社会。其《通老论》《达庄论》《通易论》《乐论》等文，采用“答客问”的辩难式写法，塑造的理想人物为“阮子”“阮先生”或“先生”，尤以《大人先生传》所塑造的“大人先生”理想人格最为著名。

> 大人先生盖老人也，不知姓字。陈天地之始，言神农、黄帝之事，昭然也。莫知其生平年之数。尝居苏门之山，故世或谓之。问养性延寿，与自然齐光，其视尧舜之所事若手中耳。以万里为一步，以千岁为一朝。行不赴而居不处，求乎大道而无所寓。先生以应变顺和，天地为家，运去势隤，魁然独存。自以为能足与造化推移，故默探道德，不与世同。自好者非之，无识者怪之，不知其变化神微也。而先生不以世之非怪而易其务也。先生以为中区之在天下，曾不若蝇蚊之着帷，故终不以为事，而极意乎异方奇域，游览观乐，非世所见，徘徊无所终极。遗其书于苏门之山而去，天下莫知其所如往也。

追求自由、自主精神，超越现实而走向幻想，这是阮籍的理想人格。理想人格的追求和建构，可以说是阮籍在黑暗现实重压下所企求的一种无望的希望。面对人生无常及志不得展、情无所寄，阮籍以其对宇宙人生的独特领悟，创造了一种与造物同体、与天地并生、超越现实人生的理想人格，即“大人先生”。“大人先生”的理想人格，是“神”超越有限现实之后所获得的自由之境，是遨游于自由之境所获得的无限快乐。“大人先生”不为外世、外物所累，潜心探求“大道”之行，推究自然造化规律，追求“不与世同”之“道德”，应变顺和，无为而为，完全挣脱了封建社会的羁绊，成为完全顺应自然的自由人，与自然融为一体、与万物齐一，无忧无虑，自由自在，已经完全没有人的社会属性。

人格完美的“大人先生”是阮籍“太初”理想社会中的理想人物。在“太初”理想社会，阮籍抛弃了庄子复古主义的理想社会模式，继承发展了自然无为的思想。首先，这个理想社会是无君无臣、无贵无贱，没有人压迫人、人奴役人的平等社会。其次，这个理想社会是无欲无求、无富无贫、万物和谐，近乎原始人群集体群居生活的和谐社会。第三，这个理想社会是典型的无为社会，既无须刑罚奖赏，也无所谓道德礼教，人们顺应自然，无争怨、无交恶，自由自在，处于“无为境界”。这种无为社会状态，是阮籍最推崇的理想社会形态。三皇五帝时代，人们依然能够顺应自然，无利害冲突，无善恶是非，保持“太素之朴”“百姓熙怡”，仍是阮籍理想社会的继续。此后的社会，便为阮籍所不屑。在《大人先生传》中，阮籍指斥了黑暗社会的尔虞我诈、黑白不分、争权夺利、残酷无情，称赞“大人先生”所追求的理想社会是顺应自然、纯真朴实、一片天籁的美好社会。

阮籍所塑造的理想人格，最突出的特点就是彻底否定儒家的世俗人格，对儒家之徒的虚伪面目进行了辛辣讽刺，否定批判了儒家的道德规范。作为一个执着的儒家理想主义者，阮籍坚决不肯向现实社会妥协，而是猛烈抨击现实社会的黑暗、丑恶、迂腐。作为一个政治理想主义者，阮籍以儒家基本理念为起点走向社会，最终归向老庄。阮籍羡慕长生不死的“大人先生”，憧憬无君无臣、纯真若朴、无知无欲的理想世界，向往远古顺乎自然、无欲无为的理想社会。阮籍渴望庄子式的逍遥自由，但是却做不到庄子的豁达通透。也许，阮籍的苦闷与屈原有些类似，始终无法割弃儒家“入世”情结，因此“大人先生”更象征着“一种苦闷、哀伤和孤独的情怀”。[1]阮籍思想由儒渐道的变化趋势，亦是魏晋社会思潮变迁的一个局部缩影，成为两汉政治关怀（玄学）走转向北朝生命关怀（道教）的一个路标。几乎与此同时，嵇康等人的儒道融合思想也有了发展。

2. 嵇康向往的理想人格

嵇康（223—262年，一说224—263年），字叔夜，魏国谯郡铚县嵇山（今属安徽涡阳）人，少有俊才，博览群书，尤好老、庄，曾做过中散大夫，世称“嵇中散”，为“竹林七贤”的精神领袖。“竹林七贤”是对三国魏正始年间（240—249年）嵇康、阮籍、山涛、向秀、刘伶、王戎、阮咸七人的总称，因他们常在山阳县（今河南辉县一带）竹林之下喝酒、纵歌，世谓“竹林七贤”。

嵇康崇尚自然，反对礼教，主张“越名教而任自然”“审贵贱而通物情”，有《嵇康集》（又名《嵇中散集》）十卷传世。嵇康二十七岁以前，“以魏长乐亭主婿，迁郎中，拜中散大夫”，过着读书弹琴、饮酒咏诗、无忧无虑的生活。嘉平元年（249年）司马懿政变之后，“竹林七贤”发生了分化，嵇康隐居不仕。他托好老、庄，寄情未来，在《难自然好学论》篇中构想了一个与众不同的“至德之世”理想社会。

> 洪荒之世，大朴未亏，君无文于上，民无竞于下；物全理顺，莫不自得。饱则安寝，饥则求食；怡然鼓腹，不知为至德之世也。

嵇康向往远古社会无伪无争的无为状态，将鸿荒之世、大朴未亏的原始社会当作最理想的社会形态。嵇康的“至德之世”理想社会，从时间看，是在人类社会的远古时期。这时候，最原始的物质

① 韩传达：《阮籍评传》，北京大学出版社1997年，第38～39页。

“太素”等都已形成，人类社会尚处于懵懵懂懂的蒙昧阶段，无忧无虑，随心所欲，顺其自然。之后，人类社会进入到原始质朴的施行“大朴”历史阶段。这个时候，自然万物仍可以自由生长，人类社会仍得以过着一种无欲无求而怡然自得，遵循本性、顺时而为、无所忧虑的自由生活。尧舜为君，贤明能干，人们无仁义、无礼律的约束，崇尚俭朴生活。这一历史阶段就是大道得行的“洪荒之世”，亦即嵇康心目中的“至德之世”理想社会。

嵇康的“至德之世”理想社会，从社会性质看，也可分为“大道之行”和“大道既隐”两个不同的社会状态。“大道之行”社会状态，无疑就是《礼记·礼运》所称道的“大同社会”；“大道既隐”社会状态，却显然已经不是《礼记·礼运》所谓“小康社会”。在《礼记·礼运》以及儒家传统政治文化观念的范畴之中，“小康社会”是仅次于“大同社会”的美好社会，至今这一观念仍为人们所接受和传承。但是在嵇康看来，人类社会不是按照阶段划分、递进而前，而是两个世界的直接对立，即人类社会除了理想的大同社会，就是与之对立的现实社会。关于“两个世界”的截然划分，也直接导致了嵇康人生态度、处世哲学的自我矛盾甚至对立，他对现实社会不加掩饰的愤慨不满更是成为其人生悲剧的“催化剂”。

嵇康设想的“至德之世”理想社会，具有如下特点：（1）顺势无为是最理想的社会状态。从“无君”到“贤君”时期，自然万物都处于原始、纯真、质朴的状态，人类作为自然界的一员亦遵循自然规律，生生不息。人类社会最主要一个特征，就是无为而为；真正的“贤君”，亦实行无为之治。如此，人与自然万物才能和谐共生、平等相处。（2）尊卑分化是社会管理的需要，而非贵贱、等级的划分。随着人类社会进化，有了君臣、上下之分，但是其时并无贫富、贵贱之别，上不扰民、不役民，大家平等存在，无剥削、无压迫，无世俗礼教、无尊卑贵贱，和睦相爱。（3）平等分配是理想社会的一大原则。他主张，理想社会应实行“财物公有、按需分配”的社会原则，大家平等劳动，分工不同，按照生活需要公平、公正地分配物资。（4）精神自由是理想社会的基本要义。理想社会中，人们道德情操普遍很高，精神上自由发展，人人率性而为、无拘无束，无仁义、无名分、无是非、无荣辱之束缚，无欺凌、无战争、无杀戮、无灾祸之纷扰。

这样一个公平、正义、美好的“至德之世”理想社会，社会成员也都具有完美的理想人格，如《嵇康集·卜疑》的“弘达先生”就是嵇康极力塑造的一种理想人格。

> 有弘达先生者……常以为忠信笃敬，直道而行之，可以居九夷，游八蛮，浮沧海，践河源，甲兵不足忌，猛兽不为患。是以机心不存，泊然纯素，从容纵肆，遗忘好恶，以天道为一指，不识品物之细故也。然而大道既隐，智巧滋繁，世俗胶加，人情万端，利之所在，若鸟之追鸾，富为积蠹，贵为聚怨，动者多累，静者鲜患。尔乃思丘中之隐士，乐川上之执竿也。于是远念长想，超然自失。

“弘达先生”胸怀博大，气宇轩昂，诚信自律，道德高尚，见多识广，阅历丰富。他不仅知识丰富，而且武艺高强，甲兵猛兽都不能伤害他。后来“大道既隐”，他看到现实社会种种堕落不堪，便从世间消失了。嵇康要去追寻“弘达先生”，却求而不得。嵇康心目中的“弘达先生”，抱朴守真，清醒正直，是非分明，抑恶扬善，优游逍遥，而且就存在于现实世界之中，可以去拜访甚至可能寻找到，具有一种幽静、清远、疏阔、真实之美。对于“弘达先生”的描述，无疑是嵇康理想人格的自我表白、自我塑造。在性别设定上，嵇康构想的理想人格、“至人”形象等，都是男性；而阮籍的理想人格、“至人”形象的性别设定是男、女都有。在理想寄托上，嵇康是把“神仙”作为现实情感的深沉寄托，情深而不能自拔；阮籍则是把神仙人格视为一种人生境遇的追求目标，可以说可遇而不可求，而不是舍此无他、志在必得的那种执着或者偏执。在艺术效果上，嵇康设定的理想人格现实性、可能性、稳定性和一致性比较强，更富有生活气息；而阮籍设定的理想人格、理想境界，却更加玄远、清幽、冰冷和不近人间烟火。由于对理想社会、理想人格的过于迷恋，嵇康逐渐模糊了理想社会与现实社会的区分，甚至将现实生活当作了理想生活来立言、处世，所以在嵇康身上又展示出了其道家玄远与现实人生合而为一的特质、生命自足与外在事物融为一体的自得、个体悟道与集体审美脱钩的体验。

3. 理想与现实的不同境遇

理想人格侧重于对人格伦理价值的阐释和对至善至美的向往，是古今都颇为关注的一个中心问题。在古代中国，最高理想人格要兼具完美的道德情操、人格力量并懂得生命的自由意义，能够彻底领悟“天人合一”之道，能够协调人类责任与个人发展，能够保持随遇而安、顺其自然的超然心态。个体理想人格的追求塑造，也是对社会伦理生活的同步建构。阮籍、嵇康便是在追求不同理想人格的过程之中，在现实生活中走上了不同之路。嵇康狂放自得，我行我素；阮籍一改轻狂，谨言慎行。

阮籍少年时志向远大，文武兼备，但是他时运不济，郁郁不得志，空有满腔抱负却无从施展，多次慨叹“时无英雄，遂使竖子成名”。随着时局政治的变化，他建功立业、兼济天下的英雄豪情便彻底消歇了。魏正始十年（249年），辅政大臣、太傅司马懿在幼帝曹芳离开洛阳至高平陵扫墓时，发动政变，屠杀异己，实行高压统治，史称“高平陵政变”。阮籍为了全身远祸，只能谨言慎行、口不臧否人物，对于时事政治问题尤其注意三缄其口。如在见到兖州刺史王昶时，他终日不开一言。为了明哲保身，他或者登临山水，或者闭门读书，或者酣醉不醒。司马昭曾说：“天下之至慎者，其唯阮嗣宗乎？每与之言，言及玄远，而未尝评论时事，臧否人物，可谓至慎乎？”司马昭为了拉拢阮籍，曾派人前往，欲与阮籍联姻。阮籍却故意醉酒长达60余日，此事不了了之。这种自我压抑之情，通过放浪形骸的生活方式得以疏泄，故阮籍亦以“猖狂”著称。《晋书·本传》对此多有记载。母亲去世时，他正与人下围棋，对弈者求止，他却强留，既而饮酒二斗，举声一号，吐血数声。葬母时，他食酒肉不辍，散发箕居，醉而直视。好友嵇康赍酒携琴前来吊唁，他报以“青眼”。阮籍狂放不羁，在绝境中则号啕大哭，借以抒发心有不甘、情无所住的苦闷无奈。

阮籍与嵇康乃是忘年之交，二人惺惺相惜，不受传统礼数束缚，追求理想的生活意境。阮籍以至慎而得以善终，嵇康因刚烈而惨遭杀害。如果说阮籍是正始文人苦闷抑郁的代表，那么嵇康则是“竹林七贤”中典型的悲剧人物。

嵇康性格刚烈，脾气暴躁，“轻肆直言，遇事便发”，这与阮籍“口不臧否人物”的谨慎性格形成了鲜明对比。对于现实生活的种种不如意，嵇康往往是不平则鸣，甚至不惜与世俗社会正面冲突、直接对立。在其名篇《与山巨源绝交书》中，嵇康公然抨击司马氏借名教以篡权，以所谓“七不堪”“二不可”对当权者多有讥刺，对于好友山涛的善意举荐予以断然决然的坚拒，并公然与之绝交，表现出宁为玉碎不为瓦全的刚硬态度。他的这种倔强性格及决不妥协的为人处世原则，得罪了很多人，也招致了很多人嫉恨。嵇康不为所动，仍然秉持其不妥协、不退让、不收敛的处世哲学。不久，嵇康被以“乱群惑众”的罪名杀害。京师三千太学生集体上书，为嵇康请命，亦于事无补。临刑前，嵇康给十岁儿子的临终遗言是：“巨源在，汝不孤矣。”然后，他无所牵挂，含笑赴死，以身殉道，慷慨从容。

嵇康遗言托孤之“巨源”，就是“山巨源”，即“竹林七贤”中大器晚成、心智最为成熟、官职最高的山涛，也是嵇康名篇《与山巨源绝交书》中的“反面人物”。山涛（205—283年）字巨源，河内郡怀县（今河南省武陟县西）人，出身寒族。山涛40岁时，才入仕途，担任河内郡主簿、功曹等。司马懿发动“高平陵政变”之后，山涛归隐山林。山涛与司马懿另有一层亲属关系：山涛的从祖姑山氏是司马懿夫人张春华之母，司马昭为司马懿与张春华之次子，即山涛为司马懿的娘家表侄、与司马昭为表兄弟关系。也正因为这层关系，司马氏家族对于山涛一直给予相当信任。景元五年（264年）司马昭西征，将后方之事委托给山涛，由山涛率领亲兵五百镇守邺（汉魏郡治邺县，故址在今河北省临漳县一带），监视魏宗室。因山涛是乡闾中德高望重之人，司马昭长子司马炎曾奉命拜见山涛。在立嫡之事上，司马昭征求了山涛意见之后，决定立司马炎为“世子”。为此，司马炎亲自前往拜谢山涛。咸熙二年（266年）司马炎受禅即位，建立西晋，是为晋武帝。晋泰始十年（274年），山涛担任吏部尚书，选贤任能，提拔名士。山涛曾多次辞官，不准。太康三年（282年），山涛升授司徒，位列三公。山涛酒量很大，饮酒八斗（一斗约等于十升）不醉。山涛与嵇康是“绝交于江湖，相知于内心。”景元四年（263年），嵇康潇洒地做了理想的殉道者之后，山涛悉心照顾嵇康之子嵇绍，如同己生，并举荐嵇绍为官。嵇绍（253—304年），字延伯，历任汝阴太守、豫章太守、徐州刺史、侍中等，永兴元年（304年）因护卫晋惠帝而遇害。

现实中的嵇康，是一个理想主义者，他把庄子理想的人格境界从哲学境界变为诗的境界；他用理想的眼睛，去看现实的世界，自然就发现现实生活那些所谓“礼法之士”及其所作所为都充斥着背离人性的丑陋阴暗。嵇康虽然对世俗生活、“礼法之士”颇为不齿，却又无力改变现实，更不愿随波逐流、同流合污，于是只能在自己开辟的精神世界、诗意疆土里驰骋心绪和追求自由。嵇康之所以要塑造一个虚无缥缈的仙境作为心目中的理想社会，就是要进入“返璞归真、从心所欲”的自然状态、实现超越“名教”返回自我之自然本性的哲学追求，而不是真正宗教徒式的避世索居，也不是清教徒式的虔诚清修。在其理想社会之中，自由之境界只是一种“无”，是对现实之“有”的超越。这种自由，是非尘世、非实存的，不存在于现实世界之中，只能存在于个体的体悟之中。因此，他所设想的“至德之世”同样是超现实的，不可能存在于现实世界之中。

三、“无君无臣”的曩古之世

中国古代专制主义中央集权制度，形成于战国，建立于秦朝，巩固于西汉，完善于隋唐，发展于宋元，鼎盛于明清。专制主义是一种与民主决策相对的决策机制，中央集权则是一种行政管理体制。君主专制中央集权制度客观适应了封建小农经济发展和国家传统、历史、文化及国情的需要，维护了国家统一，是中国古代政治文明的重要内容，对大同理想的发展也产生了深远影响。但是，中央集权不等于君主专制，中国古代也未形成严格意义上的君主专制。随着专制理论或“尊君论”思想的发展，反对君主专制的“非君论”思想也在暗流涌动。秦汉以后，“非君论”沿着自然主义与民本主义的思想轨迹，演化出“无君论”（其代表人物为阮籍、鲍敬言、无能子）与“抑君论”（其代表人物为邓牧、黄宗羲、唐甄）两大理论形态。至近代，反抗封建君主专制又演化为一种历史运动。据统计，从220年到420年出现了90位皇帝，平均两年多就有一位皇帝登基；这些皇帝之中，被杀、被废、被俘者61人，占67.8%。“一朝天子一朝臣”，几乎每次君王更替都会伴随着一场巨大的血雨腥风、兔死狗烹。这就不能不引起人们对君主制的不满、怀疑、批判，甚至否定、抨击。东晋思想家鲍敬言的《无君论》，就认为“古者无君，胜于今世；曩古之世，无君无臣”，并把“酷君暴吏”视为百姓灾难的最终根源，为此他还构想出了一种“无君无臣”的理想社会图景，并把这一理想社会依托于“曩古之世（太古时代）”而加以阐发。所谓“曩古”，就是往古、古代，道教学者葛洪在《抱朴子·明本》也曾使用这一词语，如“曩古淳朴，巧伪未萌。”“无君无臣”的“曩古之世”，究竟是一种怎样的理想社会模式？鲍敬言对此做了大胆设想。

1. 无君社会的美好憧憬

鲍敬言的生平事迹已不可详考，其《无君论》也未能流传于世，只能从其他古籍看到部分内容。如东晋葛洪的《抱朴子》一书，有一篇反驳鲍敬言的文章名叫《诘鲍》，因此也保存了鲍敬言《无君论》的片段。鲍敬言提倡“无君论”，葛洪反对鲍敬言的这一“异端”思想，两种不同观点发生了交锋。

根据《抱朴子·诘鲍》有关记载，鲍敬言“好老庄之书，治剧辩之言”。鲍敬言认为，曩古之世，人们彼此之间无尊卑、贵贱、贫富、等级之分，大家都平等相处，安居乐业，各得其所，处在一个无君无臣、自由自在的理想社会状态；之后，人类社会有了强弱、智愚之分，出现了强智欺凌弱愚的现象，产生了“君臣之道”，随之就出现了君臣之分以及社会不平等、不公正等。原本有田耕、有饭吃、有衣穿、能生存的广大百姓，在过去无苛捐杂税、横征暴敛之担忧，也不会主动去作奸犯科、铤而走险，到了这时却遭到了君王集团敲骨吸髓的盘剥，不得不奋起抗争。以君王为首的统治者，不但剥夺、欺压、逼迫百姓，还不断挑起国家之间的纷争杀伐，致使天下大乱、民不聊生。历朝历代都有无道昏君，都有被逼迫、被杀戮的无辜百姓。鲍敬言认为，君主就是造成这一切社会罪恶的根源；没有君主，就没有战乱、杀戮、压迫、欺凌等。所以，鲍敬言的结论就是：只有在没有君主的远古时代，人们才能平等、快乐、幸福的生活；没有君主的远古时代，才是理想社会。

> 曩古之世，无君无臣，穿井而饮，耕田而食，日出而作，日入而息；泛然不系，恢尔自得，不竞不营，无荣无

辱；山无蹊径，泽无舟梁。川谷不通，则不相并兼；士众不聚，则不相攻伐。是高巢不探，深渊不漉；凤鸾栖息于庭宇，龙鳞群游于园池；饥虎可履，虺蛇可执；涉泽而鸥鸟不飞，入林而狐兔不惊。势利不萌，祸乱不作，干戈不用，城池不设；万物玄同，相忘于道；疫疠不流，民获考终；纯白在胸，机心不生；含餔而熙，鼓腹而游；其言不华，其行不饰。安得聚敛以夺民财，安得严刑以为坑阱？

在鲍敬言看来，远古时代，人们过着“日出而作、日入而息、男耕女织、自给自足”的田园牧歌生活，生活无压力，大家都平等，无须追名逐利、尔虞我诈、蝇营狗苟，无所谓荣辱、贫富、尊卑、贵贱，天下太平，四海晏然，没有君主和政府，没有战乱纷争。鲍敬言心目中的“曩古之世”，还具有这样几个特征：一是以家庭为经济单位，自产自销，自给自足，人人劳动，自由生活。二是政治平等，没有阶级剥削，没有徭役赋税，没有巧取豪夺。三是天下太平，没有征战杀伐，无城池、军备和刑法。四是社会自治，无君臣等管理阶层。这一理想社会，强烈反映出人们对封建奴役、横征暴敛的抗议和对美好生活、理想社会的憧憬。

鲍敬言的这些思想主张，有其深刻的社会思想根源，并与汉末农民战争高潮相衔接、相呼应。他深刻揭露了官府剥削压迫民众的罪恶行径，其思想也成为人们反抗暴君专政的思想武器。农民起义军根据其无政府思想，提出了“废除有司、不置长吏”的战斗纲领；根据其反对暴政剥削、压榨百姓，提出了人人平等、“不劳不食”的战斗口号；根据其对统治阶级穷奢极欲、奢靡享乐的抨击，提出了节俭、禁欲等战斗主张。因此，鲍敬言的思想理论具有较强的现实意义，被称为中国“中世纪”的无神论。鲍敬言对君主专制的政治批判，不仅否定了“昏君”，也否定了“贤君”，并从根本上否定了君主制度。这种对封建君主专制制度的批判与否定，不啻一篇指向君主专制的战斗檄文，张扬了反封建民主精神，推进了反对君主专制主义思潮的发展。宋末元初思想家邓牧在此基础上，提出了“抑君论”，在《君道》《吏道》二文中否定封建君主专制，并指出皇帝是最大的剥削者和掠夺者，肯定了人民反抗斗争的必然性、正当性。

2. 否定发展的理想假设

鲍敬言提出“无君论”，有其积极进步的一面，也有其消极退步的一面。在积极方面，一是否定“君权神授”。他认为，君权不是来自“神授”，而是源自暴力。暴力征服、暴政统治催生了君权、国家、法律，百姓无力与之对抗，只能屈服于弱势地位，被迫接受剥削奴役。二是否定名教、崇尚平等。他认为，“天尊地卑”“君尊臣卑”的名教思想和君主制度，根本不能代表民意，反而违背了民意呼声。百姓渴望安居乐业、自由平等、无君无臣、自我管理，但是君主制度却人为地设置了社会层级，有意制造社会不公，剥夺了百姓的平等权。三是否定君主制度的社会管理作用。他认为，君主专制就是现实社会里一切灾难、一切悲剧、一切罪恶的根源。如果没有君主专制，就不会有法律、刑罚、军队，就不会有横征暴敛、巧取豪夺、鱼肉百姓。在消极方面，他极力主张退回到远古时代，进入“无君无臣”的理想社会。在这个曩古理想社会，没有君臣、等级、剥削，没有国家、官府、战争和法律，人们过着自然无为、丰衣足食、自由自在的生活。

鲍敬言的无君思想，在中国古代社会独树一帜，也是魏晋时期政变频仍、社会动荡、老庄思想盛极一时，以及汉末农民大起义风起云涌的时代背景之下出现的社会产物。在社会动荡、政局不稳的大变局之下，传统的“尊君忠君”政治准则和道德规范，遭到了空前的冲击；传统的“王权神圣”“忠君思想”等，也受到了严重挑战。当然，由于认识限制，鲍敬言过度歌颂了原始社会制度及其没有阶级、没有剥削、人人平等的原始生活，忽视了原始社会生产力低下、人类生存相当困难，以至在动物本能的驱使下人类社会也不同程度存在着弱肉强食的残酷一面。另外，鲍敬言提出了“无君”思想，否定了君主的绝对权威和君权的不可动摇，其思想主张虽然有一定道理，却也存在着明显的偏颇之处。比如，他把社会的不平等、不公正简单归咎于“君主”，而未能看到其根本原因在于社会私有制；对于“君主专制”的出现及其进步意义，他也未能进行全面认识、客观评价；对于人类社会的进化发展，他抱持悲观态度，开了“历史倒车”，认为“今不如古”“厚古薄今”。

鲍敬言的无君思想，与西方乌托邦思想比较契合。“乌托邦”的意思即为“空想的国家”，实行的主要原则是，财产公有，人民平等，按需分配，集体生活，民选官吏等。理想社会的产生，是基于现实社会的不满和创造，是对未来美好生活的假设与虚构。在创造和构想未来社会时，往往会从历史社会汲取思想灵感，或者直接将理想投射在远古社会，托古言志，借古喻今。这种复古式、怀古式的理想假设，在表现形式上是对理想世界、社会理念的主观阐释，在表现内容上缺少实有社会的客观描述、实有制度的具体设计，这也是传统大同理想的东方特色。广义的大同理想，是中国人民关于理想社会模式的总称，如前所述，大致分为出世和入世两种模式。对现实社会比较消极的，如道家各种理想社会模式，均属于出世的理想社会模式。主张改造现实生活的，如儒家、墨家各种理想社会模式，均属于入世的理想社会模式。入世，就是对现实社会采取“顺向肯定”态度，通过重建现实生活的礼乐教化文明，重回大道之行、天下为公的理想社会。出世，就是对现实社会采取“逆向否定”态度，通过否定现实生活和美化远古社会，建议重回远古文明社会。尽管思维路径、设计理念、表现形式不尽相同，但是它们都是中国人民对美好生活、理想社会的精神寄托，同时也是指引人类社会发展的中国古代方案。

人类社会发展的明天，应该是物质文明和精神文明高度发达的文明共同体。世界各地的多种文明形态，将在宇宙时空隧道里螺旋式上升，在交流互鉴中实现和谐共生。人类文明的发展面临着很多不确定性，但是我们至少可以确定：人类文明发展没有返程票，文明越发展人类越不是自己的主人。无论出世还是入世，人类都将不得不学会与自然万物和谐共生。“复古主义者”幻想回到过去，试图在物欲和道德的单项选择上，宁可退而求其次，以“无欲”换取“道德”。然而，遗憾的是，人类自从告别了自然母亲的怀抱，就已告别了重回自然的来路，踏上了进化发展的前路。在人类文明发展的道路上，在未来世界大同的理想社会里，地球将是多样生物与多种文明和谐共存的生命共同体，将是人类命运共同体和地球生命共同体的完美结合。

四、“世外桃源”的遁世幻想

无论出世还是入世，先贤圣哲都追求物质文明和精神文明的双实现、双丰收，出世和入世是相对的，二者有时也发生明显的融合互通。道家隐逸遁世的出世理想社会，并不是绝对否定所有文明成果，正如入世理想社会也不是只片面强调精神文明建设一样。儒家虽然一贯主张积极入世，但是也有很强烈的隐逸情绪，孔子就说“道不行，乘桴浮于海”“天下有道则见，无道则隐”。至魏晋时期，玄学成为时代的思想主流，崇尚老庄之道，探究宇宙人生，调和儒道，造就了得天独厚、别树一帜的魏晋隐逸文化。其中，“古今隐逸诗人之宗”陶渊明及其《桃花源记》，虚构了一处与世隔绝、宁静祥和的世外桃源，成为隐逸文化的扛鼎之作。这个故事闪耀着传统大同理想的异彩，建构了一处隐迹荒野、寄情山水、自足自乐的精神家园，“世外桃源”也成为千百年来中国人灵魂深处最温馨的精神家园。

1. 令人神往的“世外桃源”

古希腊“科学和哲学之祖”泰勒斯（约前624—约前546年）

曾说过："一个民族有一些关注天空的人，他们才有希望；一个民族只是关心脚下的事情，那是没有未来的。"在中国传统政治文化中，"关注天空"与"关心脚下"犹如出世和入世，并不截然分开，而是水乳交融，成为人们修身养性的基本素质，儒家"修身齐家治国平天下""达则兼济天下、穷则独善其身"等思想，实际就是融合了"关注天空"与"关心脚下"的理想追求与现实探索。不仅如此，在中国历史上还涌现出了大批以道家为代表"关注天空"的人和以墨家为代表"关心脚下"、埋头苦干的群体。因此，"关注天空"与"关心脚下"在中华文化语境中不但不矛盾，而且相辅相成、相得益彰。如果现实社会不能提供"关心脚下"的社会土壤和足够大的空间，那么人们就会退而求其次，建构一个"理想国"或者"理想社会"作为安放心灵的精神家园。黄帝曾以"梦游"的形式找到一所理想国"华胥氏之国"，老子曾构想了一个让世人向往的"小国寡民"理想社会，陶渊明也虚构了一处与世隔绝、令人神往的人间天堂——"世外桃源"。

陶渊明（365或372或376—427年），字元亮，晚年更名潜、字渊明，别号五柳先生，浔阳柴桑（今江西省九江市）人，被誉为"隐逸诗人之宗""田园诗派鼻祖"。他自幼修习儒家经典，志向高远而流于世俗。在他的内心世界，始终潜伏着入世与出世的纠结，这种矛盾心理使他兼具了儒道的两种气质、两种修养。出仕或者归隐的矛盾，在他内心纠结不休并伴随了他十余年。义熙元年（405年）八月，他开始担任彭泽令，义熙二年（406年）便辞官归隐，彻底告别仕途。在归隐生活期间，他创作了许多反映田园生活的诗文，传世作品有诗125首、文12篇，被后人编为《陶渊明集》。《桃花源记》是其晚年最著名的作品。

陶渊明天性恬静，淡泊名利，安贫乐道，在自耕自食的生活中自得其乐，与劳动人民有着长期深厚的感情，颇为同情和理解农民。对于官方统治的横征暴敛、剥削压迫，他深恶痛绝、羞与为伍。在晚年，他看到了时政腐败，社会黑暗，战乱频仍，民生凋敝。与此同时也注意到了这一历史时期小农经济发展比较成熟，对于男耕女织、自给自足的庄园经济、农耕生活给予了肯定。小农经济是在铁制农具、牛耕技术出现和土地私有制确立之后的产物，以家庭为基本单位，农业和手工业相结合，能够满足自家基本生活需要。小农经济最本质属性是家庭经营、自产自销，比较分散。陶渊明看到了小农经济自力更生、自耕自乐、与世无争、田园生活岁月静好的一面，这激发了他的创作灵感，便信笔拈来，娓娓动听地将来源于生活的艺术想象，定格为一处心灵栖息的人间乐土“桃花源”，生动描绘出一幅理想化的社会生活图景，以此寄寓他心中的社会理想。

晋太元中，武陵人捕鱼为业。缘溪行，忘路之远近。忽逢桃花林，夹岸数百步，中无杂树，芳草鲜美，落英缤纷。渔人甚异之，复前行，欲穷其林。

林尽水源，便得一山。山有小口，髣髴若有光，便舍船从口入。初极狭，才通人。复行数十步，豁然开朗。土地平旷，屋舍俨然，有良田、美池、桑竹之属，阡陌交通，鸡犬相闻。其中往来种作，男女衣著，悉如外人。黄发垂髫，并怡然自乐。

见渔人乃大惊，问所从来。具答之。便要还家，为设酒杀鸡作食。村中闻有此人，咸来问讯。自云先世避秦时乱，率妻子邑人来此绝境，不复出焉，遂与外人间隔。问今是何世，乃不知有汉，无论魏晋。此人一一为具言所闻，皆叹惋。余人各复延至其家，皆出酒食。停数日，辞去。此中人语云：“不足为外人道也。”

既出，得其船，便扶向路，处处志之。及郡下，诣太守，说如此。太守即遣人随其往，寻向所志，遂迷不复得路。

南阳刘子骥，高尚士也。闻之，欣然规往。未果，寻病终。后遂无问津者。

《桃花源记》所描述的理想社会，主要有四个特点：一是在经济上实行以家庭为经济单位的小农经济，生产资料有土地、屋舍、美池、桑竹、鸡犬等，农业和手工业（如编织业）、水产业、酿酒业等相结合，经营规模不大，产品以自给自足为主。二是在管理上实行自我封闭的隔绝式管理，整个“桃花源”实际为一个自然村落，封闭保守，与世隔绝，实行乡村社会自治和无为之治，没有官吏等管理阶层，没有剥削压迫、徭役赋税等，大家安居乐业、丰衣足食、和谐相处。无忧无虑，过着自然、宁静、快乐、无争的生活。三是在生产生活上实行互帮互助，聚族而居。“桃花源”亲情洋溢，温暖如家，生活简单。大家平等相处，守望相助，劳动为生，充满了主人翁的劳动自豪感。虽然空间封闭，但是人情厚道，民风古朴，人们乐不思蜀，怡然自得，以至于不愿与外界发生联系，宁愿固守这一方原始、温情、滞后的人间净土。四是在社会形态上是一个自给自足的自然社会，一度被认为是真实存在的人间乐土。陈寅恪曾考证说，“桃花源”是在北方的弘农或上洛，而不在南方的武陵；桃花源的居民，所逃避的乱世是苻坚的秦朝，而不是秦始皇嬴政的秦朝；等等。[1]人们对桃花源的迷之向往，可见一斑。

2. 调和儒道的社会模式

陶渊明出生在没落的仕宦家庭，从小受过良好的教育。陶渊明思想深受老庄“小国寡民”理想社会和儒家大同社会的影响，形成了一种以老庄哲学为核心、调和了儒道两家的“自然”哲学。在陶渊明看来，道家“无为而治”“小国寡民”的社会模式，儒家“大

① 原文刊于《清华学报》1936年1月第十一卷第一期。

道之行，天下为公”的大同社会，二者有机结合，便是人间乐土和理想社会。这个理想社会调和了儒道思想，也是自然无为的美好社会，人人自耕自食、讲信修睦、自得其乐，没有剥削压迫、尔虞我诈，也没有宗法礼乐、刑罚规则的刻意束缚。陶渊明认为，人类社会发展历史也是人性道德堕落的过程，人们过度的物质欲望引起无穷的竞争，产生了种种虚伪、矫饰、残忍的行为，致使社会陷入黑暗、彼此尔虞我诈。为此，他把淳朴的乡村生活作为社会理想的有限寄托。《桃花源记》所构想的“世外桃源”，就是其隐逸思想、逃避现实、渴望宁静和平生活的艺术反映，在批判社会现实方面具有一定的积极意义。这个美好精神家园与黑暗现实社会相对立，寄托了陶渊明国泰民安、安民怀远的政治理想，代表着广大农民安居乐业、和美生活的普遍意愿。因此，“世外桃源”一经问世，那种田园生活自力更生、岁月静好的幽美意境，就极大震撼了人们的心灵，自然成为人们共情的家园。

“世外桃源”理想社会模式，较为典型的代表了农耕文明所向往的理想生活，也集中展示了中国人民为而不争、善而不争的理想旨趣。这种逃避现实的理想社会模式，具有如下特点：一是自给自足的田园生活。人们自有良田耕种，种植桑竹，饲养鸡鸭，春收蚕丝，秋收粮食，五亩之宅，不违农时，四季轮作，丰衣足食。二是无拘无束的自由生活。这里没有君臣官吏，没有苛捐杂税，没有严刑峻法，没有阶级之分，实行自我管理。大家平等相处，礼尚往来，过着自由自在、率意随性的生活。三是亲情温馨的熟人生活。这里空间有限，亲情浓郁，人们以家庭为生产生活单位，安居乐业，足食知礼，相亲相爱，唇齿相依，老弱妇孺，各得其所，纵情山水，共享太平。在社会习俗方面，淳朴善良，犹有古风。

“世外桃源”理想社会模式与大同理想社会模式相比，也有几点明显不同。一是社会形态方面，大同社会是一个动态发展、包容天下的开放社会，实行财产公有、选贤任能、老安少怀等原则，充满活力；而“桃花源”却是一个自我封闭、活力不足的静态社会，否定发展、否定开放、否定管理，试图不发展、不改变现状，甘于停滞不前。二是在理想人物的设定上，大同社会及其他理想社会模式的理想人物，或者是思想道德高尚之人，或者是有识之士，或者是先贤圣哲，甚至是不食人间烟火的神人、仙人；而桃花源里只是一群普通人，既是幸运又是不幸被社会抛弃的一群普通凡人。三是社会发展动力方面，大同社会的实现，要靠中国人民自力更生、接续奋斗，需要付出努力和很长时间才能实现；而桃花源之人，则是因为比较幸运而找到了一处与世隔绝之地，并通过自我封闭和足够幸运得以暂时维系了其孤悬于世的隔绝地位。他们满足于现状，对美好生活、理想社会的追求比较消极，进取精神明显不足，因而他们与现实社会不兼容，亦不能代表中华民族昂扬奋进、自强不息精神的主流。四是在社会成员组成上，大同社会是代表全天下、全人类，是为中国人民和天下之人谋幸福生活、理想社会的；而桃花源只是一个社会小群体（一个或多个家族聚族而居所形成的）。

3. 世外桃源的现实困境

“世外桃源”理想社会模式的创作灵感，显然来自中国传统聚族而居、自给自足的田园理想生活，是农耕文明思想火花的昙花一现。在农耕时代，田园牧歌生活的美好，是基于国泰民安、轻徭薄赋的社会现实，才能孕育足食知礼、岁月静好的田园之乐。“晨兴理荒秽，戴月荷锄归”的静谧意境与悠然自得，以及不为五斗米折腰的傲骨，都是建立在“财务自由”基础之上的。陶渊明几次三番的出世、入世，也是迫于生计的无奈之举。因而他笔下的世外桃源，是儒家淳朴无争的上古之世与道家小国寡民理想社会的结合，更像一个与世无争、无忧无虑、回归自然的乌托邦理想，当然也是对底层社会民生吁求的理想化虚构、艺术化满足。

魏晋时期，中原战乱频仍，百姓流离失所，北方士族聚族南迁。东晋王朝偏安江左之后，不思中兴，不恤民心，反而竞相争权夺利、腐化堕落、鱼肉百姓。长期动乱不安，兵役、劳役、赋税、水灾、旱灾的重重压力，逼迫百姓在生存线上苦苦挣扎，乃至背井离乡，四处逃亡。陶渊明在对现实社会不断失望之余，开始构想自己所渴望的理想生活，自给自足、与世无争、和平宁静的桃花源理想生活图景，便应运而生。"世外桃源"的成功构想，既是农耕文明在现实困境的艺术折射，也是陶渊明深受魏晋玄学思想影响的社会产物。魏晋玄学一个重要思想特征是"崇尚自然无为"。"世外桃源"塑造和追求的恬淡田园生活、淡泊无为人生，就是玄学思想的具化。而且陶渊明深受阮籍、嵇康、鲍敬言等人"无君"思想的影响，痛恨现实社会横征暴敛、官吏食民而肥，便将"世外桃源"设计为一个无君无臣、无官无吏、无为而治的自然社会，以一种艺术化方式满足了百姓对于轻徭薄赋、安居乐业的理想诉求。在现实生活中，陶渊明享有一定特权，以及有部分官宦的关照，如琅琊王氏的王弘（曾任江州刺史）与陶渊明交好，经常赠送酒米，但是陶渊明与底层百姓的联系交往更多，对于民生疾苦感同身受，所以在设想桃花源时把自给自足、足食知礼的小农经济作为物质基础。这既是小农经济自给自足的政治主张，也是小农意识的自然追求。由此可见，"世外桃源"所描绘的没有君主、没有剥削、自耕自食生活图景，某种程度上也是陶渊明现实生活场景的折射，是其对现实社会困境、现实人生困境的艺术化、理想化虚构。"世外桃源"的艺术虚构，来源于生活又高于生活，反映了社会现实又超越了社会现实，加之陶渊明唯美生动的文笔，使得这一虚构镜像栩栩如生、跃然而出，也引发了世人关于桃花源真假、有无的千年辩论。

"世外桃源"是劳动人民自我管理的自治模式，也是古代无君思想案例的个案展示，浸润着浓厚的无政府主义情绪。早在陶渊明之前800年，古希腊哲学家柏拉图就将世界划分为"可见世界（物质世界）"和"可知世界（理念世界）"。如上所述，"世外桃源"显然是陶渊明时代及其之后的精神家园，应归属于"可知世界"，是中国传统理想社会出世模式的版本之一。与中国传统理想社会出世、入世两种模式划分法不同，柏拉图是把人类理想社会分为三个等级：第一等级，哲学家担任君王；第二等级，军人（武士）担任君王；第三等级，劳动者担任君王。按照这一标准，“世外桃源”应该属于第三等级（桃花源村民作为管理者）。由于所处历史阶段不同，柏拉图的社会等级“三分法”也并不能成为贬低“世外桃源”理想社会模式的依据，更不能削足适履，以西方特色社会模型生搬硬套在中国理想社会模式上。中国人相信因果循环，认为一切皆有因果。西方黑格尔也有句名言：“存在即合理”。马克思主义唯物史观认为，人类社会是从低级社会向高级社会形态不断迈进的发展过程。从中国古代历史来看，人类社会发展轨迹为：原始社会蒙昧时代“无君”状态—黄帝、尧舜禹时期“有君”状态—夏、商、周时期“贤君”或者“昏君”状态—秦汉魏晋隋唐宋元明清时期中央集权的君主专制状态。由此可见，中国古代社会国家管理体制基本是处在“无君—有君”的轨道上前进，虽然间或有“无君”思潮泛起，却未能更改这一历史发展的主流主线。“世外桃源”代表了魏晋时期否定君主专制制度的“无君论”思潮，再度兴起，虽然这只是历史长河中的一小朵浪花，但是却赋予了中国人民无穷尽的精神价值和思想意蕴，其意义不容低估。

传统历史观认为，历史是“治—乱—治”的周期循环。如公羊学分为“据乱世—升平世—太平世”三个阶段，太平世就是大同社会之世，四海升平、天下归心。英国历史学家阿诺尔德·汤因比在《历史研究》一书中，也认为人类社会发展的终极方向将是“中华文明一统全球”，人类社会最终将走向包容、文明、和平、有序的“世界国家”形态。在当代，中国人民正在努力倡导构建人类命运共同体，共建共享文明和谐、共荣共生、世界大同的理想社会。

第五章 政治进程中的大同实践

大同理想是中华民族的群体意识，也是无数中华儿女为之奋斗不辍的最高理想目标。虽然在不同政治进程中，大同理想的内涵与外延也在与时俱进发生着拓展深化，但是中国人民追求大同社会的理想诉求始终未变，为人民谋幸福、为世界谋发展的大同基因已经深深融进了中华民族的血脉。可以说，大同理想已经内生为中华民族的民族意识和价值取向，积淀为中华文化的道德追求和民族信仰。或者说，东方特色的大一统中央集权政体和中华文化共同体，促成了中国特色的大同理想。尽管中国幅员辽阔、人口众多，尽管中国历史上也存在着分裂、割据，但是中国人民始终坚信国家统一是中国最大国情、是中国历史发展的主流主线、是中华民族的民族意识。中华文化共同体的文化认同、心理认同，从未因国家分合而受到削弱；大道之行、天下为公的大同理想，从未因国家分合而遭到弱化。相反，愈是国家分裂、民族危亡、生灵涂炭之际，大同理想愈发亮丽耀眼，愈发刺激中华儿女同仇敌忾、共御外侮。筑牢中华民族多元一体的中华文化共同体，才能进一步夯实认同度更高、凝聚力更强的中华民族命运共同体基石，才能不断实现中国人民对美好生活的向往。

中国古往今来先贤圣哲、有识之士的理想追求，都是追求天下一家、公平公正、老安少怀的大同理想社会。虽不能至，心向往之。大同理想不仅成为中华民族的精神基因、文化内核，还成为中国人民的群体意识、民族情结。大同理想的共同目标，大一统的中央集权，自然就形成了东方特色的价值取向和话语体系。西方社会虽然表面上也承认“价值多元”，但是在实践中却将其历史观、宗教观视为“唯一真理”“普世真理”，并强行把“唯一真理”扩展至全世界。英美国家表面上宣扬议会民主、自由贸易、绅士做派，实际只认同军事力量和宗教力量，因而西方价值观推崇丛林法则、零和博弈，温文尔雅的绅士外表之下却渗透着嗜血的海盗基因。这与大同理想天下太平、和合共生、与人为善的价值追求，形成鲜明对比。当然，大同理想在不同历史时期，有不同形式的表述、不同类型的版本，如秦汉时期儒家、墨家、道家、杂家、兵家等均曾提出过各自的理想社会模式。这些理想社会模式各有侧重，又有共同特征，如都体现了中国古代社会“公权优先”、大政府和集体主义的基本原则。“公权”以君王国家为权利主体，“私权”以家庭、家族为权利主体。在中国历史上，尽管主张“私权”的呼声时有出现，但是它们都是在“公权优先”大前提之下的“自我调适”，如主张黄老之术、无为之治的道家便是强调兼顾尊重“公权”和保障“私权”。由此亦可见天下为公的价值取向，已经深入人心、坚若磐石。在魏晋唐宋的政治进程中，随着儒道两家影响力的此消彼长，大同理想的表现形式、建构理念、政治实践等方面都有了新阐释、新发展。在理论层面，唐末无能子提出“至公社会”、五代谭峭设想“大和社会”、北宋张载提出“井田设计”、李觏提出“均田方案”、南宋康与之设想“西京隐乡”等；在实践层面，汉末黄巾军农民起义及太平道进行了“万年太平”理想社会实践，明代出现了“萃和会”“聚和堂”等社会实验。这些社会实践，在公私关系上具有先公后私、公权至上的鲜明导向，在权利平等方面要求实现均平、均富，在社会救助方面都设有较为发达的官私救助体系，在实践主体方面不同民间社会主体（如宗法共同体的共产制、村社共同体的互助制、村落共同体的集体主义等）都在不同程度上践行了大同理想，都丰富了大同社会的理论探索和实践探求。

一、“任其自然”的太古社会

秦汉时期，中央集权君主专制体制基本确立；唐宋时期，渐趋强化；明清时期，达到极盛。在君主专制体制形成、巩固、发展的政治进程中，出现了反对君主专制体制的“非君论”政治理论，并在汉末演化为“无君论”和“抑君论”两个理论形态：“无君论”的代表人物是阮籍、鲍敬言、无能子等人；“抑君论”的代表人物是邓牧、黄宗羲、唐甄等人。“非君论”源自道家学派的无为思想，在“非君论”思潮影响下，黄巾军农民起义运动进行了“致太平”理想社会的实验，无能子提出了“无君”的“太古”理想社会模式等。

1. 横空出世的无为理想

唐广明元年（880年）十二月，一位名为“无能子”的“非主流”道家学者，居无定所，食无所来，性命堪忧（乱兵随时会冲进来伤害他），却敢于肩负的道义责任，在一种拯救天下苍生、重建太平盛世的强烈济世情怀驱使下，不顾个人安危，隐居于唐末乱世的一隅陋室，奋笔疾书，准备为乱唐、乱世开具一剂济世救民的良方。耗费了他数年时间精力而开具的这一剂救世救民良方，即后来被命名为《无能子》的书稿，提出了施行“无为之治”、建构一个“任其自然”的“太古社会”理想社会模式。

在无能子殚精竭虑为乱唐、乱世开具救世良方的这一年，黄巢农民起义军攻陷了唐朝京师长安，建立了农民军政权，国号“大齐”；唐僖宗仓皇出逃。中和元年（881年）正月，唐僖宗在兴元府下诏，命令全国各路兵马“勤王讨贼”。这时，一支骁勇异常的异族军队“沙陀军”，也奉唐僖宗之诏，从边陲之地迫不及待地赶往中原，凶残地举起了杀戮黄巢农民起义军的屠刀。带领“沙陀军”赶来的沙陀族首领李国昌、李克用父子，被委以重用。光启三年（887年）二月，代北节度使李国昌卒。这一年，隐居在左辅（今陕西东南部）景氏民舍的无能子，在乱世中经过多年笔耕不辍，终于完成《无能子》书稿。也正是因为这部书稿的问世与流传，使得无能子这位唐朝末年道家学派人物，得以以“无能子”别号流传于世，至于其真实的姓名、籍贯、生平皆不详，亦无从考证。根据《无能子》一书有关记载，只能大略知道：无能子博学寡欲，擅长哲学思辨，曾以授徒讲学为生，并曾登仕籍。天下大乱之后，他隐姓埋名，漂泊流浪，避乱遁世。由于生活无着，经常是忍饥挨饿、饥寒交迫。在这种穷困潦倒、艰难困苦情况下，他思考最多的仍是天下苍生的安危。为此，他穷尽平生精力，克服各种困难，撰写了《无能子》一书。该书为古代道家名著，分为上、中、下三卷，内三十四篇。[①]《无能子》提出了反对君主专制的“非君”思想，从道家“自然无为”的立场出发，对圣人君主、仁义礼法、人伦制度等进行了猛烈抨击，与鲍敬言的“无君论”思想旨趣略同。

2. 纯任自然的太古社会

恩格斯指出，文明以“卑劣的贪欲”为动力，一方面“完成了古代氏族社会完全做不到的事情”，这是其积极的一面；另一方面，它的代价是“损害人们的其他一切禀赋”。在贪欲的驱动下，人们会利令智昏，做出许多匪夷所思之事。在中国古代，皇权是至高无上的，也是驱动人们取而代之、改朝换代的最大动力。对于皇权的觊觎、贪恋，导致了王朝更迭，带来了血腥杀戮。据统计，

---

① 参见吴天墀《中国学术文化纪年》，《四川大学学报》（哲社版）2013年第2期，第35页。另，从《无能子》书中篇目来看，似乎有阙篇。但有人考证指出，《无能子》并无阙篇。还有人认为原书仅有三十篇，其最后四篇是明代人增纂。

西汉末年中国人口近6000万，经过王莽篡位人口损耗三分之二；隋文帝时人口4600多万，隋唐禅代后全国人口只有1000万；唐安史之乱前一年人口5291万，至唐代宗时人口仅1692万；明太祖后期人口5987万，至清初仅1900万；咸丰元年人口4.3216亿，经太平天国、发捻之乱后为2.3亿。所以历史上有识之士就明确指出："兴，百姓苦；亡，百姓苦。"改朝换代的社会破坏性之大，无辜民众的牺牲人数之多，对于儒家而言是一种难以直视的沉重心理负担。道家则以其悲天悯人的哲学视野，深入人性、正视人们的不幸际遇，毅然承担起救世救民的思想重担，以其独特视野慰藉世人，并大胆质疑和否定君主制度。君主专制制度发端于秦汉，历经两汉、魏晋、隋唐而弊端迭现，道家学者以及深受道家思想熏陶的知识分子也成为这一时期否定君主专制最为激烈的学者。这一时期，除了深受黄老思想影响、猛烈抨击君主专制的鲍敬言之外，道家学者无能子在君主专制的批判上最为突出、更为深刻。

无能子对于君主专制体制的激烈抨击，毫不亚于"新左派哲学家"赫伯特·马尔库塞（Herbert Marcuse）、"后工业革命最伟大的哲学家"尤尔根·哈贝马斯（Jürgen Habermas）等人对于资本主义制度的否定。无能子身处乱世，对于王朝更迭、兵荒马乱、民不聊生深有体会。《无能子》一书构想了一个无差别、无文化、无司牧、纯任自然的"太古"理想社会。所谓"太古时代"，在中国传说中是指盘古开天辟地的时代，在现代是指距今约46亿年前地球形成至25亿年前原核生物出现的这段地质时期。无能子认为，天地、人类及万物都是以"混沌一气"为始基，"气"经过运行、繁衍、生化，又化育了裸虫、鳞虫、毛虫、羽虫、甲虫等天地万物。自然万物，生而平等。人类只是万物之一，与万物平等无殊。万物之间只有形体的差异，而无高低、尊卑的差别。在"太古"理想社会，自然万物和谐共处，雌雄自然交配，根本没有什么夫妇的区别，也没有父子兄弟的伦理。人们夏天在树巢居住，冬季在洞穴居住，无须建造宫室。人们的饮食就是茹毛饮血，没有什么五谷之类。活着的时候悠游自在、随心所欲，到了生命尽头就自生自灭、仆地而亡，也没有什么悲伤留恋。人们彼此之间既不需要尔虞我诈、互相伤害，也不需要发家致富、养生送死。在这个理想社会，百姓生活无拘无束，民风淳朴天真，民智懵懵懂懂、尚未开蒙，一切都是任其自然、无欲无求，既没有文字、礼教约束，更没有君王官吏的横征暴敛以及王朝换代的血雨腥风。在《无能子·圣过》篇，记述了这一太古时代的生活状况。

> 太古时，裸虫与鳞毛羽甲杂处，雌雄牝牡，自然相合，无男女夫妇之别、父子兄弟之序。夏巢冬穴，无宫室之制。茹毛饮血，无百谷之食。生自驰，死自仆，无夺害之心，无瘗藏之事。任其自然，遂其天真，无所司牧，濛濛淳淳，其理也居且久矣。

这一原始、古朴、蒙昧的理想社会，虽然物质条件、精神生活都比较落后，但是在无能子看来却是人类社会最美好的一段时光，也是无为而治、天人合一的最高境界。他认为，无为就是一无所为、一切不为。一切有为，皆为妄为。当今之世要达到天人合一、无为而治的境界，只有无欲无为、“至公无私”，才能接近于“无为”，才能到达“无心自然”的最高境界。那么，是谁破坏了太古美好社会的存在呢？无能子明确指出，“妄作的圣人（君王）”是破坏自然和谐以及人类平等的罪魁祸首。比如，圣人以“强名”分化万物，把不平等强加给自然界和人类社会。他们所制造的第一个分化，是人与物的分化。人类创立文化、构木建屋、农耕渔猎等，将万物置于自己的主宰之下，破坏了人与自然的平等和谐关系。第二个分化，是人类产生了婚姻、家庭关系等，有了夫妻、父子、兄弟之别，人与人之间的平等关系遭到破坏。第三个分化，是有了君臣、上下、尊卑、贵贱的等级之分，君主专制制度则是人类社会分化的极致。君主又把一系列的名分、道德、礼教、刑罚、征战，强加给人类社会，导致了人人之间、家国之间的不平等。所谓“圣人”以宣扬纲常名教为借口，实质是在愚弄人心、离间世人、违背人之常情。他们强行把人类分为亲疏远近、三六九等的无耻行径，无异于人为设置了禁锢人类社会自我发展的精神枷锁。更甚者，所谓“圣人”还以功名利禄为诱饵，引诱世间之人争名夺利、尔虞我诈、泯灭良知，引诱世界各国相互征战、弱肉强食，导致人类社会与自然万物平等共生的理想社会渐行渐远。因此，圣人和帝王才是人类社会的最大罪人，君主制度、等级名分、伦理纲常才是人间种种不平等的罪恶根源，才是人类理想社会一去不复返的最大障碍。

这些惊世骇俗之论，贯穿于《无能子》一书。无能子以老庄“自然无为”思想为主旨，大肆抨击等级名分、伦理纲常和君主政治，斥之为“祸乱本源”。他对于乱世之悲愤，民生之哀切，痛不自已。为了重建他理想中的“太古社会”，无能子主张人类社会应当废礼教、弃人伦，返璞归真，摒弃尊卑贵贱、君臣父子之分；统治者应该率先垂范，主动摈弃一切礼乐典章、功名利禄、政治权谋，顺应自然和时势，实行“无为而治”。无能子建议解除一切社会关系，取消一切政治设置和社会规范，引领人类社会重返任其自然、无所司牧、人兽混同的“理想社会境界”。他激烈批判并否定封建礼教、君主制度，却矫枉过正、否定一切，又走向了彻底否定人类社会文明的另一极端，他也因此被后人视为鄙弃名教、非圣无法的“狂人”。

3. 癫狂人格的异端思想

“狂人”无能子否定了圣人的治术权谋、礼乐刑政，却又非常矛盾地把实现理想社会寄希望于所谓“圣人君王”身上，幻想他们能够无欲无心，无为而治。这种否定有欲有为的绝对主张，事实上也否定了民众抗争的合理性。其实，无能子已经隐约看到了物欲和利益之于社会发展演变的推动力，也认识到人与人、家与家、国与国之间的利益纷争有以损害、牺牲社会公平正义为代价的不平等一面。在权衡了利益、贪欲和公平、正义之后，他宁愿人们摒弃欲望私心、无欲无求，宁愿牺牲社会的发展进步，宁愿人类退化为原始状态的虫兽，也要以精神和物质的“双贫穷”换取人性的自由自在，这种极端思维方式确实洋溢着一股“狂人”的浓烈气质。

无能子的“狂人”设想，还体现在其所构想的“狂人”人格。他塑造了一个因否定世间万物名分而被世人目为“疯子”的樊氏美男子，大概30岁，言行怪异，举止无常，要么长发飘飘在乡里狂奔，要么终日静坐不发一言。该男子常常指羊为马、指山为水，总是使用一些奇怪名字指代人们常用的名字。家乡人都认为该男子癫狂有病，都不和他计较。一日，“狂人”无能子遇到了“癫狂”的樊氏男子。无能子认为樊氏男子相貌堂堂，可惜却有病在身。樊氏男子却平静地告诉无能子，他并没有什么病。无能子愕然。樊氏男子解释说，冠带起居、爱家敬人，这都不是我所期望的自然状态；这些礼法习俗，其实都是所谓“圣人”的狂妄之作，结果贻患至今；我知道这个道理，并且试图纠正这些不当行为，却被世界视为“狂且”，真是荒谬啊。因为自然万物的名字、是非善恶的区分，本来只是所谓“圣人”强行为之命名的狂妄之作啊；既然那些所谓“圣人”可以随便为自然万物命名，我为什么不可以呢？我不知道我这种行为是不是应该算“狂妄”，但是我知道你肯定会认为我就是“狂妄”之人。既然如此，那就随便你们吧。无能子哑然，不知所对。

在樊氏男子这个“大狂人”面前，无能子算是“小巫见大巫”，默然无以应。也许，“狂人”无能子不过是现实生活中尚能自我约束的“假我”，“大狂人”一般的樊氏男子才是其内心释放的“真我”。通过这则寓言式的故事，无能子实际是在建议：所谓“圣人”强行命名自然万物，不但是狂妄自大的愚蠢作为，而且是扼杀人性“真我”的罪恶根源。无能子鄙视物质财富、文明成果，追求社会公平正义、向往原始社会的平等和谐，初步认识到物质财富是导致人类社会贫富贵贱分化的社会根源。为了重建其心目中原始古朴、茹毛饮血、任其自然、随心所欲、无君臣、无礼教、无刑罚、无甲兵的“太古社会”，他主张哪怕是付出人类社会文明的历史倒退、人类社会心智的集体退化这一巨大代价，也在所不惜。简单无欲、清静自修、和谐自然的生活，才是其向往的美好生活。无能子思想的积极性体现在对物质主义、专制主义的批判，以及对自由、平等、和谐、自然的极度向往。他设想的这种理想社会，一方面具有自由、和谐、平等的大同社会色彩，另一方面也具有否定社会发展的极端思想。他崇尚无政府主义、反对一切人类文明成果的极端态度，又表现出了开历史倒车、反智主义、精神至上的消极性。

二、“均衣让食”的太和社会

道家追求精神上绝对自由的出世理想社会模式，却也不得不关注个体肉身的存在。老子在《道德经》第13章说：“吾所以有大患者，为吾有身，及吾无身，吾有何患。故贵以身为天下，若可寄天下。爱以身为天下，若可托天下。”无论怎样，无身不能成道，成道之前就需要合理解决个体肉身的衣食温饱问题。为了修道、成道，道家通常选择远离市井、人迹罕至的洞天福地，清心寡欲，不问世事，专心修行。这一修行环境，决定了道家必然要想办法自力更生解决衣食生存问题，故道家推崇力耕与修道并举，并以力耕自食为荣。因此他们不但主张道法自然、顺势而为，还通过编撰有关著作呼吁社会重视农桑、关心民生。五代十国时期，修道之人对于连年兵燹、民不聊生的动乱社会非常不满，他们强烈渴望天下百姓能够回到太平盛世，安居乐业，正常生活，以便让修道之人安心修道。乱世流离、民不聊生的现实社会，仿佛思想文化的催化剂，激发了道家学者的思想灵感，使之加速了对理想社会模式的建构。

他们构想的这些理想社会，虽然在实践上并不能真正引领世人脱离现实苦难，却丰富发展了大同理想的版本、形式。五代时期道家学者谭峭及其《化书》，就是这个时期修道化世的代表人物和代表作品。与唐代无能子的“太古社会”理想社会模式不同，谭峭提出了一个“均衣让食”的“太和社会”理想社会模式，主张恢复古代淳朴简单的道德之治，施行节俭均食之政，以挽救天下战乱贫困，实现道家所谓“纯俭治世之道”。在谭峭所构想的“太和社会”里，“王者”主动“均其衣，让其食”，施行无为之治，崇尚节俭之风，百姓衣食无忧、安居乐业，天下太平。

1.“太和社会”的曲折问世

唐朝崇道之风盛行，道教发展至于鼎盛。唐末五代时期，盛世不再，战乱频仍。为避乱世，许多人由入世转为求道，幻想于时局动乱之中寻求一种内心宁静、心灵寄托，于是隐逸之风大行其道。远离尘世喧嚣生活、追求老庄自然本真的生存方式，也成为道家著述大量问世的社会土壤。谭峭的《化书》，就是其一。

谭峭也是一个非著名的道家学者。《闽书》卷七记载：谭峭，字景升，泉州人，幼而聪明，强闻博记，经史子集无所不知。他的父亲谭洙对他期望很高，希望儿子能够考中进士，光宗耀祖。但是谭峭生性高傲，对“功名利禄”弃之如敝履，唯独对黄老之学心向往之，沉迷不能自拔。遂舍弃安逸生活，抛家舍业，决然入山学道、修道。父亲无可奈何，只得随他。这一去，便是十年。十年后，谭峭学得辟谷养气之术，不衣不食、卧雪数日亦无恙。他另外一个嗜好，便是酷爱饮酒，经常醉醺醺出游名山大川，拜访隐士高人。谭峭虽然以学道自隐，不求仕进荣显，却十分关心世道治乱和民生疾苦，便著《化书》六卷，主张构建一个天下太平、经济均平、政治公正、思想宽容的“太和社会”。他对于自己的设想比较自信，经常借游历天下之机，寻找有“慧根”之人，推销其思想主张，以实现救世救民的心愿。

后周世宗显德四年（957年），谭峭西游终南山，又游华山，见到了“白云先生”陈抟。陈抟是亳州真源（今河南省鹿邑县）人，后唐长兴三年（932年）去京城洛阳应考进士，名落孙山；后唐清泰二年（935年），隐居武当山九石岩；后晋天福四年（939年），游峨眉山讲学；后周显德三年（956年），周世宗召见陈抟，任命其为谏议大夫，不仕，赐号“白云先生”；北宋太平兴国二年（977年）、雍熙元年（984年），宋太宗两次召见陈抟，赐号“希夷先生”；端拱二年（989年）七月，陈抟在华山仙逝，享年118岁。著有《太极阴阳说》《胎息诀》《指玄篇》《观空篇》《易龙图序》《太极图》等。

陈抟是传统神秘文化中富有传奇色彩的一代宗师。他的思想体系自成一体，糅合了黄老清静无为思想、道教修炼方术和儒家修养、佛教禅观以及汉代以来的象数学，会归一流，博大精深。谭峭专程前来拜见陈抟，切磋交流。二人惺惺相惜，结为师友。谭峭也将所著《化书》送请陈抟批览，陈抟阅后，大加称赞，对弟子张伯端[①]说：“《化书》博大精深，受益匪浅。”张伯端因此也对谭峭非常敬佩。

拜访了陈抟之后，谭峭游历三茅仙山，路过京都建康（今南京），偶遇宋齐丘。宋齐丘是吉州庐陵（今江西省吉安市）人，五代吴国杨溥大和三年（931年）任右仆射、中书侍郎、同平章事；南唐升元元年（937年）任左丞相，不久退居九华山；保大元年（943年），又拜为中书令，封卫国公；同年罢相，改为浙西节度使，复请归九华山，赐号“九华先生”；保大四年（946年），复召为太傅。

宋齐丘四次为相，自视甚高，见到谭峭，不屑一顾。谭峭却

---

① 张伯端（984～1082年），浙江天台人，字平叔，号紫阳，敕封“紫阳真人”，是道教（金丹派）南宗始祖。

对宋齐丘颇有好感，认为宋齐丘仙风道骨、气宇轩昂，如能点化成功则衣钵无忧。为此，谭峭投其所好，将随身携带的《化书》书稿，赠送给宋齐丘，声称是希望宋齐丘为该书“作序”，实则是希望宋齐丘通读书稿之后，受到感化，归隐道门，如此《化书》便可藏之名山、传之后世。孰料高傲的宋齐丘看到《化书》之后，自惭形秽，自叹不如，心生艳羡之余竟突生邪念，决定将《化书》占为己有。于是他借作序之机，将“宋序”改为“自序”，将《化书》改名为《齐丘子》，一番包装改造、改头换面之后，他堂而皇之将该书刊刻、发行天下。至于谭峭，宋齐丘则是诱之以美酒，将谭峭灌醉，装入了一条皮囊，扎紧囊口，趁着夜深人静，将皮囊抛入江中，并自以为神不知鬼不觉，杀人灭口，后患永除。

这条皮囊在江水中漂流很远，数日后被一渔人发现，打捞上来，打开皮囊，发现是一久溺未亡的道士，此人正是谭峭。谭峭叹口气，告诉渔人说：“我平生爱酒酗酒，难逃此劫。当朝宋齐丘，为夺我所作《化书》，竟不惜将我灌醉，沉到江底，委实辜负了我的点化之意。也罢，他日《化书》布行天下之时，就是我谭景升不在人世之日。”说罢，谭峭飘然而去，不知所终。数月后，改头换面的《齐丘子》流传天下，并成为道教重要经典之一，收入《道藏》。据说陈抟弟子、紫阳真人张伯端看过弟子们送来的《齐丘子》一书之后，说道：“此书乃谭景升之《化书》也。”不久，金陵城内出现了一个自称“谭紫霄”的道人，聚徒讲学，意旨高远，旨趣竟与《化书》极其相似。

南唐中兴二年、后周显德六年（959年），宋齐丘因“结朋党”被押送至九华山，随即赐死。《南唐书》卷四《宋齐丘列传第一》评论说：“周世宗欲取江南，故齐丘以反间死。方五代之际，天下分裂大乱，贤人君子皆自引于深山大泽之间，以不仕为得。而冯道有重名于中原，齐丘擅众誉于江表，观其人，可以知其时之治乱矣。”①

2. 均衣让食的社会蓝图

《化书》分为道化、术化、德化、仁化、食化、俭化六卷，共110篇，是宋元时期道家弟子必读的经典之一。《化书》认为，“道”是万物变化的根本，是“虚实相通”的精神境界，修道者经常保持此境界就可以“无生死”，达到神化；只有顺势而为、无为而为，才能达到虚实相通、和谐自然、随心所欲的理想之“大同”境界。当然，《化书》所称“大同”，只是一种修道的精神境界，而不是通常所说的大同社会。据《化书》卷一记载：

> 道之委也，虚化神，神化气，气化形，形生而万物所以塞也。道之用也，形化气，气化神，神化虚，虚明而万物所以通也。……忘形以养气，忘气以养神，忘神以养虚。虚实相通，是谓大同。

谭峭认为，万物千变万化，化化不间，始于虚无之道，终于虚无之道，皆受道主宰，并统一于道。化化不间、循环往复，天道之化，万物莫不在其中，“虚”“实”相通便是“大同”。在书中，谭峭构想了一个“均衣让食”的太和理想社会。为了构建太和理想社会，谭峭首先分析了社会动乱、百姓不得安居乐业的根本原因。他认为，所谓“君子（统治者）”的奢荡、聚敛、刑戮、甲兵、昏愦、贪欲，以及贫富不均，是引起民众反抗和社会动乱的主要原因。少数富者钟鸣鼎食、食不厌精，广大贫民缺粮少米、食不果腹，结果造成了“奢僭由兹而起，战伐由兹而始”和“耕者乏食”。在他看来，“耕者乏食”简直就是人间最大的不公平。百姓勤苦劳动的血汗果实，经过“王者、卿士、兵吏、战伐、工艺、商

---

① 傅璇琮等主编：《五代史书汇编·南唐书》（第九册），杭州出版社2004年，第5494～5498页。

贾、道释、稔、俭”等各个环节的层层盘剥，只能“缫葛柠之衣、饭橡栎之食”，勉强度日维生。百姓最愤愤不平的就是劳动者不得食，这也是最大的民生问题。“耕者乏食”，是人世间最不公平、最不人道、最不合理的，什么仁义、什么礼法都不能解决这一现实问题。在残酷的剥削和压迫之下，民众为生存而不得不反。养民之道，就是不侵夺民众的财物和劳力。如果“王者”能做到“均其衣，让其食”，把“均食”作为治乱兴亡的关键措施，那么“可以见无为之化”，可以建立“太平之业”。

谭峭指出，“食（温饱问题）”是治国理政的关键所在，决定着一个国家的治乱兴衰、前途命运。如果不能解决好这个问题，那么将会出现一系列社会危机，如君不仁、臣不义、士不礼、民不智，所以“食”才是伦理纲常之根本，即仓廪足才能知礼仪。在阐述了这个道理之后，谭峭随后便提出了自己的解决方案：“均衣让食”。他要求“王者”能够率先垂范，主动做到“均其衣，让其食”，这样就能够凝聚民心，切实发挥仁、义、礼、智、信的教化作用。归根结底，教化百姓的关键在于解决“食”的问题；“食”的问题解决了，其他问题自然会迎刃而解。

做到“均衣让食”之后，谭峭给出的第二步方案是辅之以“俭”。由俭入奢易、由奢入俭难。能够做到节俭，就可以避免国败人亡。只有坚持节俭原则，并贯彻始终，才是推行“均食之道”的正确做法。能够做到均食和尚俭，就可以实现仁义礼乐的涵养教化功用，就可以引领百姓安居乐业，就可以德配天地、安享太平之治。

谭峭给出的第三步方案，便是寄希望于“君王”，在贤君带领下励精图治，建立一个有饭同吃、有衣同穿、有屋同居、有福同享、有难同当的“太和”理想社会。为此，他建议君王应该向“蝼蚁之君”学习，即使是一座拳头大小的宫殿，也要与百姓一起居住；即使一块小小的土台，也要与百姓一起登临；即使只有一粒粮食，也要与百姓一起享用；即使只有虫子大小的一块肉，也要与百姓一起品尝；即使将要面临着不确定的刑罚，也要与百姓一起分担。如果君王能够做到与百姓同吃、同住、同劳动、患难与共、祸福共享、心神相通，那么对于百姓民生关切、民间疾苦、民情真伪、喜怒哀乐等便会感同身受，便会积极主动去服务百姓、去解决这些社会问题。如此一来，百姓无怨恨，君王有威信。这种为政之道，便是“太古之化”，便是远古之君治国理政的良策妙方。《化书》卷四记载了这一理想社会。

> 蝼蚁之有君也，一拳之宫，与众处之；一块之台，与众临之；一粒之食，与众蓄之；一虫之肉，与众咂之；一罪之疑，与众戮之。故得心相通而后神相通，神相通而后气相通，气相通而后形相通。故我病则众病，我痛则众痛。怨何由起？叛何由始？斯太古之化也。

实施了上述三步方案，以及在管理上做到对待百姓一视同仁、无亲无疏之后，谭峭认为，一个无尔虞我诈、无盗贼叛乱的理想王国——太和社会，便会水到渠成、自然出现。

谭峭所描绘和企盼的“太和社会”，是一个人人平等、君民一体、休戚与共、同心同德的贤君社会。在这个理想社会图景里，实际对于君王提出了很高的德能要求，如不搞特权、严于律己、自食其力，与百姓同生死、共患难，对百姓一视同仁，不搞优亲厚友。这一设想，既是普通民众吁求平等的小农愿望，又是对黑暗现实生活的强烈控诉。《化书》讲了“化生”的道理以后，由科学到哲学，由哲学再到政治学，讲人生的境界，及如何教化别人、改变别人，并认为坏时代、坏世界可以转变为好时代、好世界，其理论水平、哲学修养之高可见一斑。谭峭构想的太和社会，依赖于君王的高度道德自觉和高度管理能力。然而在当时历史条件下，天下正处于由治而乱的大动荡时期，实现国家统一乃为当务之急。即使有贤君临世，亦须优先完成国家统一大业，然后方能致力于盛世太平；否则偏安一隅，既富且弱，不啻为他国养肥。再者，期望君王如此刻苦自律、君臣关系如此民主平等，也是一厢情愿、不切实际的天真幻想。

3. 农道合修的生态模式

在先秦时期，儒学与墨学并称“显学”。汉代以来，墨学中绝，道家之学兴起，儒与道成为中国社会的主导思想。儒家主张阳刚，其思想是入世的、功利的；道家强调阴柔，其思想是出世的、超然的。顺境则言儒家，逆境则取道家，二者互补互融，铸就了中华民族刚柔相济、不屈不挠、成熟自信的民族性格和民族精神，对中国和世界都产生了深远影响。

在道家重农思想的影响下，中国古代历朝历代均制定了“以农立国”的国家政策。与儒家“不问稼穑”不同，道家重视农业生产、主张农道合修，其理念也影响并改变了佛教。佛教在南北朝时，逐渐扎根中国；至隋唐，达到鼎盛。佛教在中国，经过本土化传播发展，融禅于农、以农悟道，形成了“农禅并重”文化传统，如怀海禅师（720—814年）在百丈山（今江西省奉新县）开山建寺时，便提出了“一日不作一日不食”的清规口号。唐末五代，天下大乱，儒、释、道也呈现出“三教合一”的融合发展趋势，社会上对于“道释”阶层的作用也有了深刻认识。在构想“均衣让食致太平”的“太和社会”时，谭峭已正确认识到“道释”阶层“不劳而获”的本质属性及其对百姓劳动果实的无情盘剥。他从“农道合修”角度，进一步阐发了“自食其力”的进步观点。

谭峭视农桑之业为道家济世渡人的第一大事。其《化书》第一卷，即为《食化》，专题阐述了道家重农桑务耕织等思想。其一，主张重农自养，强调“我耕我食，我蚕我衣”，反对不劳而获、与民争食的腐朽寄生思想。谭峭继承发扬了道家经典《太平经》“三急”（饮食、男女、穿衣）思想，高度关注农桑、耕织、衣食对于国计民生的重要性，认为吃饭问题是民生之大事，在国计民生当中没有什么能比饮食问题更重要。他深刻指出，导致民不聊生、饥寒交迫、饿殍载道的主要原因，就是社会剥削阶层对农民的贪婪掠夺，并将剥削掠夺者如“王者”“卿士”“兵吏”“战伐”“工艺”“商贾”“道释”归纳为“七夺”。正是因为看到了道释阶层、佛道弟子存在不劳而食的弊端，谭峭主张“道者自养”“我耕我食，我蚕我衣”，明确反对道、释、儒的不劳而食。这一自生自养的自立意识，对道教“农道合修”思想产生了很大影响。其二，谭峭将“饮食”问题上升到了关系国家生死存亡的战略高度，强调饮食安则国家安，否则必将招致政权覆亡。其三，谭峭提出了“食为五常之本，五常为食之末”的饮食伦理观。自西汉董仲舒将“仁义礼智信”总结为“儒家五常”之后，“五常”逐渐成为中华民族最核心的价值体系。但是，谭峭却认为，“五常”之基为“食”，饮食温饱才是人类社会及个体生命得以存在繁衍的基础，必须解决好这一问题，百姓衣食无忧之后，才能施以伦理道德的教化，才能收到事半功倍的教育效果。他这一观点，以民生为上，着重强调了“饮食”的优先性，凸显了道家关心民生、生命至上的宗教情怀。

道家重视农业生产、崇尚农耕生活的“上农”思想，源远流长，影响深远，为中华农耕文明、人类社会永续发展做出了贡献。如老子“小国寡民”理想社会模式就是一个典型的小农社会经济结构，就是崇尚田园生活、主张自然无为的重农典范。在农业社会，强调重农，也是很自然的；反之，对于那些不重视农业生产，造成粮田荒芜、粮仓空虚的“舍本逐末”行为，老子则进行了猛烈抨击。《吕氏春秋》一书，深受道家思想影响，多引老子之语，提出了许多重视农业生产、适时垦殖的论述，并在最后四篇《上农》《任地》《辨土》《审时》专论农事。《淮南子》也强调“勿夺农时”，并从治国之道出发，强调了衣食之于民生百姓的重要性，认为安民是为治之本，足用是安民之本。早期道教经典《太平经》，更是将饮食、男女、衣着视为“三急”，视农桑之业为“治身安国致太平”理想社会的根基。唐代道书《洞灵真经》，用了相当多篇幅，具体论述“耕道”、适时耕作、农田整治与耕耘技术、农田管理与农田生态环境保护等可贵思想，并设有《农道》专篇论述“农之道”。此外，道教教义一贯强调“贵生重生”“生为第一”，奉行“道人宁施人，勿为人所施”，主张“我耕我食，我蚕我衣”。在这些修道理念指导下，道家重视农桑之风盛行，积极提倡“自食其力”，反对不劳而食。“农道合修”，也解决了道教盛行于世的生存需要。随着道观的大量发展、道众数量的猛增，解决道众生计的主要路径便只能是农道合修、力耕自养，乞食化缘、财政拨款都难以为继。因此，道家秉承重视农桑的传统习俗，积极投身农桑之业，并通过农桑之业发展壮大宗教组织、扩大经济实力，为弘扬道教、济世度人、提供宗教关怀打下扎实物质基础，同时为道众专心研习道术、钻研道教典籍等提供了后续发展动力。道家重视农桑之业的习俗，客观上还推动了中国农业科学的发展。他们密切了道教理论与农业实践的联系，促进了农耕技术的提高，在农学领域多有创造发明，探索确立了顺应自然、绿色发展的生态农业模式。时至今日，道家提倡的“人与自然和谐发展”生态理念，得到世界各国越来越多的赞同。如美国耶鲁大学玛丽·休夫林·塔克、约翰·格里姆高度评价了“道家对中国生态思想与实践的贡献”，认为西方社会应该主动从中国传统文化中汲取智慧，以应对世界发展难题；欧内斯特·亚纳瑞拉进一步指出，中国21世纪将要创造出的生态文明社会，是一种超越西方工业化模式的创新型发展模式，必将为解决世界生态危机指明方向。①

① 参见李家銮《中国道教对生态文明建设的贡献》，载于《中国民族报》2021年1月26日第7版。

三、“民胞物与”的宗族社会

古代中国传统社会是以血缘或亲缘关系为纽带的，从事生产生活的最小单位是家庭，数量不等的家庭聚族而居就构成了村落。村落是中国古代社会最基层的宗法家族共同体，按照血缘宗法关系管理家族成员。宗法制度确立于夏朝（从氏族社会父系家长制演变而来），发展于商朝，完备于周朝，此后经过各朝各代的改造，逐渐形成了以政权、族权、神权、夫权为基本架构的封建宗法制度。统治阶级通过宗法制度规定了嫡长子继承制，建立了一套周密的统治网，形成了“家国同构”的结构特征，导致了古代中国人民家族观念和集体协作精神较强烈、自我存在意识缺失，同时也使得血缘观念牢牢成为中国人骨子里的一种心理认同。古代中国基层社会，以村落形式，通过族谱、宗祠、族规、族产及族长制，族权、政权、法权、道权合一，聚族而居，患难相恤，实现了自治。经过几千年的沿袭传承，宗法共同体的共产制、村社共同体的互助制、村落共同体的集体主义等民间社会共同体融合发展，构成了有中国特色的基层社会治理模式——“亲情社会”。在看似温情脉脉的亲情社会里，财产公有、集体生活、老幼有序、团结互助，按照村规民约进行道德教育和日常管理，形成一个相对独立、自给自足、政教合一、自我管理的自治小社会。这种乡村社会治理模式，影响了后世几千年。

尽管村落的相对独立性较强，但是掌控基层社会政教话语权的，仍然是儒家“亲亲尊尊”的礼仪秩序。儒家礼仪具有内在约束性，强调“礼之用，和为贵”，主张以道德教化实现社会治理的和谐有序、安民怀远，中华民族也因此被称为“文明古国、礼仪之邦”。礼仪秩序强化了各阶层社会成员的角色意识，规范维护了社会安定，对政令畅通、政治稳定、社会治理起到了积极作用。唐末五代以后政局动荡，以血缘和地缘为基础、累代世家的宗族制度遭到了严重破坏，出现了新的家族制度——敬宗收族，就是依靠祠堂、族谱、族田等，把一个祖先所繁衍的子孙后代，维系在一起。随着天下百姓的认祖归宗，家族制度开始走向民间，成为最复杂、最稳固的中国基层社会组织，家族也随之成为血缘共同体和政治共同体的有效载体。天下百姓即使在动乱、灾荒之年被迫流离失所、背井离乡，一旦天下太平也会重新认祖归宗。这种宗教般的执着信念，可以聚沙成塔，从量变而质变，让一盘散沙、乌合之众的中国百姓迅速积聚并团结为固若金汤的社会基石，中华民族的凝聚力和战斗力可见一斑。宋代以来，在郡县体制下重构封建精神、重建礼仪秩序，就成为理学家的主要关切。北宋理学家张载，借用了周代“家族国家观”政治模型，将宗法制度与井田制、封建制度相配套，实行家国同构、君父合一、政治组织与血缘组织相结合，构建了一个儒家宗法制的理想社会模式，同时也为全社会重构了一个安身立命、兼济天下的精神家园。张载《西铭》一文，概述了这一“民胞物与”的理想社会蓝图，传承发展了传统大同理想的精髓，形神兼具，备受赞誉，千载之下，传诵不绝。

1. 民胞物与的精神家园

张载（1020—1077年），字子厚，凤翔郿县（今陕西省眉县）横渠镇人，世称“横渠先生”，是北宋理学创始人之一，其“为天地立心，为生民立命，为往圣继绝学，为万世开太平”的名言，被称作“横渠四句”，催人奋进，传颂不衰。张载少喜谈兵，嘉祐二年（1057年）登进士第，先后任祁州（今河北省安国市）司法参军、云岩县（今陕西省宜川县境内）令著作佐郎、签书渭州（今甘肃省平凉市）县军事判官、崇文院校书等职。后来因病辞官，讲学关中，其学派被称为“关学”，著有《正蒙》《横渠易说》等。张载与周敦颐、邵雍、程颐、程颢合称“北宋五子”，都是北宋儒学的代表性人物。

张载少时家境清贫，失怙之痛使他备尝人世生活艰辛。由于长期与底层百姓朝夕相处、患难与共，他对百姓产生了深厚感情，始终真挚关切着民生冷暖。即使在短暂仕途生涯中，他所担任的也都是基层官职，更磨砺了其服务百姓、造福百姓的为民之志。在乡里生活期间，在担任官职期间，“为生民立命”的气节精神始终纵贯着张载一生。他以一种超越前贤、博大博爱的人文情怀——“民吾同胞，物吾与也”（简称“民胞物与”，意思是：天下百姓，都是我们的同胞姊妹；世间万物，都是我们的友爱朋友），直面北宋土地兼并的现实社会问题，试图通过推行井田作为解决民生问题、重建理想社会的举措。

张载以“民胞物与”思想为指导，继承发展了中国传统的“和”思想，认为人与人之间、人与社会之间、人与自然万物之间，都是平等、和谐、共生、共荣的关系。因而在他构想的理想社会中，人类与自然万物不但地位平等、和平共处，而且公平享有其权利、恪尽其责任、履行其义务，还要对亲人尽孝、对国家尽忠、对他人关爱；不仅要关爱人类社会中的弱势群体，还要友善对待被忽视的自然万物，不能以“人类生存”为名而无限度地向自然索取掠夺，更不能牺牲其他物类的生存权、发展权。在人类社会大家庭里，君王是“长兄”，臣子是“管家”，各安其位，各尽其责，尊老爱幼、扶贫济弱就是关爱同胞兄妹，都是我们应尽的情分和义务。

乾称父，坤称母；予兹藐焉，仍混然中处。故天地之塞，吾其体；天地之帅，吾其性。民吾同胞，物吾与也。

大君者，吾父母宗子；其大臣，宗子家相也。尊高年，所以长其长；慈孤弱，所以幼吾幼。圣其合德，贤其秀也。凡天下疲癃残疾、茕独鳏寡，皆吾兄弟之颠连而无告者也。于时保之，子之翼也；乐且不忧，纯乎孝者也。违曰悖德，害仁曰贼，济恶者不才，其践形，唯肖者也。

知化则善述其事，穷神则善继其志。不愧屋漏为无忝，存心养性为匪懈。恶旨酒，崇伯子之顾养；育英才，颍封人之锡类。不弛劳而底豫，舜其功也；无所逃而待烹，申生其恭也。体其受而归全者，参乎！勇于从而顺令者，伯奇也。富贵福泽，将厚吾之生也；贫贱忧戚，庸玉女于成也。存，吾顺事；没，吾宁也。（《正蒙·乾称篇》）

张载《正蒙·乾称篇》（《西铭》）表达了“民胞物与”的理想主题，按照“乾父坤母”—“民胞物与”—仁民爱物—无怨无违的逻辑顺序，依次推进，论证了宇宙秩序、社会秩序与家庭秩序，确立了天人合一、物我一体的哲学体系，表达了一种乐天顺命、随遇而安的达观思想。张载建构的这个理想社会，洋溢着天人合一、天下一家、友爱和谐的理想色彩，侧重于从社会伦理、人际关系，而非经济制度层面，建构了一个类似家族制度、天人合一的人类精神家园。在这个精神家园里，家国为一体，君民如兄弟，人人平等，个个尽责，尊老爱幼，亲亲爱人，鳏寡孤独皆为群体关爱的重点对象，个体主动性得以充分发挥，把孝亲尊长拓展至敬畏天地，把人生有限之孝延伸至对天地宇宙的无限之孝。张载“民胞物与”的博爱思想，是“大心”“博爱”情怀的表达，接近于墨子“兼爱”思想。他以天地万物为一体，顺应天地，关爱万物，注重维护人类共同体和生命共同体的共生共荣，拉进了世界距离，让人类社会亲睦、自然万物共生有了明确依据，为促进世界文明、建立大同社会、营造和谐宜居的人类家园起到了积极导向作用。

2. 推行井田的路径构想

井田制是中国古代社会的土地公有制度，出现于商朝，成熟于西周，瓦解于东周。井田制是一种公有性质比较突出的产权供给制度，是“耕者有其田”理想制度的渊薮，也是历朝历代有识之士改造社会现实、重建理想社会的路径追寻。井田制是把耕地划分为多块方田，周围有经界，中间有水沟，阡陌纵横，像一个“井”字。

一井分为九田（一田为百亩），其中一田为“公田”，其周围八田为“私田”；八田分配给八户耕种，收成全归耕户所有，故称之为“私田”；“公田”由八户共耕，收入全归国家或诸侯贵族所有，故称之为“公田”。井田制规定了土地性质是国有，诸侯臣下对田地只有使用权、没有所有权，不得买卖；土地使用权是有偿的，需要按时缴纳贡赋。由于地理环境、气候因素影响，井田制可能未得到严格实施，又因相关考古资料缺失，故在学界被认为可能是一种乌托邦式的土地制度，即使曾经有过井田制，具体实施办法也已失传。春秋时期以来，由于周王室的权威下降以及牛耕技术普及、铁制农具出现等，社会生产力有所发展，井田制逐渐没落、瓦解。土地所有权，从周天子下移到诸侯，又下移到大夫，如“田氏代齐”“三家分晋”等，至秦国商鞅变法（前361年）确立了土地私有（废井田、开阡陌），允许买卖土地，这就是开启了中国土地私有化的历史。井田制类似马克思、恩格斯所说的农村公社（农业公社），它与国家都是人类社会进入文明时代的重要标志。井田制倡导守望相助、协作劳动，形成了邻里相望、团结互助、重视家庭的农耕习俗，维护了国家社会的经济稳定、政治稳定。井田制度与宗法制度，是农耕文明的硕果，是周礼治成的成果，也是大同思想接续发展的物质基础与精神基础。随着土地私有化的进程，井田制不复存在，但是“耕者有其田”、重视家庭、邻望邻好、亲望亲好的农耕习俗却延续下来，并通过儒家礼仪秩序的强化而得以提升。后来，土地私有化而导致礼崩乐坏、人心不古，几乎成为古人最为痛心疾首的事情，所以恢复井田制、再致风俗淳就成为古人“重回三代之治”理想社会模式的首选路径。

作为北宋儒学造诣最深的大家之一，张载坚信，重建井田制，就能重回三代之治，就能解决现实社会土地兼并、农民流离失所诸问题。他设想通过“两步走”来恢复井田制，以构建“耕者有田、天下一家”的理想社会。第一步，是确立井田制，让百姓获取土地，自给自足，解决衣食温饱等民生问题；第二步，是从物质到精神，教化引导百姓涵养道德，知荣辱礼仪，知尽孝尽忠，知推爱及人及天地万物。他认为，不能实行井田制度，就不能供养百姓，更不能教化百姓；只有先养，才能后教，不可本末倒置。张载苦思冥想，认为唯有施行井田制，才能满足百姓衣食住行的基本需求，才能统筹解决百姓与国家的生存发展问题，才能持续产出物质财富并为整个社会带来“均平”效益。在张载看来，井田制就是彻底改变现实社会不公正的“终极武器”和为万世开太平的“济世之方”。[①]

张载强调，唯有推行井田制，才能“均贫富”，才能避免“教养无法”、道德滑坡的现实困境，才能实现其理想社会。面对推行井田制的种种压力，他非常乐观，自认为已经找寻到了一条不触动既得利益者利益而在全国平均分配土地、实行井田制的“康庄大道”。这一办法，就是在土地收归国有之后，再对失去土地的官员和地主给予一定补偿。在补偿方面，张载认为只要适度补偿，或者提高一些补偿标准，就能得到失地官员和地主的支持。这些补偿，一是在政治方面，即根据失地官员和地主的失地数量，授以不同等级的田官，负责管理一定数量的土地及百姓，使其保有一定的政治地位；二是在经济方面，给予官员相应数量的“公田”，使之成为“公田”的管理者和实际受益人。张载的井田方案，因时因地而加以变通，以税收取代国家公田的收入，“均田”办法相对缓和。特别是以“经济地位”交换“政治地位”，类似于逐步赎买政策，比较富有创造性。

当然，以租税易土地的天真想法，只是改换了一下剥削形式而已，并不能彻底解决地主阶级与农民阶级之间的阶级矛盾。张载所提倡的“国家授田制”“按什一之法收取田税”，只是对传统

① 参见范立舟《宋代思想环境下张载对井田制的理解与提倡》，载于《湖北大学学报（哲社版）》2018年第5期，第92页。

井田制加以变通的权宜之举。他并不墨守成规，要求机械执行“一夫授田百亩”的旧政策、老标准，而是主张因地制宜、因时而变，尊重社会现实、自然条件、地理环境，允许地形地势所带来的一些实际偏差。甚至在“九夫一井”的标准制定上，他也表现出了很强的灵活性和弹性，认为并不一定要千篇一律，严格执行“九夫一井”的分配标准，而是可以灵活掌握。比如在有些地方，如果“九夫一井”分配田地比较困难，也可以按照“七夫一井”“五夫一井”“三夫一井”等，只要能够分配到足额的百亩之田，哪怕是“一夫一井”也是可以的。所以张载对于自己呕心沥血设计出来的井田方案，颇为自矜。他想当然以为，只要朝廷下达一纸命令，按照其井田方案办理，数日时间便可以分完数百亩田地，且不必毁坏百姓的房屋、宅基、墓地；与此同时，失地官员和地主也得到了政治和经济的补偿，得到管理辖区百姓事务的职权。这样一举多得，百姓得到了土地，官宦地主得到了权力和金钱，皆大欢喜。张载幻想以和平方式，平稳推行井田，以重建周礼、重回三代之治，实际还是从现实和实用层面，主张地主阶级退让一步，以调和阶级社会矛盾。但是，其方案的执行效果，肯定会大打折扣，有些问题的解决也不是可以一厢情愿的。比如，“国家赎买土地”的巨额财政支出，如何解决？官宦地主甘愿“以经济换政治（类似以钱买官）”的占比，多数是同意还是反对？特别是“择贤授官”的选用田官理念，无疑是剥夺了豪强地主原本可以世代享有的经济特权，其施行难度之大，不言而喻。对此，当时就有不同声音，如理学大家朱熹即明确表示，张载的井田方案不易推行。

3. 井田理想的不切实际

朱熹（1130—1200年），字元晦，江西省婺源县人，南宋绍兴十八年（1148年）进士，历任同安县主簿、漳州知府、浙东巡抚等，官拜焕章阁待制兼侍讲，著有《四书章句集注》等，是理学的集大成者，也是中国最后一位被尊为“子”的大家，被誉为“集大成而绪千百年绝传之学，开愚蒙而立亿万世一定之规”。朱熹认为，“天理”一是自然法则、一是道德准则，“人欲”一是饥渴饮食之欲、一是追求物质享受之欲，故提出“存天理、灭人欲”，即主张不要放纵贪欲、不必过分追求奢侈享乐之私欲。这一观点，也是儒家圣贤一直以来谆谆教诲的修身原则，如《礼记·乐记》便曾说道：“人化物也者，灭天理而穷人欲者也。于是有悖逆诈伪之心，有淫佚作乱之事。”二程（程颢、程颐）也说：“人心私欲，故危殆。道心天理，故精微。灭私欲则天理明矣。”对此，朱熹总结道：“圣贤千言万语，只是教人明天理、灭人欲。”时至今日，“不可放纵私欲”仍是积极正面的修身处世原则。可惜，朱熹的这一思想却被一些人有意或者无意作了断章取义，污为“禁锢人性自由”等，确实有失公允。

朱熹对于恢复井田制、改造现实社会，抱有怀疑态度。他清醒认识到，在现实社会推行井田制，阻力相当之大。如果政府不掌握足够的田地、不具备充足的财力，强行推广井田制不仅不能利于社会稳定，反而会造成新的社会动乱，得不偿失。对于张载的“井田”设想，他曾与弟子们进行了专题研究，结论是“不具有可操作性”。

朱熹非常明白，除非政府掌握足够数量的田地可以进行土地再分配，否则恢复井田制将是徒劳无益。宋代时，虽然土地兼并问题一度比较严重，但是国家并不掌握大量土地。在国家不掌控足够土地的情况下，试图以国家行政力量推行井田制、重新分配土地，必然会引起社会动荡。所以张载设计的井田方案，寄希望于政府出面再分配土地，动摇官僚地主的阶级利益，涉及千家万户，稍有不慎便会引起社会动荡，故该方案既不现实也不可行。朱熹对历代土地制度做过深入研究，非常清楚推行井田的前提是“有田”；而“有田”的前提是“天下大乱之后”，地广人稀，政权可以重新分配土地。至于承平之世，推行井田只是“纸上谈兵”“乱说而已”。朱熹虽然也曾建议“计亩征税”，重新核实田地面积、编制鱼鳞图册等，以实现其“为民制产”“耕者有其田”的政治主张，但是他只是提出了一种具体措施，并未主张政府重新分配田地，亦未在南宋土地兼并盛行的历史阶段逆时代潮流而强行推行井田制。朱熹对于前辈学者张载津津乐道的井田方案，也只能客气地指出：该方案只不过是“空头支票”，说说而已，不能当真，在实践中是行不通的。

按照儒家“学而优则仕”的一般套路，张载也因为“学有本原，四方之学者皆宗之”，一度得到北宋朝野的交口赞誉。熙宁二年（1069年），在御史中丞吕公著的大力引荐之下，宋神宗召见了张载，询问治国为政的方略，张载“皆以渐复三代为对”。神宗“大悦”，命张载到中书省枢密院任职，后被任命为“崇文院校书”。崇文院校书这一官职，始设于熙宁二年，考试选拔合格者才能担任这一官职，是朝廷访问差使的候选人才库，一般两年后再重新分配工作，“或除馆职，或升擢资任，或授合入差遣”。张载的工作职责及再分配，大概率是负责史志修订的“馆职”。如果不出意外，张载也很可能成为一个“大隐隐于朝”的学者型官员，但是这时适逢王安石变法推行新政，张载与王安石政见不合，时任监察御史的张戬（张载之弟）更是极力反对王安石变法。很快，张戬被贬至湖北江陵。张载恐受牵连，遂辞官归隐横渠。张戬（1030—1076年）严于律己，勇于任事，刚正不阿，正道直行，时人尊称张戬、张载“两张先生”。熙宁十年（1077年），宋神宗召回张载，任命他为“同知太常”。同年十一月，以病辞，行至临潼，病逝。

张载笃信井田制是中国农耕文明的精粹，且是实现“耕者有其田”理想的唯一路径；就算不能在全国范围内推行井田制，在局部地区推行井田制肯定是毫无问题的，“犹可验之一乡”。为此，他身居乡里，不忘井田，积极筹集资金，购买田地，疏通东西二渠，按照《周礼》模式划分为公田和私田，分给无地、少地的农民耕作，以验证井田制的可行性和有效性。至今，在张载的家乡横渠镇等地，仍然保留着“横渠八水验井田”的遗迹。

4. 均田平土的王道设想

“德不孤，必有邻”。比张载年长11岁的北宋名儒李觏，也是井田制的积极推广者，他坚信《周礼》是治国平天下、致太平之世的圣典。

李觏（1009—1059年）也是当时著名的大儒，字泰伯，号盱江先生，建昌军南城县（今江西省南城县）人。他出身寒微，精通经术，名震朝野。皇祐二年（1050年），授将仕郎，试太学助教。嘉祐二年（1057年），召为太学说书如故。嘉祐四年（1059年），权同管勾太学。同年，因迁葬祖母，请假还乡，八月卒于家中。李觏博学通识，不拘泥于汉唐诸儒旧说，敢于抒发己见，推理经义，东南地区的读书人和儒学大家都对他给予了很高评价。其诗《乡思》：“人言落日是天涯，望极天涯不见家。已恨碧山相阻隔，碧山还被暮云遮。”极尽乡思之情，最为著名。李觏的政治理想，就是民有其田、公正无私的“王道政治”。李觏在其《周礼致太平论》《明堂定制图序》《平土书》等文中，讲论《周礼》之制，对于井田颇为推崇。理学大家朱熹称赞李觏站位高、格局大，《周礼致太平论》一书更是令人钦佩。

为了实现“王道之治”，李觏主张“均田”“平土”，认为只有推行井田制才是彻底解决北宋土地兼并问题、保障社会民生的根本途径。他坚信井田制具有安民之效，可以解决百姓衣食温饱基本民生问题，继而可以实现“富民富国”的政治理想。李觏根据《周礼》，对理想中的周代平土之法——井田制度加以阐释：一是以京都为中心，以百里为单位，按郊（又分近远郊）、甸、稍、县、畺，向外环状扩散（类似今天城市环形交通线）。郊按比、闾、族、党、州、乡，建立六乡；甸分为邻、里、酇、鄙、县、遂，建立六遂。二是在郊甸以外，按井田制组织社会，土地按井、邑、丘、甸、县、都、同，层层分割；农田排灌系统，按照遂、沟、洫、浍、川进行建设；农田内部道路建设，按照径、畛、涂、道、路进行建设。三是按照农田亩数进行分配，每家给予住宅之地五亩、不易之田百亩、一易之田家二百亩、再易之田家三百亩。对于“采地”，也要根据等级而限制大小。四是兵役赋税征收，按照乡遂的划分，征发士卒，组建六军。农田税率，大致在二十分之一到十分之二之间。

李觏设想的井田制度，其实是对周代井田制的改进，主要是希望通过恢复井田制“平土均田”，抑制土地兼并，作为解决现实社会土地不均的救世良方。这一设想，先后得到了张载、胡宏、杨简、林勋等人拥护。其中，林勋是广西桂岭人，政和五年（1115年）进士，历任广州教授、桂州节度掌书记等，不但积极倡言“以农为本”“富国强兵”，还亲自在桂州开展了恢复井田制的一些具体实践，但是影响不大。

李觏的井田制方案，前提是国家政府颁布“限田令”，以政权力量强迫大地主“低价吐出”所兼并之田地，同时逼迫无地游民回乡购买田地，实际仍是希望政府强制均田，但是在实践中政府是不可能贸然强行推广均田的，因而这一设想也只能是“空中楼阁”。

四、“萃和会”的社会实验

理学发展至明代，以王守仁为代表创建“阳明心学”，再次达到了一个新高度。王守仁（1472—1529年），字伯安，号阳明，浙江余姚人。明弘治十二年（1499年）进士，曾任贵州龙场驿丞、庐陵知县、南赣巡抚、两广总督、左都御史等职，并因平定了南赣、两广盗乱和宁王朱宸濠之乱而获封“新建伯”。明代，只有三位文臣（王骥，封“靖远伯”；王越，封“威宁伯”；王守仁，封“新建伯”）是以军功而封爵的，王阳明即为其一。王阳明提出“心外无理，心外无物”的世界观，把人的主观能动性提高到一个新高度；其“知行合一”的认识论，指引人们找到了认识问题、解决问题的最佳途径。阳明心学既强调道法自然，又主张天人合一，更重视人的主观能动性，通过心即理、知行合一、致良知等核心理论，构建了一套自成体系、蔚为大观的心学思想体系，并成为中国社会思想史上一大转折点，为中国封建社会后期的早期启蒙思想打下了坚实基础，被认为是“矫正旧风气，开出新风气，功不在禹下。”

王阳明思想带有强烈的理想主义色彩，其理想社会模式可以概括为“以天地万物为一体”暨“天下一家”。他认为只要人人以天地万物为一体，人人求“尽其力”，人与人之间就能达到共同的饱暖逸乐，就能实现不亚于先秦圣贤所提出的大同社会。“万物一体”思想，最初由程颢提出，意思是每个人都是天地万物不可分割的一个整体。“万物一体”作为阳明心学的世界观，强调天地万物都以我心而存在，要去恶存善，以共存为基础，站在人和天地万物平等的全球观立场来思考问题、解决问题。王阳明以“万物一体”学说教化万民，使大家自明其德而体悟天地之大道，以爱人之心求世间之太平，以一己成仁之心而达至仁之行于天下。他所描绘的社会之美好，可以说已经达到了中国封建社会的巅峰。

王阳明的理想社会，主要有如下特点：一是人的道德修养普遍提高，社会成员思想境界高尚，大公无私，积极主动为天下谋发展，以济天下、安天下为己任。二是选用人才全过程民主，人尽其才，德才相配，人岗相适，人人皆按德行高下、才能高低来分配工作岗位，有德能者可以终身任职。三是社会公平公正，人人平等，自主择业，只有工作职业分工不同，没有高低贵贱之分。如社会成员德才不高者，可以按照个人兴趣自由发展，选择从事相应的农、工、商贾等工作。大家各安其位、各得其所、各尽其力，尽心工作。四是天人合一，友爱和谐，相亲相爱，相生相养。大家不分你我、物我，亲如一家，人际关系和睦亲善，相互尊重，人心愉悦，皆大欢喜。王阳明的理想社会模式，立足于中国传统农业经济和宗法血缘关系，较之于大同社会更为系统、更具指导性。嘉靖八年（1529年）十一月，王阳明在江西南安府大庚县青龙港（今江西省大余县境内）的一叶扁舟上病逝。临终之际，众弟子哭问遗言。王阳明平静说道："此心光明，亦复何言！"随即溘然长逝。其后，王阳明的弟子王艮，又进一步发扬光大了王阳明的社会理想。

1. 人心和洽的王道理想

嘉靖十九年（1541年），在王阳明去世12年之后，年少王阳明11岁的弟子、泰州学派创始人王艮，也溘然长逝。

王艮（1483—1541年），泰州安丰场（今江苏省东台市）人。初名"银"，师从王守仁（阳明）后，改名为"艮"，字汝止，号心斋，后人称"王泰州"。王艮自学成才，一生不仕，个性极强，敢于坚持自己的观点，也不一味"因循师说"，提出"百姓日用即道"的观点，被斥为"异端"。一次，王艮竟坐"招摇车"（蒲轮）招摇过市，被王阳明怒加指责。嘉靖二年（1523年），王艮北上入京，沿途讲学，轰动一时，名闻天下。王阳明震怒之下，想召回王艮"痛加制裁"，却已鞭长莫及。

王艮的社会理想，是"羲皇三代"圣世。在王艮看来，要重回"三代之治"，必须重视社会成员个体的思想道德修养，必须把"良知"从理论上"一以贯之"到实践中去，必须把人的"天理良知"发展为人的"日用良知"。他认为，只要每个人在道德上都能达标，就能实现社会成员之间的良性互动，即由"小我"而成"大我"。"愚夫愚妇"是"日用"主体，日常生活"即事是道"，"明哲保身"就是既要保全自己还要推爱及人。在其《王道论》一文，王艮阐述了自己理想的"王道社会"。

夫所谓王道者，存天理、遏人欲而已矣。天理者，父子有亲，君臣有义，夫妇有别，长幼有序，朋友有信是也。人欲者，不孝不弟，不睦不姻，不任不恤，造言乱民是也。存天理，则人欲自遏，天理必见。是故尧舜在位，比屋可封；周公辅政，比屋可封。是其验也。盖刑因恶而用，恶因无教养而生。苟养之有道，教之有方，则衣食足而礼义兴，民自无恶矣。刑将安施乎？

王艮理想的“王道社会”，是一个有天理而无人欲、衣食足而礼养兴、民志一而风俗淳、民有恒产而无冗食的农耕社会。王艮心目中“人心和洽”的理想社会，与传统的大同社会颇为相似。首先是全民素质较高，全体社会成员“小我”都注重道德修养，自觉践行仁义礼智信，不追求过分私欲；其次是以德治国，在这个德治社会里，人们修德为先，重德轻刑，教养有道，仁政得行；其三，在经济层面，国家保护支持“耕者有其田”，田地均分，人人劳动，安居乐业，各有所养，社会上没有游手好闲、不劳而获之人。其四，在社会管理方面，是先养再教，人心和洽，风俗醇厚，天下太平。王艮认为，在羲皇三代时期，能够实现“民有所养、民有所教”是很了不起的。而在农耕社会，唯有通过均田之法，才能实现百姓衣食冷暖的“有所养”；继而通过道德教化、礼乐之制，实现“有所教”。“三代之治”的社会价值、现实意义，即在于此；大同社会“大道之行、天下为公、讲信修睦、各得其所”的友爱和谐、强大魅力，即在于此。如何能够实现“三代之治”，或者经由什么现实路径，可以达到“三代之治”？王艮为之苦苦求索。

在垂暮之年，王艮仍老骥伏枥，为实现济困扶贫、共同求富的理想追求而实验不辍。泰州学派讲学书院在泰州地区，当地以盐业为主，规模较大的盐场便有十几个，但因灶产不均、贫者失业，一直争讼不断。嘉靖十七年（1538年），地方官吏将这一头疼问题委托王艮解决。王艮以古时田有定制、民有定业的先王之治为依据，以施惠民生、平息民愤为目的，从规范制度到具体操作方面全盘考量，亲自起草《均分草荡议》，提出“定经界”等建议，强调重新丈量地界，制好清册，给予信票，由地方官将东临黄海的两万七千多亩草荡，平均分给了一千五百多人口的灶户，解决了这一“老大难”民生问题。

王艮出身灶户，一生不仕，潜心于学。他提出了“身与天下、国家一物”的命题，在处理本末关系上他强调“自身是本、天下国家是末”；所以他提倡“愚夫愚妇，与知能行便是道”，主张“修身立本”，平等爱人。王艮因“非名教之所能羁络”而被李贽称之为“真英雄”，他所创立的泰州学派，亦因坚持儒学民间化而成为中国学术史上第一个具有早期启蒙色彩的学派。以王艮为代表的儒家先进分子，以天下苍生为念，勇于追求、大胆实践其理想社会及理想人际关系，强调“他人”不是地狱，而是与“自我”同在共生，体现了“万物一体”情怀、人人平等理论、人人皆有成为圣人的可能。这种万物平等、人人皆可成为圣人的先进理念，赋予了泰州学派具备了一种人人平等、万物平等的超前意识，使之对底层百姓、日常生活给予了极大关注。与佛教明显不同之处在于，佛是以一己之心，度自身；而儒则是以一体之心，平天下。“万物一体”的价值观，引导了致良知实践方向的变化，张扬了儒家人类终极关怀、救民救世救天下的高远格局。其倡导的“万物一体”理想社会秩序，体现了儒家“差等爱”“亲亲—仁民—爱物”的逻辑递进关系（先爱亲人，再爱民众，最后爱天地万物），对传统的大同社会进行了深化。

当然，由于时代局限，王艮及“阳明后学”只是强调人人成为圣人的概率平等，而不可能从权利与义务层面对平等关系予以阐述。而且，就像在文艺复兴和工业革命之前，西方也不可能形成“历史进步观”、突破“向后看的乌托邦情结”一样，王艮及“阳明后学”也坚信人类社会最美好生活时代不是在未来、在前方，而是在远古的“三代之治”，人类最理想的社会模式也是“三代之治”。

在王艮去世前，他的弟子已多达487人，其中比较著名的有徐樾、颜钧、王栋、王襞、罗汝芳、何心隐等人。王艮的弟子们，坚守“安身立命”“百姓日用即道”的理想准则，聚焦民生，关怀人性，舍身成仁，为暮气沉沉的大明帝国注入了一股勃勃生机，把中国思想文化发展推向了一个新高度，泰州学说也得到进一步发扬光大。其中，王艮的亲传大弟子徐樾，最先将泰州学派发扬光大。

2. 萃和之会的治理模式

嘉靖六年（1527年）九月，56岁的王阳明，在抱病出征广西时，途经江西，触目所及，写下了“千圣皆过影，良知乃吾师”的心路感慨。十月初，在江西贵溪信江岸边，徐樾正在恭候王阳明一行。阳明先生见到虚心请教的徐樾，指点说：“此心光明，即致良知。”意思是说，拥有一颗光明的心，才能照亮一条光明的人生之路。徐樾茅塞顿开，潜心向学之志日坚，可惜造化弄人，他未及实现治学夙愿，便战死疆场。

徐樾（？—1551年），字子直，号波石，贵溪（今江西省贵溪市）人，进士，历任礼部侍郎、云南布政使等职。嘉靖七年、十年、十八年，徐樾三次在王艮门下受业。据说王艮曾经与夫人谈论说：“在我眼里，我们的五个儿子，都是夫人你所亲生；只有徐樾这个孩子，才是我亲生的，才是我的衣钵传人。”王艮考察了徐樾十一年之久，于逝世前传授给徐樾“大成之学”。王艮的次子王襞，也非常尊重徐樾，称徐樾是父亲学生之中的“高第弟子，于父之学，得之最深”。徐樾受业王艮门下后，一度打算辞官，潜心钻研学问。未几，徐樾在云南布政使任上，因土司诈降而英勇战死在沅江城下，舍身成仁。徐樾战死后，徐樾的学生颜钧，亲赴云南，寻找恩师徐樾的尸骨。辗转数年，颜钧找到了徐樾的尸骨，将尸骸迁葬在王艮墓旁。

颜钧（1504—1596年）是泰州学派的又一位著名领袖，字子和，号山农、樵夫，永新县（今江西省永新县）人。他十二岁随父在常熟学宫读书，十三岁到十七岁学习科举，二十岁后家贫废学。不久，由徐樾介绍到泰州王艮门下，受传“大成仁道”。王艮卒后，颜钧为其守墓三年。嘉靖二十五年，在江苏扬州、泰州等地传道，有“儒侠”之称。后因思想过于激进，被朝廷逮捕，发配充军。著有《颜钧集》传世。

王道社会是王艮及其泰州学派的理想社会，也是“大成仁道”的最终目标。颜钧是泰州学派的主要传人，对泰州学派的发展做了很大贡献。他把王艮哲学的主体自觉上升到主体自由、平民哲学发展到儒学平民化，把“王道”“仁道”社会理想实践化。王艮在晚年著《王道论》，描述了其王道社会，认为理想中的王道社会应该是尧舜在位，比屋可封，刑措不用，教养有道，任人唯德，衣食足，礼义兴，百姓安居乐业，社会风俗淳厚，天下无虚糜之费，天下无征战之苦。按照王艮的观点，在现实社会中实现王道社会的时机尚不成熟，关键是不具备土地改革的实践性，故当下只能先通过教育来移风易俗、教化百姓。颜钧也认可这一观点，并身体力行，试图以讲学方式来教化百姓，实现人心和洽，把王道理想变为实验园地和救世之方。

颜钧秉承了泰州学派“日用人伦即是道”的观点，也非常重视“生”，认为唯有“志气硬如铁，精神活如水，身子软如绵，然后可以齐家兴国达天下”。为此，颜钧在家乡建立“三都萃和会”，开始了其理想社会的首次实践。他招集家族乡亲七百余人，日出而作、日入而“习”，亲自为乡民讲授耕读做人的道理，并以点带面，引导全乡士农工商从改变习俗着手，推行教化，知行合一。

竟为一家一乡快乐风化，立为萃和之会。会及半月，一乡老壮男妇，各生感激，骈集慈闱前叩首，扬言曰：“我乡老壮男妇，自今以后，始知有生住世都在暗室中鼾睡，何幸际会慈母母子唤醒也。”会及一月，士农工商皆日出而作业，晚皆聚宿会堂，联榻究竟。会及两月，老者八九十岁，牧童十二三岁，各透心性灵窍，信口各自吟哦，为诗为歌，为颂为赞。（《颜钧集·自传》）

三都村在“萃和会”这一崭新社会模式的治理下，短时间内就发生了巨大变化，老弱妇孺的精神面貌得到较大提升，尊老爱幼蔚然成风，乡亲之间互敬互爱，兄弟妯娌相亲相爱，人们日出而作、日落而息，路不拾遗，夜不闭户，俨然已有“三代”之治的理想社会气象。颜钧的王道社会实验，既有经济手段，又有政治方案，还有教育措施，更富于实践性。只是其社会实验虽然比较成功，但是这一进步政治理想毕竟过于理想化、过于注重道德理想的教化，不具备经济基础而无法长期存在于现实社会。尽管如此，颜钧勇于实践王道理想的践行精神，仍为时人称许。

颜钧在实践中，也意识到了经济基础的重要性。为了解决这一问题，此后他借助于“会”的社会组织形式，通过讲会组织，实现经济保障。颜钧到各处讲学时，注意组建讲会。其讲会，具有初步章程、规范、活动计划及制约条文等，对于活动时间、活动周期、开门收徒等进行了严格规定，并提出“六道六洗”要求，摒弃了当时书院的师道尊严，折射出平等友善、取义斩利、发挥主观能动性的启蒙思想精神。其讲会虽然没有宗教组织那样机构严密、教规严厉，却也有类似宗教组织的神秘。通过讲会这一组织形式，颜钧把讲学传道和组织民众有机结合起来，进一步扩大了儒学与平民百姓之间的联系，朝野瞩目，影响较大，他本人也被人们尊称为“山农游侠”。

嘉靖十八年（1539年），颜钧在泰州拜见了王艮。王艮对颜钧创办萃和会、有志有为、勇于实践的行为大加赞叹，认为这是一次利家乡、利邦国、利天下的有益尝试。当然，“萃和会”不过是大明王朝昙花一现的“新农村建设运动”，主要是一种村民自治的乡村自律组织，既无政治目的，也无经济目的，重点在于精神引领、道德感化、劝人从善，力图通过教化来恢复三代之时的淳朴民风，在当时不失为一种较为先进的乡村治理模式。然而，由于缺乏赖以生存的社会基础和经济基础，一旦在其“灵魂人物”颜钧离开之后，萃和会很快就轰然解体、不复存在。

3. 讲会传播的救世思想

颜钧认识到实现王道理想需要一定经济支持之后，便把“讲会”作为争取经济支持（拉取社会赞助）的解决办法。“讲会”本来是指高僧讲经布道说法的集会，后来成为明代理学家学术集会的组织形式，并成为明代书院教学授课的主要形式。

明中叶，书院讲会活动风靡一时，遍地开花。至明代后期，讲会制度逐步发展成熟。颜钧以“讲会”为抓手，着手组织“会”；并将余生的精力都放在了讲学及组织讲会这件事情上，因此他后半生不是在讲学就是奔波在讲学的路上。嘉靖十九年（1540年），他在南昌同仁祠讲学，聚众一千五百余人；嘉靖二十年（1541年），他在守丧泰州时，讲学于心斋之祠；嘉靖二十三年（1544年），他在京城讲学，随后南下泰州、扬州，讲学数年不辍；嘉靖三十二年（1553年），他广撒英雄帖，约集天下众同志，会讲于南都；嘉靖三十五年（1556年），他又至京城，在灵济宫会讲；嘉靖三十六年（1557年），他离京南下，一路是边走边讲学，引起社会上较大关注。颜钧四处讲学，两次轰动京城，上至内阁大学士，下至四方举子，无不争相听之。这一四处聚讲的传播方式，受众对象范围宽广，传播速度更快，影响力更大，颜钧也因此被誉为“平民思想家”。当然，统治阶级也将颜钧视为“异端”，讥为“狂禅”，认为他到处讲学，形迹可疑，或致有黄巾、五斗米道之事，对其多加提防、严密监视。

在讲学中，颜钧传播自己的“大中学”（即“大学中庸”之学），强调既要救治人心，也要关心社会问题，并提出了自己的救世良方。在其《耕樵问答·急救溺世方》中，他提出了“急急拯救”方案，建议从民食、民命、民欲、民性四个方面着手，即解决百姓衣食温饱问题、宽赦百姓罪行、救助弱势群体、教化引导百姓等。颜钧以百姓利益为旨归，敢于为天下百姓鼓与呼，又把民生凋敝的原因归结为统治者，所以渐渐不为当局所容。

嘉靖四十五年（1566年），颜钧在太平（今安徽马鞍山）讲学时被捕入狱，后因查无实据，罚银350两。隆庆三年（1569年），在弟子罗汝芳的全力营救下，颜钧出狱，发边充戍。至广西，即被两广总兵俞大猷聘为军师，颜钧献计擒海寇于海上，建立奇功。隆庆五年（1571年）五月，颜钧被遣送回家，免除“罪人”身份。此后，颜钧的人生最后二十余年基本是在家乡度过。万历二十四年（1596年），颜钧去世。

颜钧自撰《箴言六章》，深入阐发明太祖朱元璋“圣谕六条”：一为孝顺父母，二为尊敬长上，三为和睦乡里，四为教训子孙，五为各安生理，六为毋作非为。在他看来，愚夫愚妇的日用教化关乎“风化”，只有把“百姓日用之学”做好，通过道德指引，才能够实现“人人君子，比屋可封”的理想社会。因此他坚信在讲学实践中同样可以做出“尼父相鲁”的“大治”事业。颜钧思想解放，赞成男女平等，提倡寡妇再嫁，认为世间职业皆无差别，安身立命乃是人生追求，道理就在日常生活之中，只需率性而为，不需要克制欲望。据说一次授课时，有弟子问颜钧什么是“率性而为”呢？颜钧就地躺下，打了两个滚，然后爬起来，笑眯眯地回答说：“这就是率性而为。”

以颜钧为代表的泰州学派，至此真正实现了“儒学平民化”。颜钧也成为泰州学派之中，上承王艮、徐樾，下启罗汝芳、何心隐，具有里程碑式的代表人物。颜钧的弟子罗汝芳（1515—1588年），字惟德，号近溪，南城泗石溪（今江西省南城县）人，嘉靖二十二年（1543年）中举，嘉靖三十二年（1553年）赐同进士出身，授太湖知县，官至云南道巡察副使。罗汝芳在推动儒、道、释的融合上，做出了较大贡献。而颜钧的大弟子何心隐，再次将泰州学派推向了一个新高度，并以“聚和堂”实验方式对大同社会进行了局部实践。

五、“聚和堂”的社会实验

大同社会是指天下为公、财产公有、人人平等、选贤与能、安居乐业的太平盛世。这一理想社会的设计之初，就相对更加注重精神上的和谐自由，表达了人们在自然经济基础之上对于精神生活的美好追求。大同社会作为中国古代最高的理想社会，始终为古人所尊崇、所向往，并激励人们前赴后继去探索和实践。颜钧的大弟子何心隐，继承了泰州学派关心愚夫愚妇的救世情怀，聚焦于改善民生民智，落脚于改变底层农村社会，致力于提升基层百姓素质、实现社会教化的社会改造工程。为此，何心隐创办了家族式“聚和堂”共同体，通过这一形式对其大同社会理论加以检验，是一次较有成效的底层社会实践，初步达到了移风易俗、变革社会的目的，是对传统大同社会的一次大胆实践。

1. 政教合一的聚和实验

1825年，西方空想社会主义先驱者、英国的罗伯特·欧文（1771—1858年），不远万里，来到了美国印第安纳州瓦巴什河畔，买下了2万英亩土地，建立起“新和谐共同体”，约有900人志愿参加。在管理方式上，“新和谐共同体”实行“代议制”管理模式，财产公有，共同劳动，并希望通过这一社会试验能够实现共同富裕、和平过渡至更高级形态的新社会形态。可惜的是，“新和谐共同体”很快便出现内讧并引发了严重分裂，形成了几个互不统一的独立组织。1827年，难以为继的“新和谐共同体”以失败而告终。破产的欧文，在深刻反思这一社会试验时，明确指出最大的教训是：只有对群众进行了良好的道德教育之后，共同体才有可能获得成功。

欧文的这一深刻教训，中国先贤圣哲早已注意到并且在传统理想社会模式的设计上有明确体现，如比较注重百姓的道德教化等。这一理念不仅体现在理论上，在实践上也进行了大胆探索。早在欧文试办“新和谐共同体”的200多年前，即嘉靖三十二年（1553年），泰州学派的又一位杰出人物何心隐，已将其泰州学派注重教化、注重日常等先进理念，付诸社会实践，从而在家乡永丰县成功地创办了一个“聚和堂”共同体。从嘉靖三十二年（1553年）至嘉靖三十八年（1559年），聚和堂存在了六年时间，是欧文“新和谐共同体”存在时间的3倍。如果不是何心隐在嘉靖三十八年这年，强烈抗拒永丰县摊派赋外之征“皇木银两”并写信讥讽该县县令，因此入狱，那么聚和堂可能还会继续存在一段时间。聚和堂是由于外力的破坏，导致失败；“新和谐共同体”是由于内部的分裂，导致失败。相比较而言，何心隐的“聚和堂”要比欧文的“新和谐共同体”更为成功、更值得称道。中国传统大同理想都比较注重对于人的思想道德教育，这也是中国人民建构理想社会模式的一大特征。如果从这一点而论，中国古人对于人性、社会的改造方案，要远比同时代西方社会的有关社会改造方案更为成熟、更为可行。

通过加强思想道德建设、建构理想社会的实践方面，何心隐以宗法制与家族制为基础而建立的“聚和堂”，是一次比较成功的社会实验。何心隐（1517—1579年），原名梁汝元，字柱乾，号夫山，吉安永丰（今江西省永丰县）人。嘉靖二十五年（1546年）举郡试第一，被誉为“天下奇才”。此后，他放弃科举，致力于社会改革。在何心隐看来，“仁”不仅是儒学的核心，也是区分人与禽兽的标准。创办“聚和堂”，就是何心隐以“仁”为核心，以儒家理想改造社会、改造人性的一次社会实验，而且这也是中国历史上持续时间最长的一次儒家理想社会改造实验。何心隐以宗族为单位，创办“聚和堂”，旨在“合族始聚以和、和聚于心”，明显带有继承泰州学派治学传统、改造现实社会的政治意图。他以自己的宗族为基础，开展了一次局部社会改造实验。他真正的改革用意与政治理想，当然不仅仅限于一两个聚族而居的家族改造，而是期望以此为社会实验的起始点，然后以点带面，加以辐射传播，继“齐家”之后再推而广之实现“治国平天下”的宏远目标。何心隐的宗族共同体改造方案，立足于中国宗法制社会的国情、传统，以一己之力实现了家族社会的局部变革，收到了明显社会成效，并成功存在了六年之久，可见还是比较高明的。

中国宗法制社会在西周形成了以周天子为大宗，按照血缘关系层层分封的政治制度，大宗与小宗之间以血缘关系为纽带，形成了一个拱卫周天子（大宗）的命运共同体。宗法制合理解决了个人利益与国家利益的关系，形塑了中国人深沉厚重的家国情怀。随着时代变迁，严格意义上的宗法制已不复存在，但是其精神内核已然融入中华民族的血脉里。宋明以来，中国基层社会的广大农村，仍是以宗族聚居的村落形式，实现了世代存续。何心隐的社会改造方案，就是巧妙利用了宗法制的影响力、凝聚力，顺利建立了“聚和堂”这一宗族共同体，并以此为载体，展开了加强思想道德建设、改造家族社会、实现局部理想社会的实验。他捐赀千金，延聚同族，创办聚和堂，集政治、经济、文化、教育于一体，政教合一，教养结合，开始了实现大同理想实验的第一步。

聚和堂旁边，建有一个学堂。学堂聘请名师，教育全族青少年。外姓子弟愿意参加的，均表示欢迎，并一视同仁。聚和堂并不是一个纯粹的教育机构，它还有经济、行政功能。在经济方面，“计亩收租，会计度支，以输国赋”。在管理机构设置上，借鉴了官学的结构模式和政府的组织结构，设有率养、率教两部分。率养、抚养、维养的责任在于养，主要负责聚和堂的经济事务，承担一部分行政职，以保障聚和堂内部实现最大限度的公正平等。率教、辅教、维教之职，就是承担思想道德教化之责。负责“养”

的基层组织，为“总管粮”12人、“分催粮”24人、“征粮”72人。负责“教”的基层组织，为“率教”“率养”各一人、“辅教”“辅养”各三人、“维教”“维养”各二人。聚和堂全体成员人人平等，无等级之分；田产充公，财产互通有无，村民合族居住，集体吃饭，集体住宿；男耕女织，日出而作、日入而息，老有所养、幼有所教；适龄子弟统一入学堂，统一食宿，统一作息，施行公共教育体制；婚丧嫁娶之事，集体操办、集体负担；税收上缴，由全体成员按全族田亩数统一交纳。承担“教”“养”职责的管理人员不脱离生产劳动，也无任何特权和额外利益（无工资）。其具体特点为：（1）社会保障方面，由集体教养并承担幼小者的成长、婚姻等费用；七十岁以上的老人，由集体奉养；人与人、家庭与家庭之间相互体恤、相亲相爱、和睦相处，实现了“老安少怀”“亲亲尊尊”。（2）经济管理方面，实现了小农经济的合作化经营，分工合作，层层运转，各司其职。如总管粮12人负责一年四季的粮食工作，分催粮24人负责一年八个节点的粮食催收工作，征粮72人负责每年各个节点的协助征收粮食工作。通过这种严密组织、精细分工，完成农业经济的合作化。（3）教育方面，施行“社会教育”，建立住宿制公学，实行“总聚祠、总宿祠、总送馔”，全族子弟集中接受教育，打破贫富差别、族姓差别，人人皆受教育。提倡破除私念，鼓励大家相亲相爱。每月初一、十五，负责“教”的有关人员便组织大家相聚一起，汇报演出，联谊感情。（4）徭役赋税方面，各家各户平均承担“田粮丁粮之征”，统一纳税完粮、承担徭役。

聚和堂建立之初，就设计成一个集宗族、乡村自治于一体的自我管理机构，也是一个集文化教育、生产活动、社会救助于一身的社会公益组织。聚和堂统一办学，统一征粮纳税，安老怀少，亲邻和睦，平等自由，民风淳朴，是儒学民间化的典型缩影，带有强烈的社会改造动机。何心隐创办的这一新社会组织形式，以“聚和”为主线，以“和谐”为核心，以人自身的和谐、人与人之间的和谐、官与民等不同阶层之间的和谐为基本要素，以及“凡有血气之莫不亲不尊”的人人平等观，初步构成了其“聚和”思想体系。对于这一社会实验，何心隐充满自信，认为聚和堂的前途“会将成象成形矣”。

2. 聚和模式的斐然成绩

聚和堂的理想社会模式，以集体经济为社会基础，以平等教育为主要抓手，修身齐家，教养结合，凝聚人心，合族而居，和睦相处，初步打通了儒家“修身、齐家、治国、平天下”的理想路径，在改造社会、典型示范方面发挥了较好的社会引领作用。在这个人性化、人情味、公平公正的新型社会组织里，百姓之间加强了宗族团结，按亩分摊赋税，然后统一上缴赋税、承担徭役，防止了土豪劣绅的欺压转嫁，避免了宗族相残的恶性事件。通过严密组织、精密分工和时间检验，聚和堂这一创举确实减轻了农民负担、缓解了绝对贫困，初步实现了农业合作化，人们平等劳动、平等接受教育，人人有饭吃、有衣穿、有房住，老弱病残、鳏寡孤独都有所养，礼教信义蔚然成风，局部实现了大同社会。宗族子弟集体接受教育，同吃同住同学，心智平等，健康成长，增强了宗族感情和宗族凝聚力。很多外姓子弟也趋之若鹜，纷纷前来加入，并享受平等待遇。特别值得一提的是，聚和堂在教育管理、教育制度方面比较先进，由率教、辅教、维教统一贯彻执行。首先，建立学生考勤制度，规定学生非必要原因不得旷课、请假，不许随意参加“大小筵饮，公私杂会”。其次，建立学业考核制度，规定学生入学半年，要小考一次，如成绩合格，可以权宜毕业；三年以后，要进行阶段性的考试，成绩合格者，可予毕业；十年以后，进行一次大考，成绩优良者，其冠礼、婚配、衣食等由集体酌情承担，以示奖励。其三，建立家校联系制度，家长配合学校管理学生日常生活，严禁学生在吃、穿、用、玩方面相互攀比，严禁家长干扰教学、纵容学生。其四，建立寄宿生活制度，入校学生一律平等，宿于祠、聚于祠、食于祠，集体生活、学习，待遇平等，奖勤罚懒。何心隐制定的这套教学管理制度，将成绩与奖励挂钩，较好地调动了学生与家长的积极性。

何心隐的高明之处，还在于他具有清醒的经济头脑和务实的经济思路。他并不是不接地气的“空想主义者”，而是深知聚和堂运转需要大量资金支持的务实主义者。何心隐非常清楚，自己先行“捐资千金”只能保证聚和堂的顺利启动和一时之用，若要确保聚和堂长期存在下去，必须广辟财源、解决经费问题。对此，何心隐胸有成竹，已有对策。他的解决方案是：组织一种“聚人以聚财”的社会群团组织——“会”，即通过社会赞助形式，吸收社会各界源源不断的财政支持。其具体运作模式，首先是通过讲学，提倡“师友交通”，在各地建立“会”；“会员”身份不限，士、农、工、商等社会阶层均可，会员人人平等，会员入会之后只有职业分工不同，而无尊卑贵贱之别。其次，会员有义务捐献财物、缴纳会费，有权利享有“老安少怀友信”等各种福利，“会”负责保障会员老有所养、少有所教及生老病死一切基本生活供养等，即相当于财物共享、全民福利。其三，借助于“会”这一平台，聚拢了社会各界的人力物力财力，实现了社会财富的集中管理支付，初步实现了“均平”。聚和堂立足于家族集体利益，在一定程度上体现了统治者的要求，成为国家利益与个体利益之间的桥梁。从个体利益向国家利益过渡的这一社会组织形式，在不会威胁统治阶级正常统治秩序的前提下，可以得到统治阶层的默许，甚至支持。何心隐注意到了这一问题，在聚和堂创办前期也一直避免触碰这一底线，同时他建立了一套比较严密的管理制度，以及开源节流，初步解决了后续经济来源（会员捐赠），因而聚和堂在前几年办得有声有色、影响较大。

何心隐在世界东方致力于宗族公社实验并取得了初步成功的同时，在西方欧洲也出现了莫尔《乌托邦》和康帕内拉《太阳城》的空想社会主义思潮。莫尔在《乌托邦》中精心设计了一个以家庭为基本经济单位，以手工劳动为基础，废除私有制，人人劳动、财产公有、按需分配的理想社会，被恩格斯肯定为“理想社会制度的空想的描写”。欧洲文艺复兴时期《乌托邦》《太阳城》所描绘的社会蓝图，与聚和堂颇为相似。但是，何心隐的聚和堂，是较好解决了养（经济）与教（教育）的社会实验；而乌托邦则是“理想社会制度的空想”，二者不可同日而语。当然，由于时代和阶级的局限，何心隐及其聚和堂的“平均”社会理想也是建立在私有制基础之上，“依然局促于传统儒家君主政治文化的覆盖与笼罩之中”，未曾动摇“传统政治价值结构基础”。①

3. 聚和实验的成败得失

聚和堂实验，是对儒家大同理想所进行的一次比较成功的社会实践。自大同社会问世以来，大同理想就成为中华儿女孜孜以求、不懈努力的奋斗目标。与其他儒家学者习惯于“坐而论道”不同，何心隐的最大贡献就在于他勇于创办聚和堂的实践。何心隐并不脱离现实社会，而是主张履行封建义务，在这一前提之下进行养和教的社会改革。在《聚和率养谕族俚语》一文中，何心隐写道：“癸丑（1553年）正月，合族始聚以和，和聚于心，始知养本于君之所赐也。”何心隐所谓“君”，并不是一般意义的封建统治者，而是其理想社会的管理者，每个人、每个家庭、每个家族都应该履行“反哺君养”的义务，即积极承担赋税徭役等。他这一主张是明智之举，也是其社会实验得到统治阶级默许的关键。

在社会实验中，何心隐继承实践了先秦儒家以道德作为人的本质属性的观点，认为对“人”必须施以教化才能使之成为真正的人，“人则仁义，仁义则人”。他强调了君臣父子的平等、愚夫愚妇的平等，提倡“亲亲、尊贤”，将“仁义”之为“人”的道德本质观察扩大到包括愚夫愚妇在内。在他看来，这种“仁义”不是

① 贾乾初：《愚夫愚妇：平民儒学语境中的“人”——基于政治文化立场的考察》，《文史哲》2013年2期。

“虚名”“虚拟”，皆可付诸社会政治生活实践。由此可见，何心隐的政治理想不仅限于“合族”，而是先以一个宗族为试验点，继续加以推广。对于聚和堂这第一块试验田，何心隐非常重视，以完备的管理制度加以保障，初步实现了四个目的：一是防止了官民勾结，防范了朝廷赋税劳役的转嫁，避免了宗族之间、兄弟之间相残相戕；二是加强了宗族之间的团结和睦，有利于大家相亲相爱；三是宗族子弟教育的平等化，便于培养人才、凝聚家族、管理族人，便于集中力量办大事；四是以养促教，宗族成员人人得养，人人知“亲亲而尊贤”，以点带面，在社会上起到积极带动作用。聚和堂通过教化和道德感召等方式，初步实现了基层社会底层百姓之间的联合与平等，有效凝聚起原本涣散无力的基层社会力量，打破了基层社会官绅勾结欺压百姓的既定格局，对当时基层社会治理模式而言是一个较大的改进与突破，也确实改善了基层社会的民风。这一聚族合居、共有财物、集体生活、和睦相处的新型社会组织及其村民自治模式，触及了中国自周代就已经建立的礼乐制度、伦理秩序，初步实现了教育平民化，有效杜绝了基层官吏沆瀣一气、鱼肉百姓、层层加码的财路。这些是实验成功的主要经验。

聚和堂作为一个政教合一的小社会，实现了教化宗族、教育学生的创办初衷。其成功原因，在于何心隐比较接地气，充分利用了宗法制这一中国古代社会特有的基层社会组织形式。中国乡村以宗族形式聚居所形成的，有着共同的祖先、共同的信仰、共同的生产生活空间，在情感上人们也更倾向于彼此温情脉脉、相互关照；在物质条件（生产力）方面，也决定了他们需要守望相助、抱团取暖。聚和堂的创办，凝聚了宗族血亲相依的感情，张扬了宗族互助的传统，保护了宗族的最大利益，解决了老幼弱小的赡养、教育、救助问题，避免了宗族内部相忤、相戕、相残的恶性事件，这在当时是符合底层百姓利益诉求的，因此也得到了人们的普遍认可。几年后，即出现了“一方之三代”，好评如潮。其失败的主要原因，就是阶级矛盾不可调和的必然性。无论何心隐怎样竭力避免触碰统治阶层的利益底线，但是有些事情早晚总会超过他的忍让底线。嘉靖三十八年（1559年），永丰县令强迫聚和堂额外缴纳“皇木银两”，遭到他的激烈抗争。这一事件，最终以何心隐被捕入狱、聚和堂解散为结局。聚和堂实践历时六年之久，至此宣告破产。聚和堂失败的原因，表面看是宗族利益与官府利益的矛盾所导致，实际上是阶级矛盾不可调和的必然结果。

经友人奋力相救，何心隐出狱后，便走上了民间讲学之路，由“聚族讲学”转型为“流动讲学”，此后二十年间足迹遍布大半个中国。在当时，“体制内讲学”之风颇为盛行。许多当政官员就是书院创始人或成员之一。遍布全国各地的书院，成为普及教育、传播思想的重要渠道之一，名气较大的有东林、白鹿洞、龙城。各书院势力盘根错节，间接助长了私党现象，也滋生了朝野勾结、遥控政治（甚至绑架政治）的隐患，如“东林党”就是书院之患的直接体现。其中，阳明学派所创建“由学入政”再“由政惠学”的从政模式，曾对嘉靖朝政局产生了决定性影响，王阳明也以其崇高地位而得以在万历十二年（1584年）从祀孔庙。阳明学派的从政模式，为东林、复社等组织仿效。一些地位显赫的官员，为了谋取更大政治资源，常到书院讲学、宣传政治主张，试图操纵舆论、干涉朝政。一些书院出身的官员，往往相互提携、奖掖后进，在朝中结成一股不可小觑的政治力量。何心隐无意于仕途，但是因为坚持“体制外非主流讲学”，也遭到官府的严密监视。他不为所动，坚持讲学不辍，置身家儿女、世情俗态于度外。嘉靖四十年（1561年），何心隐因参与弹劾严嵩，事泄逃到南方，在兴化、莆田讲学三年；又至宁国、南京、孝感等地，聚徒讲学；继赴重庆、杭州、孝感、通州讲学。万历七年（1579年），何心隐被捕入狱，不屈而死。关于何心隐之死，其实与首辅张居正并无直接关系。何心隐是希望通过书院讲学的“学术之路”传播思想文化，以通达其相亲相爱、平等和谐的理想社会；张居正则是希望推行变法革新，以实现其政治清明、国强民富的理想社会；二人实则殊途同归（一走学术之路，一走政治之路）。张居正变法之初，即对全国各地的书院进行查封。在查封书院过程中，随着书院讲学派与当政者之间矛盾的激化，不幸发生了大儒何心隐之死这样的“重大舆情”。一方面，以何心隐为代表的泰州学派，把书院讲学的影响发挥至最大，将“务虚”之风推向了新高度；另一方面，这种参政模式所隐藏的“结党营私”之弊也充分展现，以至于成为张居正变法的矛头所指。取缔“书院政治”对当朝政治的绑架（表现为道德绑架或者舆论绑架），就成为张居正变法的题中之义。因此，在张居正强力变法革新的铁腕之下，何心隐坚持以讲学影响政治的人生结局其实早已写好。

何心隐及其聚和堂，关注了宗族内部的养与教，比较注重社会教化（道德教育）、思想引领这一方面，却忽视了宗族（民间社会）与官府（官方统治）之间的外部矛盾，以及更深层次、不可调和的阶级矛盾。虽然聚合堂实验最终也是以失败而告终，但是它与欧文的“新和谐共同体”相比却又是相当成功的，不但经过实践考验并且存在了较长时间（六年之久）、取得了较好社会成效，并不是所谓“空想”，这是二者之间最大的区别。“聚和堂共同体”之所以有时也与“新和谐共同体”一样被视为“空想”，是因为领导者都没有发现：导致社会改造失败的真正原因，并不是道德教育不够或者官民矛盾调和不当，而是阶级对立的不可调和性起到了决定作用。正如何心隐在当时所认为的宗族与官府的矛盾，实际更是阶级矛盾的对抗。仅凭加强对人的思想道德教育，就幻想到达理想社会的彼岸，这只能是一厢情愿的空想。

第六章 民间社会的大同实践

民间社会主要是以血缘或者地缘关系来维系的互助性团体，官方管控势力较弱，具有相对独立性。村落、宗族就是中国传统社会最基层的民间社会。民间社会在承办地方公共事务、救助弱势群体、调解民间纠纷、净化民风习俗等方面发挥了积极作用，并以其体系完善、效率较高的互助网络在地方社会治理过程中扮演了极为重要的角色，有时也会成为发动农民起义的“温床”。农民起义通常是指农民失去土地后无法生存，只能反抗既成的秩序或建制，即农民阶级反对地主阶级的斗争。在古代中国，真正尖锐的社会矛盾往往不是地主与农民之间的直接矛盾，而是民间社会与官方统治的群体博弈（反抗）。如聚合堂的失败，其实就是民间社会与官方统治博弈失败的结果。

构成民间社会的主体力量是农民（贫雇农），农民占中国人口绝大多数，没有农民参与的任何革命都不可能成功的，农民是当之无愧的“中国革命主力军”。从这个意义上说，民间社会及其主体力量在从现实社会到理想社会的必由之路上，发挥着举足轻重的作用。由于民间社会的存在和组织，在赋役沉重或者暴政之下，以农民为主体的民间社会便会铤而走险，走到与官方对抗的一面。在不同历史时期，民间社会通过官逼民反、农民起义的暴力形式，开展了斗争内容不尽相同的社会试验，探索争取美好生活、理想社会的可能。如秦末陈胜、吴广起义，汉代绿林赤眉起义和黄巾起义，主要是争取生存权；唐末王仙芝、黄巢起义提出“冲天”“均平”战斗口号，北宋王小波、李顺起义提出“均贫富”政治主张，主要是平均财产、改变“贫富不均”社会现象；明末李自成起义提出“均田免粮”“割富济贫”“平买平卖”等战斗纲领，主要是反对封建土地所有制、要求人身解放；清朝后期洪秀全领导太平天国运动，提出了完整的土地革命纲领——《天朝田亩制度》，要求废除封建土地所有制，实行天下为公、土地公有、有田同耕、有饭同食、有衣同穿、无处不均匀、无人不饱暖的理想社会。上述农民起义，都憧憬建立一个人人平等、财产共享、安居乐业、老幼得养的理想社会，“均贫富”也成为凝聚民间社会力量最高效、最直接、最响亮的战斗口号。在中国2000多年封建社会的历史中，曾爆发过数百次农民起义。每次较大规模农民起义爆发之后，都会严重打击地主阶级及封建统治，不同程度地推动着社会生产力向前发展，不同程度推动着人们对于理想社会的实践探索。毛泽东同志指出：“历代都有大小规模不同的众多的农民革命斗争，其性质当然与现在马克思主义革命运动根本不相同。但有相同的一点，就是极端贫苦农民广大阶层梦想平等、自由，摆脱贫困，丰衣足食。”同样，西方农民起义战争的永恒主题也是“均贫富”，如1303年—1307年意大利F.E.多尔钦诺领导的农民起义战争，1358年法国C.吉尤姆领导的农民起义战争，1381年英国W.泰勒领导的农民起义战争，1524年—1525年德国T.闵采尔领导的农民起义战争，1773年—1775年Y.I.普加乔夫领导的俄国农民起义战争等。当然，农民阶级也存在着许多严重问题以及自身难以克服的阶级缺陷，如他们痛恨不平，所以要求平均甚至绝对平均；他们痛恨皇帝，自己却有强烈的皇帝梦；他们痛恨腐败，自己却羡慕奢豪腐化的生活；等等。

一、“万年太平”的理想与实践

中国农耕社会土生土长的道家，一方面高举着“出世”的理论旗帜，另一方面却又天然地具有很强的“人间烟火气”，比较关注社会现实。他们自觉将农业生产与修道修身联系在一起，尊重自然规律，强调顺势而为，主张天人合一，在万物和谐的追求中升华自我、修炼自我。道家注重人与自然的和谐，熟悉农业生产的机理，关注动植物发育与生理变化、战争对农业的破坏、阴阳观念等。他们对自然和人生的独特领悟、深度观察及思辨传统，便形成了天人合一、天道循环的自然观、历史观。他们在思考现实问题时，善于将现实问题与自然问题结合起来，以自然神秘力量予以合理性论证，把社会各种问题延展到自然界和宇宙万物。如道家经典《太平经》便从人与自然协调的角度，阐述了家庭、社会、国家从自然到社会循序演进并形成“天地和—父母子—君臣民”有机整体的理论，“致太平”也成为他们的最高政治理想目标。在现实社会矛盾日益尖锐、社会危机不断加深之际，道教“致太平”这一政治理想，不期然而满足了人们寻求精神寄托、向往美好生活的吁求，受到了广大民众的欢迎。利用宗教形式，借助宗教语言，号召、凝聚、组织民众，证明起义造反的合理性，深入人心，简单有效，因而农民阶级、民间社会比较青睐于利用宗教，特别是道教，来组织发动农民起义。如道教之于汉末的黄巾起义、摩尼教之于北宋的方腊起义、拜上帝教之于晚清的太平天国起义，等等。据统计，三国两晋南北朝数百年间爆发了上百次农民起义，大多数都是打着道教旗号揭竿而起的。《太平经》一书，也被誉为是“我国第一部农民革命的理论著作”。

1. 太平之世的理想企盼

古代中国是以农耕为主的国家，小农经济长期以来占主导地位，由此形成了以血缘家族为纽带的社会组织结构，家族结构进一步扩大至国家结构，形成“家庭—家族—国家”这一严密的“家国同构”社会格局。通过宗法制，个人、家庭、家族、国家密切联系起来，形成了具有强大凝聚力、稳定性、不可分割、荣辱与共的中华民族家国共同体，继而形成了东方特色的中华文明价值观与家国情怀。这种源远流长、根深蒂固的中华文化共同体意识，在商周时期便已萌生。在家孝敬父母、在外尽忠报国，穷则独善其身，达则兼济天下，视安民怀远为己任，以舍身许国为殊荣，这种为家为国的忠孝情结、价值取向，把以血缘关系为纽带的小我私情，升华为报效国家、济世救民的大我责任，积淀为爱国主义的伦理基础、中华民族的传统美德、中华文化的优秀内核。中华民族的历史、文化、传统，决定了以“出世”著称的道家及其经典著作《太平经》，也不可避免地接受了这种家国情怀、民族意识的熏陶影响，主动将“学道”与“报国”“济世”结合起来。如《太平经》卷四十九《急学真法第六十六》明确要求“上士得吾道，学之不止，可为国之良臣，久久得其要意，可以度世”；卷九十一《拘校三古文法第百三十二》也明确说“天乃与德君独厚，故为其制作，可以自安而保国者也”。道教“助国保国”的教义主张，在道教的组织形态、传教方式上都有所反映，并构想了一个“太平社会”的理想社会目标，引导教众为实现“太平社会”而尽力尽责。

早期道教所向往的“太平社会”，强调“中和气得，万物滋生，人民和调，王治太平”。他们认为，“太平之气”负责阴阳均衡、自然中和，起到调节作用，然后万物和谐生长、人民安居乐业。若要实现“太平社会”，统治者就应发挥其作用，履职尽责，协理万民，使“天下无自冤者，各自得其所乐”。反之，如果有其力而不尽其用，“积财亿万，不肯救穷周急，使人饥寒而死”，这种不仁不义的行径就是天地之间最大的“不仁”，日积月累就会导致自然秩序和社会秩序的失衡，就会有灾荒异象，警示人间，“令使万家之绝，春无以种，秋无以收”，从而导致“太平之气”不能再起到中和平衡的调节作用，便会酿成许多人间悲剧，便会招致上天的严厉惩罚。而那些不仁之人，聚敛财富而不恤民，甘当守财奴而不愿拿出来一部分财物施舍救济穷人，必将招致上天的唾弃。《太平经》以“太平世道”为目标，提出“致太平”的理论，唤起了民众对于美好生活的无限憧憬。家国情怀的责任、救民救世的担当、太平之世的向往，使得道教拥有了广泛的民众基础、信仰基础。道教在民间社会的强大吸引力和良好形象，引发了汉代规模最大的宗教请愿活动和黄巾起义。

战国秦汉以来，“太平之世”始终是人们最向往、最企盼的理想社会。东汉末年，追求“太平之世”已经成为暗流涌动的一股社会思潮。汉代人们所追求的“太平之世”，主要内容为：一是风调雨顺，灾异不生。二是君王圣明，贤人齐聚。三是政治清明，奸乱绝息。四是礼乐兴起，刑狱不用。五是德泽四夷，天下归心。六是万民闲乐，万物归序。这一天地祥和、万物有序、生活美好的“太平之世”理想社会模式，自西汉中后期以来便成为人们孜孜以求的最高政治理想。从《太平经》中，也能够透见汉代关于“太平之世”的信仰之炽烈，可以想见人们对于“太平之世”的群体意识之强烈。“太平之世”是民间社会的理想秩序，是个人信仰与宗教神学的结合，也是指导民间社会精神信仰的价值指引。汉末，人们对于“太平之世”的社会企盼，就演变为一种主流意识形态，并成为民间社会的精神寄托。这一思潮，推波助澜，最终引发了黄巾运动发展。黄巾军以“太平之世”相号召，以神学理论阐释汉末灾异不断、政治浊乱的原因，提出“善道教化天下”的宗教请愿诉求，得到了民间社会的大力支持。所至郡县，百姓扶老携幼，群起响应。由于黄巾运动在兴起之初，主要是宗教请愿活动性质的群众性聚集，虽然人数、规模较大，但是并非盗贼或流民的集合，亦不以颠覆汉家为目的。许多地方官府，乃至皇帝、中央朝廷，“政治上”都不够敏感，认为黄巾运动只不过是群众自发组织的一种宗教群体请愿祈福活动，因而态度暧昧、模糊，乃至默许。直至黄巾军明确提出“苍天已死，黄天当立”的造反口号之后，东汉政府才采取果断镇压，仅用九个月时间便将黄巾军镇压下去。

黄巾军领袖张角，通过创立太平道，组织发动了数十万农民参加黄巾运动，完成了道教社会化过程。张角组织群众的思想理论武器，就是《太平经》，足见《太平经》这部道家经典在当时社会影响之大、之深。《太平经》又名《太平青领书》，是东汉至唐前期道教的主要经典。该书分为甲、乙、丙、丁、戊、己、庚、辛、壬、癸十部，每部十七卷，共计一百七十卷。《太平经》一书，曾被认为是辅佐帝王以“大顺之道”治国、理政、教民的“政治教科书”。如《后汉书》便认为《太平清领书》是“专以奉天地顺五行为本，亦有兴国广嗣之术”。

《太平经》继承发扬了中国古代“神道设教”的政治传统，以道家阴阳思想、儒家天人感应等思想为基础，构想了一幅天下太平、社会和谐的理想蓝图。首先，重视君臣和君民的相通合作，将君、臣、民政治关系比喻为父母子女的人伦关系，既不过度强调臣民对君王的忠诚，也不主张臣民对君王的“愚忠”，淡化了君尊臣卑的封建伦理道德观念。它更强调君、臣、民三者之间为相辅相成、缺一不可的整体与协作关系，因而自然成为宣扬改革弊政、兴利为民的启蒙教材。其次，《太平经》强调顺民心、得民心是实现长治久安、社会和谐的关键。它主张在治国理政时，应该尊重民心、顺应民意，顺势、顺时而为，因地制宜，因材而用，尊重人的多样性，而不应该自以为是、妄加干涉、强迫接受。否则，就很容易激化官民矛盾，引起“灾变纷纷”。如果统治者对民众进行不合理的强制压迫，就会导致社会失和、政覆人亡。第三，强调道德教化的内在力量。《太平经》强调，建立在利益交换基础上的“行善积德”，其道德意义将大打折扣，也不会得到上天的庇佑。它主张“积德无需人见，行善必有天知”，只有以“至诚”为“急务”，用至诚真心感动“天”，才是真正的行善积德。它在顺应民心、尊重人性基础之上，引导民众树立正确道德观念，克服急功近利、等价交换的浮躁心态，避免出现“恶者得福、善者遭祸”的心理失衡恶果，劝导民众提高思想境界，心平气和，齐心协力去建设一个天下太平、互爱互助、公正无私的理想社会。

在“太平之世”理想社会，首先解决“两大急”“一小急”等民生问题。“两大急”就是饮食和男女问题；“一小急”就是指“穿衣问题”，这些是民众最基本的生存权利。其次是重建社会秩序，重新划分社会角色，主张应该按照道德、能力，对每个人的社会角色重新界定，实际是提出了破除阶级、人人平等的思想诉求。三是财产公有、按需分配，社会财富共享。四是人人劳动、自食其力，掠夺他人的劳动成果将被处死，这实际也是一种社会平等思想。五是加强思想道德建设，人人道德高尚，人与人之间是一种互助互爱、尊老扶弱、互帮互学的社会关系。《太平经》所构想的理想社会模式，代表了当时广大农民群众的理想，勾勒出了一个人人平等、自食其力、财产共有的平均主义理想社会图景。“道家社会主义思想”，对后世也产生了深远影响。

2. 黄巾起义的太平诉求

道家思想在中国源远流长，道教的产生却是始于东汉末年，张角创立的太平道以及张陵创立的五斗米道。张角是东汉时期冀州巨鹿（今河北省巨鹿县）人，家世不可考，生年也不详。他原为一个“善道教化”“事奉黄老”的习道之人，精通医术，治病传教，秘密建立了道教组织——太平道。太平道以《太平经》为主要经典，奉“中黄太一”为至尊天神，其纲领、目标、教义、称号、教区组织、运动口号、宗教仪式、活动内容、传教方式等都是根据《太平经》的思想，并“活学活用”。张角自称“大贤良师”，是太平道的总首领；他的两个弟弟张梁、张宝则称为“大医”，均为太平道首领。他们广泛宣传《太平经》中关于反对剥削、敛财无福的思想学说，主张“人无贵贱”、平等互爱，以“太平之世”理想社会愿景相期许，鼓动穷苦百姓共建共享太平盛世。

经过精心组织，张角宣布“苍天已死，黄天当立，岁在甲子，天下大吉”，计划在甲子年甲子日，即灵帝中平元年（184年）三月五日，大举起义。在距离预定起义日期的前十天，一个信徒唐周上书官府，告发起义之事。东汉官府紧急动员各种力量，开始捕捉诛杀张角。张角等即用各种方法，星夜通知各方，提前起义。起义军头裹黄巾，时人称之“黄巾军”。黄巾军根据《太平经》“有天治、有地治、有人治，三气极，然后歧行万物治也”等理论，设立了“天、地、人”三将军，张角自称“天公将军”，张宝、张梁分别称为“地公将军”“人公将军”。起义初期，百姓群起响应，纷纷加入，或入伍为信徒，或送粮送衣，队伍迅速发展、声势浩大。黄巾义军攻克城镇后，往往烧毁官府，杀贪赃官吏，将财产分给百姓。各地百姓辗转宣传，此呼彼应。旬日之间，天下哗然，京师震动。九个月后，黄巾军起义失败，张角病死，太平道也销声匿迹了。

《太平经》受到了汉代谶纬神学的影响，宣扬灾异祥瑞、善恶报应，主张奉天法道、自食其力、周穷救急的积极思想，发扬了道家“道农并耕”的优良传统，支持人们参加农业劳动，强调“不养懒汉”，凡是有劳动能力的人都要参加劳动、自食其力，如果是因为懒惰而不参加劳动、挨饿受冻，那就是一种不能原谅、不可饶恕的罪恶。只有自食其力、积极劳动，才能汇聚财物、衣食无忧。“劳动光荣”的朴素思想，反映了农民阶级企盼通过双手劳动来建立一个万世太平理想社会的善良愿望。张角等黄巾领袖，深知广大民众的这一呼声，便以《太平经》作为思想武器，组织引领农民创建“万年太平”理想社会。数十万贫困农民怀揣着对太平盛世美好生活、理想社会的憧憬，纷纷加入，企盼建设一个财产公有、平等劳动、温饱无忧、周穷救急、共享太平的理想社会。他们的理想诉求，逐渐演变为西汉中后期执着追求“太平”理想的宗教化表达，也曾得到社会各阶层的支持。但在各种政治和军事势力的裹挟、争夺之中，黄巾军沦落为地方割据军阀聚众要挟、讨价还价的利益工具，最终遭到官方的强力扼杀。黄巾起义运动在短短九个月时间，即告结束。黄巾军主力被击溃后，余部或各自为战，或接受改编，成为影响汉魏之际历史变迁的重要政治力量。曹操信奉黄老之道，黄巾军亦将曹操视为“同道中人”，勇猛善战的30万众青州黄巾军接受了曹操的改编之后，成为曹操建立霸业的军事基础。张鲁后来宁肯降曹，不肯降刘（备），声称“宁为魏公奴，不为刘备上客也”，原因亦在于此。

3. 五斗米道的理想社会

作为中国传统政治文化的主流思想，儒释道三家各以其不同传播方式实现了社会化过程：儒家通过自上而下的传播方式完成了社会化过程，佛教通过由国外至国内的传播方式完成社会化的过程，道教通过自下而上的传播方式完成了社会化过程。与儒家传播方式相反，道教是从底层社会（民间社会）开始传播的，具有明显的避世和出世倾向。道家通过对现实社会的公开批判，来表达对现实社会和民生问题的深度关切，并希望按照“道”的运行法则，建立天人合一、国泰民安的理想社会。道家思想的发展传播，促进了道教的形成。汉代，道教开始自下而上兴起；东汉末年，太平道和五斗米道出现，标志着道教正式创立；南北朝时期，道教成为与佛教并列的中国正统宗教之一；唐宋时期，道教发展进入了兴盛期；元代，道教逐步形成全真派、正一派两大流派；明代，道教开始走向衰落；清代，国家限制道教发展，道教主要在民间活动；近代鸦片战争以来，道教进一步衰落，宗教势力、政治影响更加式微。

汉末社会政治问题的复杂化，与道教有着直接关系。五斗米道与太平道，同开秘密道教之先河。五斗米道由张陵创立于142年。张陵自称是张良的后裔，人们向张陵学道，需要缴纳“五斗米”（五斗，约10公斤）的学费，故称为“五斗米道”（一说五斗米道的得名与崇拜五方星斗有关），张陵及其子张衡、其孙张鲁在蜀汉一带传道，信徒众多。以此之故，巴蜀汉中一带道家势力影响很大，尊道崇道也成为当地的文化传统和习俗传承。如两汉期间，当地流传着许多关于黄老道仙人的记载。

张衡死时，张鲁年幼，张衡手下的张修便掌握了天师道的实权。张修是东汉五斗米道的真正创始人，他创设了“巫鬼道一体”的社会管理体制，以“鬼吏”统治教众，在巴蜀地区巩固发展了道教的宗教势力。不仅如此，张修在184年张角黄巾起义中，也带领汉中教众积极响应，予以支援。黄巾起义失败后，张修率领的五斗米道也遭到了沉重打击。益州是东汉时最大的州，时任益州牧刘焉，管辖着包括今天的四川省、重庆市和陕西省南部、云南西北部。刘焉招抚了张修，收编了五斗米道，封张修为别部司马、张鲁为都义司马。190年，张鲁杀死张修，名正言顺地独揽了教权。

张鲁，字公旗，是五斗米道的第三代天师，继续在汉中（今陕西省汉中市）、巴西（今四川省阆中市）一带传播五斗米道，自称“师君”。张鲁将“五斗米道”改革为“正一教”，使之成为中国早期道教的主要基础。此时，张鲁信徒众多，深受汉中人民拥戴，又握有一定兵权，实力不断壮大。刘焉去世后，刘璋继任。刘璋对张鲁日益不满，并杀死了张鲁之母和张鲁之弟。张鲁遂割据汉中，建立了一个政教合一的地方政权，只是在名义上接受东汉朝廷的册封。

张鲁在汉中推行“政教合一”统治制度，完全废除了汉朝通行的一套政治制度，改设五斗米道内部组织架构来治理地方。他分区而治，不设置官吏，而是在各个教区设立“大祭酒”统管教务和地方政务。凡是信奉五斗米道的民众，都称为“鬼卒”，从鬼卒中选拔出“祭酒”，各领部众，主要任务是宣传五斗米道和治病。战时，祭酒率领鬼卒们出战，政、教、军合一。张鲁要求教众讲诚信、不欺诈，犯了错误要勇于自我批评、自我改正；对于违法乱纪者，本着宽宏大量、治病救人的原则，连续违法累计不超过三次，可不予惩罚；如果再犯（即第四次），就要加以严惩。如果所犯法令罪行不大，可以通过修建道路一百步的赎罪之法，免予刑罚。五斗米道信徒入道，只需交五斗米；家中有病人治病，也只交五斗米。张鲁还设义舍、宽刑法、禁杀禁酒等，使贫苦百姓免于饥饿与疾病之苦，走上了一条保境安民、教化百姓、在乱世中求得生存空间的独立道路。

建安二十年（215年），张鲁投降曹操，获封“阆中侯”（一作“襄平侯”），食邑一万户。张鲁及大批汉中教民北迁到三辅（长安、洛阳、邺城），并在当地继续传教。东晋时期，五斗米道得到长足发展，宗教势力拓展到了北方和中原地区。五斗米道在汉中一带影响深远，直至隋唐时期，当地人尊道习俗仍然“遗风犹传”。至元代，张鲁被追封为“正一系师太清昭化广德真君”。

张鲁创立的义舍政策，免费供行人食宿，颇具朴素的“社会主义”风尚，最值得称道。据《后汉书·张鲁传》记载：

> 鲁字公旗。初，祖父陵，顺帝时客于蜀，学道鹤鸣山中，造作符书，以惑百姓。受其道者辄出米五斗，故谓之“米贼”。陵传子衡，衡传于鲁，鲁遂自号“师君”。其来学者，初名为“鬼卒”，后号“祭酒”。祭酒各领部众，众多者名曰“理头”。皆校以诚信，不听欺妄，有病但令首过而已。诸祭酒各起义舍于路，同之亭传，县置米肉以给行旅。食者量腹取足，过多则鬼能病之。犯法者先加三原，然后行刑。不置长吏，以祭酒为理，民夷信向。朝廷不能讨，遂就拜鲁镇夷中郎将，领汉宁太守，通其贡献。

张鲁在道路上设置义舍，放置米肉在义舍中，免费供过路行人取用，告诫如果有人浪费，便会触犯神明而患病。张鲁的宗教式理想社会模式，具有这样几个特点：一是在行政管理上政教合一，以神职取代官吏，按照“教阶”设置“祭酒”掌握政权，废除了封建官僚制度。张角黄巾起义军也曾实行“教阶”制的军事体制，将部众分为“大方”“小方”等，由“渠帅”统管各方。二是在社会公益事业上颇有创建，较好践行了道家济世救民的民生关切。他们设置“义舍”，在各个“祭酒”管辖范围内，通过“义舍”向过往行人免费提供食宿。这一公益性举措，犹如汉末乱世中的一股清流、一处世外桃源，提振了道教的声誉。三是在思想道德教育方面，灌输天道神明、因果赏罚思想，教育民众要有信仰、知敬畏、行善事、安天命。尽管张鲁的汉中政权不是一个真正的国家政权，却也开创了一个政治清明、公平公正、轻徭薄赋、安居乐业、无为而治的理想社会模式，因而受到了当地百姓的普遍拥护。特别是“义舍”制度，鲜明地体现出了朴素社会主义色彩。张鲁领导的宗教式理想社会模式，千载之下犹受到推崇。如中华人民共和国成立后，毛泽东同志在如何消灭贫富差距、实现共同富裕问题上，就主张参考借鉴张鲁的理想社会模式，认为这就是古代的公共食堂。“道路上饭铺里吃饭不要钱，最有意思，开了我们人民公社公共食堂的先河”“其法，信教者出五斗米，以神道治病；置义舍（大路上的公共宿舍），吃饭不要钱（目的似乎是招来关中区域的流民）；修治道路（以犯轻微错误的人修路）；‘犯法者三原而后行刑’（以说服为主要方法）；‘不置长吏，皆以祭酒为治’，祭酒‘各领部众，多者为治头大祭酒’（近乎政社合一，劳武结合，但以小农经济为基础），这几条，就是五斗米道的经济、政治纲领”。[①]

二、“平等”与“均平”的社会实践

中国封建社会的基本特征是“不公”“不均”，尊卑上下，

① 中共中央文献研究室编：《建国以来毛泽东文稿》（第七册），中央文献出版社1992年，第627、629页。

贵贱贫富，等级分明，差别明显。“一身万椽家”与“贫者无室庐”，“一口千仓储”与“贱者饿无食”的贫富差距，对比鲜明。社会贫富差距的日益加剧，逼迫受剥削、受压迫的贫苦大众，只能铤而走险、揭竿而起，去争取生存权、平等权、发展权。即以革命手段去探索建立理想社会的可能路径，以“公”“平”去改造或取代“不公”“不平”的现实社会。其实，先贤圣哲、有识之士也很早就认识到了这些社会问题，并奔走呼吁统治阶级要体察民情、尊重民意、顺应民心。如孔子强调“不患寡而患不均”，墨子呼吁“兼相爱，交相利”，大同社会设想建构“大道之行、天下为公”理想社会模式，以及历朝历代各种均平思想，都是对社会公平正义的呼喊。民间社会、基层百姓，更是对阶级压迫、贫富差距充满了愤恨。他们对于社会上的种种不平不公体会最深、感触最大，对抗情绪也最强烈。一旦社会矛盾激化，他们最隐忍、最强烈的抗争意识，便会释放爆发出来，便会组织发动农民起义，不畏流血牺牲，舍得一身剐，幻想建立一个理想社会，来争取生存权、平等权、发展权。秦末陈胜、吴广起义，以“王侯将相宁有种乎”发动群众，否定了贵贱天生命定。东汉末年黄巾起义，农民军吸收原始道教《太平经》“人无贵贱，皆天所生”的思想，提出“天下太平”的口号。唐末农民起义军则直接把“均平”“平均”“天平”写在自己的战斗旗帜上。如裘甫自称“天下都知兵马使”，改元“罗平”，铸印“天平”，表达了他们要求平均、公平的政治期盼；王仙芝自称“天补平均大将军”，标榜代天行道，均而平之；黄巢自称“冲天太保均平大将军”，表示要重新平均分配社会财富。农民起义的风起云涌，不同程度推进了中国人民探索实践大同理想的进程。

1. 裘甫起义的均平呐喊

唐朝建中元年（780年）实行“两税法”改革，将原来多种赋税，改革为一年两征。由于并未停止征收其他赋税，农民负担在改革后反而加重。为逃避沉重赋税，很多农民抛弃了土地，沦为庄园地主的佃户。随着全国缴纳赋税户数的减少，支撑大唐帝国社会运转的国家租税重担，渐渐转移到了富庶的长江下游地区。在唐宪宗时期，这一地区成为全国唯一能够正常纳税的地区。当然，沉重无尽的赋税剥削，也必然导致了东南地区的民怨沸腾。许多不堪忍受的乡村贫民，被迫加入了起义队伍。大中十三年（859年），浙东裘甫首倡起义，声震中原。咸通九年（868年），桂林戍兵共推庞勋为首，举行兵变。一时间，各地民变继起，“均平”呼声此起彼伏，大有星火燎原之势。

裘甫（？—860年），剡县（今浙江省嵊州市）人，出身贫穷农家，早年以贩卖私盐为业，主要活动在浙东中部。大中十三年（859年）12月，裘甫等人在象山起义，揭开了唐末农民战争的序幕。他们首先攻克象山县，在天台山又败唐军，次年正月，他们攻打剡县。剡县隶属浙东观察使辖制，当地戍军不足300人，战斗力较弱。裘甫率数千人攻克了剡县，打开府库，赈济农民，起义军队伍迅速壮大，各地盗匪、亡命之徒四面云集，纷纷加入起义队伍，起义军数量很快增至三万人。裘甫将这些义军分为三十二队，自称“天下都知兵马使”，改元为“罗平”，铸印为“天平”，建立了以剡县为中心的农民政权。他们储存物资、制造武器，引起了朝野的强烈恐慌。起义军又乘胜攻克上虞、余姚、慈溪、奉化、宁海等县，声威大振。“罗平”一词，据说不是汉语，而是越语“飞鸟”之意。“天平”就表明追求公平公正的理想意味，由此拉开了中国人民追求平等权的序幕。

咸通元年（860年）四月，唐朝调派王式为浙江观察使，并调忠武（陈、蔡等州）、义成（滑、郑等州）、淮南三道大军，围剿农民起义军。王式（810—874年）字小年，祁县（今山西省太原市）人，宰相王起之子。王式在北方晋州（今山西中部）曾保卫京师不受侵犯，又在南方平定了852年的安南起义，是当时声誉卓著的军事将领。当唐懿宗召见王式，询问浙东局势时，王式非常自信说："但得兵，贼必可破。"于是唐懿宗便指派忠武、义成和淮南各地军队作为王式的基本队伍，前往浙东平叛。在王式大军尚未赶到之前，起义军将领刘暀建议：急取越州（今浙江省绍州市），守西陵，拒守钱塘江。这一个占领东南地区的大胆作战计划，未被裘甫采纳。另一位进士出身的义军将领王辂，也提出了一个慎重计划，建议采取守势，占领若干重要地区，陆耕海渔，进退可守，必要时退入海岛自保。裘甫仍犹豫未决，错失了战机。很快，王式到达浙东。他稳定当地官吏、地主，开仓赈济饥民，探听义军消息，整肃军队纪律。各路大军集结之后，王式将流放在江淮的回鹘人和吐蕃人编成马队，并以本地数千名地主武装为先导，兵分两路，以优势兵力向起义军进行反扑。这支骑兵与裘甫的起义部队展开了激烈战斗。经过数次对战，裘甫农民起义军被打散。七月，裘甫、刘暀等被俘后牺牲。这次起义历时七个月，最终失败。

裘甫起义军来自社会各个阶层，并非单纯的贫苦农民阶层，也有受过较高教育的名流士绅，少数将领还受过良好教育，作战方略都是经过精心讨论，有计划有组织并有自己的根据地。这次起义虽然很快失败，却是对现实社会贫富悬殊、贵贱迥异的直接否定，表达了下层民众要求公平、均等的政治诉求，拉开了唐末农民大起义探索建立公平公正理想社会的帷幕。

2. 庞勋之乱的均平幻象

大唐帝国盛世景象的面纱，被长江流域的裘甫起义撕裂一道缝隙之后，又在西南地区被南诏撕开了一条裂口，庞勋之乱则撕开了这一面纱。

南诏处在大理平原，位于云南西部湄公河上游以东，海拔两千多米，世称南诏国，多次叛唐。858年，王式担任安南都护，暂时控制了局面，南诏的反叛势头受到遏制。859年，王式被调离之后，南诏宣布终结其与大唐帝国形式上的依附关系。861年，南诏攻占了交州（今越南北部红河流域）。次年，唐朝军队收复了交州。三年后，南诏又攻破交州城，唐军被迫退守岭南后，决定组织军队，兵征南诏。咸通三年（863年），唐朝在徐、泗地区募兵2000人，驰援安南（今越南），其中800人驻守桂林。咸通七年（866年），高骈率军大破南诏军，收复了安南。

驻守桂林的800名徐州兵，按照规定是三年换防。他们统归徐泗观察使崔彦曾管辖，带兵之人为都押牙尹戡、教练使杜璋、兵马使徐行俭。崔彦曾为政刚猛，军人多怨。崔彦曾的亲吏尹戡、徐行俭二人都比较贪婪残暴，不恤军旅，士卒怨之。三年期满之后，崔彦曾却公然违约，强留徐州戍卒继续戍边三年。咸通九年（868年）七月，徐州戍卒已戍边六年，思归心切。不料崔彦曾再次违约，要求徐州戍卒再留一年。徐州戍卒怨愤难平，便在桂林发生哗变。他们推选威信较高的粮料判官庞勋为首领，攻破军械库，取得武器，自行北归。庞勋一行经湖南，沿长江东下，过浙西，入淮南，直趋徐州。他们一路上招降纳叛，队伍迅速扩充到六七千人。

九月，庞勋率队伍攻下宿州城，徐州城也近在眼前。由于戍卒都是徐州人，民心所向，很快攻下了徐州城，俘获并杀掉崔彦曾，庞勋自称武宁军节度使。一时之间，庞勋军队名声大振，队伍猛增至十多万人。随后，庞勋军队先后攻占了江苏、安徽、山东、河南的一些州郡，掌控了江淮地区，队伍壮大为20万人。唐军重新做了军事部署，派遣10万重兵围剿庞勋。官军分三路进攻，对庞勋队伍形成了合围态势。经过几番交战，庞勋战死，起义失败。《新唐书·南诏传》指出："唐亡于黄巢，而祸基于桂林。""桂林"即指"庞勋之乱"。以此为标志，唐朝帝国从地方性动乱转向全国性动乱，继而引发了王仙芝、黄巢起义，最终造成唐帝国的崩溃和灭亡。

庞勋之乱看似偶然事件，其实也是必然。唐朝后期，繁重的赋税剥削，迫使农民大量逃亡，地主阶级兼并土地之风更加盛行，出现了一些地多、谷多的大官僚地主。如唐懿宗时的宰相韦宙在江陵有“良田美产，最号膏腴”，其谷最多，被称为“足谷翁”。随着社会矛盾愈发尖锐，统治阶级内部之间各种矛盾和冲突也日益激化，藩镇割据、宦官专政、朋党之争，都加剧了政治黑暗，削弱了统治力量。当时的翰林学士刘允章就给皇帝上书，指出目前已经到了“国有九破，民有八苦”的危急关头。“九破”是终年聚兵，蛮夷炽兴，权豪奢侈，大将不朝，广造佛寺，贿赂公行，长吏残暴，赋役不等，食禄人多、输税人少；“八苦”是官吏苛刻，私债征夺，赋税繁多，所由乞敛，替逃人差科，冤不得理、屈不得伸，冻无衣、饥无食，病不得医、死不得葬。所以，不同文化背景和不同阶级、阶层的人，为了寻求铲除社会弊端的救世之道，各自走上了不同的实践道路。农民起义军则通过武装起义的暴力手段，幻想建立“均平”的理想社会，并在不同程度上推动了这一理想社会的实践。

3. 天补平均的理想探索

唐咸通十四年（873年）天下大旱，自潼关东至海滨，夏麦只收一半，秋谷几乎颗粒不收。官府不加赈济，反而照常催逼赋税。百姓生存艰难，不堪其苦。在山东、河南一带，生活更苦，官逼民反，直接爆发了大规模的农民起义。乾符二年（875年），濮州（今山东省鄄城县北）人王仙芝在长垣（今河南省长垣市）揭竿而起，发动了农民起义。王仙芝自称“天补平均大将军”兼海内诸豪都统，他发出檄文，斥责唐朝吏贪赋重，赏罚不平，率领起义军攻克曹州（今山东省菏泽市）、濮州。曹州人黄巢起兵响应，率领起义军数千人，赶到曹州，与王仙芝起义军会合。周围各地穷苦百姓以及庞勋旧部，都闻讯赶来，纷纷参加起义军。王仙芝起义军声势大振，队伍壮大到了数万人。在王仙芝、黄巢的带领下，起义军攻克郓州（今山东省郓城县），又奔袭沂州（今山东省临沂市）。在沂州城下，宋威率领唐军前来镇压，与农民起义军展开激战。王仙芝面对强敌，决定避实就虚。他率领起义军，于乾符三年（876年）八月，转战河南，占领了阳翟（今河南省禹州市）、郏城（今河南省郏县）一带。山南东道节度使李福在汝州（今河南省临汝市）、邓州（今河南省邓州市）一带据险死守，试图阻止王仙芝起义军的西进步伐。其他唐朝军队也赶来会合，妄图聚歼义军。

王仙芝指挥果断，攻破汝州，生擒刺史王镣，朝野震惊，人心惶惶。为了稳定局势，唐僖宗改变了“剿匪”策略，派人安抚招降王仙芝起义军，并下诏“赦免”王仙芝。王仙芝起义军不为所动，继续乘胜北上，又攻占了阳武（今河南省原阳县）。在攻打郑州时，王仙芝起义军战败。王仙芝决定两条线迂回进攻，一条线是南下，一条线是东进淮南。在王仙芝起义军的攻势下，蕲州刺史裴偓开城迎降，并上表为王仙芝求官。唐僖宗决定继续招降王仙芝起义军，为了显示诚意，将王仙芝封为“左神策军押牙兼监察御史”。在唐王朝高官厚禄的招降诱惑下，王仙芝起义军有所动摇，并产生了分化。黄巢强烈反对招安，并与王仙芝发生了正面冲突。在黄巢的坚决反对之下，王仙芝拒绝了招降。此后，王仙芝与黄巢两军分兵作战，起义军内部出现了严重分裂。王仙芝起义军于乾符四年（877年）正月，攻占了鄂州（今湖北省武昌市）。七月，王仙芝起义军联合黄巢起义军攻打宋州（今河南省商丘市），未克。随后，王仙芝起义军便转战他处，在八月攻占了安州（今四川省安州区）、随州（今湖北省随州市），随后又攻占了复州（今湖北省境内）、郢州（今湖北省境内）。

唐王朝也看到了王仙芝起义军内部的矛盾斗争，决定一边继续招降王仙芝起义军，一边加大对黄巢起义军的镇压力度。三月，唐王朝发布《讨草贼诏》，动员官军和地方武装，加紧镇压起义军。与此同时，对王仙芝起义军发动了政治攻势，封官许愿，封赏劝降。十一月，王仙芝派人去邓州（今河南省邓州市）请降。招讨副使都监杨复光接受其降表，招讨使宋威却劫杀了义军的请降代表。

王仙芝闻讯后，非常失望，便愤然率起义军南下，直逼荆南（今湖北省江陵市）。李福率领一部唐军赶来救援，击败了王仙芝起义军。王仙芝起义军又去攻打申州（今河南省信阳市），被招讨副使曾元裕击败。看到王仙芝起义军节节败退，唐王朝转抚为剿，加大了剿灭王仙芝起义军的力度。唐王朝擢升曾元裕为招讨使，颍州刺史张自勉为招讨副使，西川节度使高骈任荆南节度使兼盐铁运转使，命令他们调集精兵强将，集中优势兵力，加紧围剿王仙芝。二月，王仙芝起义军在黄梅（今湖北黄梅西北）陷入重重包围。在突围战斗中，王仙芝不幸战死，余部渡江转战江南，另一部投奔黄巢义军。

王仙芝起义自称“天补平均大将军”，隐然以代天补不足、均贫富为职志，首次提出了“平均”财富的口号，表达了饱受剥削压迫的农民阶级要求均分财富的政治理想，具有划时代的历史意义。

4. 冲天均平的理想高度

乾符五年（878年）二月，王仙芝兵败被杀之后，起义军推举黄巢为首领，称为“黄王”。黄巢自称“冲天太保均平大将军”，带领农民起义军从黄淮流域，转战到了长江下游一带。“冲天”，就是说要冲垮击溃唐王朝的阶级统治；“均平”，就是要割富济贫、打击地主劣绅，表达了农民阶级要求经济平等的进步思想。黄巢以“均贫富”为号召，转战各地。

三月，黄巢起义军试图攻占汴州（今河南省开封市）、宋州（今河南省商丘市），未克。便转战卫南（今河南省滑县东北）、叶（今河南省叶县）、阳翟（今河南省禹州市）等地，继续南下，相继攻克福州、广州。在广州休整两个月后，黄巢起义军决定挥师北上，并提出了一些进步政治主张，如禁止官吏聚敛财产等。黄巢起义军改走水路，沿湘江一路北上，随后在湖北、江西、安徽、浙江一带转战。广明元年（880年）十一月，黄巢起义军合兵60余万人，不战而入洛阳。十二月，攻克潼关。唐僖宗被迫出逃成都。黄巢起义军占领唐朝首都长安（今陕西省西安市）。中和元年（881年），黄巢在长安称帝，国号“大齐”，年号“金统”，建立农民政权。“大齐”意思是建立一个均分社会财富、消灭贫富差距、实现共同富裕的理想社会。但是，“大齐政权”在长安前后只存在了三年，便被迫撤离。中和三年（883年）四月，黄巢起义军撤出长安，继续流动作战。中和四年（884年）六月，黄巢被杀，唐末农民起义至此宣告失败。

从裘甫起义到王仙芝、黄巢起义，他们都以“均平”作为思想武器，号召农民起来推翻唐王朝，并在中国古代农民战争史上第一次直接提出“均平”的战斗纲领，将农民战争性质提高到了平均社会财富、建立平等平均理想社会的新高度。在当时，人们认为政局混乱、生民涂炭的根源就是贫富悬殊，而解决这一问题的方案就是采取均平之策，建立财富平均、人人平等的理想社会。实现社会均平的办法，就是造反，并为之进行了一系列实践探索，这也是唐末农民起义的进步意义所在。

三、“均贫富”“反剥削”的民间实践

消除贫富差距是历朝历代都在致力解决的重大课题。一直以来，人们期望达到人人平等、均分财富的理想社会状态，而这也正是大同社会平等劳动、平等消费、各得其所的理想社会基本原则之一。为了实现均分财富，古代中国也曾实施过一些合理分担赋税、缩小贫富差距、权衡有无、均衡财富的政策措施，但是他们并未找到贫富不均的社会根源，反而总是在“贫富悬殊—均贫富—贫富差别缩小—贫富差距加大”的闭环系统里面周期循环，有时努力改良一番之后发现，社会贫富悬殊反而越来越大。劳动人民看不到改良的希望，只得被迫采取造反起义的暴力革命，探索均分财富的实践路径。两宋时期，农民起义运动都把“均贫富”作为号召民众起来革命的战斗纲领，明确提出了“均贫富”的政治口号。如在川蜀爆

发的王小波、李顺起义，在东南地区爆发的方腊起义，在湖湘地区爆发的钟相杨幺起义等，都是幻想通过起义，推翻旧政权，建立一个人人平等、均分财富的理想社会。

1. 民间社会的均分财富

北宋王小波、李顺农民起义，率先提出“均贫富”战斗主张，试图实现“均平”的革命目标。

北宋初期，在地方实行“路—州—县”三级行政区划管理体制，“川峡路”就是指川峡地区，该地区随后又划分为夔州路、益州路、梓州路、利州路，总称为“川峡四路”，此即今四川省得名的由来。唐末黄巢起义军横扫了十几个省，四川地区却幸免于难。北宋初期，四川地区仍是全国土地兼并最为集中的地区，官僚士绅、豪强地主、寺观道院争相霸占兼并土地。宋太宗时期，川峡路客户占总户数的41%，昌州（大足）、普州（安岳）的客户占比竟高达90%以上。川峡地区物产丰富，物甲天下，蜀锦更是天下闻名。淳化年间，北宋政府在成都设置“博买务”，垄断布帛的购销买卖，严禁民间交易。又设立专门机构，实行茶叶专卖，严禁私贩出境，并压低茶价，导致许多茶农破产、失业。这些茶农茶商断绝生计之后，无路可走，便逐渐走向起义造反之路。淳化四年（993年），王小波、李顺起义在青城县（今四川省都江堰南）爆发。王小波聚集了一些群众，宣称：“吾疾贫富不均，今为汝均之。”这一“均贫富”的斗争号召，很快得到群众拥护。旁户纷纷参加起义，起义军很快攻克青城县，直插彭山，惩杀了所谓“清官”县令齐元振。起义军声势大振，队伍人数也发展至一万余人。在王小波的带领下，起义军转战于邛州（今四川省邛崃市）、蜀州（今四川省崇州市）。起义军每到一地，就命令当地富豪地主，如实报告家中粮食财宝的数量，允许其留足自家需用之外，其余的粮食财宝一律上交，由起义军统一调拨，发放给贫苦穷人。这一均贫富的革命举措，践行了起义军的战斗口号，赢得了广大民众的拥护。

王小波牺牲后，他的妻弟李顺继续领导义军作战，成为新首领。李顺继续实行均贫富政策，义军所至之处，没收豪强财富，除其生活必需外，“一切调发”，平均分配给贫苦农民。淳化五年（994年）正月，李顺起义军经过激战，攻克成都府，在成都建立了大蜀政权，李顺为“大蜀王”，年号“应运”。李顺农民起义军控制了北到剑州（今四川剑阁）、东到夔峡的川峡大部分地区。不久，在西川招安使王继恩的强烈攻势下，李顺被迫退入成都防守，十多万农民起义军坚守拒降，与宋军多次展开激战，最终城破失败。

王小波、李顺起义，不但首次在中国农民战争史上提出了“均贫富”的口号。[①]而且在起义过程中做到了把“均贫富”口号变为实际行动，用革命手段初步实现了社会财富的平均分配。在均平措施上，起义军实际是通过打土豪分田地的办法，将占领区富贵之家的大部分家产军管、征用，然后实行再分配，物资统一调发，大赈贫乏。他们通过统一调配社会物质财富的办法，试图建立一个“平等”“平均”的理想社会，以实现“均贫富”的社会目标。由于时代和阶级的局限，他们的探索失败了。

2. 宗教形式的反抗剥削

方腊是睦州青溪（今浙江省淳安县）人，性格豪爽，仗义疏财，威信很高。他利用秘密宗教组织“明教”，秘密组织农民，形成宗教共同体，以宗教社团集体力量对抗社会不公和官府的剥削压榨。为此，方腊组织农民互助，合理分配财富，进行财产平均，秘密探索建立天下一家、免费食宿、共同富裕的理想社会。

所谓“明教”，又称为“摩尼教”，六七世纪传入中国，唐武

① 也有研究者认为，王小波起义时没有提出过“吾疾贫富不均，今为汝均之”这一口号。参见顾吉辰：《北宋王小波李顺起义提出的“均贫富”口号是否存在》，《社会科学辑刊》1985年第2期。

宗会昌五年（845年）灭佛时转为秘密宗教，兼收并蓄了一些道教思想和其他民间信仰，改称“明教”。

宣和二年（1120年）十月初九，方腊及其信众数千人聚集在歙县七贤村，发动起义。方腊对起义群众说，我们赖以生存的农、桑、漆、楮、竹、木等，都让官府垄断了，我们一年到头辛勤劳动，老婆孩子连一顿饱饭都吃不上，却还有交不完的赋税、服不完的徭役、受不完的剥削；这种苦日子，没个尽头，没法忍受；自古以来就是官逼民反，造反能吃上饭，我们也造反吧。大家纷纷赞同。随后，方腊又将起义计划公之于众：第一步，竖起起义大旗，争取旬日之间聚集数万群众；第二步，利用官府层层上报朝廷的一两个月时间，率领起义军攻占江南各地区；第三步，利用朝廷决策发兵的一个月时间，以及调兵遣将、征集军饷的半年时间，这时起义军基本上已经占据了江南地区，足以抗衡朝廷的镇压；第四步，起义军占领南方地区之后，北方辽、金也会闻风而动入侵北宋王朝，北宋朝廷将无暇顾及南方地区，起义军只要在江南划江而治，轻徭薄赋、凝聚民心，十年时间将有可能统一全国。

起义军按照方腊的部署，开始了起义。主张实现真正的人人平等、均分财富，旗帜鲜明提出“反剥削”的政治口号。各地群众群起响应，趋之如鹜，数日间便聚集了十万人。起义军攻城夺池，一时间所向披靡。起义军占领青溪县西北重镇万年镇之后，随即向县城进发，在息坑一举歼灭前来镇压的五千士兵，旗开得胜，攻占了青溪县城；随后，又攻占第一座州城——睦州。此后，方腊自号“圣公”，建元“永乐”，建立农民政权，设置官吏将帅，士众头扎各色头巾作为标志，并以头巾区别等级。在方腊的率领下，起义军相继攻克了歙州、杭州、婺州、衢州、处州等地。方腊起义后，宋徽宗十分惊慌，改任童贯为江、浙、淮南宣抚使，立即率平燕精兵，前去征讨方腊。宣和三年（1121年）二月，童贯率领宋军包围了杭州。方腊起义军粮尽援绝，只得退出杭州。八月，方腊遇害，起义失败。

方腊农民政权在极盛时期，占据六州五十二县，有百万部众，威震东南半壁，一定程度上动摇了北宋王朝的统治根基。方腊明确提出“剥削”这一概念，并觉察到民族矛盾与阶级矛盾二者间的关系，这在当时来说是很了不起的。他在局部地区秘密建立了同吃、同住、同劳动，均财富、反剥削，同命运、共患难的“社会主义”宗教共同体，对于探索实践大同理想社会模式具有进步意义。

3. 人人平等的理想追求

在农耕社会，农民阶级赖以生存的基本生产资料就是土地，农业生产赖以生存的最基本要素也是土地。中国人形象地把土地视为“财富之母”，把劳动视为“财富之父”，耕者有其田也就成为农民阶级最渴望的期盼。农民起义运动，通常是指失去土地的农民以武装斗争方式，实现社会财富、土地资源的再分配。宋朝钟相起义，与以往农民起义运动不同之处是既有农民与统治阶级矛盾激化的内部原因，也有抵御外族侵略的外部原因。北宋建立后，将兵权与财政权集于中央，避免了藩镇割据的乱象，也埋下了积贫积弱的祸根，导致宋朝在与辽国、西夏、金国的战争中总是处于劣势和被动局面。（靖康之难的次年，宋朝被金国灭亡。北宋享国167年，传九位皇帝。北宋武功不彰、文治凸显，是中国古代历史上经济文化最繁荣的时代，儒学得到复兴，科技发展突飞猛进，政治也较开明。农业科技的发展进步，特别是“占城稻”的推广，使得北宋人口从太平兴国五年（980年）的3710万迅速增至宣和六年（1124年）的12600万。南宋建立之初，宋金签订了“绍兴和议”。换取南宋偏安一隅之后，宋高宗开始着手解决农民暴动、兵变、游寇等棘手问题。荆湖地区地处长江中游，战略位置重要，不仅遭受着金兵的烧杀抢劫，还要遭受“军贼”的掳掠骚扰，如孔彦舟就是为患最烈的一个“军贼”。荆湖地区的百姓，只能官逼民反。他们在钟相、杨幺的带领下，发动起义，希望建立一个等贵贱、均贫富的理想社会。

钟相是鼎州武陵（今湖南省常德市）人，是当地有名的“土豪”之一，据说他“家赀矩万”。尽管家庭条件比较优越富裕，但是钟相却从不欺压穷苦百姓，而是想方设法接济他们。钟相医术高明，乐善好施，在当地行医行善，深孚众望，威信极高，“虽多财，而好施与，里之鳏寡孤独废疾有艰于生计者，辄存恤之”。钟相不像有些地主富豪作威作福、仗势欺人，而是平易近人、赈济良善。他看到家乡百姓生活困苦，便倡导建立“乡社”组织，经济上互帮互助，生产生活困难时可以借贷周转，以便互助共济。这种农民互助的经济共同体，依靠集体力量，共渡难关，产生了很好效果，吸引了周围数百里贫苦农民纷纷加入。随着乡社组织力量的壮大，钟相的个人声望也扩大到洞庭湖周围各县。这时，钟相顺应民意，提出了“等贵贱，均贫富”的起义口号。钟相认为，法代表的是天意，应该是公平公正的，在法的面前，不分贵贱贫富，一律平等；而朝廷官府的法，却做不到一视同仁、一律平等，这就是违反了天意的恶法，是不值得尊重和遵守的；如果我们自己制定和推行法令，就务必要做到不分贵贱、不分贫富，大家祸福与共、一律平等。钟相的思想主张，实际是从法的角度，阐述了经济上“均贫富”、政治上“等贵贱”的平等社会构想，否定了封建法权，也是对大同社会的大胆实践。在钟相的宣传鼓动之下，愈来愈多的百姓赶来，加入乡社组织，统一组织起来，以集体力量对抗不公正的现实社会。百姓入社的这种行为，被称为“拜爷入社”。钟相也被百姓尊称为“钟老爷”。

钟相还是一个深明大义、家国情怀较重的人。靖康二年（1127年），钟相准备发动武装起义，这时金兵却发动了侵略北宋的战争。在民族大义面前，钟相决定推迟起义。不仅如此，他还自发组织了一支三百人的“忠义民兵”队伍，在儿子钟昂的带领下，北上“勤王”，投入了保家卫国的民族战争。钟昂率领民兵，昼夜兼程，赶到邓州时，北宋已经灭亡，钟昂及其“忠义民兵”只得返回。五月，得知宋高宗即位后，钟相又紧急命令钟昂率领“忠义民兵”赶到商丘，协助南宋防守。宋高宗从商丘继续南逃，临行前命令各支“勤王”部队遣散回乡、各回各家。在北上“勤王”以及返回途中，钟昂及其“忠义民兵”耳闻目睹溃兵、军贼、游寇的烧杀抢劫暴行，决定不解散“忠义民兵”，而是继续结成队伍，补充旗帜器甲，加强训练，保卫家乡。但是，农民保卫家园这支地方武装，却遭到地方官吏的诬陷，钟相被发配衡州（今湖南省衡阳市），一段时间之后才重回家乡。

建炎四年（1130年）正月，金兵进犯潭州，肆意屠戮。二月，“军贼”孔彦舟十万余人，假扮金兵，剃发留辫，一路尾随，再次烧杀抢劫。平时作威作福、鱼肉乡里的南宋官吏和军队，却置百姓生命财产安全于不顾，早已逃之夭夭。惨遭金兵、“军贼”蹂践，处在血泊火海之中的穷苦百姓，别无出路，只能武装起义，死里求生。二月十七日，钟相率领众人在武陵县宣布起义。很快，各地农民纷纷响应，荆湖一带掀起了轰轰烈烈的农民起义。钟相建立农民起义军政权，国号“楚”，年号“天载”，开始逐步实施其“等贵贱，均贫富”的政治主张。

在起义中，钟相带领农民起义军镇压反动官僚士绅，没收豪绅地主的财产，分配给贫苦农民，实行“均平”政策，得到了农民的热烈拥护。在乡社组织的基础上，农民起义军先后组建了七十多个水寨，使之成为抵御金兵、坚持抗争的根据地。在根据地内，“无税赋差科，无官司法令”“春夏则耕耘，秋冬水落则收粮于寨，载老小于船中”，初步实现了等贵贱、均贫富的平等生活。将士之间，彼此称呼为“爷们儿”（不同年龄、不同辈分的男人之间的互称），彻底否定了几千年的封建等级制度，在义军队伍内部实现了人人平等、财富均分的理想。但是，在统治阶级眼里，农民起义军被污蔑为“敌人”“盗匪”，其“行法”之义举、“均平”之正义，被污蔑为“杀人”“劫财”，百姓踊跃加入“乡社”互助组织更被污蔑为“乱常”，起义军十九县根据地也被污蔑为“盗区”。

建炎四年（1130年）三月，孔彦舟派遣间谍，混入义军内部，里应外合，乘其不备，将钟相俘杀。农民起义军在另一首领杨幺的带领下，数十万人转入洞庭湖区，继续高举义旗，坚持战斗，多次打败了官兵及军贼的进犯。杨幺起义军一面坚持在根据地发展农桑、田蚕，垦荒种粮，自耕自食；一面坚持备战，大造车楼大船，保持水战优势，严密设防，严阵以待。经过一段时间的筹备，杨幺在绍兴三年（1133年）四月重新建立了“大楚政权”，自称为“大圣天王”，并拥立前首领钟相的儿子钟义为“太子”（钟昂已牺牲）。起义军在杨幺的带领下，声势大振，士气高昂，屡次击败了前来镇压的南宋官兵。绍兴五年（1135年）二月，南宋朝廷再次调集大军20万人，由诸路兵马都督张俊、荆湖南北路置制使岳飞两位抗金名将率领，赶赴洞庭湖地区，对杨幺起义军予以“围剿”。在南宋官兵的重重包围之下，杨幺起义军坚持反击，奋勇抵抗，最终失败。

在北宋王小波、李顺提出“均贫富”的基础上，钟相、杨幺起义进一步提出了“等贵贱，均贫富”战斗口号，清晰表达了农民阶级要求政治平等、经济平等的先进主张。尤为可贵的是，他们不仅提出了战斗口号，而且在实践上进行了落实。如钟相在占领区（农民起义军根据地），废除了地主阶级的旧法律，推行了新法律，劫富济贫，均分财富，积极执行“均平”措施，把农民阶级群体诉求提升到了“等贵贱、均贫富”的政治高度，在探索建立理想社会的道路上又前进了一大步。由于种种原因，钟相许诺给广大贫苦百姓的理想蓝图未能实现，“等贵贱、均贫富”的理想社会未能真正建立，农民阶级追求政治平等、经济平等的美化愿望未能最后实现。

四、“异姓一家”的梁山理想国

《水浒传》塑造了一个“八方共域、异姓一家”、平等友爱、财富共享的理想社会。在其理想社会图景里，将水浒英雄聚义的水泊梁山设计为一个乌托邦理想国，使其理想社会具有了现实载体；其组成人员来自五湖四海，出身不同阶级，却结为异姓兄弟；他们平等相处，患难与共，大块吃肉、大碗喝酒、大秤分钱，同吃同住同劳动，各尽所能，各得其所，快乐生活；在水泊梁山上没有君王官吏，没有苛捐杂税，没有剥削压迫，没有贵贱贫富，大家政治平等、经济平等、按劳分配。水泊梁山这一大同色彩浓郁的理想国，及其平等、平均、友爱、快乐的社会形态，不仅成为江湖好汉、草莽英雄的精神家园，也成为广大民众心向往之的理想社会。

1. 梁山好汉的理想社会

《水浒传》是草莽英雄的理想国，也是江湖文化与侠义精神、现实生活与理想社会的完美融合。《水浒传》主要作者施耐庵（1296—1371年），原名彦端，字肇端，号子安，别号耐庵，兴化（今江苏省兴化市）人，泰定元年（1324年）举人，至顺二年（1331年）进士，曾任钱塘县尹。他与弟子罗贯中合力写成《水浒传》，这是中国历史上第一部以农民起义为题材的长篇小说，讲述了北宋末年宋江聚众起义的故事，成功塑造了梁山好汉的英雄形象，艺术再现了一个英雄梦圆、忠义梦碎、八方共域、异姓一家的理想社会。

《水浒传》所设想的理想社会，处于水泊梁山（今山东省梁山县），距离北宋东京（今河南省开封市）200多千米。水泊梁山方圆八百里，烟波浩渺，芦苇丛生，梁山泊雄踞其中，四围是险峻的山地丘陵、无垠的宽阔水面，地形险要，易守难攻。在梁山泊中间，有可作练兵的操场和作战的战场，还有防守工事、聚义场所，如宛子城、蓼儿洼、忠义堂、断金亭等。还设有“六关八寨”，既是防守点，也是联络点。梁山泊四周，也设有许多暗哨和接待站。在梁山泊理想国，初步实现了公平公正、友爱和谐，大家祸福共担、苦乐共享，大碗喝酒、大块吃肉，财均分、人平等，各得其所、各尽所能、按劳分配，中国传统文化的平均主义思想在此得以淋漓尽致的践行。为了确保公平公正，在衡量能力大小、功劳多少、分配多寡的基础上，他们又精心设计了一个“英雄座次”，作为各自生活待遇的参考标准。水泊梁山这一江湖好汉的理想社会，虽然也有等级制度和管理人员，却又统一至“兄弟”的平等地位上来，大家彼此兄弟相称，都是平等关系，在制度设计上比较完善可行。这一能者多得、兼顾公平、兄弟情重、保境安民的理想社会，成为无数草莽英雄怦然心动、心向往之的理想国。

梁山理想国的建构，也是大同理想民间化、艺术化的新发展。不同社会阶层、不同群体，对于大同理想有着各自不同的解读。宋元时期，劳动人民对于理想社会有了不同于社会精英的解读视角，这一时期文学创作的繁荣也为民间社会解读理想生活提供了成熟的艺术创作形式。于是艺术地构建了一个人人平等、财富共享、逍遥自在的“理想社会专著”——《水浒传》，横空出世，成为一部脍炙人口的深受儒家大同理想影响的“社会主义小说”。宋朝是当时世界上最富裕、最先进的国家，人口多达1亿。南宋晚期，国家经济实力走上了“下坡路”。现实社会的巨大反差，激发了人们对美好生活的渴盼。对公平公正社会秩序的向往，便成为民间社会力量改造现实社会的推力。对于传统大同社会的思索和批判，可能是激发《水浒传》问世的重要原因之一。如果说《桃花源记》是逃避社会现实的遁世幻想，那么《水浒传》就是直面现实、改造社会的一种方案。梁山泊理想国的成功构建，寄托了民间社会对于人人平等、财富均分、安居乐业的理想追求，在残酷社会现实里开创了一个美好的“国中之国”。这种精神勇气，超越了“个人追求”，实现了“社会追求”，具有里程碑意义的实践性、开创性。

梁山泊理想国，虽然是艺术虚构，却并非纯粹的虚构和假想，而是对现实生活的折射。如水浒好汉的聚义之地梁山泊，便是实有之地；逼上梁山的各位英雄好汉及其英雄事迹，相当一部分是真人真事；梁山好汉福同享、财均分、人平等的生活模式，以及杀富济贫、替天行道的所作所为、侠义精神，即是儒家见义勇为、救助弱者的大义精神和墨家“兼爱”思想、舍命行道的无私奉献精神的真实写照。

2. 替天行道的道德标准

自周秦以至近代的中国古代历史，也是一部底层社会力量（下层贫苦百姓）追求公平公正理想社会的生存之战。逼上梁山的英雄好汉，也不仅限于农民，而是社会阶层相当丰富的组合群体。他们通过“替天行道”的主张，借助于武装斗争的抗争形式，幻想能够建立一个平等、平均、友爱的“王道社会”。他们心目中的“道”，就是“替天行道”，就是用自己的行动替天行“仁”、替天行“义”、替天行“礼”。梁山理想国以彰显天道、替天行道的侠义方式，通过落草为寇、啸聚山林的反现实道路，创建了民间社会江湖好汉行侠仗义、快意恩仇、杀富济贫的理想社会。

“侠之大者，为国为民。”侠义精神是中国传统文化体系中渗透最广、影响最大和最富有生气的部分之一。早在两千多年前，司马迁就为朱家、剧孟、郭解等古代豪侠作传。《水浒传》继承总结了千余年来侠文化发展的历史成果，结合了中国封建社会中期宋代社会发展的现实，建构了一个以“替天行道、除暴安良”为核心的侠义精神体系，构成了水泊梁山理想国的主要内涵。在水泊梁山上，高悬的一面旗帜上便写着“替天行道”这四个字。“替天行道”的意思，即为“代替上天主持公道”。在《水浒传》中，宋江一上梁山，便劝晁盖挂起了“替天行道”的旗帜；一百零八人同聚梁山后，名正言顺地把“替天行道”作为指导思想。梁山好汉们以双拳打出了一个新世界，用天道扫除世间的不公道，依靠自身力量铲除人间不平，消灭邪恶力量，建立了一个公平、公正、顺天意、应民心的大同世界。

梁山好汉“替天行道”的旗帜，既是他们践行正义使命的宣示，也是代表受压迫阶层奋起反抗的呐喊。他们抛家舍业，捍卫道义，勇敢地挺身而出，展开与蔡京、高俅、杨戬、童贯等奸臣权贵的斗争，以及惩治贪官污吏、土豪强徒、地痞恶霸的行侠活动，契合了宋代中后期民间社会的集体情绪。“替天行道”口号最大范围地迎合了民间社会要求社会公平公正的心理情绪，顺应了下层群众反抗剥削、反对欺凌的社会平等意识。无论是李逵们“杀去东京，夺了鸟位”“兀自与大宋皇帝做个对头”一类彻底的反抗精神，还是宋江们“酷吏赃官都杀尽，忠心报答赵官家”“六六雁行连八九，只等金鸡消息”一类暂居水泊专等朝廷招安、渴望为国出力、建功立业的“正统思想”，都从不同侧面体现出梁山好汉对社会现实的清醒认识，洋溢着渴望顺时应势、揭竿而起、轰轰烈烈干一番事业的侠义激情。在外在形式上，他们通过“除暴安良”“杀富济贫”来彰显其“替天行道”的政治主张，并成为梁山好汉群体的行动指南和行为规范。他们以“替天行道”为实际政治纲领，虽然没有取得最终胜利、没有从根本上改变不合理的社会现实、没有改变农民群众受剥削压迫的社会地位，却以其侠义精神、侠义行动释放了深邃永恒的文化价值，得到了社会各阶层长期深远的共鸣认同。

“替天行道，除暴安良”的侠义精神，彰显了中国人民敢于抗争、不屈不挠的斗争精神，表现了民间社会锄强扶弱、为民除害、肝胆相照的正义追求，丰富了大同理想建构的方式方法，也是中华农耕文明摒弃了弱肉强食、优胜劣汰的野蛮生存法则并且自觉走向匡扶正义、锄强扶弱的文明生存法则的重要象征。梁山好汉行侠仗义的打打杀杀，也以其正义性而成为民众喜闻乐见的暴力美，起到了缓和社会矛盾、引领价值取向、匡扶公平正义、维护社会秩序的积极作用。《水浒传》一书最感人的篇目，就是那些路见不平拔刀相助、锄强扶弱、为民除害的侠义行为，如“鲁提辖拳打镇关西”“武松醉打蒋门神”“石秀智杀裴如海”等。梁山好汉荡尽人间不平事的这些侠义行为，酣畅淋漓地张扬了舍得一身剐、敢把皇帝拉下马的侠义精神。特别是在彰显中华民族阳刚勇武精神方面，最值得称颂。如武松景阳冈打虎，为一方百姓除害，备受群众喜爱，成为《水浒传》中最受欢迎的英雄人物之一。梁山好汉义薄云天、肝胆相照的侠义风范，普及了尚武精神，弘扬了侠义传统，伸张了社会正气，树立了积极向善、见义勇为的价值取向，千百年来一直深受广大民众的欢迎。侠义精神不但是中华优秀传统文化的一部分，而且形成了一种民间化、神秘化的侠义文化潮流，久盛不衰。从墨家、荆轲、刘关张桃园结义到水浒一百单八将，中国古代侠义文化审美价值也从崇尚个人英雄主义转向推崇集体抗争，这是侠义文化、侠义精神发展的新高度。

西汉董仲舒在《春秋繁露》中提到“屈民而伸君，屈君而伸天”，即要求按照自上而下“天—君—民”的逻辑顺序表达精神意志。宋元时期，则颠覆了西汉以来所形成的这种群体意识的表达逻辑，即按照自下而上“民—君—天”的表达顺序。这充分说明，中国人民对于如何开创美好生活、理想社会有了新认识，他们不再把幻想寄托在别人（贤君）身上，而是希望用自己的力量（团体力量）来打破旧世界、建设新社会。当然，由于时代和阶级的局限，他们找不到科学理论来武装自己，只能在摸索中前进，只能在斗争与妥协中迷失方向。如梁山理想国在政权建设方面，宋江一方面通过反抗现实社会的不公正，来彰显天道的公正；另一方面，宋江又把水泊梁山作为了“为臣辅国安民”的“实验田”，期待天道彰显，时刻准备着招安投降。也正是因为斗争方向模糊，导致斗争态度不够坚决，斗争成果不能很好巩固。

梁山理想国的道德标准，只有兄弟，没有君臣；既有侠义精神，也有忠孝要求。梁山好汉具有较强烈的反抗意识，往往路见不平拔刀相助，甚至不惜破坏法律、对抗官府，这是其最为鲜明的游侠精神和侠士风格。梁山好汉的侠义精神，是儒墨两家共同的思想产物，既张扬着儒家“见利思义”“舍生取义”的侠士风范，也展示了墨家“兴天下之利，除天下之害”的侠者气概，还有佛道救苦救难、救世济民的担当情怀。梁山好汉依靠结拜兄弟的“准血缘”关系，明显受到了儒家“四海之内皆兄弟”的思想影响。他们的忠义思想、道德范式，都是儒家“孝”文化的体现，也折射了底层民众渴望公平正义的集体心理诉求。对于需要拯救和帮助的百姓而言，他们就是正义的化身、现实的救世主。也正因为如此，重义气、讲义气、为朋友两肋插刀而不计较个人得失，就成为梁山好汉侠义之举、侠义风格的标配。至于他们在行侠仗义、除暴安良过程中，带来的一些负面行为（如错杀无辜），也往往会被人们有意无意地忽略了。

3. 异姓一家的水泊梁山

梁山好汉通过行侠仗义、替天行道、啸聚山林的实现路径，建立了一个“八方共域，异姓一家”的理想社会，成为人们心中的另一个“世外桃源”。

在“八方共域，异姓一家”理想社会里，实现了公平公正友爱的理想生活，满足了民众对消灭剥削压迫、实现平等自由的社会追求。这个理想社会，具备这样几个特点：

首先，在形式上，这是一个均产、共财、公天下的理想社会。大家来自五湖四海，共聚水泊梁山，一同杀富济贫，一起论秤分金银、大碗喝酒、大块吃肉，按能力、按贡献分配财物，共同劳动、共同享受，为盗亦公，“皇帝轮流做，明天到我家”。在财物分配上，实行平均分配、按劳分配。

其次，在社会关系上，这是一个地不分东西南北、人不分贵贱亲疏的平等社会，每个成员在经济上、政治上地位平等。大家摒弃之前的阶级身份，只以兄弟姊妹相称，男女平等，相互尊重，患难与共，亲如家人。梁山泊提出“男女平等”思想，在当时封建社会是比较可贵的。在这个理想社会，人们平等相处，各尽所能，各扬其长，各司其职，各安其位，最大限度发挥着自己的聪明才智。

第三，在组织分工上，既有独立自由又有分工合作，既有个人英雄主义又有集体团结精神。梁山好汉共同的社会价值观，确保其有组织、有纪律、有服从，确保其彼此之间相对人格独立、个性自由，确保其必须遵守共同的纪律和道德约束。在个人与集体的关系方面，也做了比较合理的界定，在其内部也有不同工作分工。他们的共同道德标准是“替天行道”、忠义至上，这是必须恪守的一条底线，即便是首领宋江做出了恃强凌弱、欺压百姓、抢男霸女的不忠不义行径，其他成员也有权利、有道义诛而杀之。

第四，在社会救助上，这是一个患难相恤、死生相托的理想社会。这个理想社会的最高人际关系准则为“忠义”，被压迫者、被剥削者之间实行互助互济，甚至不惜牺牲生命。这种“忠义”的道德规则，也被后来民间社会各种会道门所继承和利用。

水泊梁山所构建的“八方共域、四海一家”理想社会，有组织、有纪律，无剥削、无压迫，人人劳动、人人乐业、人人平等，各尽其能、各得其所，有分工有合作，各安其业，互敬互爱，互助互济。这一理想国的设计，依稀可见墨家“兼爱”的影子，也反映了封建社会后期小生产者、小手工业者的社会愿望和理想诉求。水泊梁山理想国是底层民众宣泄、释放“英雄情结”创造美好生活的理想世界，它所践行的大同理想比起此前的一些设想，更近于现实社会，更接近人间生活。只是，实现这一理想社会的途径或曰“捷径”，仅靠收割别人财富、实行平均主义而不是立足于创造社会财富、带领大家共同富裕，无异于饮鸩止渴，并不具有可持续性。

五、“均田免粮”的社会理想

为了长治久安和社会稳定，中国历朝历代都对农业高度重视，都对土地问题严加管控，制定了各种限制占用土地的举措办法。如实行屯田制、均田制、占田制、课田制等，规定占有土地的最高限额，但是“土地兼并问题”却始终是封建社会自身难以治愈的痼疾，只能在一定时期内奏效，并不能从根本上解决土地问题。当土地兼并严重时，农民与地主、民间与官方、封建国家与地主阶级的矛盾便会发生强烈冲突。如果封建政府不能及时采取抑制兼并的政策措施、不能及时缓解土地兼并现象，那么将会直接导致农民战争的爆发。明代中后期，土地兼并问题越来越突出，甚至皇帝都亲自出面占有田地，设置皇庄。明武宗朱厚照，刚继位不到一个月，就“侵占”土地，设置了7处皇庄，随后又设置了30余处皇庄。据统计，明代是中国历史上皇庄数量最多的一个朝代。明嘉靖时，景王戴圳强占百姓田地数万顷为“庄田”；景泰时，都督汪泉占有了16300余顷“庄田”；正德时，谷大用强占了上万顷的“庄田”。上行下效，层层加码，各级官僚缙绅也纷纷通过各种手段，侵吞、强占、兼并大量土地。如扬州大地主赵穆，一次就强夺了民田3000余亩；首辅徐阶，在苏松地区竟占田24万亩。随着土地兼并的恶性发展，卫所屯田也逐渐遭到破坏，原本公有的屯田，被一些不法之徒、胆大妄为之徒等，侵吞了大半。军屯制度遭到破坏之后，明朝国库收入大减，边防力量、守卒士气等都受到了严重削弱。明末，李自成揭竿而起，发动农民起义，提出“均田免粮”战斗口号，明确把“均贫富”与土地赋税问题联系起来，进一步触及了封建土地所有制的根本，试图建立一个“耕者有其田”的理想社会。

1. 割富济贫的闯王起义

明朝天启六年，勤快朴实、任劳任怨的陕北汉子李自成，幸运地找到了他人生中的第一份正式工作：驿卒。这个工作，大概是朝廷公职人员架构体系最底层的一个职位，不仅薪水低、工作繁重，而且几乎任何一个官员，甚至一介小吏都可以对驿卒打官腔、耍威风、吆五喝六。李自成却不以为意，年轻能干、安分守己的他已经盘算好要不惜力气牢牢端住这个“铁饭碗”，心甘情愿成为大明王朝驿站制度运行体系里微不足道的一颗“螺丝钉”。

为了维系幅员辽阔的帝国统治体系，古代中国从秦朝时期就建立起高效完善、辐射全国的驿站体系，以此将中央王朝的行政命令下达到地方州郡，从而实现对全国的管控治理。驿卒是古代传递政府公文的人，一般又称为“驿夫”。宋朝以前，“驿夫”系征发当地百姓充当；宋代以后，驿卒改由兵卒担任。驿站制度经过一千多年的发展，到了明朝已经非常完善。明初驿站的驿卒，没有报酬。明朝中期，对驿站制度进行改革，允许百姓将应该承担的徭役折合成银两上交，再由官府出面募集驿卒。明朝后期，驿卒群体迅速壮大，如地处西陲的陕西一路，其驿卒数量竟然达到了数万。驿站制度成为大明王朝这架破旧马车上最不堪重负的两个轮子之一，也不幸成为压垮大明王朝的“最后一根稻草”。励精图治的崇祯皇帝，面对空空如也的国库，以及各地等待发放军饷的大量官兵，只有无奈地下令：精简裁撤各地驿站。崇祯皇帝可能压根儿也不会想到，他的这一旨圣命，竟然化作了大明王朝的“催命符”。即将“下岗”的二十万驿卒之中，居然有一个名叫“李自成”的失业驿卒，会因此而成为大明王朝的“掘墓人”。

李自成（1606—1645年），原名鸿基，陕西米脂人。幼年时因家境贫困，曾在家乡为人牧羊为生。长大成人之后，担任了“银川驿卒”，善于骑马射箭。崇祯元年（1628年），驿站精简、裁汰人员，李自成失业回家。

这一年，又适逢陕西大饥，延绥缺饷，李自成之舅高迎祥自称“闯王”，聚众起义。这年冬季，李自成因欠债不还，被米脂县衙收监，游街示众。年底，经亲友营救，李自成出狱。出狱不久，他先杀死逼账的债主，又杀掉不忠的妻子，然后与侄儿李过一起，逃亡外地，从此走上了一条不归路。

李自成在崇祯二年（1629年）二月，来到了甘州（今甘肃省甘州区）报名当兵，不久提升为“把总”。随后，在榆中（今甘肃省榆中县）因欠饷问题发动兵变。这一年，也是大明王朝的多事之秋：后金第一次入塞，震动京师；一代名将袁崇焕，被凌迟处死。

李自成所在的农民起义军，声势越来越大，也越发为明王朝所嫉恨。崇祯五年（1632年）十月，明王朝任命洪承畴[①]接任三边总督，负责剿灭陕西境内农民起义军。在洪承畴的追剿之下，李自成采取了流动作战、避实击虚的应对策略。他率起义军东渡黄河，来到了山西，投奔了舅父“闯王”高迎祥。李自成爱兵如子、身先士卒、作战勇敢，深得农民起义军的拥护，被大家亲切地称为“闯将”。崇祯九年（1636年），高迎祥牺牲，李自成众望所归，被推为“闯王”，脱颖而出，成为明末农民起义军中影响最大的一支主力。李自成针对当时京、陕、豫、鲁大批灾民，实行“开仓济民”的临时措施，深得人心，队伍迅速壮大。李自成“均田免粮”的主张和行动，受到农民群众普遍欢迎。具体办法是把地主兼并的土地，以及耕牛和农用工具，平均分给农户，让其尽快恢复农业生产，农民生产的粮食和农作物不用上交赋税，这就是“均田免粮”。农民生产了农产品后，起义军用现金购买，不强迫，不杀价，这就是“平买平卖”。起义军主要军需资金，采取了办法来筹集，就是将占领区所管辖的明王朝官吏、士绅等，分为三六九等，按照其职位高低，确定其应缴纳的“助饷”数量，限期缴纳之后，农民起义军统筹分配，或购买军需物资，或救济贫困，此即“割富济贫”。

崇祯十四年（1641年）正月，李自成攻克洛阳。次年四月，李自成取得朱仙镇（今河南省开封市祥符区）大捷，歼敌十余万，缴获马匹两万多，基本上摧毁了河南东部战线明王朝的军事力量，

① 洪承畴（1593～1665年），字彦演，号亨九，福建泉州南安英都（今英都镇良山村霞美）人，万历四十四年（1616年）进士，累官至陕西布政使参政，在剿灭明末农民起义中屡立战功，升任陕西三边总督；崇祯年间转任蓟辽总督，松锦之战后投清朝，清军入关后他负责南方战事，平定了江南，洪承畴也永远被钉在了中华民族历史耻辱柱上，成为历史上最臭名昭著的“汉奸”之一。

从根本上改变了双方的军事力量对比。此后，起义军逐渐转入了有计划、有步骤的战略进攻阶段。两年后，李自成在襄阳称“新顺王”。随后，又取得汝州（今河南省临汝市）大捷，起义军势不可挡，所向披靡，很快占领了西安。次年（1644年）正月，李自成定都长安，建立“大顺”政权，年号“永昌”。李自成农民起义军建立政权之后，一度军纪严明，均田免赋，民心大悦。三月，李自成攻克北京，彻底推翻明王朝，农民起义军处于鼎盛时期。由于阶级局限性，李自成农民起义军在胜利的欢呼声中骄傲起来，在糖衣炮弹面前打了败仗，起义军与明王朝遗老遗少乃至京城百姓都发生了尖锐对立，起义军内讧也愈发严重。四月，李自成起义军被迫撤出北京。1645年9月，李自成在湖北通山县遇害，起义宣告失败。

2. 均田免粮的政治实践

李自成农民起义军，以“均田免粮”相号召，赢得了广大贫苦农民的拥戴，推动着起义军从一个胜利走向了另一个胜利。为了得到和巩固农民阶级的拥护，起义军始终坚持“均田免粮”基本政策不动摇。从某种意义上说，“均田免粮”政策成就了李自成农民起义军，也葬送了李自成农民起义军。

“均田免粮”政策，不仅是李自成农民起义军简单喊出的一个口号，而是其矢志不移、奋斗不懈的政治纲领。“为农民哥们打天下、分田地、不纳粮”，始终是李自成农民起义军的朴素理想。农民出身的李自成，深知农民所想，也迫切希望能够带领农民阶级实现“分田地、不纳粮”的理想社会。他们顺应民意，提出了“均田免粮”的响亮战斗口号，得到了农民阶级的热切拥护。在李岩的建议下，李自成及时采纳了“均田免粮”“平买平卖”“割富济贫”等政策，满足了人民对土地的渴望，成为最受农民欢迎支持的一支农民起义军，义军声势空前地浩大起来。

为了巩固壮大义军力量，争取农民支持，李自成还采取一些恢复农业生产的积极措施。一是分田地。他们把地主兼并的土地收回来，采取业主认耕的办法，把田地还给农户，鼓励其尽快恢复生产，安居乐业。二是助农耕。他们把一些耕牛和其他劳动工具，分配给农民，同时传播一些先进耕作技术，帮助农民提高农业生产。三是“打土豪”。他们采取“输银助饷”的战时政策，以保障义军的主要军需开支，同时也起到打击地主富豪、赈济贫苦灾民、稳定社会秩序的作用。得益于这一政策，李自成农民起义军的“均田免粮”政策才能得以延续。四是救灾民。他们每到一地，就开仓放粮，救济灾民，挽救了北京、陕西、河南、山东大批灾民的性命。幸存下来的百姓，纷纷加入起义军。在起义军占领区，还采取了一些临时措施，发展农业生产，安定百姓生活。在南阳、襄阳一带，他们没收了地主的“庄田”，免费提供牛畜、种子，招抚流亡农民，垦田开荒，赈济贫困。由于处在流动作战状态，大顺军所到之处并无巩固的根据地，这些措施不可能完全被执行，均田免粮的现实影响力比较有限，并未真正实行，只是在个别地方曾经实行过改变封建地权的措施，如农民起义军曾经在山东诸城等地，规定田产不论远近，允许农民认领耕地。

在地主阶级看来，农民起义军这一“割富济贫”措施，导致地方经济社会发生了“纷如沸釜”、天翻地覆的变化，富有之家不再享有特权，大量田产被穷民耕占，大量财物被贫民重新分配等。这些记载虽然不乏污蔑之词，却仍能看到农民起义军打倒地主、并把地主田产归还农民的盛况。“吃他娘，穿他娘，吃穿不尽有闯王，不当差，不纳粮。朝求升，暮求合，近来贫汉难存活，早早开门迎闯王，管教大小都欢悦”。一时间，民间闾里、大街小巷都在传诵着“迎闯王，不纳粮”的歌谣。在一些义军占领地区，农民所期盼的没有剥削压迫、丰衣足食、安居乐业、均田免赋的理想社会，一度得到了局部实现。

李自成农民起义军解决军饷的另一个主要办法是“籍没富室”政策。李自成攻克洛阳之后，下令没收了福王藩府及宦家巨室的巨额财产和粮食，一方面供军需之用，一方面救助灾民。而对于普通百姓、商户，则尽量不予惊扰或者征收赋税。这一政策，收效明显，得到了中下层社会的大力支持。此后，李自成农民起义军便将此政策作为战时政策，每攻占一地，便“籍没富室”，分仓放粮，赈济百姓。李自成农民起义军攻占西安后，又实施了“贵贱均田”“三年不征”等政策，响应者日众。李自成起义军顺应民意，团结战斗，扶危济困，所到之处都受到了贫困百姓的欢呼和拥护，被称赞为解危济困、救民水火的英雄。在农民阶级的拥护下，李自成农民起义军在“均田免粮”口号的号召下，声威大震，军纪严明，所到之处，百姓都自发前来送米面蔬菜慰问起义军。起义军自崇祯十四年（1641年）占领河南之后，开始执行平买平卖、保护工商的经济政策，在山东畿辅运河航行的商船络绎不绝。起义军攻入北京后，继续保护市民百姓照常营业，工商业照常进行，在一定程度上推动了历史进步。

3. 农民阶级的历史局限

“均田免粮”“不当差，不纳粮”“三年不征”等政策，实现了农民阶级“分田、分地、分财”的政治主张，也必然得到了农民阶级的真诚拥护和大力支持。李自成农民起义军从出河南的50余骑，在短短一年时间便发展为百万大军，达到了明末农民起义的高峰。李自成的“均田免粮”口号，在执行中却遇到了不少实际困难。众所周知，徭役赋税是农业社会国家政权运作的经济来源，没有税赋徭役就无法解决国家机器的运转问题。李自成农民起义军宣布“均田免粮”“不当差，不纳粮”，就面临着百万大军军饷无法解决的现实问题。在李自成农民起义军所到之处，虽然可以通过没收明朝官府的库存和明宗室的财产加以暂时解决，但是这只是救急之策，而非治本之策。李自成农民起义军也曾经在南阳、襄阳等地实行屯田的办法，试图解决军饷问题，只是这一政策并未实际落地，更未产生实际效果，往往是李自成农民起义军刚刚离开，这些政策便被作废。因此，李自成农民起义军始终在面临着两难问题：一方面，已经向广大百姓做出了“不纳粮”的政治承诺；另一方面，又必须解决农民起义军的军饷、粮秣、军费开支等现实问题。

为了解决这一问题，李自成农民军只能采取劫掠富户、逼迫官吏“输金助饷”。他们每攻占一地，便把当地朝廷府库、藩王地主、大小官吏的财产劫掠一空，以此作为解决军费的主要办法。这种筹集军费的方式，基本贯穿了大顺军的发展历程。此外，起义军还采取了“明码标价”的办法，责令官僚、富户必须“输金助饷”，规定“九卿五万，中丞三万，监司万两，州县长吏半之”。在赋税方面，也从“免征”改为“少征”。只是“少征赋税”的征收办法，也没有长期坚持下去，更没有在广大占领区普遍推行。“输金助饷”“追赃助饷”仍然是李自成农民起义军解决军费的主要办法。这一办法，固然受到了广大农民阶级的拥护，却也不可避免地把官绅阶层推向了对立面。李自成农民起义军在攻占西安和京城之后，都是采用了这一比较野蛮落后的方式来解决军费问题。依靠野蛮的劫掠、追赃方式解决军费，愈演愈烈，负面作用更大，造成了社会动荡、人心混乱。无序、无度、无节的“输金助饷”“追赃助饷”政策，最终为大顺军埋下了灭亡的苦果。李自成农民起义军轰轰烈烈十余年，始终被视为“流寇”，就与他们坚持采用“输金助饷”“追赃助饷”政策有着直接关系。而这些政策，也决定了李自成农民起义军始终不可能得到高素质、高层次、高水平人才队伍的智力支持，从而决定了李自成农民起义军不可能具有成熟的革命理论。据考证，李自成最为器重的李岩，至多是个举人，而且很可能是并无其人。[①]在李自成农民起义军队伍中，另一位比较重要的知识分子代表牛金星，也只是一个举人，没有治国理政的实际能

① 参见顾诚《李岩质疑》，载于《历史研究》1978年第5期，第61～70页。

力。这些知识分子，能力、眼界、格局都比较狭隘，无法对农民起义军的发展趋势、应对策略及时地提出研判，导致了李自成农民起义军很快就从胜利走向了失败。李自成农民起义把中国农民起义运动推向了一个历史新高度、建立了农民阶级的大顺政权；但是，更暴露了农民阶级短视落后、盲目冒进、缺乏长期规划的阶级局限性。特别是在推翻了“旧王朝”“旧世界”之后应该怎样建立“新王朝”“新世界”这些方面，他们根本没有进行认真成熟的思考，也根本没有能力进行这种思考。找不到正确的革命理论，没有科学的理论武装，这就决定了中国农民阶级在历朝历代对于理想社会的探索实践上，只能在失败的宿命里轮回。

此外，农民阶级所追求的平等、平均，实际是小农意识绝对平均主义的泛化，并不是真正意义上的社会平等。公平、公正是一个社会制度的首要原则，但是实现公平、平等却需要一定程序和过程，而这一点往往为农民阶级所忽略。其实，在中国传统政治文化语境中，自古以来就有一套公平公正的话语体系、架构概念，即使贵为“天子”的帝王也不会拥有任意妄为、无法无天的绝对权力，而只能行使其有限权力（即以天下为重的“公权力”）；“天子无私事”的道德要求也几乎剥夺了“天子”所本应享有的一切“私权力”。但是农民阶级却不能够对这些已有的制度体系加以吸收和利用，更忽视了统治阶级与被统治阶级对于社会公平公正秩序法则的基本认同这一事实。农民阶级自身的狭隘性，决定了他们的流血牺牲、实践探索都只能在“起义—失败—起义—失败”的历史怪圈里循环往复。

第七章 近代社会的大同实践

近代以来，在中西文明碰撞和“欧风美雨”洗礼之下，传统大同理想被赋予了新的时代内涵，成为批判社会现实和返本开新的理论支撑，相继出现了三次影响较大的大同思潮，即洪秀全太平天国运动的农业社会主义、康有为资产阶级维新派的大同社会主义、孙中山资产阶级革命派的民生主义。太平天国运动颁布了《天朝田亩制度》，集中描述了他们所设想的耕者有其田、劳者有饭吃、人人都饱暖、财物平均分的理想社会。康有为在《大同书》中认为，人类社会经过不断进化发展，最终必将到达“世界大同”的理想社会形态。孙中山更是将“大同主义”视为民生主义和社会主义，将“天下为公、世界大同”作为自己毕生奋斗的理想目标。但是，由于历史和阶级的局限性，不但古代风起云涌的农民起义运动在探索建立理想社会时，始终未能挣脱农民阶级的历史局限，屡战屡败；而且近代以来资产阶级的各种理论探索和社会实践，因其“唯利是图”“放纵资本”的阶级局限，也都失败了。洪秀全、孙中山都曾提出“耕者有其田”的战斗口号，留下了非常宝贵的经验教训，却都未能带领中国人民寻找到一条通往大同社会的现实路径。历史已经证明：没有先进理论武装的农民阶级，不可能摆脱失败的历史宿命，也不可能找到实现大同社会的正确道路；资产阶级因无法克服其阶级局限性，也不可能找到一条通往大同社会的成功路径。只有在马克思主义传入中国并指导无产阶级不断实践，结合了中国特殊的国情、历史、文化，特别是与中国传统文化所蕴含的朴素社会主义因子实现了结合之后，马克思主义在中国才真正实现了落地生根，中国人民在中国共产党的带领下，成功地走向一条通往大同社会、实现大同理想的正确道路。

一、“有田同耕”的太平天国

在农耕社会，“耕者有其田”是中国人民得以生存的底线。历朝历代农民起义以及近代孙中山“平均地权”主张，其间一脉相承的都是农民阶级对于土地的基本渴求。为了实现“耕者有其田”，农民起义纷纷将“均田”作为战斗号召。太平天国农民运动通过“耕者有其田”的战斗纲领，来组织和号召农民群众，掀起了轰轰烈烈的太平天国运动，不但揭开了中国近代民主革命的序幕，而且通过宗教语言、宗法形式在局部地区建立了一个有田共耕、有饭共食、有衣共穿、人人劳动、家家饱暖的理想社会。

1.“天下一家”的理想天国

道光七年（1827年），15岁的农家子弟洪秀全，第一次到花县（今广东省广州市花都区）参加县试，便不负众望，名列前茅。之后，洪秀全又踌躇满志前往广州，参加府试，却名落孙山。几次失败后，心高气傲的洪秀全竟然郁郁成疾。病愈后，洪秀全性情大变，不信孔夫子，改信了“上帝”，自称是上帝的次子、耶稣的弟弟。一夜之间，他就从“书呆子”变成了疯疯癫癫的“神汉”。历史和洪秀全开了一个玩笑：他居然从清王朝科举制度的牺牲品，“逆袭”成了清王朝的掘墓人，并割据了清王朝的半壁江山。

洪秀全创办了拜上帝教后，开始着手构思一个“天下一家、耕者有田、人人饱暖、财富均分”的太平理想社会。洪秀全从远古时代理想社会、理想人际关系之中受到启发，否定了疆土界限、国民界限、邦国界限、性别界限，参照了儒家家国同构思想，灭国而设家，强调天下只有家和家人之分，再无中国与番国之别。在家天下的框架之下，自然也不会有国际纷争、争疆夺土。他所设想的理想天国，男女平等，万国一家，选贤尚德，“皇上帝”是最高管理者。这一理想天国，有如下特点：一是天下一家，再无中国外国之别，再无疆界私土之分，普天之下只有天国。各国、各部族只是天国的一部分，犹如周天子与诸侯国之关系。二是天国的最高管理者，为“共父”，称为“皇上帝”。在“皇上帝”领导下，各国平等相处，讲信修睦，和衷共济，共享太平。三是天国的百姓，不分男女，都是“皇上帝”的子女，都是兄弟姐妹关系，没有高低贵贱之分。四是天国理想实现之后，天下一家，共享太平，强不犯弱、众不暴寡、智不诈愚、勇不苦怯，是一个公平公正、友爱和谐、亲如一家的理想社会。理想天国的构想及其原则，虽然披上了宗教外衣，实际仍是传统大同理想的浓郁色彩。洪秀全试图将人类社会、世界各国、万事万物都统一到他设想的天国里面，人为消弭了国家、民族、阶级、贫富、贵贱的差别，为人们在精神世界里擘画了一个“画饼”。

从科举落第中觉醒的洪秀全，怀揣着被主流社会抛弃的愤慨，展开了对现实社会的抨击与改造。他否定了俗世间的“天子”及其官僚系统，极力宣扬“皇上帝”的权威、男女一律平等以及消灭“阎罗妖”的革命思想。他所谓的天国理论，既源于基督教又异于基督教，既反对孔子崇拜、蔑视儒学纲常伦理又吸纳融会了儒家纲常伦理的部分内容，并试图将基督教与儒、佛、道这些传统思想文化糅合一起。比如，在天人合一方面，洪秀全将中华传统文化之中的“天”“上帝”与西方基督教之“神”，改造为一元化的“皇上帝”；将儒家“四海之内皆兄弟”的传统思想与基督教“人人都是上帝赤子”的教义思想，改造为“兄弟姐妹”思想；他还将孔子作为正面人物的表率，用儒家思想改造基督教，推动了拜上帝教在当地的传播。他借鉴了儒家伦理纲常的基本要求，重新规定了“善”“爱”“真”“恶”的伦理道德标准，将中国传统的以血缘关系为纽带的宗法伦理，称谓改造为天父、天兄之类的教缘关系，用“正直”和“邪曲”的对立来动员农民与清政府进行斗争，从而形成“天下是一家，凡间皆兄弟”“异国皆同国，异人皆族人”的博爱思想观。值得注意的是，洪秀全始终坚持亲自掌控宗教权力。他虽然自称是上帝次子、耶稣之弟，却并不放弃拜上帝教的领导权，而是坚持维护拜上帝教的独立性，坚决反对外国势力、外来势力的干涉操纵。他强调太平天国将来要建立“世俗的全世界的教会或王国”，天父上帝、天兄耶稣与他自己及幼主同为元首，实际是建构了一个家族世袭、大权独握的集权体制。他不满外国势力对于中国内政的干涉，规定外国传教士只能宣传太平天国的教义。通过拜上帝教这一宗教形式和天国理论体系，洪秀全将基督教和传统平均主义思想结合起来，鼓动人们携手并肩，打破旧世界，建立“天下一家、人人饱暖”的理想天国。他这些思想主张，不但在统治阶级看来是离经叛道，也为外国教会所不容。一位西方传教士实地考察了太平天国运动之后，评价说：“他们的政体是混杂的，一半是政治，一半是宗教；一个在人间，一个在天上。这一政体中的政治和宗教并不是平列的，是以政治为主、宗教为从，政治为里、宗教为表。”

2. 均分财富的圣库制度

道光三十年（1850年），洪秀全在金田起义。随后，通过“永安建制”，建立官制、礼制、军制。1853年3月攻下江宁（今南京市），改称天京，建立了“太平天国”农民政权，实行公有财产制，太平天国运动发展到巅峰。永安建制之后，太平天国查抄了一些富豪之家，将其所得纳入“圣库”。在太平天国轰轰烈烈发展壮大的过程中，“圣库制度”成为农民阶级均分财富、共同富裕的主要制度设计之一。

圣库，即公库、国库。太平天国时期，执行了“有钱一起赚，有钱一起花，有钱要上缴，花钱要报备”的“圣库制度”。“圣库制度”用今天的话来概括，类似“众筹”。在起义初期，信徒多扶老携幼，变卖田产，举家参加义军。他们将个人和家庭的田产、财产，都交到了“圣库”，然后再从“圣库”里面支取衣食之需。行军作战及其他所需物资，也都从“圣库”开支。“圣库”，相当于起义军的“物资银行”或者“后勤储备库”。太平天国起义军相信，人世间的一切财物都是上帝所赐，他们存放财物的这些仓库，是上帝监管的“圣库”，这也是太平军创立的第一个经济制度。起义之初，他们即规定：“一切所有缴纳于公库，全体衣食俱由公款开支，一律平均”。起义军的每个人，都要将家产变卖，寄存或者奉献给“圣库”，统一管理、统一分配，“圣库制度”逐渐形成。太平军中，全面执行“圣库制度”。规定凡是作战杀敌所缴获的金银、绸帛、珍宝等，必须上交“圣库”；凡是私藏者，要处以重罚，甚至要被斩首。定都天京之后，洪秀全进一步完善了这一制度，将其升为法律，由军队推广至民间。他们规定，“圣库”统一供给将领士兵一应军需之用，按照一定供应标准等量供应，日常所需如粮、油、盐是按照人头供应，肉类供应是按照份额、等级（天王以下至中上级将领）每日保障供应，下级将士只有在特定时间才享有肉类供应。其他购买蔬菜、礼拜钱（购买祭物）等零用钱，另外根据等级不同予以供应。这一财物公有、共同消费的分配制度，一直延续至太平天国革命失败。

圣库的重要经济来源，就是“打土豪”以战养战和经商收入。太平军起义后，“打土豪”就成了首要目标。“打土豪”之前，起义军会先派出一些女兵混进“目标”家中，摸清楚具体财物情况，然后突袭“土豪”，缴获财物，充实“圣库”。起义初期，太平军获得了英法等基督教国家的支持，他们利用“圣库”财物从外国人手中换取一些作战物资。此外，他们还通过经商获取一些经济支持。如江浙等地的丝绸、茶叶，就成为太平军对外出口的重要商品之一。商品贸易所得收益，以及其他收入、战利品、捐献财物、田赋租税、工商税收等，全部放在“圣库”里面，统一分配，共同享有，较好兑现了“大家挣钱大家花”的起义承诺。太平军原则上不准官兵私蓄财产，衣食器物一切费用需要，全由“圣库”供给。建都天京后，太平军在天京设立“天朝圣库”（亦称“总圣库”），掌管天国所有财富。“总圣库”设正副首领各一人，各设助手一人，其下分设各典官，负责其事。

“圣库制度”设计理念是建立在人们公正无私、“人无余财”和平均分配的基础之上，在太平天国运动兴起之初，发挥出了统筹物资、规范管理、凝聚人心的积极作用，较好地满足了大部分起义军将士及家属的生活需要，避免了争抢财物、分配不均、各自为战的消极影响，巩固了义军的军队纪律，便于在战时集中调配人力、物力、财力，也吸引了许多贫穷百姓踊跃加入。1853年太平天国颁布《天朝田亩制度》时，规定以二十五家为一“两”，每一“两”设一国库（即“圣库”），试图把“圣库制度”大范围推广，但未及实行。

太平天国运动前后坚持14年之久，“圣库制度”功不可没。然而，“圣库制度”过于理想化，低估了人性的贪婪。到了太平天国运动中后期，部分高层将领已经开始腐化堕落。随着军事上节节胜利，太平军根据地越来越大，财货来源日益丰富，“人无私财”的共有原则已经很难坚持。一些高级将领生活日奢，私设小金库，公然违法乱纪，严重破坏了供给配额制度，导致了“圣库”制度形同虚设。太平天国后期，“圣库制度”名义上仍然存在和执行，但是已经蜕变为一般性的后勤供给制度。洪秀全定都天京之后，日常生活极度奢侈，日常用品全部纯金打造，不计成本兴建宫殿，肆意支取“圣库”财产。至此，原本用于合理分配物资、保障军需民用的

“圣库制度”，已经完全蜕变为洪秀全的私人钱库。原本用于均分财富、共同消费的制度设计，沦为了少数人奢侈纵欲的“金库”、腐化堕落的“温床”。

3. 耕者有田的理想蓝图

太平天国运动的积极意义在于：一是调整了封建土地所有制关系。每到一处，太平军就驱赶地主豪绅，没收其家产、房产、财产等，重新分配给贫苦农民，并由太平天国政权发给“田凭”。二是缓和了阶级矛盾。太平军禁止地主豪绅欺压百姓，乱收地租，鼓励农民耕种和生产，扶持农民垦荒种田，一定程度上调动了农民生产积极性。三是恢复了农业生产。太平军焚毁地主豪绅的田契债券，将庙宇祠堂霸占的一些公田和无主土地都分配给农民耕种，轻徭薄赋，农民负担减轻，在一些地区甚至出现了风调雨顺、五谷丰登的好年景。四是颁布《天朝田亩制度》，落实耕者有其田的起义承诺，在局部地区初步实现了人人平等、家家温饱的太平理想。

1853年颁布的《天朝田亩制度》，旨在解决农民的土地问题，满足农民阶级废除封建土地所有制的强烈愿望，从而实现“耕者有其田、无处不均匀、无处不保暖”的理想社会。在中国农民战争史上，它是第一个解决生产资料与产品分配的纲领性文件、第一个有关土地分配的具体方案。它集中体现了农民阶级的均田平等思想，绘制了一幅新型社会的美好蓝图。一是实行土地公有制。他们宣布，“皇上帝”是一切土地和财富的所有者，凡是上帝子民，不论男女，都能够分得一份土地；十五岁以下的可以分得半份土地。他们将田地划分为九等，好坏搭配，确保土地分配公平公正。二是实行乡官管理制度。县以下设立各级乡官，50家农户可以设立“两司马”，25家农户为一“两”，负责基层社会的管理、生产等工作。三是在兵役方面，规定5家农户为一“伍”，每家抽调一人当兵，称为“伍卒”，由“伍长”管理。这些“伍卒”，战时为兵，平时为农。四是在赋税征收方面，规定余粮、余钱要统一上缴“圣库”。

并规定，耕种田地之外，还要饲养家畜、养蚕等，鼓励家庭副业和手工业生产。五是选拔人才方面，开科取士，男女平等，设置女官，男女均可参与军政事务。同时，禁止买卖婚姻，禁止缠足，提高了妇女的社会地位。六是规定各地都建立“国库”，推行“圣库”制度，由“圣库”承担鳏寡孤独残废等弱势群体的供养费用，以及各家各户婚丧嫁娶、红白喜事等费用。

在洪秀全领导下，太平天国占领地区初步实现了农民群众“天下一家、人人饱暖、共享太平”的理想社会。他们实行耕者有其田、平均分配财物的政策措施，彻底取消了封建土地所有制，彻底剥夺了地主阶级的政治特权，建立了一个平等相处、财物共享、平均分配的理想天国，在局部地区成功地将“人人有田、处处平均、个个饱暖”的理想蓝图变为现实。当然，在不能突破小农经济基础的前提下，一味幻想着彻底废除私有制、实行绝对平均分配，这在理论上、实践上都是有害的。毛泽东就明确指出：“我们赞助农民平分土地的要求，是为了便于发动广大的农民群众迅速地消灭封建地主阶级的土地所有制度，并非提倡绝对的平均主义。谁要是提倡绝对的平均主义，那就是错误的。”

二、“三世进化”的大同构想

在古今中外的历史上，人们都曾极力美化远古时代，厚古薄今，认为远古时代才是人类社会最美好的时期。如古希腊诗人赫西俄德将人类时代依次划分为黄金时代、白银时代、青铜时代、英雄时代、黑铁时代，并认为远古时代人类社会最美好，越到近世越黑暗混乱。中国古代最伟大的思想家孔子也认为，三皇时代是中国历史上第一美好时期，三代时期是第二美好时期，并认为存在了数千年的大同社会才是中华历史的开端。此后，东汉何休提出了治乱循环演进的“三世说”（衰乱世—升平世—太平世）。19世纪末，康有为又把“大同说”“三世说”与近代进化论融合起来，认为人类社会是沿着“据乱世—升平世—太平世”进化轨道而前进的，“太平大同之世”将是人类社会最美满最高级的极乐世界、最终归宿。康有为《大同书》与洪秀全《天朝田亩制度》、孙中山“大同主义”，被并称为中国近代史上最著名的三个“大同方案”。

近代以来，西方文化通过种种方式加速了在中国的传播，既为中国传统文化注入了新活力，促使经世学派“开眼看世界”，也促成了“盲目崇洋”“照搬西方”等文化不自信的不良风气。康有为是十九世纪末叶率先向西方寻找救亡图存真理的先进分子之一，被誉为“新儒学”的鼻祖。其《大同书》集中国大同思想之大成，把进化史观与民主政治有机联系起来，提出了系统的空想社会主义思想，对传统儒学做出了民主主义的新解释，兼有社会主义和民主主义双重性质。康有为通过乌托邦主义表述了其前期反封建的资产阶级进步思想，为戊戌变法运动提供了一个虚幻缥缈而美丽诱人的远景目标。

1. 大同之道的奇思妙想

传统大同理想的建构，注重原则理念的重构与描述，缺少制度设计与细节规划。它与西方乌托邦最大区别在于，乌托邦主义是空想社会主义的理论，而大同社会则是古已有之的实践，一个是虚构想象，一个是实际存在。大同社会虽然被认为是实体存在的远古之治，但是大同理想的各种版本却又各有千秋，其中也有一些虚构想象的理想社会模式，带有一定的乌托邦色彩。近代以来，《大同书》的问世，标志着中国乌托邦思潮达到了新高峰。作为近代乌托邦思想的集大成者，康有为的乌托邦思想比较芜杂，既有儒家和佛教思想，还有空想社会主义、进化论、种族主义等，可谓是古今中外乌托邦思想的“大杂烩”。除领导了戊戌维新运动之外，康有为另一重要贡献便是撰写了《大同书》（又名《人类公理》）这一乌托邦著述。据说书成之后，康有为曾郑重其事说道：“大同之道既成，死而无憾”。康有为构建的“去国界合大地”的“太平之世”，勾勒了一幅人类未来社会的新蓝图。

康有为（1858—1927年），又名祖诒，字广厦，南海（今广东省佛山市南海区）人。光绪朝进士，官授工部主事，积极鼓吹“变法图强”。为了制造变法舆论，他和梁启超等人成立“强学会”，创办《万国公报》，发行《强学报》等，在引进和传播西方社会思想方面有所贡献。光绪二十四年（1898年）领导了著名的“戊戌变法”运动，历时百日，即告失败。康有为仓皇逃亡国外，又组织“保皇会”，被另一思想启蒙家严复讥讽为“己则销匿海外，立名目以敛人财，恬然不以为耻”。光绪二十年（1894年），康有为开始编写《人类公理》一书，经过多次修改，最后定名为《大同书》。《大同书》分为甲、乙、丙、丁、戊、己、庚、辛、壬、癸十部，共二十余万字。他根据传统大同思想和“公羊三世说”理论，兼收并蓄了西方资产阶级民主主义、空想社会主义、达尔文进化论思想等，构想了一个从“据乱世（当代中国）”到“升平世（欧美资本主义国家）”，再到“太平世（大同世界）”的理想社会，并将大同社会描述为无私产、无阶级、人人平等的人间乐园。

康有为强调在社会进化过程中，人类社会才实现了从蒙昧到文明的进步，肯定了社会进化的积极作用。他创造性地提出了关于“三世进化”的一种新话语方式，并以“三世进化说”作为鼓吹变法革新的理论依据，并对大同社会人类平等、自由等问题进行了许多创造性的理论想象。在《大同书》中，他畅想绝对的平等，幻想彻底破除国家、阶级、种族、家庭、男女等的界别。在其构想的大同世界理想社会，主要有以下几个方面内容：（1）实行“总政府制度”，全世界分若干区域，无国家，仅设置一个总政府，总政府及区政府皆由民选。（2）消灭家庭、家族制度，男女同居时限为一年，超过时限即换人同居。（3）孕妇统一入住“胎教院”接受护理，幼儿及儿童均由“育婴院”抚养，适龄儿童按照年龄分别到蒙养院及各级学校接受教育。（4）成年人由政府安排工作，参加农业、工业、商业等生产事业；病人入住“养病院”，老人入住“养老院”，由政府统一负责生老病死。（5）规定成年男女必须在胎教院、育婴院、蒙养院、养病院、养老院等志愿劳动若干年，这些院所场馆是各区政府设施最齐全之处，在此工作则被视为社会最高荣誉，能够进入养老院则是社会给予的最高奖励。（6）农业、工业、商业等行业领域均设有公共宿舍、公共食堂等，供给工作人员自由享用。（7）最严厉的刑罚，就是处治懒惰之人。（8）凡是对社会有特殊贡献的，包括学术新发明、对胎教等五院做出了重大贡献的，都要给予重大奖励。（9）提倡“火葬”，建议人死后一律实行“火葬”，而且可以将骨灰作为肥料“废物利用”。火葬场、肥料工厂应该就近建在一起。康有为认为，未来的大同社会，应该是“天下为公、无有阶级、一切平等”的理想社会。至于如何实现大同社会，他也提出了自己的设想，以为可以通过“先去私产再至大同”的路径，在“公政府”领导下，从上而下推行“公有制”，实行计划经济等。

为此，康有为主要从以下几个方面进行了阐述：（1）路径保障。他主张先通过去私产、去私心，然后实行公有制：农业、工业、商业以及田地全部公有，然后在公有制基础上再重新分配土地。在田地分配方面，设立农部（政府）—农曹（小政府）—农局—农分局，掌管各级田地分配工作；在田地耕作方面，由“农局吏”具体负责考核农校毕业的“新式农民（农校毕业生）”，成绩合格者授予一定数量的田地，“新式农民”获得田地的数量多少，还取决于“时新机器”的耕作效率。其他行业如畜牧业、渔业等，均如此操作。（2）生产保障。他主张实行“计划经济”，首先由商部统计出来全世界民众的食品用品数量，并做出一定数量的计划外供应（以备水旱天灾等意外情况），然后因地制宜，分配下发各地区生产计划，如某地生产粮食若干、某地生产水果若干、某地供应肉类若干、某地供应佐料若干等。（3）制度保障。他考虑到将来大同之世一切公有之后，已经没有竞争的必要；但是又考虑到“无竞争则退化（不进则退）”，腐败滋生，将会断送大同社会，故主张农、工、商、学、交通、通信等在公有制基础上，实行垄断经营的前提之下也要保持适度竞争。（4）社会保障。他认为大同之世，人们无贵贱贫富之分，老安少怀，男女平等，乐善好施，人类个体在衣食住行病老等物质保障方面已无后顾之忧。于是在大同之世，由公政府成立“奖仁院”，鼓励表彰在智、仁方面做出突出贡献的人，授予荣誉称号、徽章等。（5）组织保障。康有为设想大同之世的组织形式（行政制度）由公政府—各级政府（小政府）—地方政治局三级组成，经济方面由公政府自上而下设立专业机构（由专业人员组成），管理经济事务和贯彻执行计划经济各项任务，在科技创新方面设立一整套鼓励科研创新的机制，等等。康有为的大同思想，标志着中国乌托邦思想已达到顶峰。

康有为设想的“公有制、机械化、自动化和电气化”，揭示了私有制带给人类社会的各种弊端，描绘了一幅实行公有制之后的美好社会图景，还把美国视为“太平世”，把改良主义视为跨向“太平世”的出发点。康有为有很多奇思妙想，提出了很多独到的见解，这些想法在当时看来是可望而不可即，但是从现实维度看，对人类未来社会发展前景具有前瞻性、昭示性。从历史维度看，乌托邦空想不具有可操作性，本身是不可能实现的。毛泽东同志指出：“康有为写了《大同书》，他没有也不可能找到一条到达大同的路。资产阶级的共和国，外国有过的，中国不能有，因为中国是受帝国主义压迫的国家。唯一的路是经过工人阶级领导的人民共和国。”

2. 重视教育的大同之世

从19世纪初开始，英美等西方国家出现了一种关于人类文明发展模式的学说（即所谓“文明等级论”），将世界各地不同国家、不同民族的发展道路划分为不同等级的发展模式。1803年，英国地理学家亚当斯在《普通地理学的历史政治导论》一文中，将全世界国家划分为“野蛮民族—蒙昧或半野蛮民族—文明民族”，即“三级制文明等级论”；1819年，美国人约瑟夫·埃默森·伍斯特在《古今地理学原理》一文中，提出了“野蛮状态—蒙昧状态—半文明状态—文明状态”的“四级制文明等级论”；1821年，美国人威廉·C·伍德布里奇在《地理学入门》一文又做出了“蒙昧—野蛮—半文明—文明—开化”的“五级制文明等级论”。“文明等级论”出现之后，在1820年即进入欧美国家的中学地理教科书，由此滋生了欧美国家的民族优越感，形成了西方国家民族优越、高人一等的价值观。受其影响，近代以来中国地理教科书也充斥着“文明等级论”的阴影，西方国家成为“文明国家”的代表，中国反而成为西方国家眼中的“半文明国家”。在这种时代背景之下，康有为不可避免地受到西方“文明等级论”影响，但是他借助于传统大同思想，又融合了西方文明价值理念，最早提出了重构中国文明的新方案，这是其《大同书》最具时代价值之处。换言之，康有为在其他方面虽然为人诟病，却在捍卫中华文明、提高文化自信方面做出了不可替代的历史贡献。

在西方“文明等级论”问世近一百年之后，1902年避居印度的康有为开始着手写作《大同书》。而他酝酿写作该书的时间，更早还可以上溯到1884年。1884年，康有为撰成《礼运注》，在该书中，他第一次提出其大同理想。1885年，他又着手著述，撰写了《大同书》的草本。在亡命海外之际，康有为多次对该书进行增删修改，一直未能定稿。康有为逃亡海外经过了实地考察、调研、比较之后，改变了其“全盘西化”的观点，转而提出一个“中华文化最文明”的观点：在当时及未来，能够拯救中国、拯救世界的，唯有中国传统文化，而不是所谓的“西方文明”。1905年，康有为完成《物质救国论》一书，强调中国道德文明之胜，要胜过欧美各国；并放弃了原来认为欧美各国是理想国的幻想。他认为，虽然欧洲各国物质文明方面要比中国发达，但是在道德文明方面，欧洲美国则远不如中国，中国文明要远胜于所谓“欧美文明”。康有为的这种“文化自信”，在其后的人生之中得到继续张扬。为了宣扬中华传统文化的真理性，他极力否定“革命共和”，指出正是因为“孔教的真精神”没有得到彰显才导致了近代中国的贫弱落后，并强调儒家伦理纲常才是普天之下应当同尊共行的“大经大法”，是救苦、救难、救世的“大同之道”。若要救亡图存、脱离乱世，只有实行“大同太平之道”；唯有实行“大同太平之道”，才能拯救世人之苦；“大同太平之道”，就是最公平、最公正、最仁义的救世之道，就是最高境界的治理国家之道，其他治国理政的方式方法都不如它。

康有为构想的“大同之世”是一个极乐世界，实现了公有制，消灭了私有制，消除了阶级、国家、民族，人人平等，友爱和谐，各尽其能，各得其所。同时，他非常重视教育事业，将教育视为一项极其重要的社会事业。也许，康有为已经意识到，所谓“西方文明优越论”的甚嚣尘上，与西方国家重视教育有着直接关系。为此，康有为在其大同之世，对于未来教育制度进行了精心设计，制定了一套涵盖学前、小学、中学、大学的完整教育体系，前后衔接，阶梯而进，并将教育制度与人才录用制度紧密联系起来。

一是育婴院。孕妇生下婴儿之后，即被送入育婴院护理、抚养。育婴院负责承担儿童的学前教育各项工作，如教导儿童说话、唱歌等。所需费用，全部由公政府公费承担。母亲只有生育责任，无须履行抚养义务。为了营造优质抚养环境，要求育婴院选址应在环境幽美安静、气候适宜之处，周边环境要楼居少、草地多、通风好、池水清、蓄鱼鸟。为了保障抚养、教育质量，要求严格遴选素质优秀女子担任保育人员。在幼儿教育方面，遵循循序渐进原则，儿童年龄稍大、知识稍长、蒙昧初开之时，应及时改变教育方式方法，充分利用实物、图画等直观教具教给儿童认识环境和事物，以启童智。在幼儿健康方面，早晚有医生巡诊，关注儿童健康成长。

在衣、食、玩、乐方面，制定科学计划，严格按照作息标准和培养标准执行。

二是小学院。规定小学入学年龄为6岁，适龄儿童从育婴院直升小学院。在小学阶段，要注意适中安排小学生的起居、饮食、衣服、游戏等，既不可拔苗助长也不可放任生长。在教育方面，要求小学教育将体育和健康放在第一位、将智育放在第二位，主张小学生健康成长为第一要务。为了保障教育质量，要求小学院应选择有山有水、气候干爽适宜之处，同时还要远离戏院、酒馆、作坊、市场等喧哗熙攘之地。小学教室要满足这样几个条件：一是要阳光明亮，采光好。二是要宽敞舒适，空间大。三是要通风透气，空气好。四是要多植花木，绿化好。除此之外，校园要多设器材，锻炼好，可以建设体操场、游戏场以及安设秋千、跳木等器械，供小学生锻炼身体。在课程设置方面，小学院注重理论与实践相结合，既设有“修身、习算、地理、历史”等文化知识课，又设有“体育、图画、唱歌、金工、木工”等实践课程。在小学教员和管理人员的配备方面，规定必须由德才兼备、尽责尽职的女性承当，而且规定这些女性既肩负教师职责又承担慈母之任，具体遴选标准为德性仁慈、威仪端正、学问通达、诲人不倦等。

三是中学院。中学的入学年龄规定为11岁。小学生年满11岁，即可升入中学院。中学阶段的教育，实行“分班管理”。进入了中学教育阶段的学生，年龄渐大、知识益多、心智日开，应以智育为主，同时加强德育教育。为了提升中学生的素质、形象，这一时期开始学礼习乐，协调身心发展。在中学教师的配备方面，遴选标准有所放宽，男女均可、性别不限，但是也必须是品行兼优、文学广博、诲人不倦的贤达之士。中学的管理人员，产生方式为“公推选举”。中学教学环境，要满足这样几个条件：一是学校选址，要选址海边沙滩、天高气爽之处。二是教室宽广明亮，光线充足。三是各种教学设施、配套设施要健全完善，“食堂、图书馆、体育场、游步园、操舟”等设施，要一应俱全。

四是大学院。大学的入学年龄为16岁。中学生年满16岁之后，即进入大学院，学制四年，20岁毕业。在专业划分上，大学院实行分科制度，统一管理，学生根据自己的志向选择专业。在教育方法上，要注意教学理论与教学实践的科学结合，主张知行合一、学以致用，在实践中检验理论。在教师选聘上，以才为先，不限男女。在学校建设上，根据不同专业进行择址而建，强调专业与校址的高度结合，如农学专业的大学院应将校址设在田野、商学专业的大学院应将校址设在集市、工学专业的大学院应将校址设在工厂、矿学专业的大学院应将校址设在山区、渔学专业的大学院应将校址设在水滨、政学专业的大学院应将校址设在政府，医学专业的大学院应将校址设在医院，以便大学生学以致用、知行合一。在毕业分配上，强调专业对口、发挥专长，如政治、法律专业的学生毕业后可以担任君长官吏，教育、哲理专业的学生毕业后可以担任教师，贸易、种植专业的学生毕业后可以从事农商，技能专业的学生毕业后可以担任工匠。

康有为在《大同书》中，还设立“人本院”对孕妇及胎儿进行“胎教”，构建了一套从胎儿至大学毕业的完整教育体系。康有为的教育理想、教育理念，通过《大同书》作了基本阐述。其教育思想，注重学生的学前教育、道德训练、兴趣教育、专业技能教育等，强调教育机会均等、人人都可接受教育，主张德、智、体等全面发展，主张潜移默化、陶冶情操、因材施教，这些都是对中国古代优秀教育遗产的批判继承。

3. 重建世界的“大同方案”

空想社会主义（即“乌托邦社会主义”）是现代社会主义思想的来源之一，主张建立一个没有阶级压迫、没有阶级剥削、没有资本主义弊端的理想社会。马克思和恩格斯把主张实行公有制的早期社会主义学说，称为空想共产主义，代表人物如康帕内拉、摩莱里、马布利、巴贝夫、欧文、卡贝、魏特林；把主张仍然保留私有制的早期社会主义者的学说，称为空想社会主义，代表人物如圣西门、傅立叶。空想社会主义始于16世纪，以莫尔、闵采尔为代表，只是提出了公有制、人人劳动、按需分配等社会主义（或共产主义）的基本原则。18世纪，以摩莱里、巴贝夫为代表，对私有制进行批判，产生了初步的阶级观点，提出绝对平均主义、苦修苦练、禁欲主义、斯巴达式的共产主义。19世纪，圣西门、傅立叶和欧文等人成为空想社会主义的代表，他们将批判矛头直指资本主义制度，强调私有制是产生阶级和阶级剥削的根本原因，从而把空想社会主义发展到了一个新高潮。为此，他们还进行了一些社会实验来实践自己的空想社会主义理论。如欧文在美国印第安纳州，购买了1214公顷的土地，进行“新和谐共同体”的社会实验，结果以失败而结束。

西方乌托邦思潮东渐，影响了康有为的思想，使之在立足中国传统文化基础之上既接纳了乌托邦主义又改造了传统大同理想，从而形成了自己的“大同之世”理想社会。康有为站在时代前沿，提出了一些富有前瞻性的设想。如在政治方面，康有为鼓吹“女子参政”，结果遭到加拿大女性的“群嘲”和否定；而今，男女平等、女子参政早已经成为现实。在国际社会方面，他主张中日未来应该合并成一个国家。他关于大同之世的设想，有些是奇谈怪论，有些是荒诞不经，有些是匪夷所思，有些设想已变为了现实。例如，康有为在书中癸部“去苦界至极乐”描述了舟车及饮食之乐：“坐卧从容，携挟品物，不许费力，不假水火，大加速率之妙。速率比于今者千百倍焉，可增坐人数千百，……飘飘如御风，瞬息百数十里。”他所设想的这种“舟车”，大概就是现在的“高铁动车”。又如，在大同之世吃饭时，有“食物运送器”自动送来：“大同之世无奴仆，一切以机器代之……食桌之下为机，自厨运至桌中，窟窿忽上……能开合运送去来。”而今，他描绘的这个运送食物机器，就是现在城市餐饮业的“旋转式自助餐厅”。再如，在商业方面，康有为建议废除实体店、废除“车船店脚牙，无罪也该杀”的剥削载体，设想搭建一个从买方到卖方的“售货平台”，人们可以从平台上直接购买到任何物品，从而省去了商店人员的盘剥。他所谓“售货平台”，大概就是今天的网店。再如，为了解决送货到家的问题，康有为设想了“收货机器，货至门响而收之”，这个设想类似于现在的“无人机”快递业务。

此外，康有为还是一个“脑洞大开”的“极端动物保护主义者”。在《大同书》中，他设想大同之世的人们全部不再“杀生”。何为“生”，何为“杀”？他认为牛、狗、猫是有生命的，不能杀；鱼和虫子的智商低、与人类关系疏远，不算“生命”，可以杀而食之；植物无所谓疼痛，不算“生命”，所以“素食主义者”是可以吃素的。总之，康有为的“大同之世”，自相矛盾之处甚多。如他一方面鼓吹人人平等，一方面又极端歧视黑人；一方面鼓吹妇女解放、男女平等，一方面又公然宣称女性智商低于男性；一方面主张农、工、商全部收归公有，一方面又反对政府干预经济运行。尽管如此，以康有为为首的“维新派”仍然掀起了一场思想飓风，“圈粉”甚多，影响甚大。其弟子梁启超在《清代学术概论》中，就高度肯定了康有为大胆预测人类未来社会发展趋向的积极意义。

面对着日益瓦解的中国传统文化，康有为重新阐述了中国的儒家经典、重新建构了中国的知识谱系、批判继承了中国传统文化的优秀因子，实现了中国文化新认知的重建、中国文化“大一统”的重建，并且提出了一套重建世界的“大同方案”，帮助国人重拾了“文化自信”。

三、“天下为公”的三民主义

对于理想社会的建构，中西文化的共性在于都主张“公天下”，即主张全体成员共享社会财产的集体主义、平均主义；不同之处在于其组织形式和治理形式的区别：在组织形式上，中国实行“中央集权制”，西方实行“城邦制”；在治理方式上，中国实行“德治”，西方实行“智治”。“公天下”是中华民族追求的理想社会，“公天下”“公权力”的治国理念早已深入人心，数千年来一直在进行着各种理论探讨和社会实践，“天下非一人之天下”以及早期周礼“国家—君主”治理观念通过“神权—君权神授—君相分职”演变轨迹而源远流长，影响深远。先贤圣哲、有识之士和劳动人民为了完善“公天下”的制度理念，从理论和实践多方面进行了探索，丰富发展了大同理想社会模式。在“公天下”治国理念影响下，中国特色的中央集权制度日趋完善。秦朝统一天下之后，为了监督和制约皇权，设计了三公九卿制，皇帝的命令，需要丞相同意、副署之后，才可以实施；若丞相不同意，则可以驳回。皇帝只是象征国家（天子），并不具体负责管理国家事务。“君相分职”的政治设计，是一种中央集权的政治制度，而不是皇帝专制独裁的集权统治。如汉文帝时，丞相申屠嘉要斩杀邓通，汉文帝多次求情才罢休；汉景帝时，窦太后欲封王信为侯，汉景帝和丞相周亚夫商议，被拒绝，汉景帝只得“默然而沮”。因此国家权力的正常运行，是君主与臣子（贤人）共同执掌；若是这一权力结构遭到破坏，无论权力集中到了国君之手还是大臣之手，均被视为“专制”。[①]当然，“君相分职”只是一种人治设计，未能建立有效制约皇权的制度约束，不能保证中国政治始终沿着健康有序轨道运行，具有严重缺陷和先天不足。“公天下”之下相对应的便是“公权力”，主要是通过科举选拔贤能（让渡权力）、农民革命夺权（建立新政权）等方式，对“君相分职”政治制度进行补充完善和自我更新，由此也形成了“天人合一”“君民一体”“君舟民水”“民

① 参见李若晖《公天下：中国古代对君主专制的严厉批判》，《文史哲》2016年第5期。

为邦本”等民本、民主思想。如何做到“天下为公”、如何行使“公权力”，中国人民在这方面进行了大量积极有益的实践探索并积累了很多成功经验，而西方国家在近代之前基本没有平民夺权成功的先例。

19世纪以来，中国却逐渐被贴上了“君主专制”的政治标签。西方人的这一偏见，至今仍在影响着中国民众的民族心理。殊不知，“反专制”一直以来就是儒家思想的重要传统。近代以来，中国革命先驱孙中山先生更是高举“反对专制主义、实现民主共和”的大旗，致力于建设一个“天下为公”的理想社会。孙中山的社会理想、奋斗目标，都浓缩在“天下为公”四字之中。在他看来，实现大同社会的大同理想、“大同主义”，其实就是“民生主义”“社会主义”“共产主义”。在这个大同理想社会，国家主人就是全体人民，国家事务就是由全体人民共同管理，国家财富、公共设施等由全体人民共同享有。“四万万人都有主权来管理国家的大事”“人民对于国家不只是共产，一切事权都是要共的”。就是说，国家是人民的国家，权力是人民的权力，利益是人民的利益，国家、权力、利益都要由人民自己来管理和享有。孙中山先生构想的这个大同社会，天下为公，讲信修睦，人人平等，友爱和谐，没有贫富悬殊，没有阶级压迫，有欧美资本主义国家经济繁荣发达的一面却没有其经济危机、唯利是图之弊端，完全实现了“民有”“民治”“民享”。为此，孙中山明确把建立大同社会作为了全党、全国、中华民族的奋斗目标，并在其党歌、国歌（1943年确定为民国国歌）《三民主义歌》的歌词中，开宗明义说：“三民主义，吾党所宗，以建民国，以建大同……”

1. 天下为公的大同思想

孙中山以实现大同社会为革命志向，其大同理想以三民主义为基础、以社会主义为“归宿”、以民生问题为经济和政治中心。他认为，推翻清政府就是实现了民族主义，改良专制政治就是实现了民权主义，实行民生主义就能够确保全国无一人贫困、同享安乐幸福，就能够直达大同社会的归宿——社会主义、共产主义社会。为此，他毕生奋斗，以期早日实现“天下为公”的大同社会。

孙中山（1866—1925年），名文，字载之，号日新，香山县（今广东省中山市）人。1892年，他在澳门、广州等地行医生涯中，积极筹划革命，筹建革命社团。1895年2月，他在香港成立了“辅仁文社”，创立了革命组织“兴中会”。1896年，他在考察欧美各国经济、政治状况的思索中，初步形成了自己的“三民主义”革命思想。1905年，成立了中国同盟会，提出了“民族、民权、民生”三大主义。1911年辛亥革命胜利后，他被推举为“中华民国临时大总统”。1912年（民国元年）2月，辞去“中华民国临时大总统”之职。1918至1920年，他撰写了《建国方略》。1925年3月在北京病逝，被尊为“中华民国国父”。孙中山构想的大同社会，是近代社会比较符合中国国情实际和社会发展潮流的一个方案，在当时也是比较先进的一个方案，并提出了许多符合中国社会发展方向的政治理念和制度设计。一是主张国家所有的土地公有，彻底废除封建土地私有制，禁止私人垄断土地，这就是他一再倡导的“平均地权”政治理念和土地制度。二是主张实行民主共和政体。他明确指出，革命就是为全国人民谋利益、谋幸福，不是为了一己之私、一家之利，推翻君主专制、实行民主共和才能保障全体人民最大限度地共治、共享。三是主张实行国家社会主义，反对私人资本垄断国计民生事业，对于铁路、电气、水道交通等公共事业必须由国家管理、经营。一些较大的企业，也要归国家管理、经营。国家经营公共事业、公益企业的利润收入，上缴国库，由全体人民共同享有，严禁金融资本寡头垄断和独享公共收益。在这方面，他坚决主张“节制资本”，强调决不能允许资本掌控国家经济命脉。四是发展实业，振兴中华。他认为，中华大同社会将是一个生产力高度发达、工农业高度现代化的美好社会，各种基础设施一应俱全。他通过制定《实业计划》，设计了一幅资本主义工业化的宏伟蓝图。五是社会救助体系健全，国家免费提供各种社会福利，各种苛捐杂税一律废止，各种养老院、残废院等抚养鳏寡孤独废疾者的场所应有尽有，各种救灾中心、医护场所样样俱全，免费为全国人民提供社会救助、免费医疗等，实现了“老安少怀”“各得其所”。六是国民教育高度发达，全国实行免费教育，普及高等文化教育，创办各类职业教育，国民素质极大提高。七是全国人民具有高度的“文化自信”，完成了对中华传统文化的继承改造、发扬光大，中华文明重新屹立世界。孙中山坚持认为，中华民族的道德文明，是世界上最优秀、最杰出的先进文明，远高于西方欧美文明，这是不容置疑、必须坚持的；而在物质文明方面，西方欧美明显领先于中华民族，中华民族要取长补短、扬长避短，主动学习西方的“物质文明”，发扬光大中华文明世界领先的道德文化优势。八是提倡讲信修睦，将自由、平等、博爱的人道主义作为大同社会人际关系的最高原则。他指出，自由、平等、博爱，一直以来就是中华传统文化的精髓，也是社会主义的“真髓”；尧舜的“博施济众”思想、孔子的“仁爱”思想、墨翟的“兼爱”思想，庄子的“齐物”思想，其实都是提倡“博爱”。并进一步指出，中国先哲的“博爱”思想有一定局限性，不能够惠泽全国人民，不如“社会主义的博爱”能够惠及人民大众、更好地为人民大众谋幸福。由此来看，孙中山心目中的大同社会，还不是完全的社会主义社会，而是一个国家掌控国计民生、基本公共事业和基础设施建设，平均分配社会财富，全民共同治理国家，消除贫困和失业，取消资本垄断经营的资本主义式的理想社会。

孙中山的大同社会理想，分为“世界大同”和“中国大同”两个方案，在不同时间阶段侧重点不同。中华民国建立初期，从1912年至1916年，孙中山在“天下为公”传统大同思想的影响之下，着重考虑的是怎样推动“世界大同”。由于当时国内（他幻想所谓

“友邦”能够协助其革命事业）、国外（世界交通日益方便、各国联系日益密切、国际关系日益恶化等）客观现实因素影响，孙中山反对强权政治、主张世界和平，认为未来社会就是世界所有国家逐渐合并为一个“世界大家庭”（人类共同体），从而实现“世界大同”理想社会。其具体设想是，将来“世界大同”之后，所有国家全部消亡，没有竞争和战争，世界和平，民族平等，国泰民安，人民自由。他从世界发展潮流和人类社会进化趋势等方面，推论“世界大同”必将实现，届时阻碍大同社会实现的所有障碍都将克服，世界人民的思想道德境界及认识水平等都将得到极大提升。他强调，实现“世界大同”离不开世界各国的共同努力，各国应该携手并肩、共进大同。作为世界文明大国的中国，历来天下为公，热爱和平，重视人道，在实现“世界大同”进程中更应该有所作为并将发挥主导作用。他指出，在未来实现“世界大同”之后，物质文明和精神文明高度发达，而精神文明方面必将以中华优秀传统文化为主，构成“世界大同”的思想道德基础，担负教化引领世界人民精神信仰的重要责任。这是孙中山先生在20世纪20年代初，所勾勒出的“世界大同”理想社会蓝图。

孙中山的大同思想，把中国传统“天下”概念扩大到现实世界，囊括了中国、世界各国以及世界各国平等相处的国际关系。这实际是“世界之中国”大世界观的表现。因此，他主张立足国内、着眼国际，强调遵循中国传统的“修身齐家治国平天下”之道，由内而外，首先在中国、其次在亚洲、然后在全世界，逐步推广实现大同社会。如果不按照这一由内而外的逻辑顺序，就会迷失在民族虚无主义的怪圈里。1897年，他在日本与宫崎滔天为代表的“大亚细亚主义者”建立了合作关系，双方一致赞同中日联合、亚洲联合，但是孙中山又明确提出其革命志向是“为了中国苍生，为了亚洲中国人，更为了世界人类”。1924年，孙中山又认识到，实现“世界大同”不但不能弱化中国和中华民族的贡献支持，反而要强化中国和中华民族的地位作用，应该以中华传统道德文化、和平理念引领各国走向“世界大同”。要建成“大同之治”“便先要恢复民族主义和民族地位”“用固有的道德和平做基础”，这是每一个中国人的“大责任”，也是中华民族的“真精神”。王道（治国理政的圣王之道）、仁政（圣王之道的贯彻落实）既是中华传统文化的核心要义，又是实现“天下为公、世界大同”理想社会的基本路径，也是处理国际关系的最高道德准则，一定不能本末倒置、顾此失彼。只有遵循“家—国—天下—世界”的逻辑路径，由家族而宗族而国族而天下而世界，从我做起，从基础做起，齐家、合族、强国而后施行民族主义；只有先恢复民族主义，才能讲世界主义，才能真正实现民族的独立平等，才能建成“天下为公、世界大同”的理想社会。

孙中山的伟大之处，在于他具有高度的民族文化自信、清醒的民族文化自觉，是一个真正成熟自信的政治家。他始终坚定认为，中华民族的思想道德素质、创造能力，并不逊色于其他民族，中华民族若能“学欧美之所长”又能“恢复我一切国粹”，那么在不久将来必定会彻底甩掉贫穷落后的帽子，甚至可能超越欧美。对于那些没有民族自信的崇洋媚外言论（俗谓之“文化汉奸”），在他看来“真是谬误到极点”，对于所谓“民族虚无主义者”更是不以为然。显然，孙中山把世界主义视为一个崇高的政治理想，并自觉把民族主义视为当务之急。他明确表示，若没有各民族的独立与平等，“世界主义”便是卑劣的欺骗；“煽惑”被压迫国家和民族放弃民族防线的所谓“世界主义”，是不可能实现“世界大同”的。只有以中华民族独立自由平等为基础，由亚洲而世界，才能巩固世界各国、各民族的独立与平等，才能实现全人类的自由平等，才能实现真正的“世界大同”。

2. 三民主义的中国大同

在思考“世界大同”的同时，孙中山也在构想着“中国大同”的社会方案。1920年至1923年，孙中山考虑较多的是“中国大同”。他认为，若要在中国实现大同社会，首先就要实行公有制生产，就要将中国变为一个社会主义国家，这样才能在国内实现大同社会。大同社会是什么样呢？他指出，“天下为公”就是百姓人人都有平等权利，就是变成共和政权，全国人民都有权利来管理国家。他把大同等同于“共产主义”，在1924年8月的“民生主义”演讲中就说：“共产主义，即是大同主义。”在将来的中国大同社会里，人人生活幸福平等，拥有平等权利，无尊卑贵贱，无阶级划分，士农工商各尽其事、各执其业。在探求实现大同社会的基本路径时，他看到当时苏联政府供养老幼废疾者，认为这就是已经进入了大同社会。他认为中国自然条件、人文条件都要远远胜过苏联，坚信在将来中国达到大同社会之后，肯定会建设得比苏联更美好。这一阶段，孙中山将“世界大同”和“中国大同”都纳入其“三民主义”之中，并且顺时应变，汲取革命经验，逐步从空想走向现实，主张联合世界其他弱小民族、特别要联合苏俄，以消灭帝国主义，实现“中国大同”和“世界大同”。

孙中山一生追求“天下为公”的大同理想社会，坚持认为以“民族”“民权”“民生”为核心的“三民主义”是实现大同社会的现实路径。他指出，民族主义就是建立民族国家、民权主义就是实行全民政治、民生主义就是节制资本与平均地权，并将“三民主义”用于改造人民思想，强调主权归还人民、政令取决人民、利益人民共享，还将“三民主义”与西方国家所谓“自由、平等、博爱”思想进行了比较。在他的逻辑顺序之中，实现“中国大同”要分为三步：建立国家、实现民族独立是第一步；执政后一切权利属于人民、归还人民，由人民行使权力是第二步；采取各种经济措施来保障民众生活水平提升是第三步。他强调，没有国家的独立，奢言自由、平等、博爱，都是不现实的、自欺欺人的。“三民主义”是孙中山革命思想理论的高度概括，也是与时俱进的时代产物。孙中山依据中国革命实践经验，不断完善“三民主义”内涵，从“旧三民主义”升级为“新三民主义”，提出了许多富有建设性的建议和思考。如在民族方面，他把“驱除鞑虏、恢复中华”修改为“五族共和”，抛弃了“大汉族”主义。在政治方面，提出以革命确立民主政治，通过军政、训政、宪政三个步骤循序渐进实现民主建政，然后以“三民主义”、五权宪法作为建设国家的方略。在经济方面，主张首先要建设“民生”，优先解决民众“衣食住行”基本需要，政府与民众齐心协力，发展农业，修建房屋，加强水陆交通建设，让中国人民吃饱饭、富起来、乐起来、走出去。在文化方面，他具有高度的民族自信和文化自信，强调中华传统文化的优越性、领先性、创新性，主张传承好、发扬好中华优秀传统文化。在国家关系准则上，他主张独立自主、平等相处、强不凌弱、众不欺寡、团结协作、相向而行、共入大同。

3. 振兴中华的世界大同

“民族精神”一词最早出现于18世纪的德国，中国最早以“民族精神”为题的文章《民族精神论》刊发在1904年《江苏》杂志第7、8期上。最早认识到“民族精神”对于“民族复兴”重要意义的是孙中山先生。1924年初，在广州国立师范学校礼堂作“三民主义”系列演讲时，他指出，中国以前是世界上首屈一指的强国，近代以后却一落千丈，从“世界独强”沉沦为“次殖民地”；要恢复中华民族的地位，实现中华民族的伟大复兴，首先就需要恢复民族精神。恢复民族精神，有两个条件，一是要清醒认识中华民族现在所处的危险境地，二是要善加利用中国固有团体如家族和宗族团体，在此基础上联合成一个国族团体。孙中山最早提出了“振兴中华”的口号、最早提出了赶超西方的思想、最先认识到民族精神的重要性。他指出，提倡分裂中国的人一定是野心家，中国人民应当努力建设一个伟大、统一、永久的国家。在生命最后一刻，他仍然在竭力反对分裂，争取全国统一，争取中华民族统一，致力于实现文化历史意义的中华民族与政治法理意义的中国相一致的国族主义。

孙中山指出，中华民族在独立自主时期，就学会了与世界其他国家、其他民族和平相处融合发展；中华民族目前就算暂时受到了其他国家的蹂躏、控制，最终也一定能够夺取胜利。他提倡，在国内各民族平等相处，在国际中国与其他国家平等相处；中华优秀传统文化是领先世界的，中华儿女要博采众长、吸收世界文化，发扬光大中华文化。中国强、责任大，将义无反顾地担负济弱扶倾、抵抗列强的世界责任，并以中华优秀传统文化为基础，统一全国，联合世界，共同奋斗，从中国走向亚洲、走向世界，从而实现“天下为公、世界大同”理想社会。

孙中山继承发展了中华优秀传统文化，在资产阶级革命实践活动过程中，借鉴吸取了西方思想，如美国林肯的“民治、民有、民享”思想，创新发展了传统大同思想，形成了自己的大同思想。他倡导“人民有权、政府有能”的“权能区分”，推行“选举、罢免、创制、复决”四项职能的“人民之权”，“立法、行政、司法、考试、监察”五权分立的“五权宪法”，中央与地方的“均权制度”，以县为单位的“地方自治”等，推行以王道为基础的区域合作，以及向国际投资开放的“实业计划”。他计划50年内，每年新增居室5000万套，每年盖房子100万间，配备水、电、灯、燃气、电话等，供人民群众居住。他注重发展物质文明和精神文明，强调既要传承“旧道德”，又要创造“新道德”，更要有民族忧患意识和强国富民的奋斗精神。他强烈希望中国早日成为一个社会主义国家，以拯救苦难的中华民族。“只有中国成为一个社会主义国家，我们的人民才能更幸福，他们的苦痛也才能减轻。社会主义将治愈中国的疾苦。”

孙中山坚持“民生问题”为一贯立场，致力于解决“耕者有其田”问题，将土地国有作为解决田地分配的前提，视为建构大同理想社会的基础。在思考“民生问题”时，他逐渐萌生了“耕者有其田”的解决办法。1899年，孙中山主张实行土地国有，即土地的使用权属于国家，农民只有租种权（使用权），每年只需要向国家交地租，从而彻底帮助农民阶级摆脱了地主阶级的剥削压迫。1902年，他与章太炎谈论时，进一步提出农民只能拥有土地的使用权，任何个人都没有资格拥有土地的所有权。随后，孙中山把他的大同理想概括为两个问题：一是土地问题，二是资本问题。他认为，解决土地问题，可以通过土地国有的办法加以解决；解决资本问题，可以通过“节制资本”“国家经营”的办法予以解决。他的大同理想社会，政治上是全国人民平等共治，不分尊卑、贵贱、阶级，一律平等；经济上是全国人民共有共享，社会财物共有，无论男女老少，平均分配，大家各尽其事，各得其所，实现了共同富裕；道德上，人民群众道德素质有了很大提高，人人以先贤圣哲为学习榜样，普遍树立起了博爱思想，以服务他人、服务社会、服务国家、服务世界为荣。这一大同社会蓝图，既是中国人民传统大同理想的继承发展，也是传统大同思想从理论到实践的延续深化，又是中华民族文化自信的重构重建。孙中山坚信，如果中华儿女万众一心、奋起直追，中华五千多年文明将重新焕发青春，中华民族将再次屹立于世界民族之林，中国人民将生活在一个政治最清明、政府最高效、社会最公平、人民最安乐的幸福国家。

孙中山的大同理想，体现了大同基因“天下为公、世界大同”的强烈民族自觉，展示了中华民族“协和万邦、胸怀世界”的宽广胸襟，张扬了中华文化朴素世界主义的博大情怀。在孙中山生活的那个时代，正是“世界主义”思潮泛滥和风靡的年代。“世界主义”承认文化差异、道路差异、人性差异，主张世界和平、人类互爱、反对种族及民族歧视，并主张建立一个取消民族、国家界限的“世界国家”，比较漠视民族文化、民族独立。如康德的“世界主义”就是主张建构“伟大的国家共同体”“世界共和国”等。关于世界各国平等、友好相处的观点，实际与中国传统文化儒家“天下一家”思想、“天下主义”价值观是基本一致的。也正因为如此，许多人误认为：“世界主义”等同于大同主义。但是，传统大同理想更注重文化认同，并不反对各民族独立和爱国主义；而“世界主义”，却明确反对民族独立和爱国主义。在这种思潮的影响下，孙中山坚定地指出，只有真正实现了民族的独立与平等（第一位），才有可能实现世界主义这一目标（第二位）；如果本末倒置，在现阶段一味强调取消民族差别、国家差别，那就是对弱小民族、弱小国家“卑劣的欺骗”，也不可能实现世界大同理想。孙中山这一世界观及其关于世界大同理想的构想，是真正科学的“世界主义”，兼顾了中国国内和世界各国、各民族的发展实情，为全人类、全世界的共同发展做出了前瞻思考，他也被誉为“世界公民”，受到世界人民的尊敬。

四、从天下大同到人类命运共同体

中国农民起义坚持“均田均财”的旧式革命道路，走了数千年，终于走到了尽头。封建统治阶级内部变法自强的“改良主义”，修修补补，无济于事，屡改屡败。近代以来资产阶级的各种“革命方案”，要么先天不足，要么“水土不服”，纷纷破产；君主立宪制、议会制、多党制、总统制等种种方案，轮番在中国登场试验，结果都半途夭折，以失败告终。就在中国人民苦苦探寻救国救民的真理而不得、迷茫地徘徊在国家与民族命运的“十字路口”之际，“十月革命一声炮响，为中国送来了马克思列宁主义。”从此，中国人民找到了一条适合中国国情实际、契合中华优秀传统文化、实现民族独立自由和人民共同富裕的崭新道路——社会主义道路。从此，中国人民抛弃了“均田均财”的“老路”，“改良主义”的“破路”，“资产阶级”的“歧路”，毅然决然走向了“共产共富”的“新路”。

从“均财”到“共产”的道路选择，既是历史发展的必然之路，又是中国国情的必然选择。在马克思主义指导下，中国人民找到了实现大同理想的科学路径。马列主义与中国国情相结合的“新路”，同时也是马克思主义“本土化”传播的结果。在中国先进分子和早期马克思主义者的努力传播之下，马克思主义开始在中华大地上落地生根，各地纷纷创建了早期党组织。以1921年中国共产党成立为标志，马克思主义在中国落地生根，共产主义理想与大同理想一样成为中国人民为之奋斗的理想目标。在新时代，构建人类命运共同体的中国方案，又成为推动中国人民朝着大同理想与共产主义理想接续奋进的近期理想目标。

1. 社会主义的中国土壤

社会理想是全体社会成员共同的奋斗目标。不同的社会理想，将给人类指引不同的前进方向、带来不同的发展结果。在人类社会历史上，古今中外各个国家和民族都曾对社会理想进行过深入探索，描绘了种种的美好蓝图。中国大同理想就是其中最重要的社会方案之一，它的本质内涵、设计理念至今仍在发挥着世界性影响，天然形成了朴素社会主义的中国土壤。

大同社会是中华民族五千年多年心向往之、奋斗不懈的最高理想社会目标。为了实现这一美好社会目标，中国人民进行了前赴后继、艰苦卓绝的探索实践。在农耕社会，人们对于美好生活的向往，通俗而言就是“三十亩地一头牛、老婆孩子热炕头”的均田梦想。历朝历代都高度重视土地兼并和贫富悬殊问题，因土地兼并而带来的无地流民、城市贫民的大量出现，被视之为社会秩序正常运转的最大威胁和关系封建王朝生死存亡的“死穴”。同样，历朝历代农民起义的战斗口号，也是以“均田”“均财”相号召。历朝历代所实施的这些类似于社会主义性质的政策、措施，诸如政府主动对土地过度兼并进行干预和防范、对关系国计民生的重要商品价格进行干预和调节、对全国各地荒歉灾情等突发灾难进行国家统筹和救助，以及统治阶级主动削弱豪强巨富、均衡社会财富的几次重要变法，都带有明显的朴素社会主义色彩。从这个意义上说，中国是世界上最早实行政府干预、进行市场调控的“计划经济”国家。在这种政治文化背景下，很自然就产生了以均分财富、救助弱者、集体主义为特征的朴素社会主义思想，并深深植根于中华优秀传统文化之中，积淀为朴素社会主义基因，为中国人民理解和接受社会主义、共产主义提供了共情。大同理想之所以在中华大地上茁壮成长、枝繁叶茂，就是因为中国社会是世界上最适合社会主义、共产主义的优质土壤。

中国传统政治、文化中这些朴素社会主义的大同基因，潜移默化、润物无声地融汇在儒、道、墨、法、农等思想体系内，汇聚为推动中华民族勇往直前的社会动力，以“天下为公、世界大同”为特征的大同理想就成为中华民族所追求的最高社会理想。这种国情、传统、文化，很自然地就把中国政府的角色定位，形塑为“保姆政府”。中国古代政府长期以来，也确实在扮演着维系社会公平、干预商品市场、救灾救荒、赈济贫弱以及调解各种民间纠纷的“万能总管角色”，民众有事找政府、社会有问题找政府，成为中国古代社会治理体系的最大特点。因而中国民众对国家政府高度依赖的大众心理，来源已久，根深蒂固，深入人心。与之相反，西方社会推崇的是“小政府大社会”（“守夜人”理论）角色定位，与中国政府的传统角色定位正好相反。

中国社会的传统土壤，产生了天下为公的大同理想。西方文化对“私权”的推崇，产生了个人主义至上的价值观、世界观。近代以来，西方自由主义思想传播较广、影响较大，一度成为西方社会的“主流思想”。自由主义主张自由竞争、天赋人权、私有财产神圣不可侵犯、代议制等，但是其社会方案却无法解决市场经济所导致的两极分化、周期性经济危机、人的物化等问题。共和主义主张维护公民个体的“权利自由”，要求限制“公共权力”的扩容，就是反对“公权”对“私权”的侵犯。[①]在不同历史时期和语境中，反对腐败和奢侈，追求公共利益、美德、独立、平等与自由成为“共和主义”的一些基本要素。资本主义是一种以生产资料私有制为基础的社会制度，与之对立的则是空想社会主义。空想社会主义深刻露了资本原始积累的罪恶行径，并在此基础上以各种形式（主要是乌托邦形式）构想了不同于资本主义的理想社会。西方的空想社会主义与中国的传统大同理想，在建构理想社会的基本原则上具有共同之处。一是都追求建立一个公平公正友爱的社会秩序，要求改造不合理的社会制度、消灭剥削压迫、实现社会平等。二是都主张消灭私有制，实行以公有制为基础的经济制度。三是对每个社会成员的个人道德修养都提出很高要求。与空想社会主义所不同的是，空想社会主义只是一种理论，而大同社会则是中国古代历史上的一段治世。16世纪初诞生的社会主义，主张社会共同拥有产品、资本、土地、资产等，所有管理、分配及收益都归属于全体社会成员。19世纪40年代，马克思、恩格斯才真正创立了科学社会主义。他们理论联系实际，在总结欧洲工人运动实践经验的基础上，辩证吸收了三大空想社会主义思想成果，发现了“社会主义社会是资本主义社会向共产主义社会过渡的社会形态”这一真理，达到了迄今为止人类对社会制度形态探索的巅峰。科学社会主义很快成为国际工人运动和各国无产阶级革命的指导思想，社会主义才真正从空想变成了科学，才真正为人类社会发展进步指引了一条不同于资本主义的正确道路。

比较发现，大同理想天然地具有社会主义因子，中国大政府的国情和传统则是大同理想的政治载体。历史悠久的大同基因（朴

---

① 所谓“公”，就是主张“天下为公”为共和国家的根本原则；“共”，就是主张采用公平公正的共和政体，强调“权力公有”，由全民共同治理国家；“和”，就是主张以和平方式处理各种政治事务。

素社会主义思想）与社会主义跨越了时空而相交于19世纪，一度被否定的中国大政府，显然也很有重新认识的必要。中国大政府的传统角色定位，在服务民生、救危济困、消除贫富差距等方面，具有西方“小政府”角色不可比拟的优越性。大政府追求的最高境界，就是大同理想所追求的公平公正、老幼得养。不言而喻，中国的国情、传统、文化，决定了中国大政府天然地蕴含着朴素社会主义因子，形成了独具特色的大同理想。时至今日，中国社会的主流观点仍在坚守“大政府”这一传统角色定位并坚持认为：为民众纾难、为社会解困是各级政府义不容辞、天经地义的本职工作。如果各级政府做不到为民分忧解愁、为民伸张正义，站不稳“人民利益至上”的政治立场，那么它就应该自动下台、解散。“尸位素餐”“为官避事”“不为百姓办事”更是为古往今来每一个有良知的官员所不耻。中国社会很久以来流行的一句俗谚“当官不为民做主，不如回家卖红薯”，就是这一传统政治文化熏陶下的反映。毛泽东同志在20世纪40年代所写的《为人民服务》这篇短文，明确提出了“为人民服务”这个口号，很快就成为中国共产党人最著名的“广告语”，并随着新中国成立而深入人心、家喻户晓。“为人民服务”理念之所以能够在中国古代、近现代和当代社会上流传甚广、影响很深，最主要原因就是它浓缩和代表了“大服务政府”这个根本国情，既尊重继承了中国传统政治文化治国理政的基本精神，又鲜明体现了马克思主义的“人民立场”，也是为社会发展实践所证明了的适用于中国国情、传统、文化的有效管理体制。

中华民族自古以来追求“天下为公、世界大同”的奋斗目标，中国社会内在矛盾的必然性，以及近代世界大环境诸多因素影响之下，牵引着近代中国发展的轨迹汇入世界发展的大势。大同思想与西方先进文化、特别是社会主义思想相交之后，便点燃了那些自秦汉以来即深藏于古代中国政治文化之中的朴素社会主义思想的“星火”，在中华大地上迅速燃起了社会主义的“燎原之火”，引领着近代中国最终选择并走上了社会主义道路。一言之，中国的传统、国情、文化，决定了中国人民会走上社会主义、共产主义的道路，大同理想也在这一新道路上不断实现版本升级。

2. 大同理想的结合之路

走上社会主义道路之后，中国成功地实现了国家现代化，重新屹立于世界东方。现代化是近代以来世界发展的历史潮流。中国先进分子也曾将实现“世界大同”的梦想，寄托于国家现代化上，期许中国能够在现代化进程中迎头赶上。遗憾的是，近代中国错失了工业革命的发展机遇，在你追我赶的世界大潮之中逐渐落伍，“天朝上国”逐渐沦落为西方列强的“殖民地”，受人欺凌、任人宰割。对此，一些先进分子既不甘又无奈，只得眼睁睁看着中华民族从世界领先的神坛跌落下来。在中华民族生死存续的关键节点，许多先进分子苦苦探求救国救民的正确道路。尽管他们的探索几乎都失败了，但是他们的贡献永在、功绩不朽。在他们探索实践的指引下，中国一批先进分子找到并接受了马克思主义，实现了马克思主义在中国的落地生根。在中国共产党的领导下，中国人民在苦难中坚强起来，在探索中成长起来，在实践中找到了一条马克思主义与中国具体实际、与中华优秀传统文化相结合的正确道路。传统大同理想，也在这条正确道路上开始了与马克思主义相结合的融合之路。

道路来之不易，道路决定命运和方向。中国接受马克思主义，既有偶然更有必然。马克思主义的最初传播，是一些传教士“无意插柳柳成荫”的文化传播结果。1899年4月，《万国公报》第一次在该报引文之中，提到了“马克思”以及“《共产党宣言》”，从此马克思主义作为社会思潮之一传入了中国，引起一部分先进知识分子的注意，他们认为马克思主义就是西方版本的“大同之说”。1901年1月《译书汇编》第一次介绍了马克思（当时称马克思为“麦克司”）的有关理论，将“均贫富”“制恒产”视为“社会主义”

的主要标志。1902年10月，梁启超在《进化论革命者颉德之学说》一文介绍说，马克思（他称为“麦喀士”）阶级斗争学说就是“少数强者压迫多数弱者”的社会理论。1904年2月，梁启超在《中国之社会主义》一文介绍说，马克思主义内容就是三点，一是“土地归公”，二是“资本归公”，三是“劳动力为价值源泉”，而这些理论主张与中国古代井田制度和天下为公思想是一致的，所以传统大同理想与近代社会主义的立场一致、目标一致。在梁启超等人看来，中国自古以来就具有发展社会主义的适宜土壤，井田制就是土地公有的最好践行，大同理想就是中国版本的社会主义。尽管这一认识并不完全科学，却敏锐地捕捉到了大同基因与社会主义天然一致的共性、中国古老智慧与西方先进文化成果天然相似的共性，也成为中国先进分子的共识。这种文化的认同、心理的认同，无疑拉近了中国与西方、过去与现在的感情距离、时空距离，在马克思主义早期传播中起到了不容小觑的推波助澜作用，由此拉开了大同理想与马克思主义初步融合的历史序幕。

早期马克思主义者李大钊经过研究，确定：马克思主义是最契合中华优秀传统文化真髓、最适合中国国情的革命真理。于是，他坚定地将马克思主义作为了自己的人生信仰，并为之奋斗终生。在他的引领之下，马克思主义在中国进入了系统传播阶段。以1920年在北大创办“马克思学说研究会”为标志，马克思主义进入了组织化、系统化传播阶段。中国最优秀的一批青年学生，汇聚于此，他们“聚是一团火、散作满天星”，成为中国的第一批“革命火种”。在他们的努力下，马克思主义在中国实现了落地生根，中国共产党成立，中国革命从此走上了社会主义的正确道路。自从走上社会主义的革命道路之后，在中国共产党的引领之下，中国人民开始了筚路蓝缕、艰苦卓绝的拓荒之路。幼年时期的中国共产党，在求索中苦苦思考、苦苦探寻。马克思主义虽然已在中国落地生根，但是能否在中国土壤里继续茁壮成长，这是中国共产党人必须面对的一个严峻问题。1935年遵义会议召开，标志着中国共产党成功地寻找了一条“农村包围城市、武装夺取政权”的正确道路。此后，中国人民在中国共产党的领导下，成功地推翻了“三座大山”，建立了中华人民共和国，找到了中国特色社会主义道路，全面建成了小康社会，历史性地实现了社会主义初级阶段的奋斗目标。中国人民仅仅用几十年时间就实现了中国先贤圣哲千百年来所未能实现的小康社会，提出了构建人类命运共同体的新时代理想目标，继续朝着天下为公、世界大同的理想目标阔步前进。

构建人类命运共同体与传统大同理想都是关注人类社会的福祉、未来世界的发展命运，都是为了实现人类社会的共存共荣、和平发展。以此为基底，象征中华优秀传统文化智慧的大同理想与反映马克思主义中国化最新成果的人类命运共同体理念，跨越了古今中外的时空距离，创新传承了人类社会的先进文化成果，实现了新时代的“风云际会”、有机结合，完成了大同理想的基因再造、换代升级。毋庸置疑，中国人民现在已经比历史上任何时期，都更接近“天下大同”的理想目标。源于中国历史智慧、中国人民实践经验和新时代马克思主义中国化最新成果的人类命运共同体理念，将接续引领中国人民和世界人民相向而行，合作共赢，共同走向更加光明的未来。

3. 大同理想的版本升级

大同理想是中华文明古老智慧的核心思想之一，马克思主义是西方文明近代智慧的先进理论之一，人类命运共同体理念则是大同理想传统智慧与马克思主义中国化最新成果的智慧结晶。从天下大同到人类命运共同体理念，体现了中国人民对美好生活、和谐社会的自觉建构，传承了中华优秀传统文化的古老智慧和马克思主义中国化的当代智慧，指明了中国特色社会主义道路、人类社会发展道路的前途命运，解决了当下世界全人类所面临的共性难题、发展困境。天下大同思想也因此构成了人类命运共同体理念的题中之义，传统大同理想也因此焕发了生机与活力、实现了其在新时代的内涵重构与版本升级。

天下大同思想是传统大同理想的基本内涵之一，是中国古老智慧对人类社会发展规律与本质内涵的早期阐释。这一动态开放发展的天下思维，使得大同理想永葆生机活力，使得中国人民信念坚定、勇往直前，使得中华文明五千多年来生生不息、延绵至今。人类社会历史上曾经出现过的文明形态，其中“两河文明”“埃及文明”“古印度河文明”等古文明形态已先后消失，只有中华文明焕然一新、青春依然。从甲骨卜辞到金器铭刻，从《尚书》《春秋》到“二十四史”，这些都是中华文明连续性的“历史见证”。不仅如此，在人类社会发展的重大节点上，中华文明从未缺席：青铜时代，世界其他文明形态因为外部力量或内部因素而中断发展，中华文明却大踏步前进；春秋战国至秦汉时代，中华文明兼收并蓄、吐故纳新，继续向前挺进；四五世纪，中原地区发生了多次民族大融合、大迁徙，并且建立了一些少数民族政权，中华文明仍然青春焕发，继续向前迈进；隋唐至明清时期，中华文明举世瞩目，万国来朝，高度发展；近代以来，中华文明短暂落伍之后，又浴火重生，重新回到了世界舞台中心。

无论是领先世界还是短暂落后，大同理想都是凝聚中华民族力量、指引中国人民奋勇前行的精神旗帜。精神的力量是无穷的，梦想的力量是巨大的。大同理想过去是中国人民和天下人民（那时尚无“世界”的概念）共同奋斗的精神旗帜，现在仍然是构建人类命运共同体、重建国际新秩序的智慧之源和理论支撑。由于时代和认知的局限，传统大同理想主要是着眼于中华文明圈内部，是一个由内及外、循序渐进地实现过程，遵循着家国天下的建构理路；构建人类命运共同体理念，则是立足中国，放眼世界，着眼于百年未有之大变局的世界大局，着眼于为全人类谋幸福和发展。人类命运共同体理念既是马克思主义中国化最新成果之一，也是中华民族的经验总结和情怀自觉、道德自觉。五千多年来，中华民族在政治、文化、社会等方面积累了协和万邦、凝聚夷夏、安民怀远的成功经验，形成了“大一统”的“天下观”，确立了“天下一家、世界大同”的宏大目标。中华文明通过“内部调整”的方式，从殷周到清末都达到了一种超稳定的完整架构，表现出了历久弥坚的凝聚力和长久不衰的生命力。天下大同的一致奋斗目标，使得中华文化具有了集体认同感和超地域、超国界的文化归属感，使得中华民族屡遭劫难而不致分崩离析。中国人民对于“天下为公、世界大同”的执着追求，以及这种“打断骨头连着筋”的文化向心力、民族凝聚力，都在殷周之变、汉承秦制以及历朝历代的自我调适进程中有强烈的体现，“天下”是所有人、所有民族、所有国家共有的思想根深蒂固。这种开放发展的思维模式、放眼天下的博大胸怀、天下为公的道德传统，使得中国人民对天下大同的理解与实践，不是简单粗暴的“统治”，而是春风化雨的“教化”；不是零和博弈，而是美美与共。中华民族协和万邦的历史经验、天下为公的传统情怀、公而忘私的道德自觉，都在充分表明：中国不但过去是和平发展的维护者，今后仍然是和平发展的维护者。

天下大同思想具有与生俱来的开放性。这种开放性，不仅是单向的开放，更有双向的开放。它在开放中进化发展，在中华文明“双循环”进程中进行自我更新、自我优化。中华文明通过“双循环模式”实现了自我发展，大同理想也与之俱进。中华文明开放性、包容性、创新力、再生力最强，世界其他文明形态的先进思想、先进制度都能够纳入中华文明体系之内，为我所有，为我所用，成为中华文明自我发展的新鲜血液。春秋战国时期“百家争鸣”，科举制度选拔人才，从不同社会阶层选用人才，防范阶层固化，这就是“内循环模式”；战国时期赵武灵王“胡服骑射”、魏晋南北朝时期佛教传播、隋唐时期通过“丝绸之路”接受西方和中亚文明，以及近代以来马克思主义中国化，这就是“外循环模式”。近代以来，大同理想与西方空想社会主义、科学社会主义在文化交流互鉴中形成了高度的近似性甚至是一致性，人类对理想社会的目标追求出现了“并轨合流”的新趋势。中国人民致力于维护“天下为公、世界大同、协和万邦”的传统情怀也愈发展现出来。深深植根于中华优秀传统文化丰沃土壤之中的大同理想，经过先进分子的推动、发展，在中西文明、古今文明、历史与现实的充沛交流中，在百年未有之大变局的时代背景下，从“天下—国家（中国为世界中心）”的传统空间视角切入到“民族—国家（中国为世界一部分）”的现代空间视角，打通了中国与世界、过去与现实、昨天与明天的时空通道，实现了大同理想的与时俱进和版本升级。

马克思主义认为，人类文明是一个整体，人类文明在世界范围内普遍交往能够促进生产方式和生产力大发展，从而促成人类社会最终集体实现共产主义社会。目前，人类社会已经进入全球化时代，各国共处一个地球，生活在同一个时空里，形成了你中有我、我中有你的命运共同体。在这个共同体内，只有建立公平公正的国际新秩序，才能更好地维护全人类的共同利益。如果不尽快改变国际旧秩序及零和博弈旧观念，将带给全人类灭顶之灾。特别是在核战争威慑下，覆巢之下没有完卵，没有哪个国家、哪个民族能够独善其身。构建人类命运共同体，旨在团结维护全人类的共同利益，协调全人类相向而行、共同发展、美美与共，共同进入共存共荣、天下大同的美好世界。天下大同思想在新时代的发展，赋予了大同理想以新的时代内涵，促进了大同理想的版本升级，推动着人类社会稳步走向公平、公正、和谐的美好明天。

公平正义是全人类的永恒追求，也是大同理想的最高追求。人类社会越发展，世界文明程度越发达，人们对社会公平正义的质量要求就越高。秦汉以来，中国已拥有世界最大的商品市场、购买力最强的统一货币和最强的交易平等精神，形成了匡扶正义、救危济困、维护和平的政治文化传统和天人合一、均田均财、平均分配的公正思想。在追求大同理想公平公正社会秩序的实践中，中国人民不屈不挠、自力更生、艰苦奋斗，逐步缩小了理想与现实的距离。在中国共产党的正确领导下，中华人民共和国成立之后，全面建成了小康社会，距离天下大同的大同社会越来越近。中国在 2010年就成为全球制造业第一大国，如果按照购买力计算，中国目前已经成为全球最大经济体。[①]中国人民天下大同、协和万邦的兼爱情怀，人类命运共同体合作共赢、共建共享的时代理念，“一带一路”建设造福更多国家和百姓的事实，引发了世界人民的共识和认可，受到了世界各国的赞同和支持。相反，丛林法则、零和博弈、强权独霸的西方道路及其华盛顿模式，已经受到了越来越多国家的强烈质疑。中华民族五千多年协和万邦的成功经验，中国共产党100多年维护世界和平发展的一贯立场，已经充分证明：五千多年来，中国始终是维护世界和平发展的中坚力量，今后仍将是世界和平发展的坚定维护者。中国离不开世界，世界更离不开中国。

4. 构建人类命运共同体

构建人类命运共同体是现阶段和21世纪全人类求同存异、合作共赢、和平发展的美好蓝图，指引着全人类的前途命运，照亮了人类文明进步的道路方向。这一方案能够引领全人类求同存异、合作共赢、和平发展，形成人类社会向前发展的最大公约数，最大限度地汇聚公平正义、和平发展的磅礴力量。在现阶段，大同理想、特别是其天下大同思想已经发生了与时俱进的拓展延伸，并成为人类命运共同体理念的精神之根、智慧之源。推动构建人类命运共同体，通过“一带一路”建设，推动人类社会共同迈向和平富足、天下大同的理想社会。这个理想社会，按照传统大同理想的建构理

① 麦肯锡全球研究院报告称：中国在全球制造业总产出的贡献，从2000年至2017年为35%；中国全球经济贡献率将在2040年达到26%，将创造37万亿美元的经济价值。如果按照购买力来计算，中国目前已经成为全球最大经济体。

路来解读，就是大道之行、天下为公、友爱和谐、各得其所的美好生活；按照马克思主义的观点来解读，就是社会产品极大丰富，人的思想境界极高，劳动成为生活第一需要，实行各尽所能、按需分配的共产主义社会。尽管表述的时代语言、思维逻辑、本质内涵有所不同，但是它们都是人类社会发展的终极目标和最后归宿。换言之，代表朴素社会主义思想的传统大同理想与代表马克思主义中国化时代化最新成果的人类命运共同体理念，将在人类社会发展的终点站交汇，融为一体。

传统大同理想追求的是人与人、人与社会、人与自然的理想化共生共存关系，也是各类共同体的理想化生活方式。大同理想是东方古老智慧的代际传承与经验总结，常用词汇就是家国天下；而“共同体”却是西方文明语境中的常用词汇。在古希腊，亚里士多德在西方文明萌芽之际，就指出，人类是在同一个“共同体”之中同生共存，并把国家称为“道德性共同体”、把城邦称为“政治性共同体”，“共同体”存在的目标就是致力于追求和谐、幸福、美好的生活。由此可见，大同社会、共同体只是不同文明形态的常用词汇之一，他们的根本诉求、理想目标都是一致的，殊途而同归，百虑而一致。近代以来，西方社会进一步发展了共同体思想，对社会上的各类共同体进行了重新界定。1887年，德国社会学家斐迪南·滕尼斯在《共同体与社会：纯粹社会学的基本概念》一书中，从社会学角度对共同体进行了系统研究，强调共同体主要是一种社会联系或生活方式，将社会上存在的各类共同体划分为“血缘共同体”和“地缘共同体”。而中国学者吴文藻、费孝通则把共同体概念做了中国式解读，视之为地理属性的“社区”“社群”。马克思主义认为，共同体是一种比“国家联盟”还要更高级的社会形式，是彻底实现了“自由人”之间的自由联合，超越了现今人类政治共同体的基本组成形态（民族、国家），这些“自由人”组成的共同体为“自由人联合体”。不难发现，传统大同理想与西方共同体思想、马克思主义“自由人联合体”思想，在内在逻辑上具有相通之处，在人类社会发展阶段、文明程度都进行着同样内容、不同形式的表达。以马克思主义为指导，植根于中华优秀传统文化，立足百年未有之大变局，国家主席习近平代表中国人民提出了契合国情、符合世情的人类命运共同体理念，根本目标仍然是引领人类社会朝着天下大同的共产主义社会前进。

人类命运共同体理念，站在全人类高度，展望了中国人民和世界人民求同存异、共建共享、天下大同的美好愿景，体现了中国共产党的使命担当，创新传承了中华民族一以贯之的天下情怀。中国无论是秦汉雄风、还是唐宋盛世，推行的都是协和万邦、厚往薄来，而不是恃强凌弱；传播的都是和平与文化，而不是武力或侵略。中国自古及今，秉持的都是“睦邻、安邻、富邻”的价值理念，传承的都是大道之行、天下为公的和平信念。中国共产党成立一百多年以来，一直致力于为中国人民和世界人民谋幸福、共发展。在国家综合国力相对较弱时期，中国立场坚定、旗帜鲜明致力于维护世界和平发展，倡导和平共处五项原则；国家综合国力跃升为世界前列之后，中国仍然是世界和平发展的坚定维护者。

人类命运共同体理念，主张和平共处、守望相助、同舟共济、合作共赢，强调“世界命运由各国共同掌握、国际规则由各国共同书写、全球事务由各国共同治理、发展成果由各国共同享有”。这一理念，维护的是全人类的共同利益，追求的是全人类的公平公正，关心的是全人类的福祉。这一理念，既是对中华文明“宽容”和“秩序”价值观的一脉相承，也是对大同理想“协和万邦、天下大同”世界观的创新发展，又是对共产党人为全人类“谋幸福、共发展”初心使命的践行。世界人民已经充分认可了中华民族的和善、勇敢与智慧，也同样有理由相信：今日之中国，仍将一如既往地发挥中华民族协和万邦、团结凝聚数亿民众的经验智慧，与世界人民一道构建人类命运共同体，实现“天下为公”“世界大同”的美好幸福生活。

结语

世界大同的中国实践

人类命运共同体理念是传统大同理想古老智慧与马克思主义中国化时代化最新成果当代智慧的智慧结晶，也是信息化开放时代对天下大同思想的传承、创新与弘扬。它站在全人类高度，超越了国家、党派、社会制度的区别，对人类社会怎样发展做出了科学表述和准确研判，正确指引了全人类前进的方向。人类命运共同体是利益共同体也是责任共同体，既有“一带一路”的现实路径支持也有政策层面的各种支持。构建人类命运共同体，是在世界百年未有之大变局时代背景下进行“天下为公、世界大同”的伟大实践，是人类社会发展史上的一次飞跃。对于世界人民而言，还有较多国家和地区尚未消除贫困、尚未进入小康社会，距离大同社会尚有比较长的一段路途要走。对于中国人民而言，中国已经实现了小康社会，距离大同社会越来越近。但是，这将是人类社会发展史上最伟大、最关键、最艰巨的任务，将是中国和世界同进步、共发展、齐飞跃的历史新篇章。历史已经证明并将继续证明：没有任何力量，能够阻挡中国人民实现梦想的步伐；也没有任何力量，能够阻挡世界人民追求幸福美好生活的权利。全人类共同发展的时代潮流浩浩荡荡、不可阻挡，任何形式的霸权主义终将遭到历史车轮的无情碾压。中国人民决不会因为困难挫折而放弃梦想，也绝不会因为理想遥远而放弃追求。中国人民将在推动构建人类命运共同体的新征程中，团结汇聚全人类进步力量，携手世界人民，相向而行，共同发展，共建共享美好生活。

1. 天下大同的千年追求

天下大同是传统大同理想的最高追求，是中国人民对人类社会发展规律的朴素认知，也是中华民族千百年来孜孜以求的最伟大梦想。对美好生活的向往，不仅是中国人民自古及今的奋斗旗帜，也是世界人民共同追求的理想目标。为了早日实现“大道之行、天下为公”的大同社会，中国人民锚定目标，锲而不舍，为之奋斗，涌现出了一大批“埋头苦干的人”“拼命硬干的人”“为民请命的人”“舍身求法的人”。大同理想在中国人民的集体努力下，正在一步步变为现实。

每一个时代都有不同的梦想，而大同理想始终是中国人民几千年来一直不变的最大梦想。近现代以来，在中国共产党的领导下，中国人民团结奋斗，相继实现了一个又一个看似不可能的奋斗目标，建成了小康社会。从建构理路上看，目前中国人民距离大同社会只有越来越近，正在前所未有地接近大同社会理想目标。面对新时代的共性难题、发展困境，国家主席习近平及时提出了构建人类命运共同体的中国方案，主张合作共赢，共建共享，受到了世界各国人民的普遍欢迎。与此形成鲜明对比的是，西方“华盛顿模式”的有效性及其零和博弈价值观、世界观，却受到了世界各国的强烈质疑和抛弃。构建人类命运共同体方案已经当仁不让地成为全人类解决世界难题、应对共同挑战的价值指引，已经势所必然地成为人类社会应对百年未有之大变局的首要选项。

世界人民对于中国人民的历史贡献、现实成就，给予了高度评价、充分肯定。历史上的丝绸之路，今天的“一带一路”建设、“两廊一圈”“欧亚经济联盟”……都是中国与世界各国合作共赢的实例。随着世界各国对中国越来越多的深入了解，中国爱和平、负责任的大国形象，日益深入人心。世界人民更加相信：协和万邦、维护世界和平发展的东方大国治理经验，合和发展、天下大同的东方古老智慧，无疑将为现实世界重建国际新秩序、构建人类命运共同体提供源源不竭的智力支撑与智慧借鉴。这是世界人民对中华民族五千多年来的一贯认知和对天下大同古老智慧的基本判断，也是符合全人类利益的战略考量。①

事实确实如此。数千年来，大同理想的内涵、外延、表述形式虽然在与时俱进、发展提升，但是其追求公平、公正、和谐的根本内核从未改变。如果将传统大同理想的终极目标——大同社会，与马克思主义最崇高的社会理想——共产主义社会相比较，可以发现：尽管二者的形成背景、表述方式、逻辑理路有所不同，但是它们的本质内涵、目标指向是相通和一致的。

首先，二者的本质内涵与目标指向，都是为全人类服务的，都是立足于维护全人类的共同利益，即实现了个人自由发展与社会自由发展的完全统一。大同社会的基本理念，即“天下为公、选贤与能、讲信修睦、各得其所”，就是提倡天下和平，天下为公，天下大同，人人平等，人的道德境界极高，每个人都能最大限度地发挥作用和获得社会保障。共产主义社会是“自由人联合体”形式，全

① 在人类向何处去的发展方向上，全球有识之士、专家学者也都进行了思考、提出了建议。如英国学者彼得·诺兰在《十字路口：疯狂资本主义的终结和人类的未来》一书中，通过研究比较西方马克思主义、亚当·斯密“自由经济”、达尔文“进化论”以及中国孔子“仁政”思想之后，认为当今世界“放纵资本”的时代已经结束（即应实施“资本管控”），人类只有学会了跨越国家、跨越文化、跨越发展水平（即不再区分先进文明与落后文明、发达国家与发展中国家）之后，才可能化解资本主义全球化所带来的深层次矛盾，唯一的化解办法就是借鉴中国传统大同理想的东方古老智慧，建立求同存异、合作共赢、和平发展的国际新秩序。英国克里斯托弗·库克在《文明国家的崛起》一书中，也指出中国是“地球上文化最自给自足的国家”，中华文明是“天生的和平、非扩张主义和非帝国主义的文明”。

人类都自由平等、自由发展，实现了生产资料公有制，社会生产力极大提高，社会产品极大丰富，国家、民族自行消亡，人的道德境界极大提高，实行各尽所能、按需分配。二者的终极目标，都强调全人类的物质世界和精神世界都同时获得了高度发展，实现了人的自由而全面的发展。

其次，在主张公有制方面，二者是一致的。大同社会主张“天下为公”，包括国家治理（民主选举或者禅让）、社会管理（选贤与能）、公益事业、社会财富，都属于公有，强调公心、公正、公平；共产主义社会的公有制，也是实现了生产资料公有制，物质产品和精神产品一切公有，实行各尽所能、按需分配的分配原则。马克思认为，在共产主义社会的高级阶段，强制性的社会分工已经消失，劳动成为生活的第一需要，生产力、社会财富得到极大增长，实现了各尽所能、按需分配。恩格斯认为，在共产主义社会，个别的力量联合成了社会的集体力量，因此劳动力实现了最大的节省，实现了免费的普遍教育，解决了失业问题，实现了财产共有。对于社会财富公有问题，传统大同理想比较注意发挥政府管控的计划作用、调节作用；马克思主义也主张“节制资本”、防范“放纵资本”，强调掌控资本服务于国计民生而不是让国计民生服务于资本，认为实现公有制、财物共有、劳动成为第一需要是共产主义社会的主要特征。

再次，在主张平等方面，二者是相通的。大同社会的平等，更倾向于经济平等、政治平等、分配平等、管理平等，实际是要求财物、劳动及权力的平均分配，“不患贫而患不均”。由于时代和认知的局限，传统大同理想未能科学认识到：只有社会生产力极大提高、社会产品极大丰富之后，才能够彻底实现财物、劳动及权力的平均分配。因而只是主张在现有社会阶段，实行有条件、有差别的平等和平均分配。共产主义社会的平等，是在社会生产力高度发达的基础上，实现了人的自由而全面发展的平等，实现了个体平等与社会平等的一致性发展，是人类社会上真正彻底的平等。与大同社会侧重强调“平均”不同，共产主义社会重在强调消灭阶级之后，人与社会的平等程度达到了最高限度。在平等和平均问题上，马克思主义认为，平均主义源自个体农民的思想方式，是平分一切财富的“原始共产主义”心理；社会主义社会虽然实行财产共有，但是社会主义社会也不是平等的乐园，也承认在不同国家、不同地区存在着事实上的不平等，而且这种不平等是不可能被完全消除的，即承认个体差异的长期存在。由于存在着个体差异的不平等，要求绝对平均实质上也是一种不平等的要求，承认并尊重个体差异的不平等，实行差异化的劳动报酬，反而是最为合理、最为平等的。这与同工同酬、同质同价并不矛盾，所以劳动报酬的不平等也将长期存在。马克思主义的平等，是指阶级的消灭，而不是个人口味和日常生活需要的“千篇一律”，更不是取消个体差异化的绝对平均。不管是在社会主义时期还是在共产主义时期，每个人的饮食口味和生活需要都不可能实行绝对平等，这才是马克思主义平等观。

第四，在人的道德境界方面，二者是近似的。大同社会对于个人道德修养，主张“讲信修睦”，即要求人与人之间、国与国之间要讲诚信，和睦相处，遵循基本的公序良俗与社会秩序，更侧重于阶级社会个人私德的修养，主张由小及大、推己及人。共产主义社会侧重于强调阶级、国家、民族消亡之后，树立共产主义道德。共产主义道德是在新的所有制之上而产生的新道德，要求人们维护公共秩序、公共安全、公共利益、公共道德，而且社会成员个体应该自觉把自己的自由而全面的发展与全人类的自由而全面的发展一致起来。马克思主义认为，人天生就是社会的生物，只有在社会发展中才能发展人的天性、实现个体道德境界的极大提高；而利益是道德的基础，所以个人的道德应该是社会公共道德的一部分、个人的私利应该符合于全人类的利益。要建立共产主义道德，就要打破旧的私有制、旧的道德观，然后才能在新所有制之上建立共产主义新道德。只有消灭了阶级对立，并且人们已经忘记了阶级对立，在这种超越了阶级对立和阶级回忆的基础之上才有可能形成真正的人类道德。在共产主义社会的道德伦理关系上，马克思主义明确指出，所谓“共产主义消灭家庭、实行公妻制”完全是敌对阶级对于共产党人的污蔑。“共产主义组织并不实行公妻制，正好相反，它要消灭公妻制。”二者的不同在于，大同社会对于人际关系上强调“克己复礼”、对于人与自然的关系强调“天人合一”、对于国家之间的关系强调“万邦协和”。

第五，对待劳动的态度上，都强调劳动的必要性、平等性、自由性。大同社会设想“各得其所”，就是人人劳动、各尽所能、各得其所，即人们平等地参加劳动，尽最大努力贡献自己的劳动，同时享有社会给予的各种福利保障。共产主义社会实行计划生产，实现了地方和群众的创造性，强调了劳动的必要性。“每个小孩都知道，一个民族如果停止工作——不用说停止一年，就是只停止几个星期——就会饿死的。同样大家也知道，为了要有适合各种不同需要量的产品量，就需要有不同的和数量一定的社会综合劳动量。显而易见，这种按一定比例分配社会劳动的必要性，绝不可能被社会生产的一定形式所消灭；所能改变的只是它的表现形式。”马克思主义承认劳动的必要性、长期性，尊重劳动的平等性、自由性，强调劳动的自觉性、创造性，同时肯定了在共产主义社会劳动将会成为人们的第一需要，从而实现各尽所能、按需分配。大同社会强调的是人尽其能、平均分配，是在社会生产力较低条件下要求社会成员必须参加劳动；而在共产主义社会劳动将成为人们的第一需要，强制性已然消失。对于有关“取消私有制将导致懒惰之风兴起”的反击批评，马克思主义认为：劳动是人的天性，只是社会强制分工导致了人们不得不去从事自己不喜爱的劳动；在共产主义社会，取消了社会分工之后，劳动便成为人们第一需要，懒惰之风也将随着私有制消亡而彻底消亡。

第六，在社会组织形式或者联合形式上，大同社会虽然设想了“世界大同、协和万邦”的和平盛世局面，却未明确提出具体的组织形式或者联合形式。而共产主义社会则明确提出，在阶级、国家、民族彻底消亡之后，人类社会将以“自由人的联合体”这一组织形式而存在。马克思认为，人类社会进入共产主义社会之后，社会生产力高度发达，人的思想道德境界极大提高，社会实现了高度自治，人类社会进行自我管理的共同体形式就是“自由人的联合体”。在进入共产主义社会之前，肯定还会出现其他一些组织形式或者联合形式，如列宁曾经提出，“世界联邦”便是一种民族联合和自由发展的国家形式。

第七，在战争问题上，大同社会和共产主义社会都已经消灭了战争，但是在之前并不是绝对的反对战争，而是支持正义战争，强调自卫战争的必要性。传统大同思想强调“和合发展”，展示了中华民族的低调内敛形象，同时也包含了“文事武备”的两手思想，并不反对以正义战争反制不义战争，更不反对以自卫战争捍卫和平、捍卫家园。马克思主义强调，无产阶级绝不强迫其他异族人民，但是在必要时也必须进行各种自卫战争。“天下为公、和合发展”的大同基因，形成了中华民族爱和平、反霸权的政治文化传统，天下、民生、民本、亲情的人文情怀至今一脉相承。而西方资产阶级破坏了封建宗法关系，扯下了人类社会温情脉脉的面纱，把人的尊严变成了交换价值，其强盗基因、赌徒基因而传承下来的政治文化传统便是零和博弈的价值观、世界观。

历史车轮滚滚前进，光明就在前方。相信在不远的将来，传统大同理想的终极目标——大同社会，必将与马克思主义最崇高的社会理想——共产主义社会，殊途而同归，汇合在一起。

2. 跨越时空的大同理想

总有一种理想会穿越时空，总有一种使命会全力以赴。大同理想就是这样一种穿越了时空，激励中华儿女全力以赴去践行的使命担当。大同社会是中国人民对原始共产社会的美化与提升，闪耀着朴素社会主义思想的人性光芒；共产主义社会科学揭示了“天下为公、世界大同”的人类归宿，闪耀着科学社会主义的真理光芒。人类命运共同体理念，既是对传统大同理想古老智慧的继承创新，又是当代马克思主义中国化时代化的组成部分。它犹如“时空之梯”，成功地联结了昨日与今日之人类文明巅峰、东方与西方之人类文明巅峰，从而把大同思想、当代马克思主义推进到了一个历史新高度，承前启后，继往开来。

作为古今中外人类文明成果的巅峰代表，大同社会与共产主义社会虽然产生于不同时空、形成于不同语境，但是二者跨越时空距离、语言隔阂，在理想社会的版本设计上具有诸多相通之处。通过比对可以发现，中国传统大同理想的版本之中，最接近共产主义社会的竟然是《列子·黄帝》所记载的“华胥氏之国”。首先，在社会组织形式或者联合方式上，共产主义社会上是“自由人联合体”。“华胥氏之国”的社会组织形式或者联合方式，是一种无高低贵贱的自然形态，“其国无帅长，自然而已”。这一社会组织形式或者联合方式，似乎与共产主义社会的“自由人联合体”比较相似。其次，在人的自由发展程度上，共产主义社会每一成员个体，都得到了自由而全面充分的高度发展。“华胥氏之国”每个人的思想道德境界也进入极高状态，无欲无求，无喜怒哀乐、生死亲疏之情感等，实现了精神高度自由，并具有一些“超能力”，如“神行”、腾云驾雾、水火不惧。再次，在公有制和民主方面，共产主义社会实现了生产资料公有制，社会生产力高度发达，社会产品极大丰富，实行各尽所能、按需分配的分配方式等。马克思主义认为，只有建立了民主的国家制度之后，才能实现财产公有，才能得到无产阶级的政治解放，即实现完全的民主。“华胥氏之国”实现了社会财富公有，实行衣食住行按需分配，日常生活用品全部实现了自动供给、自然配给；在社会管理方面，实行民主政治，人人自由平等，各得其所；等等。因而关于“华胥氏之国”，一般认为它是原始共产主义社会的遗存，也有一种观点认为它可能是一个“史前人类文明的遗存”或者是上一次人类文明（前1万年前至1.2万年前断开）的遗存。如“华胥氏之国”人们所具有的腾云驾雾、水火不惧等超能力，现代社会使用飞行器、防护服之类就可以做到低空飞行、水火不惧。在古人看来各种不可思议的超能力，在社会生产力发展到一定程度即可以变为现实。马克思指出：“只有机器和其他发明有可能向其他社会成员展示出获得全面教育和幸福生活的前景时，共产主义才出现。”也就是说，在共产主义社会，随着社会生产力、人类认知水平的极大提高，各种所谓超能力都将变为人们习以为常的现实生活方式。

传统大同理想不仅跨越了时空，与共产主义社会发生了交集，还跨越了时空与今日人类命运共同体理念发生了对话。换言之，人类命运共同体理念就是中国共产党在新时代对传统大同理想的传承创新和发展实践。人类命运共同体理念既是对当代国情、世情的规律总结，又是对中华优秀传统文化特别是天下大同思想的一脉相承。天下大同思想是大同理想的最高境界，也是中华文明世界观的前瞻研判。在远古的中华大地上，不同文化（龙山文化、石家河文化、良渚文化、红山文化等）交汇融合，形成了中华文明。中华文明在形成早期，便具有了动态开放、与时俱进的世界意识，因而赋予了大同理想最具包容性、开放性的共同体意识。它不以历史、民族、疆域为界限，关怀的是全天下人类的正当诉求。春秋时期，《礼记·礼运》篇明确提出了大同理想之后，中国人民就走上了探索实践大同理想的漫漫求索之路。从生存权到平等权，从经济上均贫富到政治上等贵贱，一步步把理想变为现实。历尽天华成此景，人间万事出艰辛。征程万里风正劲，重任千钧再出发。真正找到了实现大同理想的现实路径，并将大同理想付诸实践，成功带领中国人民从民不聊生到小康社会美好生活的，是中国共产党。毛泽东同志在1946年6月，就明确指出："经过人民共和国到社会主义和共产主义，到达阶级的消灭和世界的大同。"在阶级、国家和政党消灭之后，人类社会即可"进到大同境域"。"大同境域"既包括了中国人民的正当诉求，也包括了世界人民的正当诉求，关怀的是全人类、全世界。中华人民共和国成立之后，天安门城楼两侧的巨幅标语就是"中华人民共和国万岁""世界人民大团结万岁"，旗帜鲜明地展示了中国人民胸怀天下、和平发展的世界意识，彰显了中国共产党一以贯之传承创新传统大同理想的实践精神。在中国共产党的坚强领导下，改革开放40多年来，中国取得举世瞩目的成就建成了小康社会，中国成为世界第二大经济体，中国人民距离传统大同理想设定的最高理想社会目标——大同社会，越来越近。2013年，国家主席习近平首次提出构建人类命运共同体的伟大构想，希望中国人民和世界人民都能够把对美好生活的向往变成现实，明确指出"中国共产党所做的一切，就是为中国人民谋幸福、为中华民族谋复兴、为人类谋和平与发展。"再次表明了中国共产党和中国人民，坚定不移，奋进不辍，致力于为全人类同进步、共发展的圆梦决心与实践态度。

人类命运共同体理念以其成功打通了马克思主义基本原理与中国具体实际、中华优秀传统文化融合发展的新通道，有机融合了世界人民对美好生活向往的理想目标，支持了世界人民追求和平发展、合作共赢的正当诉求，受到了世界人民的高度评价与真诚拥护。人类命运共同体理念，主要是基于现行国际秩序的不合理性而提出的。现行国际体系，起源于1648年的威斯特伐利亚体系，由此确立了国际社会的基本行为主体——"主权国家"，"国家主权原则"便成为现行国际体系的重要基石。在全球化大潮之下，"国家主权"不断受到削弱，"非国家行为体"影响力不断增强，甚至有些西方国家公然宣称所谓"人权高于主权"。尽管如此，"国家主权"仍然是世界各国公认的最核心、最根本的国家利益。在维护世界各国主权利益的前提下，构建人类命运共同体，重建国际新秩序，合和发展，合作共赢，就成为当代国际社会亟待解决的现实问题、方向问题。当今世界，正面临着百年未有之大变局，中华文明和西方世界为人类社会发展指明了不同的前进方向。以美国为首的西方国家，是现有国际秩序的主导者、受益者，他们公然宣称“美国利益至上”，坚持以邻为壑、零和博弈思维，推崇强权政治和“财富收割”的强盗行径。中国人民在继承发展了中国传统大同理想、开拓创新了马克思主义中国化最新境界的基础上，集古今中外人类文明智慧成果之大成，适时提出了构建人类命运共同体的新方案，明确主张世界各国和平共处、合作共赢、合和发展。这一方案，关怀的是全人类共同利益，支持的是世界人民正当诉求，因而不可避免地遭到了既得利益者——以美国为首的西方国家——的仇视。他们打着“文明冲突”的幌子，坚持它们零和博弈的价值观、以邻为壑的世界观，继续打压、抹黑中国人民和世界人民的正当诉求。当它们看到世界人民对中国的期望值越来越高、认同度越来越大之后，更是惶惶不可终日，于是就别有用心地炮制了所谓“中国威胁论”。毋庸置疑，改革开放40多年来，中国已成为全球名副其实的经济增长“发动机”，2020年又成为全球唯一正增长的国家。按照“全球私营领域第一智库”麦肯锡全球研究院的报告，如果按照购买力来计算，中国目前已经成为全球最大的经济体；并指出中国发展带给世界的是机遇而不是“威胁”。然而，尽管明知中国发展让全世界受益极大，并且前景可期，以美国为首的西方国家仍然不计成本、不遗余力地打压、排挤中国，完全无视中华民族五千多年来始终如一的和平、和善、和谐的民族形象。它们不是不知道，泱泱中华，安民怀远，低调内敛，合和发展，美美与共，历史上就没有霸凌弱小、强加于人、张扬武力的文化基因，在世界文明史上也从来没有一个国家能够像中国这样始终坚持走和平发展之路，但是，他们更想挟帝国之余威，绞杀中国于未竟。不过，在中华民族韧性战斗、愈挫愈勇的决心与智慧面前，它们的短视行为必将遭到彻底挫败。

没有自信的民族，是没有希望的民族；没有梦想的民族，是没有前途的民族。中华民族自古以来就是既仰望星空又关注脚下、既怀揣梦想又不懈圆梦的伟大民族。五千多年来，中国人民对于理想的追求，从人与自然的关系转向人与社会的关系，既注重理论创新又注重实践探索，为人类文明发展进步做出无可替代、不可磨灭的历史贡献。在中国传统政治文化之中，大同理想一直就是中国人民为之长期奋斗的最高理想社会目标。共产主义社会是中国共产党带领全国人民为之奋斗的远大理想社会目标，构建人类命运共同体是中国共产党带领当代中国人民并团结世界人民为之奋斗的近期理想目标。无论是大同社会、人类命运共同体还是共产主义社会，三者既相通又耦合，都是人类社会发展进步的伟大理想目标，都将激发人们的昂扬斗志、奋进力量。明确的理想目标，梦想的巨大力量，已是为现代管理科学所证明的“激励理论”[①]。理想的实现，离不开每一代中华儿女踔厉奋发、笃行不怠的艰辛努力，更离不开中国共产党的领导。

中国共产党成立以后，自觉接过了实现大同理想的历史接力棒，把为中国人民谋幸福、为中华民族谋复兴和为世界人民谋发展作为初心使命，把实现共产主义社会作为远大的理想目标。在中国共产党的正确领导下，在传统大同理想和共产主义理想的远大目标激励下，中国人民建立了中华人民共和国，走向了社会主义道路，找到了中国特色社会主义道路，建成了小康社会，跃升为世界第二大经济体。中国人民用双手把贫穷落后的旧中国建设为繁荣富强的新中国，中华民族实现了从“站起来”“富起来”到“强起来”的

① “现代管理学之父”彼得·德鲁克（Peter F.Drucker）提出了“目标管理”概念。维克托·弗鲁姆（Victor H.Vroom）提出了“激励理论”：激励力量=目标价值×期望概率。

伟大飞跃。在新时代，中国共产党的现实使命，就是团结带领全党全国各族人民，凝聚中国力量，汇聚世界力量，继续为实现天下大同千年梦想、人类命运共同体新时代梦想、共产主义社会远大理想而努力奋斗。在中国共产党的领导下，中国人民将一如既往地和世界人民站立在一起、奋斗在一起，不惧风雨、无问西东，坚定不移地走和平发展道路，坚定不移地做世界和平的建设者、全球发展的贡献者、国际秩序的维护者。

3.大同理想的发展实践

大同社会和共产主义社会是古今中外关于人类社会发展规律的本质认识和基本判断。在中国共产党的正确领导下，在中国人民的接续奋斗下，我们已经全面建成了小康社会，开展了“一带一路”建设，取得了举世瞩目的巨大成就。这一系列从理论到实践的历史发展，充分证明了大同社会、人类命运共同体和共产主义社会并不是遥不可及的神话或者乌托邦幻想，而是人类社会发展史上的必经之路。[①]中国人民昨天的成功经验、今天的治理成就，都在昭示着明天的胜利可期。“道虽迩，不行不至；事虽小，不为不成。”构建人类命运共同体，就是明天胜利可期的现实基石，就是中国人民和世界人民相向而行、大有作为的现实舞台。

人类命运共同体理念继承发展了天下一家、万邦协和、世界大同的中华优秀传统文化及其价值观、世界观，尊重世界的整体性、环境的共享性、人类的一体性、文化的差异性、文明的多样性，主张世界各国不分大小、强弱、贫富，一律平等。这一方案，既是对传统大同理想的推陈出新、古为今用，又有助于解决当今文明冲

① 在中国古代，大同社会一直是历朝历代效法实践的最高政治理想。参见何君安、闫婷《从“天下大同”到“人类命运共同体”——兼论中国世界主义政治哲学》，载于《东南学术》2020年第5期。

突、建立国际新秩序、推动世界和平发展，也面临着机遇和挑战。[①]在发展实践中，人类命运共同体理念有了新发展，成为当前国际社会构建新型国际关系的重要价值规范，成为超越文明冲突、冷战思维、零和博弈价值观的新型文明观、世界观。在政治上，提倡对话协商、平等相处，主张“结伴而不结盟”、相向而行；在经济上，主张“观大势”“惠全球”，推进贸易自由化、投资便利化、经济全球化；在文化上，尊重文化多样性，主张不同文明形态交流互鉴、取长补短、共生共存；在生态上，主张天人合一，绿色低碳发展，携手保护人类赖以生存的地球家园。这一新发展理念，与大同思想“天人合一、协和万邦、世界大同”有内在相通之处，也为解决世界性难题提供了新思路、新方法，为世界和平发展、完善全球治理贡献了中国智慧、中国方案。在构建人类命运共同体的发展实践中，中国一方面认真总结中华民族治国理政的成功经验，一方面积极倡导确立“共商、共建、共享”的全球治理观及和平发展、合作共赢的国际新秩序。在经济一体化、世界一盘棋的天下大变局之中，中国与世界已然形成坚不可摧、牢不可破的利益共同体、责任共同体和命运共同体。世界人民的前途命运出现了前所未有的紧密相连，人类社会的发展进步出现了前所未有的密切，天下大同的理想目标出现了前所未有的高度共识。世界人民已经切实感受到：中国好，世界会更好；中国需要世界，世界更需要中国。

人类社会发展史表明，在人类社会发展的每一个十字路口，总会及时出现一个指引人们前进的先进思想。人类命运共同体理念就是现阶段指引全人类发展前进的先进思想。和平友善的中国人民，

---

① 这些挑战，主要有文化价值观差异、国家综合实力差距、核心利益冲突等。相应的应对策略，就是要讲好人类命运共同体故事、维护发展中国家的发展权益及发展空间、推动区域合作、建立国际新秩序。参见任洁《构建人类命运共同体面临的现实挑战和应对策略》，载于《世界社会主义研究》2021年第7期，第19～27页。

真诚希望世界人民能够搭乘中国发展的便车、过上幸福美好的生活，在实践中主动搭建了“一带一路”建设平台。人类命运共同体的“大合唱”“百花园”已经初步显现。古老的丝绸之路[①]、古老的大同理想，跨越了时空，在21世纪重新焕发了青春活力，并将在塑造未来世界文明形态过程中发挥新的更大作用。

回望历史，可以发现：大同理想的千年梦圆，靠的是中国人民不屈不挠、艰苦奋斗、接力前行。在构建人类命运共同体的新时代征程中，在中国共产党的领导下，中国人民将团结世界人民，勠力同心，奋楫笃行，继续朝着“天下为公、世界大同”美好愿景而努力奋斗。行而不辍，未来可期。中国人民和世界人民一定会成功奔向天下大同、更加光明的美好未来。

---

① 丝绸之路是联系亚洲、非洲、欧洲的丝绸贸易之路，也是联结古代东西方文明的贸易之路、文化之路。按照运输方式不同，分为陆上丝绸之路和海上丝绸之路。它在塑造过去世界文明和现在世界文明上，发挥了巨大作用。参见英国彼得·弗兰科潘《丝绸之路：一部全新的世界史》，2016年浙江大学出版社出版。

参考文献

柏杨，1998. 中国人史纲：上［M］. 北京：中国友谊出版社公司.

卜正民，陆威仪，迪特·库恩，等，2016. 哈佛中国史［M］. 北京：中信出版社.

蔡沈，1994. 新刊四书五经［M］. 北京：中国书店出版社.

曹正文，1994. 中国侠文化史［M］. 上海：上海文艺出版社.

查继佐，1986 罪惟录［M］. 杭州：浙江古籍出版社.

陈鼓应，1970. 老子今注今译［M］. 北京：商务印书馆.

陈正炎，林其锬，1986. 中国古代大同思想研究［M］. 上海：上海人民出版社.

邓小平，1993. 邓小平文选：第三卷［M］. 北京：人民出版社.

董四代，2001. 大同传统与社会主义［M］. 北京：现代知识出版社.

恩格斯，1999. 家庭、私有制和国家的起源［M］. 北京：人民出版社.

范文澜，1949. 中国通史简编［M］. 北京：生活·读书·新知三联书店.

冯友兰，1948. 中国哲学简史［M］. 纽约：麦克米伦出版公司.

冯友兰，1931. 中国哲学史［M］. 上海：神州国光社.

G·韦耶德，C·韦耶德，1962. 巴贝夫文选［M］. 梅溪，译. 北京：商务印书馆.

宫崎滔天，1981. 三十三年之梦［M］. 佚名，初译 . 林启彦，改译、注释 . 广州：花城出版社，生活·读书·新知三联香港分店 .
古棣，周英，1991. 老子通［M］. 长春：吉林人民出版社 .
顾颉刚，1982. 古史辨：二［M］. 上海：上海古籍出版社 .
韩毓海，2011. 天下：包纳四夷的中国［M］. 北京：九州出版社 .
侯外庐，1959. 中国历代大同理想［M］. 北京：科学出版社 .
胡道静，2006. 十家论丛：十家论老［M］. 上海：上海人民出版社 .
胡绳，1952. 帝国主义与中国政治［M］. 北京：人民出版社 .
胡适，1919. 中国哲学史大纲：卷上［M］. 上海：商务印书馆 .
胡适，1999. 胡适著译精品选：中国古代哲学史［M］. 合肥：安徽教育出版社 .
计六奇，1984. 明季北略［M］. 北京：中华书局 .
康有为，1956. 大同书［M］. 上海：古籍出版社 .
黎靖德，1994. 朱子语类［M］. 王星贤，点校 . 北京：中华书局 .
李汝珍，1979. 镜花缘［M］. 张友鹤，校注 . 北京：人民文学出版社 .
李元星，2010. 甲骨文中的殷前古史：盘古王母三皇夏王朝新证［M］. 济南：济南出版社 .
李长之，2007. 隐藏的大家：陶渊明传论［M］. 天津：天津人民出版社 .
刘固盛，刘韶华，肖海燕，2014. 近代中国老庄学［M］. 福州：福建人民出版社 .
刘若愚，1991. 中国之侠［M］. 周清霖，唐发铙，译 . 上海：生活·读书·新知三联书店上海分店 .
鲁迅，1981. 鲁迅全集［M］. 北京：人民文学出版社 .
鲁迅，1973. 中国小说史略［M］. 北京：人民文学出版社 .
罗根泽，1982. 古史辨：六［M］. 上海：上海古籍出版社 .
吕思勉 . 1982. 先秦史［M］. 上海：上海古籍出版社 .
毛泽东，1952. 毛泽东选集：第一卷［M］. 北京：人民出版社 .
毛泽东，1982. 毛泽东选集：第二卷［M］. 北京：人民出版社 .

毛泽东，1991. 毛泽东选集：第四卷［M］. 北京：人民出版社，.
南京太平天国历史博物馆，1961. 太平天国印书：第1册. 南京：江苏人民出版社.
聂石樵，2009. 诗经新注［M］. 雒三桂，李山，注释. 济南：齐鲁书社.
齐涛，2012. 中国传统政治检讨［M］. 海口：南海出版公司.
钱明，1992. 徐爱钱德洪董沄集［M］. 南京：凤凰出版社.
钱穆，1994. 中国文化导论［M］. 北京：商务印书馆.
钱穆，2002. 庄老通辨［M］. 北京：生活·读书·新知三联书店.
秦彦士，2002. 墨子考论［M］. 成都：巴蜀书社.
人民出版社，1958. 马克思 恩格斯 列宁 斯大林论共产主义社会［M］. 北京：人民出版社.
人民出版社编辑部，1960. 列宁论无产阶级革命和无产阶级专政［M］. 北京：人民出版社.
任继愈，1979. 中国哲学史：第一册［M］. 上海：上海古籍出版社.
容肇祖，1960. 何心隐集［M］. 北京：中华书局.
上海人民出版社，1972. 从陈胜吴广到太平天国［M］. 上海：上海人民出版社.
斯塔夫里阿诺斯，2012. 全球通史：从史前史到21世纪［M］. 吴象婴，梁赤民，董书慧，王昶，译. 北京：北京大学出版社.
谈迁，1958. 国榷［M］. 张宗祥，校点. 北京：中华书局.
童书业，2010. 中国现代学术名著丛书：春秋史［M］. 北京：商务印书馆.
汪晖，2024. 现代中国思想的兴起［M］. 北京：生活读书新知三联书店.
王明，1981. 无能子校注［M］. 北京：中华书局.
王玉哲，2019. 中华远古史［M］. 上海：上海人民出版社，2019.
威廉·麦克尼尔，2017. 西方的兴起：人类共同体史［M］. 孙岳，陈志坚，于展，等，译. 北京：中信出版集团.
习近平，2018. 论坚持推动构建人类命运共同体［M］. 北京：中央文献出版社.
熊铁基，马良怀，刘韶军，2005. 中国老学史［M］. 福州：福建人民出版社.
闫化川，2017. 马克思主义是怎样生根中国的：马克思主义在山东早期传播研究［M］. 北京：方志出版社.
严灵峰，1956. 无求备斋老子集成［M］. 台北：台湾艺文印书馆.
严灵峰，1970. 无求备斋老子集成续编［M］. 台北：台湾艺文印书馆.
颜钧，1996. 颜钧集［M］. 黄宣民，点校. 北京：中国社会科学出版社.
杨伯峻，1980. 论语译注［M］. 北京：中华书局.
杨宽，2016. 中国断代史系列：战国史［M］. 上海：上海人民出版社.
袁行霈，2003. 陶渊明集笺注［M］. 北京：中华书局.
约翰·R. 麦克尼尔，威廉·H. 麦克尼尔，2011. 人类之网：鸟瞰世界历史［M］. 王晋新，宋保军，等，译. 北京：北京大学出版社.
约翰·霍布森，2009. 西方文明的东方起源［M］. 孙建党，译. 济南：山东画报出版社.
翟博，于建福，2020. 大同：中华文化的社会理想［M］. 北京：中国大百科全书出版社，2020.
詹姆斯·W. 汤普逊，1996. 汉译世界学术名著丛书：中世纪晚期欧洲经济社会史［M］. 徐家玲，等，译. 北京：商务印书馆.
张岂之，宋玉波，2014. 中华优秀传统文化核心理念丛书：天下大同［M］. 北京：学习出版社.
张松辉，2009. 老子研究［M］. 北京：人民出版社.
张廷玉，1974. 明史［M］. 北京：中华书局.
张载，1978. 理学丛书：张载集［M］. 章锡琛，点校. 北京：中华书局.
赵浩如，1980. 中国古典文学作品选读：诗经选译［M］. 上海：上海古籍出版社.
中国社会科学院现代史研究室，中国革命博物馆党史研究室，1980. 中国现代革命史资料丛刊：“一大”前后 中国共产党第一次代表

大会前后资料选编 一［M］. 北京：人民出版社.

中山大学历史系孙中山研究室，广东省社会科学院历史研究所，中国社会科学院近代史研究所中华民国史研究室，1985. 孙中山全集：第七卷［M］. 北京：中华书局.

周予同，1979. 中国历史文选：上册［M］. 上海：上海古籍出版社.

庄周，1991. 中国历代名著全译丛书：庄子全译［M］. 张耿光，译注. 贵阳：贵州人民出版社.

后记

大概是在2020年11月，蒋海升兄约我参加由齐涛老师担任主编、海升担任副主编的《中国传统政治文化书系》之《中国传统大同理想》书稿编写工作。

这时，我尚在乐陵市挂职市委副书记。按照工作分工，正忙于推进脱贫攻坚各项收尾工作、积极迎接各级检查验收工作；此外又承担了冀鲁边党性教育基地改造提升工作，所以有些犹豫。但是，听说是齐涛老师亲自担任主编之后，我马上应允下来。

余生也晚，余学也钝。2000年，26岁的我刚考入山东大学历史文化学院读研究生时，就听说了“八马同槽”“一齐三王”等前辈学者的典故佳话。八马同槽是山东大学历史系在新中国成立后赫赫有名的八位学者，分别是杨向奎、童书业、黄云眉、张维华、郑鹤声、王仲荦、赵俪生、陈同燮诸位先生。一齐三王分别是齐涛、王育济、王学典、王晓毅诸位老师。其中，齐涛老师还是王仲荦先生的关门弟子。而学典老师，便是海升的导师；育济老师，则是我们的恩师。所以，当海升提到齐涛老师担任主编时，我便不揣冒昧、不自量力，断然应允下来。这一决定，实际也有些私心，就是不愿放弃跟随齐涛老师学习的好机会。

此外，还有诸多同窗友情因素掺杂其间。在攻读硕士、博士学位6年期间，海升兄一直对我非常关照；在我决然要去滨州市工作时，又是他和王音、昝中党、许允龙等几个死党为我饯行；在我调回省委党史研究室工作后，还是他组织诸位好兄弟为我接风；甚至在我去乐陵市挂职两年期间，仍是他组织同学小聚慰问我。因此之故，尽管海升比我年轻一两岁，我对他始终以尊重为主，当然我们也经常互相嘲讽、互开玩笑。后来，年龄大了，见面少了，这份友情却与之俱增。一句话，我接受了这一任务。

纲举目张，执本从末。书稿提纲完成后，海升提出初步修改意见。修改后，由海升汇总呈送齐老师审阅。这些提纲，齐老师均作了精心批改，而且提出了许多具体修改意见，受教良多。2021年2月，齐涛老师在百忙之中，亲自主持召开了撰稿座谈会，对我们的写作提纲逐一点评和鼓励，并申明了丛书的体例、思路、框架等，特别强调了“非史非论、非雅非俗”的创新目标。座谈会上，齐老师坐在我左首，我有幸近距离地聆听了他的讲话。讲话结束后，他又侧身低声嘱我：“放开去写。”齐老师的鞭策和鼓励，更增添了我们按时完成撰稿任务的决心和信心。当然，在座谈中，大家也不约而同表示挑战较大。我也惴惴然，确实有些心虚。会后不久，海升代表齐老师，建议大家可以多找几个合作者，以确保撰稿进度和质量。于是，我便向何成师兄求援，请何成师兄、李丹莹女士加盟，并大致作了撰稿分工。其时，正值新冠肺炎疫情防控期间，我便忙里偷闲，专心搜集了一些资料，开始撰写初稿。

在撰稿过程中，海升和出版社编辑分工科学、节奏明快，督促大家按照进度撰写书稿。由于时间紧、任务急，而且原计划可以自由支配的业余时间又被各项工作任务挤占殆尽。诸多实际困难，一度打乱了既定安排，迟滞了写作进度，好在又都一一克服。至12月交稿时间，总算如期交稿。借此机会，首先要感谢齐老师的鞭策和鼓励，也要感谢海升兄和出版社编辑的科学督导。没有他们的支持帮助、鼓励督促，书稿不可能按时完成。

交稿之后，在查重环节上，王艳艳编辑高效负责的工作作风，给我留下了深刻印象。经过初审、修改之后，编辑又提出了一些修改意见建议，其中最主要一条建议就是："引文和注释太多，降低了可读性。"对此，我们认真做了修改。出现这一问题，一方面是我们"言必有据"的学术习惯和写作风格使然，另一方面也是我们对《中国传统政治文化书系》有误读。好在书稿基本定稿，删繁就简工作相对容易一些。正如海升所说："先解决有和无的问题，再解决精和粗的问题。"事实上，《中国传统大同理想》书稿也正是按照这个思路进展的。书稿最初形成时，正文33万余字、500余处注释。交稿时，删减为364处注释。这次定稿时又作删减，81个注释。①

另，今天下午，海升又打电话，问我春节安排云云，三言两语之后，话题一转，果然又是催稿。当时我正在上班，不便多言，便笑称请安心过年。之所以笃定如斯，乃是因为其间见缝插针，已经基本完成修改任务。

明日除夕。今晚恰有余暇，便代表三位作者，拉拉杂杂写了这篇后记，也算是一年来自我加压、笔耕不辍的业余生活回顾吧。

完稿在即，我们也想说明一下：由于体例、文风、字数等要求限制，恕不能一一列举所引用的文献资料。另外，由于我们水平、能力有限，肯定也会存在引用不规范、表述不准确、观点有偏颇等错误。在心中充满愧疚和歉意的同时，只能恳请方家和读者海涵、谅解了。

2022年1月30日

① 特别感谢齐涛老师3月29日对我的鼓励、鞭策。按照齐涛老师的要求，对书稿作了再修改、再精炼。